Hennig — Intertextualität als ethische Dimension

EPISTEMATA

WÜRZBURGER WISSENSCHAFTLICHE SCHRIFTEN

Reihe Literaturwissenschaft

Band 180 — 1996

Tübingen, den 3. März 1997

Liebe Angela,

herzlichen Dank für Deine Unterstützung.

Dein
Thomas

Thomas Hennig

Intertextualität als ethische Dimension

Peter Handkes Ästhetik »nach Auschwitz«

Königshausen & Neumann

Der Umschlag wurde gestaltet unter Verwendung einer Bühnenbildskizze von Karl-Ernst Herrmann, die für das Burgtheater Wien zur Uraufführung des Stückes DAS SPIEL VOM FRAGEN ODER DIE REISE ZUM SONOREN LAND von Peter Handke angefertigt wurde sowie eines Autographs von Luigi Nono, das einen Text von Edmond Jabès sowie dessen deutsche Übersetzung wiedergibt. Das Autograph findet sich in: MIGRANTEN. Edmond Jabès; Luigi Nono; Massimo Cacciari; herausgegeben von Nils Röller. Merve Verlag Berlin 1995, S. 37.

Die Deutsche Bibliothek — CIP-Einheitsaufnahme

Hennig, Thomas:
Intertextualität als ethische Dimension : Peter Handkes Ästhetik "nach Auschwitz" / Thomas Hennig. – Würzburg : Königshausen und Neumann, 1996
    (Epistemata : Reihe Literaturwissenschaft ; Bd. 180)
    Zugl.: Tübingen, Univ., Diss., 1994
    ISBN 3-8260-1220-8
NE: Epistemata / Reihe Literaturwissenschaft

D 21

© Verlag Königshausen & Neumann GmbH, Würzburg 1996
Gedruckt auf säurefreiem, alterungsbeständigem Papier
Umschlag: Hummel / Homeyer / Lang, Würzburg
Bindung: Rimparer Industriebuchbinderei GmbH
Alle Rechte vorbehalten
Auch die fotomechanische Vervielfältigung des Werkes oder von Teilen daraus
(Fotokopie, Mikrokopie) bedarf der vorherigen Zustimmung des Verlags.
Printed in Germany
ISBN 3-8260-1220-8

Vorliegende Arbeit wurde unter dem gleichen Titel im September 1994 von der Neuphilologischen Fakultät der Universität Tübingen als Dissertation angenommen.

Aus zahlreichen Gesprächen und kritischen Auseinandersetzungen sind wertvolle Anregungen erwachsen, wofür ich besonders Hanna Hilger, Christian Moser, Angela Oster, Annette Ratmann, Alexander Schlutz, Thomas Stuke, Erika Tunner und Thomas Wägenbauer herzlich danken möchte.

Die Unterstützung durch die Graduiertenförderung des Landes Baden-Württemberg war einer zügigen Fertigstellung der Arbeit sehr dienlich. Meinem Doktorvater Jürgen Wertheimer und meinen Universitätslehrern Maria Moog-Grünewald und Peter Pütz verdanke ich entscheidende Anstöße und fortwährende Ermutigung zu diesem Projekt.

Für meine Mutter, meinem Vater zum Gedenken und für Hanna.

„Es ist das Alter der Wunde, mehr als ihre Tiefe und Wucherung, das ihre Schmerzhaftigkeit ausmacht. Immer wieder im gleichen Wundkanal aufgerissen werden, die zahllos operierte Wunde wieder in Behandlung genommen sehen, das ist das Arge."

FRANZ KAFKA

„Ich schlage Jeremias 2,13 auf und habe die Vision der modernen Welt vor mir, ohne erst Nietzsche, Kafka, Heidegger etc. bemühen zu müssen:

> Mich, die lebendige Quelle
> verlassen sie und machen sich
> hie und da ausgehauene Brunnen,
> die doch löchrig sind und kein Wasser geben.

Und wir gießen weiter Wasser in diese Brunnen, die besten Gedanken, die scharfsinnigsten Studien, die musikalischsten Verse, und nichts bleibt davon übrig, sie sind zerschlagen, sind Totengräben geworden."

GUIDO CERONETTI

Inhalt

Vorerinnerung — 9

1. Kapitel: Trennendes Ineinander –
Peter Handkes intertextuelle Schreibpraxis — 19

1.1 Übergänge – Intentionalität und Intertextualität –
Über Möglichkeit und Unmöglichkeit der Geschichtsschreibung
»nach Auschwitz« — 20

1.1.1 Die erkenntnistheoretische Funktion des Subjekts — 20

1.1.2 Die Dekonstruktion des Husserlschen Zeichenbegriffs — 24

1.1.3 Handkes Ästhetik »nach Auschwitz« im Kontext
literaturtheoretischer Diskussion — 28

1.1.4 Der Text als ethische Praxis — 31

1.1.5 Absage an den Narzißmus — 33

1.1.6 Kritik der »Quellenkritik« – Das Semiotische — 35

1.1.7 Intertextualität als Geschichtsschreibung — 39

1.2 Die Abwesenheit angesichts von Wahrzeichen –
Ein Beispiel für einen pluralischen Aussage»ort«
in Peter Handkes Film „L'Absence"
[Die Lehre der Sainte-Victoire und Die Abwesenheit] — 42

1.2.1 Ursprungslose Anfangsbilder – oder wo liegt der Keim des Märchens?
Der Film „L'Absence" — 42

1.2.2 Realismus [Paris/(Handke)] versus Ideologiekritik [„Newyork"/(Kafka)]? — 43

1.2.3 Die subjektdezentrierende Kraft der Orte – Metaphysische Plätze — 45

1.2.4 Chora oder das Dilemma der Repräsentation — 50

2. Kapitel: Lebendige Tradition bei Edmond Jabès und Peter Handke
[„Die Abwesenheit" und „Das Spiel vom Fragen"] — 58

2.1 Die Abwesenheit des Buches — 59

2.2 Parzival und die »jüdische Tradition« des Fragens — 73

3. Kapitel: „von Auschwitz ... und so weiter" –
Vom formalen Engagement der Texte Handkes — 87

3.1 Jenseits einer Ästhetik des Schreckens –
Einflüsse verschiedener Texttheorien auf Handkes Ästhetik
»nach Auschwitz« — 88

3.1.1	Die Abwehr des ursprünglichen Schreckens	88
3.1.2	Formale Fragen sind moralische Fragen	90
3.1.3	Tendenzen jenseits des Lustprinzips	95
3.1.4	Erwachen aus dem »unbewußt Deponierten«: Das Zitat zwischen Reiz-Schutz und Chock-Erfahrung	97
3.2	Kein neuer Meister aus Deutschland – Die falsche Bewegung des Parodierens oder Eine Schreibweise zwischen Moderne und Postmoderne [„Falsche Bewegung"]	99
3.2.1	Im Spiegel der Parodie – Die Parodie im Spiegelstadium	99
3.2.2	Der Taugenichtsblick der Parodie	102
3.2.3	Die Blickrichtung der Kunst	107
3.2.4	Die Frage nach den Bedingungen der Möglichkeit einer Neubegründung der Kunst »nach Auschwitz«	110
3.2.5	Vom Bewegungs-Bild zum Zeit-Bild	113
3.2.6	Der Tod ist ein Meister aus Deutschland	116
4. Kapitel:	„Left Handed Women" und „L'Homme aux bras croisés" – Vom Ur-Sprung des Eingedenkens in Übersetzung und Zitat	121
4.1	»Kreuzwegstationen« – »Ein Leben ohne Mann und ohne Gott« oder: Gibt es eine ‚weibliche' Ästhetik »nach Auschwitz«? [„Die linkshändige Frau"]	122
4.1.1	Jenseits von Gotteserkenntnis, jenseits von Selbsterkenntnis – Zur Dekonstruktion einer mystischen Kunsterfahrung der Moderne	122
4.1.2	Keine Parodie ohne Tradition – Über die Zitierbarkeit ‚weiblicher' Ästhetik und zum poetologischen Status des Übersetzens	133
4.1.3	Das Erhabene – Chock, Schrecken, Erleuchtung	145
4.1.4	Pluralismus und Feminismus – Peter Handkes Schreibweisen und Julia Kristevas Diskurstypen	151
4.2	Der dialektische Bildersturm – Peter Handkes »Lehre« vom »Bild der Bilder« [„Die Lehre der Sainte-Victoire"]	158
4.2.1	Von der »fehlenden Entsühnung« in den Texten „Die linkshändige Frau" und „Die Lehre der Sainte-Victoire"	158
4.2.2	»Der Meridian« – oder: Wann und wo beginnt „Die Lehre der Sainte-Victoire"?	161

4.2.3 Vom »Lichtzwang« zur »Atemwende« – »hinüberdunkeln«:
       Intertextualität des Eingedenkens bei Peter Handke und Paul Celan   171

4.2.4 Der Mann mit den verschränkten Armen –
       Vom Vor-Bild zum Nach-Bild   186

5. Kapitel: Es war einmal ... – Ein Fortsetzungs-Märchen
             [„Der Himmel über Berlin"]   191

5.1 Das Auge der Geschichte – Subjektlose Blicke   192

5.2 Angelus Novus – Der Engel der Erzählung   203

5.3 Metaphysische Plätze in Filmen von Wenders und Cocteau –
     In weiter Ferne, so nah!   213

5.4 Intertextualität und transversale Vernunft –
     Handkes ÄsthEthik zwischen Präsemiotik und Metasemiotik   222

Anhang   229

Siglenverzeichnis   230

Bibliographie   234

Vorerinnerung

„Wer sich kurz fassen will, muß die Dinge packen, wo sie am paradoxesten sind."[1]

Peter Handkes Texte ermöglichen, so die These dieses Buches, ein postmetaphysisches Eingedenken jener historischen Katastrophe, die mit der Chiffre »Auschwitz« bezeichnet wird. Früh hat sich Handke gegen eine naive Thematisierung politischer Zusammenhänge in der Literatur gewandt:

„Die Wörter Hitler, Auschwitz, Lübke, Berlin, Johnson, Napalmbomben sind mir schon zu bedeutungsgeladen, zu politisch, als daß ich sie, als Wörter, literarisch noch unbefangen gebrauchen könnte. Wenn ich diese Wörter in einem literarischen Text lese, gleich in welchem Zusammenhang, bleiben sie für mich unwirksam, sind für mich ärgerlich literarisch geworden, lassen mich weder zum Denken kommen noch assoziieren. Jedenfalls erscheinen mir gesellschaftliche oder politische Dinge in der Literatur, naiv beim *Namen* genannt, als Stilbruch, es sei denn, man nimmt die Namen nicht als Bezeichnungen dieser Dinge, sondern als Dinge für sich und zerstört dabei die festgesetzten Bedeutungen dieser Wörter."[2]

Zur Diskussion steht bei der Untersuchung von Formen des Eingedenkens in Handkes Texten die Frage nach den Bedingungen der Möglichkeit einer ethischen Dimension in der Literatur »nach Auschwitz«. Kann Handkes Ästhetik einen Umgang mit Textzeugnissen speziell der »jüdischen Tradition« zur Geltung bringen, der es seinen Texten erlaubt, dem Bruch poetologisch gerecht zu werden, den der in »Auschwitz« gipfelnde Antisemitismus einem bis dahin weithin unumstrittenen Geschichtsbewußtsein zugefügt hat? Dabei ist auch die Frage von Interesse, welcher Status dem Autorsubjekt in bezug auf Handkes Texte zukommt, gilt Handke doch manchen seiner Kritiker geradezu als ein narzißtischer Autor par excellence, dem es nicht zuletzt an Geschichtsbewußtsein mangele.

Die von Anfang an von poetologischer Selbstreflexion begleitete schriftstellerische Tätigkeit Peter Handkes hat zeitgleich mit dem Bekanntwerden der sogenannten poststrukturalistischen Literaturtheorie eingesetzt[3]. Als Peter Handke 1966 seinen ersten Roman mit dem Titel „Die Hornissen"[4] veröffentlicht, verkünden auf einem Symposion an der Johns-Hopkins-Universität in Baltimore/USA Jacques Derrida,

---

[1] Walter Benjamin: »Wat hier jelacht wird, det lache ick«. In: Walter Benjamin: Gesammelte Schriften. Frankfurt a.M. 1980. Bd.IV/1,2. S.537. Im folgenden: *GS.Bd.*

Im Anhang findet sich ein Siglenverzeichnis. Die Siglen sind in der Regel aus den deutschen Titeln der Texte gebildet. Ausnahmen stellen die Siglen dar, die sich auf die im fremdsprachigen Original wiedergegebenen Texte beziehen.

[2] Peter Handke: Ich bin ein Bewohner des Elfenbeinturms. Frankfurt a.M. 1972. S.25. Im folgenden: *IBE*.

[3] Jacques Derrida spricht statt von Poststrukturalismus von Dekonstruktion:
„Sie ist ein Infragestellen eines bestimmten Strukturalismus, der geschlossene Struktursysteme voraussetzt, die ihre Wirkungen hervorrufen, ohne sich zu öffnen. Eigentlich handelt es sich dabei sogar um einen ganzen Komplex von Kritik, den ich 1965 oder 1966 im Hinblick auf den Strukturalismus formuliert habe. Der Erfolg des Wortes Dekonstruktion ist zweifellos auf die Tatsache zurückzuführen, daß man die Dekonstruktion offenbar wie einen Antistrukturalismus empfunden hat, einen Poststrukturalismus, wie man in den Vereinigten Staaten oft sagt. Ich habe mich niemals dieses Wortes bedient."

Jacques Derrida in: Florian Rötzer: Französische Philosophen im Gespräch. München 1986. S.72. Im folgenden: *FPG*.

[4] Peter Handke: Die Hornissen. Frankfurt a.M. 1966. Im folgenden: *Ho*.

Roland Barthes und Jacques Lacan ihre den Poststrukturalismus initialisierenden Thesen zum Kongreßthema »The Languages of Criticism and the Sciences of Man«[5].

Die in dieser Studie vorgenommenen Lektüren der Texte Handkes berücksichtigen die oftmals seismographische Empfindlichkeit von Handkes Texten gegenüber Entwicklungen in der Literaturtheorie. Schon Handkes erster Roman läßt sich als formaler Anknüpfungsversuch an den französischen Nouveau Roman lesen, der emphatisch den Begriff des Autors verabschiedet hat. Alain Robbe-Grillet – auf den Handke sich in seinen Aufsätzen „Ich bin ein Bewohner des Elfenbeinturms" (IBE 20) und „Zur Tagung der Gruppe 47 in den USA" (IBE 32) beruft[6] – bemerkt diesbezüglich, die Reflexionen zur Autorschaft inzwischen selbstironisch im Medium des Pseudoautobiographischen noch einmal gesteigert zum Ausdruck bringend, im Rückblick:

> „Chacun sait désormais que la notion d'auteur appartient au discours réactionnaire – celui de l'individu, de la propriété privée, du profit – et que le travail du scripteur est au contraire anonyme: simple jeu combinatoire qui pourrait à la limite être confié à une machine, tant il semble programmable, l'intention humaine qui en constitue le projet se trouvant à son tour dépersonalisée au point de ne plus apparaître que comme un avatar local de la lutte des classes, qui est le moteur de l'Histoire en général, c'est-à-dire aussi de l'histoire du roman.
>
> J'ai moi-même beaucoup encouragé ces rassurantes niaiseries."[7]

Literaturtheoretische Konzeptionen werden in zunehmenden Maße implizit zu intertextuellen Bezugspunkten von gegenwärtiger Literatur, insofern sie an der Auflösung der Grenze zwischen Literatur und ihrer Theorie einschlägigen Anteil haben. Von einem eindeutigen Entsprechungsverhältnis von Theorie und ihrem Gegenstand kann explizit daher auch in diesen Lektüren der Texte Handkes nicht die Rede sein. Dennoch ist es möglich, von deutlichen Affinitäten zwischen Texten und Theorien zu sprechen: Sie sind entweder differenziert in einer historischen Abfolge nachvollziehbar (z.B. von der Kritischen Theorie und dem Strukturalismus zur Dekonstruktion [Poststrukturalismus]) oder aber synchron in einem methodenpluralen Konzept zu erwägen (Intertextualität von transzendentaler Phänomenologie, Semiotik, struktura-

---

[5] Das Schlußkapitel von Ingeborg Hoestereys Studien zur Intertextualität gibt Auskunft über die Anfänge des Poststrukturalismus und über die unterschiedliche Rezeption in den USA und in der Bundesrepublik Deutschland.
Ingeborg Hoesterey: Verschlungene Schriftzeichen – Intertextualität von Literatur und Kunst in der Moderne/Postmoderne. Frankfurt a.M. 1988. S.197-212. Im folgenden: *VS*.

[6] Eine Erwähnung von Robbe-Grillet findet sich auch noch in: Peter Handke: Das Gewicht der Welt. Ein Journal (November 1975 – März 1977). Salzburg 1977. S.100. Im folgenden: *GdW*.

[7] Alain Robbe-Grillet: Le miroir qui revient. Paris 1984. S.10f. Im folgenden: *Lm*.
(Dt.Übers.: Alain Robbe-Grillet: Der wiederkehrende Spiegel. Aus dem Französischen von Andrea Spingler. Frankfurt a.M. 1989. S.10.:
> „Jeder weiß inzwischen, daß der Begriff des Autors dem reaktionären Diskurs angehört – dem von Individuum, Privateigentum, Profit – und daß die Arbeit des Schreibenden hingegen anonym ist: ein einfaches kombinatorisches Spiel, das letzten Endes einer Maschine anvertraut werden könnte, so programmierbar erscheint es. Denn die menschliche Intention, die seinen Plan erstellt, ist ihrerseits derart entpersonalisiert, daß sie nur noch wie eine lokale Erscheinungsform des Klassenkampfes wirkt, der der Motor der Geschichte im allgemeinen, also auch der Geschichte des Romans ist. Ich habe selbst diese beruhigenden Albernheiten sehr unterstützt.)".

Grundsätzlich werden im folgenden mit dem Ziel einer größeren Allgemeinverständlichkeit des Argumentationsganges, aber auch im Sinne eines einzuschränkenden Umfangs der Untersuchung fremdsprachige literaturtheoretische Texte nur in deutscher Übersetzung (falls vorhanden) wiedergegeben. Dagegen werden auch weiterhin eher poetische fremdsprachliche Texte in aller Regel im Original zitiert. Zumeist findet sich eine Übersetzung in der Anmerkung.

ler Psychoanalyse, bis hin zu Jean-François Lyotards Theorie des Widerstreits von Diskursgattungen).

„Die Postmoderne beginnt dort, wo das Ganze aufhört."[8]

Wolfgang Welsch bezeichnet damit den kleinsten gemeinsamen Nenner der sich weitläufig differenzierenden Verständnisse der Postmoderne. Mit diesem kleinsten gemeinsamen Nenner gibt sich aber weder Welsch zufrieden, noch kann es eine literaturwissenschaftliche Untersuchung damit bewenden lassen, der es unter Berücksichtigung dekonstruktivistischer Literaturtheorien um die Herausstellung einer ethischen Dimension der Schreibweisen Peter Handkes geht.

Paradox werden die Dinge am ehesten dort, „wo das Ganze aufhört", etwa als Meta-Erzählung im Sinne Jean-François Lyotards[9], einen regulierenden Einfluß auf die logische Stringenz von Urteilen auszuüben. Als Paradox läßt sich aber nur das Urteil bestimmen, das letztlich auf ein logisches Regulativ bezogen bleibt. Am paradoxesten werden die Angelegenheiten des Denkens, wo auf der einen Seite der abendländische Logozentrismus radikal in Frage gestellt, auf der anderen Seite aber noch eine scheinbar traditionsgemäße Rede von Gerechtigkeit aufrechterhalten wird. Lyotard wagt einen solchen paradoxalen Versuch, Gerechtigkeit, statt sie länger aus einem vorherrschenden Diskurs positiv zu bestimmen, aus einem Widerstreit heterogener Diskurse zu gewinnen:

„Im Augenblick kann ich nur sagen, daß es gerecht ist, sich ausdrücklich für etwas empfänglich zu halten, was immer vergessen wird. Ist dieses Etwas das Gesetz, das im wesentlichen sagt „Du sollst nicht töten", oder ist es die „Präsenz", die eher ästhetisch-ontologisch als ethisch ist? Das würde ich gerne herausfinden. Das ist ein sehr wichtiger Punkt, von dem der Unterschied zwischen Ethik und Ästhetik abhängt. Ich weiß, daß zwischen ihnen ein Unterschied besteht, aber alles, was ich im Moment sagen kann, ist, daß es im wesentlichen darauf ankommt, an etwas zu erinnern, in dessen Schuld wir stehen."[10]

Im Anschluß an Lyotard sieht Wolfgang Welsch in seiner Vorstellung von Postmoderne entschieden davon ab, daß gleichgültige Beliebigkeit das einzig mögliche Kriterium ihrer Bestimmung sei:

„Die Postmoderne ist wesentlich ethisch grundiert. Sie erfordert eine neue Art des Umgangs mit Pluralität – und zwar mit einer ob ihrer Radikalität schwieriger gewordenen Pluralität. Sie verlangt eine neuartige, eine genau auf diesen radikalen und daher eo ipso konflikthaften Pluralismus zugeschnittene Ethik." (UpM 7).

---

[8] Wolfgang Welsch: Unsere postmoderne Moderne. Weinheim 3. Aufl. 1991. S.39. Im folgenden: *UpM.* Zuletzt ist eine philosophisch umfassender eingebettete Darstellung der Vernunftkonzeption Welschs erschienen: Wolfgang Welsch: Vernunft. Die zeitgenössische Vernunftkritik und das Konzept der transversalen Vernunft. Frankfurt a.M. 1995. 983 S.

[9] Jean-François Lyotard: Das postmoderne Wissen. Aus dem Französischen von Otto Pfersmann. Graz – Wien 1986. S.102. (Originaltitel: Jean-François Lyotard: La condition postmoderne. Paris 1979). Im folgenden: *DpW.*

[10] Ein Gespräch zwischen Jean-François Lyotard und Christine Pries. In: Das Erhabene – Zwischen Grenzerfahrung und Größenwahn. Hg. von Christine Pries. Weinheim 1989. S.327. Im folgenden: *Erh.*

Vor allem Julia Kristevas Konzeption von Intertextualität läßt sich, neben der Jacques Derridas[11], als eine literaturwissenschaftliche Praxis auffassen, die sich um eine ethische Dimension bemüht. Kristevas Ansatz läßt „das Ganze" des Textes aufhören, indem die vermeintliche Totalität des Textes in einen „konflikthaften Pluralismus" von Zitaten verwandelt wird. Dabei geht es um einen Sinngebungsprozeß, der ausgehend von philologischen Argumenten, bei diesen keineswegs stehenbleibt: Interdisziplinarität zwischen Sprachwissenschaft, Gesellschaftstheorie und Psychoanalyse bildet in Kristevas Konzeption von Intertextualität ein konflikthaft plurales Programm. Kristeva folgt dabei einer Anregung Michail M. Bachtins, der bereits von der Notwendigkeit einer Wissenschaft spricht, „die er *Translinguistik* nennt"[12].

Das Zitat in einem Text als Ding packen zu wollen, wo es am paradoxesten ist, heißt aber im Sinne Kristevas, es vor jeglicher Verdinglichung zu bewahren. Wie wenig sich Intertextualität auf positivistische Quellenkritik beschränkt, die immer noch an der Vorstellung eines Text-»Ganzen« haftet, wird in den folgenden Analysen deutlich. Wie sehr die Auflösung des Text-»Ganzen« durch die intertextuelle Praxis in einen Texte-»Pluralismus« mit ethischen Implikationen verbunden ist, die den abendländischen Logozentrismus im Hinblick auf traditionelle Bestimmungen von Sprache, Subjektivität und Geschichte in Frage stellen, zeigt sich am Verhältnis, das zwischen Texten Peter Handkes und Texten der »jüdischen Tradition« beschrieben wird.

Die Markierung der »jüdischen Tradition« durch Anführungszeichen im Text hat keineswegs eine „ideelle Kasernierungsabsicht"[13] zum Ziel. Absicht dieser vorsichtigen Titulierung ist vielmehr, in einer literaturwissenschaftlichen Untersuchung, in der es um die Frage des Eingedenkens geht, unmittelbar zu verdeutlichen, daß »nach Auschwitz« von einer »jüdischen Tradition« ohne besondere Kennzeichnung zu sprechen, sogar heißen könnte, den Bruch zu verkennen, der generell dem Denken von Tradition durch die Shoah zugefügt worden ist.

Das Zitieren von Texten ist immer schon Fragmentieren, ein Verkürzen von Zusammenhängen. „Wer sich kurz fassen will, der" kann dies zitierenderweise tun. Wer das Zitieren als formalen Prozeß aber theoretisch betrachtet, kann sich nicht ganz so kurz fassen wie derjenige, der zupackt, wo die Dinge „am paradoxesten" sind (Siehe: Anm.1).

---

[11] Gegenüber Florian Rötzer akzentuierte Derrida den ethischen Anspruch seines Denkens: „Die Dekonstruktion ist ein affirmatives Denken einer möglichen Ethik, eines Engagements jenseits der Technik des Kalkulierbaren. Die Sorge um die Verantwortlichkeit steht im Zentrum der dekonstruktiven Erfahrung." (FPG 77f.).

[12] Julia Kristeva: Bachtin, das Wort, der Dialog und der Roman. Aus dem Französischen von Michel Korinman und Heiner Stück. In: Jens Ihwe (Hg.): Literaturwissenschaft und Linguistik. Ergebnisse und Perspektiven. Bd.3. Zur linguistischen Basis der Literaturwissenschaft II. Frankfurt a.M. 1972. S.351. (Originaltitel: Julia Kristeva: Bakhtine, le mot, le dialogue et le roman. In: Critique 23 (1967). S.438-465). Im folgenden: *BWDR*.

[13] Bezogen auf den Begriff »Frauenfrage« spricht Silvia Bovenschen davon, daß in diesem Begriff bereits eine „ideelle Kasernierungsabsicht" stecke. Von einer »Judenfrage« in diesem Sinne ist hier nicht die Rede. Silvia Bovenschen: Die imaginierte Weiblichkeit. Exemplarische Untersuchungen zu kulturgeschichtlichen und literarischen Präsentationsformen des Weiblichen. Frankfurt a.M. 1979. S.19. Im folgenden: *DiW*.

Die vorliegenden Analysen der Texte Handkes stellen das verbreitete Vorurteil gegenüber der Intertextualitätstheorie Kristevas in Frage, diese sei zu global konzipiert, um praktizierbar zu sein und eröffne das Tor zu völliger Beliebigkeit.[14]

Walter Benjamin, dessen herausragende Bedeutung für Handkes Schreibweisen in bezug auf das Problem eines ethisch zu verstehenden Eingedenkens ebenfalls hervorzuheben ist, hat im Gegensatz zu Kristeva noch keine ausgearbeitete Theorie des Zitierens hinterlassen. Diese ist vielmehr implizit in seinen Texten enthalten, die aphoristische Anhaltspunkte geben, welche sich nicht nur auf seinen eigenen Umgang mit Zitaten beziehen lassen. Zu denken ist an „Das Passagen-Werk"[15], das sich überwiegend aus Zitaten zusammensetzt und das mit der Konzeption des dialektischen Bildes auf die dem Text inhärente geschichtsphilosophische Methodik des Zitierens reflektiert.

In der Schrift „Zentralpark" schreibt Benjamin:

„Zum Bilde der »Rettung« gehört der feste, scheinbar brutale Zugriff." (GS.Bd.I/2. 677).

Oder in Benjamins Essay über Karl Kraus heißt es:

„Erst der Verzweifelnde entdeckte im Zitat die Kraft: nicht zu bewahren, sondern zu reinigen, aus dem Zusammenhang zu reißen, zu zerstören; die einzige, in der noch Hoffnung liegt, daß einiges aus diesem Zeitraum überdauert – weil man es nämlich aus ihm herausschlug." (GS.Bd.II/1. 365).

In seiner letzten Schrift „Über den Begriff der Geschichte" problematisiert Benjamin die Geschichtsschreibung als die Tätigkeit, in der sich der „scheinbar brutale Zugriff" auf das Zitat ereignet:

„Der Historismus gipfelt von rechtswegen in der Universalgeschichte. Von ihr hebt die materialistische Geschichtsschreibung sich methodisch vielleicht deutlicher als von jeder anderen ab. Die erstere hat keine theoretische Armatur. Ihr Verfahren ist additiv: sie bietet die Masse der Fakten auf, um die homogene und leere Zeit auszufüllen. Der materialistischen Geschichtsschreibung ihrerseits liegt ein konstruktives Prinzip zugrunde. Zum Denken gehört nicht nur die Bewegung der Gedanken sondern ebenso ihre Stillstellung. Wo das Denken in einer von Spannungen gesättigten Konstellation plötzlich einhält, da erteilt es derselben einen Chock, durch den es sich als Monade kristallisiert. Der historische Materialist geht an einen geschichtlichen Gegenstand einzig und allein da heran, wo er ihm als Monade entgegentritt. In dieser Struktur erkennt er das Zeichen einer messianischen Stillstellung des Geschehens, anders gesagt, einer revolutionären Chance im Kampfe für die unterdrückte Vergangen-

---

[14] Ein Beispiel dafür ist das Einleitungskapitel von Manfred Pfister: „Konzepte der Intertextualität". In: Ulrich Broich, Manfred Pfister (Hgg.): Intertextualität. Formen, Funktionen, anglistische Fallstudien. Tübingen 1985. (= Konzepte der Sprach- und Literaturwissenschaft Bd.35). S.1-30. Im folgenden: *Int.*
Pfister ist der Auffassung, daß sich poststrukturalistische Intertextualitätskonzepte in Auseinandersetzung mit hermeneutischen Positionen „in exemplarischen historischen Fallstudien" spezifizieren lassen. Dieser Ansicht Pfisters wird in der vorliegenden Studie nur dahingehend widersprochen, als daß die Abgrenzung poststrukturalistischer Intertextualitätskonzeptionen von hermeneutischen Positionen diesen inhärent ist und nicht so ohne weiteres aufzuheben ist. So bemerkt Derrida gegenüber Florian Rötzer:

„Ich habe sehr viel Achtung vor der Hermeneutik und halte eine hermeneutische Wissenschaft auf allen Gebieten immer für notwendig. Aber die Dekonstruktion ist keine Hermeneutik, weil der Sinn als letzte Schicht des Textes immer geteilt oder vielfältig ist und sich nicht zusammenfügen läßt." (FPG 71).

Dennoch lassen sich im poststrukturalistischen Theorieverständnis exemplarische historische Fallstudien zur Spezifizierung der Ansätze nicht umgehen. Pfisters Intention, einen exemplarischen und konkreten Umgang mit universellen Konzeptionen der Intertextualität zu suchen, ist, unter Respektierung wechselseitiger theorieimmanenter Grenzziehungen, der einzig gangbare Weg aus der vielgescholtenen Beliebigkeit des Poststrukturalismus.

[15] Walter Benjamin: Das Passagen-Werk. Frankfurt a.M. 1983. Im folgenden: *PW.*

heit. Er nimmt sie wahr, um eine bestimmte Epoche aus dem homogenen Verlauf der Geschichte herauszusprengen; so sprengt er ein bestimmtes Leben aus der Epoche, so ein bestimmtes Werk aus dem Lebenswerk. Der Ertrag seines Verfahrens besteht darin, daß *im* Werk das Lebenswerk, *im* Lebenswerk die Epoche und *in* der Epoche der gesamte Geschichtsverlauf aufbewahrt ist und aufgehoben. Die nahrhafte Frucht des historisch Begriffenen hat die Zeit als den kostbaren, aber des Geschmacks entratenden Samen in ihrem *Innern.*" (GS.Bd.I/2. 702f.).

Der Beschreibung des „geschichtlichen Gegenstands" gilt es, „ein konstruktives Prinzip" derart zugrunde zu legen, daß in einer „Struktur" des auf besondere Weise gedachten Gegenstands „das Zeichen einer revolutionären Chance im Kampfe für die unterdrückte Vergangenheit" erkennbar wird.

Dieses „Zeichen", das Benjamin nicht nur zugleich mit politischen wie psychoanalytischen Termini umschreibt, sondern welches er darüber hinaus mit der jüdisch-theologischen Tradition verknüpft, wenn er von einem „Zeichen einer messianischen Stillstellung des Geschehens" spricht, dieses „Zeichen" ist als einer „Konstellation" aus scheinbar unvereinbaren Traditionen und Diskursgattungen zugehörig konstruiert. Lange vor Lyotard ist dem „Zeichen", von dem Benjamin spricht, die Vorstellung eines Widerstreits heterogener Diskursgattungen, die gegen jede Form von Totalitarismus gerichtet ist, bereits eingeschrieben. „Der historische Materialist", der Geschichtsschreiber im Sinne Benjamins, steht keineswegs, wie sein Name vermuten läßt, allein in einer marxistischen Tradition, und schon gar nicht in einem orthodoxen Verständnis derselben. Einem „konstruktiven Prinzip" hat er ebenso zu folgen, wie er sich offenbar auch auf ein destruktives Prinzip zu verstehen hat, wenn es zu seinen Aufgaben gehört, „eine bestimmte Epoche aus dem homogenen Verlauf der Geschichte herauszusprengen".

Benjamins „historischer Materialist" versteht sich auf ein Zitieren, mittels dessen er Geschichte besonders „in exemplarischen historischen Fallstudien" (Pfister) dekonstruiert, ohne deshalb damit einen hermeneutischen Ansatz zu verbinden: Er ist in einem Modus von Subjektivität zu denken, der sich erst gleichzeitig mit seinem Gegenstand „als Monade kristallisiert": Somit stellt er sich vielmehr als Effekt seiner Geschichtsschreibung, denn als hermeneutisch reflektierte Voraussetzung derselben dar. Es ist „*die* Gegenwart, in der er (der historische Materialist; T.H.) für seine Person Geschichte schreibt" (GS.Bd.I/2. 702), wobei „*die* Gegenwart" auf den „Begriff einer Gegenwart, die nicht Übergang ist sondern in der Zeit einsteht und zum Stillstand gekommen ist" (GS.Bd.I/2. 702) anspielt. Es handelt sich bei dieser Gegenwart um den Moment des sich ereignenden dialektischen Bildes, in dem sich neben der Geschichtsschreibung auch der Geschichtsschreiber allererst und nur als solcher vorübergehend konstituiert:

> „Nicht so ist es, daß das Vergangene sein Licht auf das Gegenwärtige oder das Gegenwärtige sein Licht auf das Vergangene wirft, sondern Bild ist dasjenige, worin das Gewesene mit dem Jetzt blitzhaft zu einer Konstellation zusammentritt. Mit anderen Worten: Bild ist die Dialektik im Stillstand. Denn während die Beziehung der Gegenwart zur Vergangenheit eine rein zeitliche, kontinuierliche ist, ist die des Gewesnen (sic!) zum Jetzt dialektisch: ist nicht Verlauf sondern Bild<,>sprunghaft. – Nur dialektische Bilder sind echte (d.h.: nicht archaische) Bilder; und der Ort, an dem man sie antrifft, ist die Sprache. ·Erwachen·" (PW 576f.).

Inwiefern Benjamins implizite Theorie des Zitierens im Dienste eines ethischen Eingedenkens zu verstehen ist, das machen die Bemerkungen von Stéphane Moses deutlich, die vorab hilfreich sind, um Benjamins enigmatische Konzeption des dialektischen Bildes, auf die häufiger im Zusammenhang mit Handkes Ästhetik »nach Auschwitz« zurückzukommen ist, nachvollziehen zu können:

> „Das vom Eingedenken gestiftete Verhältnis zwischen der Gegenwart und der Vergangenheit hat (...) nichts Notwendiges; vielmehr konstituiert es zwischen zwei Momenten der Zeit eine Verbindung, die ohne eben dieses Eingedenken gar nicht in Erscheinung treten könnte und die, streng genommen, außer ihm gar nicht existiert. Zwischen den beiden Augenblicken, die das Eingedenken zusammenfügt, gibt es weder eine Kausalbeziehung (wie in der modernen Geschichtsauffassung) noch ein Analogieverhältnis (wie in der archaischen Denkweise); die Affinität zwischen ihnen ist nicht gegeben, sondern sie wird gewählt oder vielmehr frei erschaffen. Die Gegenwart wählt hier ihre eigene Vergangenheit aus, konstituiert sich ihre eigene Geschichte. Dieses Verhältnis zur Vergangenheit wird geleitet durch den Willen, sie zu retten, d.h. sie dem Vergessen oder der Erstarrung zu entreißen. Dabei geht es um zweierlei: zum einen, die Gegenwart an eine Tradition anzuschließen, zum anderen, die gescheiterten Hoffnungen der gewesenen Geschlechter wiederaufleben zu lassen." [16]

Intertextualität avant la lettre, inklusive deren antimetaphysischer Radikalisierung des Zeichen-Begriffs bei gleichzeitiger Dekonstruktion der Funktion des Autorsubjekts, so läßt sich die ethische Praxis eines Geschichtsschreibers verstehen, dem es um ein derartiges Eingedenken der unterdrückten Vergangenheit geht. Bei der Konzeption des dialektischen Bildes handelt es sich also weniger um einen grundlegenden Schematismus der reinen Verstandesbegriffe, der wie noch bei Kant in der Vorstellung einer transzendentalen Apperzeption seine *Begründung* findet[17], als vielmehr um einen Schematismus, der den Kantischen noch dadurch radikalisiert, daß die Einheit transzendentaler Apperzeption nicht länger vorausgesetzt ist.

Benjamins Textpraxis des zitierenden Eingedenkens läßt sich auch in Verbindung bringen mit der dialogisch-ambivalenten Verfahrensweise Bachtins, die von Kristeva im Sinne Bachtins „als der einzige Weg, der es dem Schriftsteller erlaubt, in die Geschichte einzutreten" (BDWR 352), vorgestellt wird.

Intertextualität stellt aber nicht nur eine monistische Textkonstitution in Frage, sondern ist darüber hinaus selbst als komplexer Theorien-»Pluralismus« zu betrachten. Aus diesem werden im 1.Kapitel, bezogen auf die anstehenden Lektüren, zunächst nur die Theorieansätze isoliert herausgehoben, anhand deren Thematisierung sich ein Großteil der verschiedenen Rezeptionsweisen der Texte Handkes in Frage stellen läßt. Zumindest der Ausschließlichkeitsanspruch der jeweiligen Interpretationsansätze, die Handkes Texten insgesamt so unvereinbare Prädikate zukommen lassen wie: romantisch, klassizistisch, postmodern, narzißtisch, phänomenologisch, avantgardistisch, unpolitisch oder gar infantil, läßt sich auf diese Weise ad absurdum führen.

Eine Untersuchung von Handkes Texten, die in der Anwendung von Kristevas Intertextualitätsverständnis eine Konzeption des Eingedenkens in der Nachfolge Benjamins sieht, kommt dabei notwendig zu anderen Ergebnissen als jüngst noch die

---

[16] Stéphane Moses: Zu Benjamins Begriff des Eingedenkens. In: Bucklicht Männlein und Engel der Geschichte – Walter Benjamin, Theoretiker der Moderne; Ausstellung des Werkbund-Archivs im Martin-Gropius-Bau in Berlin, 28.Dezember 1990 bis 28.April 1991. Gießen 1990. S.101.

[17] Immanuel Kant: Die Kritik der reinen Vernunft. Werkausgabe Band III. Frankfurt a.M. 1974. S.136. (B 132). Im folgenden: *KrV*.
Lyotard erläutert den Kantischen Schematismus in einer Weise, die den Unterschied zu Benjamins Bild-Denken, das sich gerade gegen kategoriale Synthesen vorab definierter Bereiche sträubt, deutlich macht:
> „Die Funktion des Schematismus besteht darin (...) Synthesearten vereinbar zu machen, die bereits definiert sind und die entweder der einheitsstiftenden Kraft der Formen der Sinnlichkeit oder der Verstandeskategorien beigelegt werden."

Jean-François Lyotard: Die Analytik des Erhabenen. Kant-Lektionen. Aus dem Französischen von Christine Pries. München 1994. S.38f. (Originaltitel: Jean-François Lyotard: Leçons sur l'Analytique du sublime. (Kant, Critique de la faculté de juger, §§ 23-29). Paris 1991). Im folgenden: *AdE*.

Dissertation von Klaus Bonn, in der in Abgrenzung zu Benjamin den Texten Handkes offensichtlich eine geschichtsphilosophische Relevanz abgesprochen wird, wenn Bonn konstatiert:

> „Was Benjamins Blickrichtung auf die frühesten Bilder von der mythischen Handkes im strikten Sinne unterscheidet, ist ihre resolut geschichtliche Prägung. Der Alpdruck einer von der Unmittelbarkeit des Krieges erschütterten sowie familiärem Konfliktstoff ausgelieferten Kindheit, wie Handke sie durchlebte – konträr zu Benjamins „behütete(m) bürgerliche(n) Bewußtsein" (GW 85) [Bonn zitiert hier aus Handkes Journal „Das Gewicht der Welt"; T.H.] –, soll aus Überlebensgründen nicht fortlaufend mitgeschleppt werden."[18]

Mit dieser den Autor psychologisierenden Interpretation, die sich auf Überlebensgründe beruft, steht Klaus Bonn keineswegs allein, bereits Manfred Durzak hat in einer seiner Polemiken von der „Überlebensanstrengung" Handkes gesprochen[19]. Derartigen auf das Autorsubjekt zentrierten Interpretationsansätzen werden in der Folge Lektüren entgegengehalten, die demgegenüber sehr wohl eine geschichtsphilosophische Relevanz von Handkes Texten erweisen. Absicht dieser Studien ist dabei nicht, einen methodologisch längst ausgefochtenen Streit zwischen einander widerstreitenden Literaturtheorien erneut zu führen. Nicht die Schlichtung einer unschlichtbaren Konkurrenz von Lesarten bildet das Hauptinteresse, sondern eine reflektiert-methodenplurale Beschreibung der ethischen Dimension von Handkes intertextueller Schreibweise mit diversen der Literaturwissenschaft zur Verfügung stehenden Theorien. Bemerkenswertes schrieb zum Thema Handke-Polemiken Botho Strauß bereits 1970(!):

> „Doch so zutreffend die linke oder auch nur die mäßig dialektisch verfahrende Kulturkritik, die sich vor allem mit zahlreichen, mehr oder weniger gewitzten Polemiken gegen das »Phänomen« Handke hervortat, auch immer sein mochte, so fruchtlos war sie doch, insofern sie seinen Arbeiten kaum je gerecht zu werden versuchte. Es war – im Vergleich zu den Denk- und Sprachformen Handkes – stets eine Fremd-Sprache, die über ihn urteilte, und deshalb nur selten etwas von den besonderen ästhetischen, poetischen Reizwirkungen, die von seinen Stücken und seiner Prosa ausgingen, einfing oder wiederzugeben im Stande war."[20]

Die ethische Dimension von Peter Handkes Texten läßt sich einerseits nicht anders beschreiben als vor dem Hintergrund einer Krise der Logik der Repräsentation. Von einer ethischen Dimension ließe sich andererseits aber überhaupt nicht mehr sprechen, wenn es keine Spuren mehr gäbe, die von der Notwendigkeit dieser Krise der Repräsentation zeugen können. Es geht also immer wieder um die Herausstellung eines durchaus ambivalenten Spurencharakters in Handkes Schreibweise des Eingedenkens.

Zuletzt im Text „Versuch über die Müdigkeit" bezeichnet Handke das österreichische Volk, fast im Stil von Thomas Bernhard, als „das erste für alle Zukunft zur Sühne unfähige, umkehrunfähige Volk der Geschichte"[21]. Dabei betont Handke, daß es

---

[18] Klaus Bonn: Die Idee der Wiederholung in Peter Handkes Schriften. Würzburg 1994. S.131. Im folgenden: *IW*.

[19] Manfred Durzak: Postmoderne Züge in Handkes Roman „Der kurze Brief zum langen Abschied"? In: Partir, revenir ... En route avec Peter Handke. Publications de l'Institut d'Allemand d'Asnières 1992. S.132. Im folgenden: *PZ*.

[20] Botho Strauß: Versuch, ästhetische und politische Ereignisse zusammenzudenken. Frankfurt a.M. 1987. S.63.

[21] Peter Handke: Versuch über die Müdigkeit. Frankfurt a.M. 1989. S.32.

sich dabei um keine bloße Meinungsäußerung handele, sondern um ein „Bild" von diesem „Volk". Der Frage nach einem gegenüber der Meinung größeren oder zumindest qualitativ zu unterscheidenden Objektivitätsgrad derartiger Bilder wird in einigen Texten Handkes immer wieder nachzugehen sein.

Handkes Bild von Sühne wird in diesem Bild des österreichischen Volkes keineswegs bereits gestaltet. Der tatsächlich manchmal selbstgerecht wirkende Tonfall von Handkes Urteilen verliert seine rein theologisch-metaphysische Lesart und damit sein naheliegenstes Mißverständnis – ein Literaturkritiker hat Handke einmal als „Heino der Metaphysik"[22] bezeichnet –, sieht man das Bild der Sühne bei Handke in seiner literarischen Verwendung und intertextuellen Umsetzung im Zusammenhang mit Walter Benjamins Konzeption dialektischer Bilder und mit dem Sühne-»Begriff« von Emmanuel Lévinas, auf den im 5. Kapitel näher eingegangen wird. Damit steht die Art und Weise, *wie* Handke die Thematik von Sühne und Entsühnung »nach Auschwitz« in seinen Texten aufgreift und nicht allein die Tatsache, daß er dies in vermeintlich theologischen Begriffen tut, zur Bestimmung von Kriterien seiner Ästhetik »nach Auschwitz« zur Diskussion.

Die Dekonstruktion gräbt nicht „an der Wurzel der Wissenschaftlichkeit"[23], wie Derrida es ausdrückt, um diese Wurzel ersatzlos auszureißen, sondern vermittelt zugleich ein radikalisiert kritisches Bewußtsein, daß dieses nicht letzte Konsequenz einer sinnkritischen methodologischen Reflexion sein kann, lediglich Unsinn zu produzieren. Allerdings werden Kriterien der Gewißheit für eine Grenzziehung zwischen Sinn und Unsinn permanent in Frage gestellt. Fragen der umstrittenen wissenschaftstheoretischen Fundierung des dekonstruktivistischen Denkens, zu dessen Vertretern im gegebenen Zusammenhang auch Kristeva und Lévinas zählen, sind daher bereits einleitend anzusprechen. Im Vordergrund stehen dabei immer wieder Paradoxien, die als solche bezüglich ihres erkenntnistheoretischen Potentials zu hinterfragen sind. Das wird im Verlauf der Untersuchungen die Konzeptionen des Subjekts betreffen, die nur vor dem Hintergrund der Dekonstruktion des Logozentrismus zu erfassen sind. Das gilt, um nur zwei zu nennen, für Kristevas »Subjekt-im-Prozeß« ebenso wie für die »Epiphanie des Antlitzes« bei Lévinas. Anscheinend erlauben nur paradoxale erkenntnistheoretische Voraussetzungen, die Frage nach einer Neubegründung der Ethik auf eine nicht mehr logozentrisch zu denkende Weise zu stellen.

Es liegt nicht im Interesse dieser Lektüren von Handkes (Film-)Texten, eine an der Person des Schriftstellers orientierte psychoanalytische Studie vorzulegen, wie sie etwa am Beispiel von „Georg Trakls Dichtung und Krankheit" von Gunther Kleefeld unter dem Titel „Das Gedicht als Sühne" vorgelegt wurde. Auch wenn Kleefeld

---

[22] Zitiert nach: Peter Strasser: Der Freudenstoff. Zu Handke eine Philosophie. Salzburg – Wien 1990. Im folgenden: *Fr.*:
„Jens prägte, wenn ich mich nicht irre, das Wort vom »Heino der Metaphysik«." (Fr 54).

[23] Jacques Derrida: Grammatologie. Aus dem Französischen von Hans-Jörg Rheinberger und Hanns Zischler. Frankfurt a.M. 1983. (Originaltitel: Jacques Derrida: De la grammatologie. Paris 1967). Im folgenden: *Gr.*:
„Die Wissenschaft von der Schrift hätte also ihren Gegenstand an der Wurzel der Wissenschaftlichkeit zu suchen. Die Geschichte der Schrift hätte auf den Ursprung der Geschichtlichkeit zurückzugehen. Wissenschaft von der Möglichkeit der Wissenschaft? Wissenschaft von der Wissenschaft, die nicht mehr die Form der *Logik*, sondern die der *Grammatik* besäße? Geschichte von der Möglichkeit einer Geschichte, die nicht mehr Archäologie, Philosophie der Geschichte oder Geschichte der Philosophie wäre?" (Gr 50).

abschließend zu dem Ergebnis kommt, daß das „Schuldgefühl, das Trakl zum poetischen Schaffen treibt und seine Poetik der Sühne begründet (...) kein Phänomen individueller Psychopathologie, sondern ein zentrales Problem der menschlichen Kultur"[24] darstellt – der Weg einer Psychobiographie bleibt für die folgenden Lektüren der Texte Peter Handkes ausgeklammert. Es wird auch nicht darum gehen, Handkes Texte als Krankengeschichten zu lesen, wie dies Tilmann Moser unter ausdrücklicher Ausklammerung einer Psychoanalyse des Autors vorgenommen hat. Dies bedeutet keineswegs, daß es „Handkes schonungsloses autobiographisches Schreiben"[25], von dem Moser spricht, nicht gibt. Wenn überhaupt, wird es aber nur ausnahmsweise Erwähnung finden, in Lektüren, die um das Thema kollektiven Eingedenkens kreisen, das mit einer im traditionellen Sinn verstandenen Autobiographie Handkes und eng damit zusammenhängenden Fragen nicht viel gemeinsam hat. Worum es also hauptsächlich in diesen Studien geht, das ist nicht etwa eine weitere Apologie Handkes, sondern die Frage, *wie* er seine hier so benannte Ästhetik »nach Auschwitz« gestaltet.

Wolfgang Welsch hat in Anlehnung an Lyotard, aber auch in Abgrenzung zu seiner Philosophie des Widerstreits, eine Vernunft-Konzeption vorgestellt, deren Hauptakzent auf die Übergänge zwischen den vermeintlich heterogenen Diskursen gelegt ist. Welsch spricht von transversaler Vernunft, deren Konzeption am Schluß dieser Untersuchungen auf ihre Nähe zu Kristevas Theorie befragt wird. Die folgende kurze Charakteristik der Konzeption transversaler Vernunft dient aber schon der anfänglichen Kennzeichnung eines methodenpluralen Vorgehens, das sich die Beschreibung von Handkes intertextueller Schreibpraxis eines postmetaphysischen Eingedenkens zum Ziel gesetzt hat:

> „Eine vernünftige Praxis ist eine, die nicht bloß die Konsequenz eines einzigen Rationalitätstyps verfolgt, sondern auch das Umfeld im Blick hat und regulativ zur Geltung bringt. Genau eine solche Praxis wird durch die Vollzugsform transversaler Vernunft möglich. Wo immer eine Praxis solchen Zuschnitts vorliegt – die wir in einem gängigen Sinn als „vernünftig" bezeichnen – entdeckt die Analyse, daß nicht bloß eine einzelne Rationalität verfolgt wird, sondern auch deren Anschlußpunkte, Implikationen und Übergänge Beachtung finden. In diesem Sinn handelt es sich jedesmal um eine Praxis transversaler Vernunft. Und auf diese Vollzugsform kommt es an. – Der Name ist nebensächlich." (UpM 306).

---

[24] Gunther Kleefeld: Das Gedicht als Sühne. Georg Trakls Dichtung und Krankheit. Eine psychoanalytische Studie. Tübingen 1985. S.390.

[25] Tilmann Moser: Romane als Krankengeschichten. Frankfurt a.M. 1985. S.36.

> „vieil aller
> vieux arrêts
> aller
> absent
> absent
> arrêter"

Samuel Beckett [26]

1. Kapitel: Trennendes Ineinander –
Peter Handkes intertextuelle Schreibpraxis

Im *1. Kapitel* wird aus verschiedenen Gründen ein Blick auf die Relevanz der Husserlschen Phänomenologie für Handkes Schreibweise gerichtet. Zunächst wurde Handke von der Forschung, als Reaktion auf eine fast nur noch gegen Handke polemisierende Kritik, mit Husserl in Verbindung gebracht.[27] Dieser Initiative wird jedoch aus methodischen Überlegungen heraus nicht weiter nachgegangen, da es gerade die Dekonstruktion des Husserlschen Zeichenbegriffs ist, die nicht nur für Jacques Derrida die Initialzündung seines Denkens darstellt. Ebenso wichtig ist sie für die Intertextualitäts-Konzeption Julia Kristevas, von der hier, wenn nicht ausschließlich, so doch maßgeblich ausgegangen wird.

Daß in dem Text „Die Lehre der Sainte-Victoire"[28] nicht allein von den Bildern Cézannes die Rede ist, darauf wird im Anschluß an die methodischen Vorüberlegungen hingewiesen: Bei der Analyse textübergreifender und damit intertextueller Beziehungen, die zwischen diesem Text und Handkes Verfilmung seines Märchens „Die Abwesenheit"[29] in bezug auf die Verbrechen des Nationalsozialismus bestehen, geht es mit Lyotard gesprochen darum „das Gefühl dafür zu schärfen, daß es ein Undarstellbares gibt"[30].

---

[26] Samuel Beckett: Flötentöne. Französisch/Deutsch. Übertragen von Elmar Tophoven und Karl Krolow. Frankfurt a.M. 1982. S.50. (Originaltitel: Samuel Beckett: Mirlitonades. Paris 1981). Im folgenden: *Fl.*

[27] Peter Pütz: Peter Handke. Frankfurt a.M. 1982. S.8ff. Im folgenden: *PPH.*

[28] Peter Handke: Die Lehre der Sainte-Victoire. Frankfurt a.M. 1980. Im folgenden: *LSV.*

[29] Peter Handke: Die Abwesenheit. Frankfurt a.M. 1987. Im folgenden: *Abw.*

[30] Jean-François Lyotard: Postmoderne für Kinder. Aus dem Französischen von Dorothea Schmidt, unter Mitarbeit von Christine Pries. Wien 1987. S.29. (Originaltitel: Jean-François Lyotard: Le Postmoderne expliqué aux enfants. Paris 1986).

1.1 Übergänge – Intentionalität und Intertextualität – Über Möglichkeit und Unmöglichkeit der Geschichtsschreibung »nach Auschwitz«

1.1.1 Die erkenntnistheoretische Funktion des Subjekts

Terry Eagleton beginnt seine „Einführung in die Literaturtheorie" mit einer Kritik an der phänomenologischen Literaturkritik, der er eine „etwas überholte Sprachauffassung" vorwirft, die „auf Husserl selbst zurück" geht:

> „Husserl spricht von einem rein privaten oder inneren Erfahrungsbereich; aber in Wirklichkeit ist ein solcher Bereich eine Fiktion, da jede Erfahrung auch Sprache beinhaltet, die Sprache aber unabdingbar sozial ist. (...) Für Husserl geht (...) die Bedeutung der Sprache voraus: Sprache ist nicht mehr als sekundäre Tätigkeit, die die Bedeutungen, über die ich schon irgendwie verfüge, mit Namen versieht. Wie es mir überhaupt möglich ist, über Bedeutungen zu verfügen, ohne auch schon Sprache zu haben, ist eine Frage, die Husserls System nicht beantworten kann."[31]

Peter Pütz stellt in seinem Buch „Peter Handke" einleitend einen Zusammenhang zwischen Handkes Schreibweise und der Philosophie Husserls her, indem er, wie Husserl selbst es tut, zunächst auf Descartes zu sprechen kommt, und wobei Pütz gegenüber Eagleton die Phänomenologie Husserls gerade als einen Weg betrachtet, der bloßen Privatsphäre zu entkommen:

> „Wie erklärte sich Handkes Wirkung, wenn seine Schriften nur von den Intimquerelen mit seinem Ego sprächen? Nicht allein aus diesem Grunde erscheint es ratsam, statt von einem angeblich resignierenden Rückzug in die Privatsphäre zu reden, eine tiefer reichende und überpersönliche Problematik, nämlich die fundamentale Rückbesinnung auf die erkenntnistheoretische Funktion des Subjekts, zur Kenntnis zu nehmen und darin eine Art Cartesianischer Wende zu sehen. Nach dem offenbar gescheiterten Versuch der sechziger und beginnenden siebziger Jahre, in naivem Zugriff Welt beschreiben oder gar verändern zu wollen, sehen sich Autoren der Gegenwart genötigt, in einer quasi transzendental-literarischen Reflexion die Bedingungen der Möglichkeit von Wahrnehmung und Darstellung allererst zu erforschen. Diese Expedition führt bei Descartes unweigerlich in den Bereich der Subjektivität, die nicht gleichbedeutend mit dem privaten solus ipse ist." (PPH 8).

Wenn Pütz zum damaligen Zeitpunkt Handke noch phänomenologisch zu lesen empfohlen hat, so gewiß nicht mit der Absicht, einen idealistisch-subjektivistischen Standpunkt zu untermauern, sondern um eine weiterreichendere Infragestellung dieses Standpunktes gegenüber einer polemisch etikettierenden Handke-Kritik zu ermöglichen.[32] Husserls transzendentalphilosophisches Subjektverständnis wird Pütz zum erkenntniskritischen Instrument gegenüber einer Kritik, die dem Autor Peter Handke im Rahmen einer sogenannten »Neuen Subjektivität« nicht mehr viel Neues, sondern nur noch Subjektives zu sagen zutraut.

---

[31] Terry Eagleton: Einführung in die Literaturtheorie. Aus dem Englischen von Elfi Bettinger und Elke Hentschel. Stuttgart 2.Aufl. 1992. S.24f. (Originaltitel: Terry Eagleton: Literary Theory. An Introduction. Oxford 1983). Im folgenden: *EL*.

[32] Peter Pütz hat in seinem Aufsatz: Handke und Nietzsche: „Kein Marterbild mehr malen" seine Auffassung zum Verhältnis der Texte Handkes zu den dekonstruktivistischen Texttheorien geäußert. In: Gerhard Fuchs und Gerhard Melzer (Hg.): Peter Handke – Die Langsamkeit der Welt (Dossier Extra). Graz 1993. S.73f. Im folgenden: *PHN*.
Für Pütz lautet die entscheidende Frage:
  „Wie ist kognitiv und ästhetisch irreversible Verabschiedung bestimmter Sinnsetzungen seit dem Beginn der Moderne zu überwinden, ohne sie durch Positivitäten zu verbauen oder gar zu vereiteln?"

Wenn demgegenüber Eagleton an Husserls Phänomenologie kritisiert, daß sie aus methodischen Gründen dem Privaten verhaftet bleibt, ist dies nicht etwa ein Standpunkt, der doch noch den zahlreichen Handke-Polemiken recht gibt, sondern im Gegenteil fordert Eagleton radikaler als Pütz, die erkenntnistheoretische Funktion des Subjekts nun auch noch bei Husserl in Frage zu stellen. Leistet Pütz in bezug auf das Verständnis der Texte Handkes Kritik der Kritik, läßt sich Eagletons Standpunkt an dieser Stelle kritisch auf den literaturtheoretischen Ansatz von Pütz übertragen und als nochmals potenzierte Kritik der Kritik begreifen. Dieses Reflexions- und Abstraktionsniveau Eagletons befindet sich damit bereits auf der Ebene, von der aus auch poststrukturalistische Literaturtheorien ihre Distanz zu literarischen Texten bestimmen. Diese Distanz hat George Steiner einmal polemisch gekennnzeichnet:

> „Die Klassiker der Dekonstruktion, so etwa Derrida oder Paul de Man, sind »Fehldeutungen« nicht von Literatur, sondern von Philosophie; sie richten sich an philosophische Linguistik und die Theorie der Sprache. Die Köpfe, denen sie die Maske vom Gesicht zu reißen suchen, sind die Platos, Hegels, Rousseaus, Nietzsches oder de Saussures. Die Dekonstruktion hat uns nichts über Aischylos oder Dante, über Shakespeare oder Tolstoi zu sagen."[33]

Die Analysen der Texte Peter Handkes sollen demgegenüber in der Folge zeigen, wie diese Distanz aber zugleich eine Nähe bedeuten kann, indem abstrakte literaturtheoretische Fragestellungen, etwa bezüglich der erkenntnistheoretischen Funktion des Subjekts, in ihnen als durchaus konkrete sichtbar werden.

So ist ein Satz, den Peter Handke anonym in seinem Text „Die Lehre der Sainte-Victoire" zitiert, und dessen Paradoxie ins Auge springt, für sich genommen bereits auf mindestens zwei unterschiedliche Weisen interpretierbar, je nachdem, in welchem theoretischen Kontext die hervorstechende Paradoxie betrachtet wird: intentional in dem der Phänomenologie Edmund Husserls oder psychoanalytisch-semiotisch in dem der Intertextualität Julia Kristevas. Das scheinbar anonyme Zitat bei Handke lautet:

> „»Der Übergang muß für mich klar trennend und ineinander sein.«" (LSV 119).

In den „Vorlesungen zur Phänomenologie des inneren Zeitbewußtseins" schreibt Husserl:

> „Das gehört zum Wesen der Wahrnehmung, daß sie *nicht nur* ein punktuelles Jetzt im Blick hat und nicht nur ein Eben=gewesen aus ihrem Blick entläßt und in der eigentümlichen Weise des »eben gewesen« doch »noch bewußt« hat, sondern auch daß sie von Jetzt zu Jetzt *übergeht* und ihm vorblickend entgegengeht." (kursiv von mir, T.H.)[34].

Ein Akt der Reflexion ist demnach »noch« ausreichend für die Bestimmung des Wesens der Wahrnehmung, wenn es sich allein aus einem punktuellen Jetzt bestimmen ließe. Es ist jedoch bereits bei Husserl gerade das Zusammenspiel von Retention und Protention im inneren Zeitbewußtsein, das neben dem punktuell Trennenden auch den Übergang von einem Jetzt zum anderen, und damit ebenso deren Ineinander, in den Blick geraten läßt. Bevor jedoch darauf einzugehen sein wird, inwieweit sich Benjamins Gedanke einer Dialektik im Stillstand und in der Folge auch Derridas

---

[33] George Steiner: Von realer Gegenwart. Hat unser Sprechen Inhalt? Aus dem Englischen von Jörg Trobitius. München – Wien 1990. S.172. (Originaltitel: George Steiner: Real Presences. London 1989). Im folgenden: VrG.

[34] Edmund Husserl: Vorlesungen zur Phänomenologie des inneren Zeitbewußtseins. Tübingen 2.Aufl. 1980. S.458.

Dekonstruktion der Dialektik von Protention und Retention bei Husserl von dessen Position absetzen, soll diese zunächst einmal selbst in Ansätzen skizziert werden.

Das „Wesen der Wahrnehmung", das müßte Husserls Analyse eigentlich zeigen, läßt sich nur bedingt, also eben gerade nicht unbedingt und voraussetzungslos, mit den Mitteln der Reflexion erfassen. Was sich innerhalb der Retention „*» noch bewußt«*" (Herv.T.H.) machen läßt, ist für die Protention nur noch „*vorblickend*" (Herv.T.H.) zu erfassen.[35] Der Reflexion, „jene Reflexion des Selbstbewußtseins, die Descartes entwickelt hat und die dann im deutschen Idealismus, bei Fichte und später bei Husserl, ganz ins Zentrum gerückt worden ist"[36], sind für die Erkenntnis des Wesens der Wahrnehmung bei Husserl bereits deutliche Grenzen gesetzt. Auf kaum übersehbare Widersprüche in Husserls Theorie macht jedoch Manfred Frank aufmerksam:

> „Zwischen der Skylla des einstelligen und der Charybdis des reflexiv-zweistelligen Bewußtseins vom Zeitfluß erwägt Husserl in tastenden Formulierungen das Modell eines Bewußtseins, das auf geheimnisvolle Weise zwischen beiden die Mitte hielte: er nennt es bald ein ›inneres‹ oder ›nicht gesetztes‹ Bewußtsein‹ (...), bald ein ›*implizites* Intendieren‹, bald eine ›vor-reflexive Zuwendung zum präphänomenalen Sein der Erlebnisse‹, bald ein ›nicht vergegenständlichendes Meinen‹ (...) usw." (WiN 320).

In Husserls Konzeption der Intentionalität, die die vom Bewußtsein traditionell vorgenommene Subjekt-Objekt-Spaltung über eine phänomenologische Reduktion im Akt einer Wesensschau[37] aufzuheben versucht, der jedoch von Husserl noch immer indirekt an ein transzendentales Ego zurückgebunden gedacht wird, ist jede Verknüpfung von Jetztpunkten, sei sie nun vor- oder rückblickend, von dieser indirekten Anbindung an die Vorstellung eines transzendentalen Ego geleitet. Husserl beschreibt selbst diese Problematik:

> „Zu Anfang der Phänomenologie und in der Einstellung des erst Anfangenden, der eben erst die phänomenologische Reduktion als universalen Habitus konstitutiven Forschens zur Urstiftung bringt, ist das in den Blick tretende transzendentale Ego zwar apodiktisch erfaßt, aber mit einem ganz unbestimmten Horizont, der bloß dadurch in Allgemeinheit gebunden ist, daß die Welt und alles, was ich von ihr weiß, zu bloßem Phänomen werden soll. Es fehlen also, wenn ich so anfange, alle Unterscheidungen, die erst die intentionale Auslegung schafft, und die doch, wie ich einsehe, wesensmäßig zu mir gehören."[38]

---

[35] Vgl. Manfred Frank: Was ist Neostrukturalismus? Frankfurt a.M. 1983. Im folgenden: *WiN*, wo Frank den „Widerspruch in den theoretischen Mitteln" (WiN 319) Husserls bezüglich dessen Konzeption des Zeitflusses aufzeigt.

[36] Hans-Georg Gadamer: Das Sein und das Nichts. In: Traugott König (Hg.): Sartre – Ein Kongreß. Reinbek bei Hamburg 1988. S.43. Im folgenden: *GSN*.

[37] Theodor W. Adorno unterzieht die Konzeption der Wesensschau einer vernichtenden Kritik:
„Formale Logik heißt regelhaftes Operieren mit bloßen Begriffen, ohne Rücksicht auf deren materiale Legitimität. So aber verfährt Husserl selbst dort, wo er die logischen Sachverhalte diskutiert. Er bleibt, indem er die Bedeutung der Begriffe zum Kanon ihrer Wahrheit erhebt, in der Immanenz ihres Geltungsbereichs befangen, während es aussieht, als ob er diese Geltung selbst begründe. Das verleiht der Husserlschen Phänomenologie ihren eigentümlich hermetischen Charakter, den des Spiels mit sich selbst, einer gewaltigen Anstrengung beim Stemmen von Gummigewichten. Etwas von dieser Unverbindlichkeit haftet an allem, was von ihm ausging, und trägt bei, die Lockung zu erklären, der solche erliegen, die ohne Gefahr bedenklicher Antworten radikal fragen wollen. Wodurch immer er Geschichte gemacht hat, insbesondere die Wesensschau, setzt den in der Wissenschaft oder dann der Sprache kodifizierten Abguß der Welt, das System der Begriffe, dem An sich gleich. Was an Erkenntnis in jener zweiten Natur sich abspielt, gewinnt den Schein des Unmittelbaren, Anschaulichen."
Theodor W. Adorno: Zur Metakritik der Erkenntnistheorie: Studien über Husserl und die phänomenologischen Antinomien. Frankfurt a.M. 1990. S.102ff. Hier: S.115. Im folgenden: *ZME*

[38] Edmund Husserl: Cartesianische Meditationen. Hamburg 1977. S.153.

Es ist demnach die „intentionale Auslegung", die zu den „Unterscheidungen" zurückführt, von denen zunächst die „phänomenologische Reduktion" zu befreien schien.

Das anfangs vorgestellte anonyme Zitat, das sich in Handkes Text „Die Lehre der Sainte-Victoire" findet, diese Rede von einem „Übergang", der für ein im gegebenen Zusammenhang anonymes Subjekt „klar trennend und ineinander" zu sein hat, läßt sich, wie gezeigt, in ein plausibles Verhältnis zu Husserls Reflexionen auf die Bedingungen der Möglichkeit von Wahrnehmung übertragen. Die vorgenommenen Zitate Husserls (Siehe Anm.34 und Anm.38) stellen einen Beleg dar für die paradoxale Vorstellung eines zugleich als getrennt und verbunden zu denkenden zeitlichen Übergangs in der Wahrnehmung. Während aber der Prozeß der Wahrnehmung bei Husserl auf dem besten Wege ist, dem abendländischen Logozentrismus zu entkommen, führt der im weiteren damit zu verbindende Prozeß der Signifikation, der an das transzendentale Ego gebunden ist, geradewegs in den metaphysischen Diskurs zurück. Ein Blick auf die damalige Darstellung von Pütz, die Handke mit Husserl in Beziehung setzt, ist deshalb interessant, weil Pütz in ihr in der „quasi transzendental-literarischen Reflexion", die er in Handkes Schreiben vorfindet, die dekonstruktivistische Radikalisierung der Husserlschen Position[39] noch unberücksichtigt läßt. Ungeachtet dieser weiteren auch an Handkes Texten aufweisbaren Subjekt-Dekonstruktion finden sich bis in die jüngste Zeit hinein noch immer Polemiken gegen Handkes Texte, die dem Grad literaturtheoretischer Reflexion von Handkes Schreibweise nach wie vor nicht gerecht werden: Die von Handke in seinen Texten vorgenommene Radikalisierung der Erkenntnisfunktion des Subjekts nun im Sinne einer solchen Negation der Cartesianischen Wende Husserls verstehen zu wollen, die allein zu einer neuen Position narzißtischer Subjektivität zurückkehrt, heißt sie gründlich mißzuverstehen.

Handkes Ästhetik »nach Auschwitz« spricht jedenfalls eine andere Sprache, eine Sprache, die nicht nur auf ihre subjektive Bedingtheit reflektiert, sondern diese in keineswegs narzißtischer Manier zu einem nicht nur subjektiv bedeutsamen ethischen Eingedenken zu überschreiten bemüht ist. Daß Handkes Schreibweise eine vom Narzißmus nur so durchtränkte sei, ist ein Urteil, das sich inzwischen nur noch polemisch aufrechterhalten läßt. So spricht etwa Manfred Durzak von:

> „(...) den Widersprüchen eines Autors, der im pastoralen Verkündigungston jener Arbeiten, wo es ihm ums „Ganze" geht, die Literatur verabschiedet hat und der sie bereicherte da, wo er sich seiner selbst unsicher war und das Schreiben für ihn eine Überlebensanstrengung wurde." (PZ 132) [40]

Gegenüber einer derartigen Polemik wird sich zeigen, daß Handkes Sicht auf ein vermeintliches „Ganzes" nicht im geringsten mit einer Verabschiedung einer in sich reflektierten Literatur eins zu setzen ist, sondern ganz im Gegenteil eine neue Reflexion auf die Pluralität dieses „Ganzen" in einer Weise verlangt, wie sie eingangs mit

---

[39] Vgl. Frank: Was ist Neostrukturalismus? A.a.O. 15. (S.296ff.), 16. (S.316ff.) und 26. Vorlesung (S.520ff.).

[40] Durzaks Einschätzung von Handkes Schreibweise zeigt sich unverändert; auch zehn Jahre nach seinem Handke-Buch sieht Durzak in Handke einen „Narziß auf Abwegen", dem er damals in bezug auf die Behandlung der Natur in der Erzählung „Langsame Heimkehr" vorgeworfen hat, diese fungiere als „Narkotikum, das Vergessen beschert angesichts der Schuldverstrickungen im Dritten Reich". Manfred Durzak: Peter Handke und die deutsche Gegenwartsliteratur. Narziß auf Abwegen. Stuttgart 1982. S.150.

einem Hinweis auf eine Konzeption einer transversalen Vernunft bereits angedeutet wurde.

Pütz hat gegenüber einigen Handke-Kritikern selbst eine kritische Position beschrieben, der anders als bei Eagleton, aber auch auf einer anderen Ebene der literaturtheoretischen Reflexion, ein Husserl-Verständnis zugrunde liegt, dem keine Intentionen aufs lediglich Private zu unterstellen sind, wohl aber ein Interesse an einer Fundierung einer erkenntniskritischen Position, die sich auch unabhängig von den Überlebensanstrengungen des Autors beim Schreiben seiner Texte bestimmen läßt. Während bereits Adorno zeigt, daß Husserls phänomenologische Reduktion der Vorbereitung einer Wesensschau dienlich ist, die sich einem rein formallogischen Zugriff der Reflexion des Bewußtseins nur scheinbar entzieht, ist es vor allem die semiotische Kritik, die an Husserls Begriff des Zeichens zeigt, daß dieser die intentionale Auslegung bestimmt und damit Husserls Philosophie letztlich in den Grenzen zurückhält, aus denen die Konzeption einer Wesensschau zunächst einen Ausweg verspricht. Husserls Begriff des Zeichens läßt sich einreihen in:

> „(...) die herrschende philosophische Tradition, von Platon über Hegel bis zu Husserl und der neopositivistischen Philosophie, die Sprache, das Wort, als etwas konzipierte, das zu einer bereits bestehenden Idee, Vorstellung, Bedeutung hinzutritt und diesem Vorgegebenen Ausdruck gibt."[41]

Edmund Husserls Konzept von Intentionalität stellt somit einen zwar zur Schau geläuterten, aber letztendlich in einem zweiten Schritt über seinen Zeichenbegriff doch noch immer bewußtseinslogisch fundierten Bezug dar, von dem sich in aller Entschiedenheit wohl zuerst Martin Heidegger distanziert. Gadamer bringt Heideggers Verabschiedung von Husserls transzendentalem Ego auf den Punkt:

> „Das entscheidende an der Phänomenologie ist: Ein Phänomen ist ein Erscheinen, *ohne daß etwas anderes dahinter* ist (kursiv;T.H.). Das Sein ist das Sein der Erscheinung selber. Das ist es, was wir befragen müßten, wenn wir mit Heidegger nach dem Sein fragen." (GSN 44).

Im Anschluß an Heidegger sind es namentlich vor allem Jacques Derrida, aber auch Julia Kristeva, die sich mit der Dekonstruktion des Husserlschen Zeichenbegriffs befaßt haben.

1.1.2 Die Dekonstruktion des Husserlschen Zeichenbegriffs

Julia Kristevas Theorie der Intertextualität unterscheidet sich insofern grundlegend von Husserls Theorie, als daß innerhalb ihrer Konzeption bewußte Vorstellungen immer auch konfligieren mit Vorgängen des Unbewußten, die sich gleichermaßen dem phänomenologischen Blick wie auch der Repräsentation entziehen. Kristeva kritisiert an Husserls Position, daß diese zu keinem Zeitpunkt die Position des Verstandessubjekts in Frage stellt:

> „Die Position des Verstandessubjekts als Subjekt des Zeichens und der Syntax (des Sinns und der Bedeutung – bei Husserl – eines Satzes) bestimmt die Setzung einer *hylé* oder einer Noesis, das heißt einer aus der Kreisbewegung ausgeschlossenen Natur, die aber als eine »solche« wieder in das Gesetzte eingeht. Das Gefecht, das sich im Bereich des Sinns (als Stoff, Kern oder Inhalt) Ego und Gegen-

---

[41] Hermann Lang: Die Sprache und das Unbewußte – Jacques Lacans Grundlegung der Psychoanalyse. Frankfurt a.M. 2.Aufl. 1993. S.II des Vorworts zur Taschenbuchausgabe.

stand liefern, setzt sich zwar im Rahmen der *Spiegelprojektion* fort, doch schlägt es keine Bresche in das konkrete oder kollektive Individuum und mündet auch nicht in den Verlust des Objekts oder des Ego."[42]

Die Dekonstruktion des Husserlschen Zeichenbegriffs bildet aber nicht nur eine Voraussetzung von Kristevas Konzeption von Intertextualität, auch Jacques Derridas „Randgänge der Philosophie"[43] stehen im Zeichen einer solchen Dekonstruktion einer Philosophie der Präsenz. Was Peter Völkner über Derridas Dekonstruktion bemerkt, läßt sich ohne Abstriche auch über Kristevas Intertextualität sagen:

> „Man kann nicht abstrakt über die Dekonstruktion schreiben. Sie ist ein Programm, der Vollzug vollzieht sich nicht im Namen einer regelgeleiteten Methode, macht die Dekonstruktion es sich doch geradezu zur Aufgabe, in Verfolgung der metaphysischen Systeme des Logozentrismus dabei auch die Geschichte des Methodenbegriffs offenzulegen. Sie ist nicht selbst eine Methode. Sie gehört eigentlich noch – und gerade sie, weil sie den Logozentrismus in seinem ganzen Ernst nimmt – in das Schema der zu überwindenden Metaphysik. Von daher kann ihr die Rationalität als solche nicht suspekt sein. Der dekonstruktive Diskurs mit dem Logozentrismus verlangt selbst höchste Rationalität. Die Dekonstruktion ist daher eher ein Symptom für eine Veränderung der Ordnung von Rationalität."[44]

Völkners Wertung der Dekonstruktion[45] als ein sich der Rationalität bedienendes Symptom der Veränderung der Ordnung von Rationalität ist keineswegs unumstritten, so akzentuieren etwa Luc Ferry und Alain Renaut polemisch weniger ein Symptom von Veränderung der Rationalität als vielmehr die restaurative Wiederholung des vermeintlich bereits bestehenden Denkwegs Martin Heideggers durch die Dekonstruktivisten[46]. George Steiner spricht explizit der Dekonstruktion das Hervorbringen einer „metamorphischen Bedeutungslosigkeit, der Willkürlichkeit von Bedeutung, die immer offen ist für Aufschub oder Leere" (VrG 163) zu, um der Dekonstruktion selbst anschließend den Umgang mit „logozentrischen Begriffen"[47]

---

[42] Julia Kristeva: Die Revolution der poetischen Sprache. Aus dem Französischen von Reinold Werner. Frankfurt a.M. 1978. S.46. (Originaltitel: Julia Kristeva: La révolution du langage poétique. Paris 1974). Im folgenden: *RpS*.

[43] Jacques Derrida: Randgänge der Philosophie. Aus dem Französischen von Günther R. Sigl u.a. Wien 1988. (Originaltitel: Jacques Derrida: Marges de la philosophie. Paris 1972). Im folgenden: *RP*.
Nicht allein in dieser Textsammlung Derridas, sondern in nahezu allen seinen Texten ist die Dekonstruktion der Philosophie der Präsenz präsent.

[44] Peter Völkner: Derrida und Husserl – Zur Dekonstruktion einer Philosophie der Präsenz. Wien 1993. S.11.

[45] Mit Völkner wird im folgenden unter Dekonstruktion dasjenige neuere französische Denken bezeichnet, das auf Derridas Neologismus »déconstruction« zurückgeht und nicht etwa die amerikanische Variante gleichen Namens. Terry Eagleton bemerkt dazu, daß Derrida gegenüber dem amerikanischen Dekonstruktivismus weit mehr vor hat, „(...) als neue Formen des Lesens zu entwickeln: die Dekonstruktion ist für eine letztendlich *politische* Praxis, ein Versuch, die Logik zu enthüllen, mit der ein bestimmtes Denksystem und hinter diesem ein ganzes System von politischen Strukturen und gesellschaftlichen Institutionen ihre Macht aufrechterhalten." (EL 134).

[46] Für Ferry und Renaut stellt der „französische Heideggerianismus", wie sie die Dekonstruktion nennen, „eines der erstaunlichsten Wiederholungsunternehmen, das die Geistesgeschichte je gekannt hat" dar.
Luc Ferry/Alain Renaut: Antihumanistisches Denken – Gegen die französischen Meisterphilosophen. Aus dem Französischen von Ulrike Bokelmann. München – Wien 1987. S.149. (Originaltitel: Luc Ferry/Alain Renaut: La pensée 68 – Essai sur l'anti-humanisme contemporain. Paris 1985). Im folgenden: *ADM*.

[47] George Steiner: Von realer Gegenwart. A.a.O. S.173:
„Der dekonstruktive Diskurs ist *selbst* rhetorisch, referentiell und durchaus erzeugt und beherrscht von normalen Funktionen der Kausalität, der Logik und der Abfolge. Die dekonstruktive Absage an den »Logozentrismus« geschieht in gänzlich logozentrischen Begriffen."

vorzuhalten. Ferry, Renaut und auch Steiner scheinen bei aller Fundiertheit ihrer Kritiken jenen Satz Derridas überlesen zu haben, der allein ihre Polemiken entkräftet:

> „Ich will nur hervorheben, daß über die Philosophie hinauszugehen nicht heißen kann, ihr den Rücken zuzukehren (was meistens schlechte Philosophie zur Folge hat), sondern die Philosophen *auf eine bestimmte Art und Weise zu lesen.*"[48]

So finden sich sowohl bei Derrida als auch bei Kristeva unmißverständliche Äußerungen, die einen bewußt spannungsreichen Umgang mit der Rationalität erkennen lassen. Gegenüber Husserl basiert Kristevas Konzeption von einem „Subjekt-im-Prozeß" inzwischen auf Theorien der Sprache und des Unbewußten, die Subjektivität nicht länger verstehen auf der Grundlage eines, wenn auch phänomenologisch radikalisierten, transzendentalen Subjektverständnisses:

> „Wir werden sehen, daß in dem Moment, da das sprechende Subjekt kein transzendentales phänomenologisches Ego mehr ist, ebensowenig cartesianisches *ego*, sondern ein *Subjekt-im-Prozeß* wie das der *Textpraxis*, die Tiefenstruktur oder zumindest die Transformationsregeln auf bestimmte Störfaktoren stoßen, von denen dann auch die semantische und/oder grammatikalisch-kategoriale Interpretation betroffen ist." (RpS 49)[49].

Hinsichtlich der erkenntnistheoretischen Funktion des Subjekts in Handkes Texten ist also bezogen auf das zunächst isoliert vorgestellte Zitat zu fragen, wie sie anders als phänomenologisch zu bestimmen sei.

> „»Der Übergang muß für mich klar trennend *und* ineinander sein.«" (LSV 119).

Dieses Zitat steht im Zusammenhang des Textes „Die Lehre der Sainte-Victoire", der von zahllosen Übergängen berichtet, die phänomenologisch beschreibbar als zeitliche immer auch schon räumliche sind, wobei es häufig einzelne Orte oder Gegenstände sind, die unterschiedliche Zeitpunkte in sich versammeln, Orte oder Gegenstände, die Vergangenheit gespeichert zu haben scheinen. Dabei handelt es sich im Kontrast zu dem besonders hervorgehobenen „reinen, schuldlosen Irdischen" (LSV 21) oftmals um zwar sehr wohl sichtbare, bezeichenbare, aus der Vergangenheit herrührende, meist unscheinbare Spuren eines Schreckens, der selbst jedoch in keiner Weise reproduzierbar ist. Dieser nichtrepräsentierbare Schrecken ist es aber, zu dem Handkes Texte sich auf besondere Weise ins Verhältnis setzen: So variiert der Erzähler im Kleinen mit der Beschreibung einer Besteigung eines Pariser Hügels die zuvor beschriebenen Besteigungen der Sainte-Victoire. Der Unterschied zwischen diesen Besteigungen besteht darin, daß sich auf dem Pariser Hügel im zweiten Weltkrieg eine Hinrich-

---

[48] Jacques Derrida: Die Schrift und die Differenz. Aus dem Französischen von Rudolphe Gasché. Frankfurt a.M. 1976. S.435. (Originaltitel: L'écriture et la différence. Paris 1967). Im folgenden: *SD*.
Derrida schreibt ebenfalls in seiner „Grammatologie":
> „Die Dekonstruktion hat notwendigerweise von innen her zu operieren, sich aller subversiven, strategischen und ökonomischen Mittel der alten Struktur zu bedienen, das heißt, ohne Atome und Elemente von ihr absondern zu können." (Gr 45).

[49] Analog wird Derridas Husserllektüre von Ernst Behler als „Dekonstruktion von Husserls »präsemiotischer Axiomatik«" bezeichnet.
Ernst Behler: Derrida-Nietzsche – Nietzsche-Derrida. München – Paderborn – Wien – Zürich 1988. S.153. Behler schreibt auf S.152:
> „Wie bereits in *Die différance* zum Ausdruck gekommen war, besteht Derridas besondere Vorgangsweise in der Kritik Husserls darin, diese vermeintliche Präsenz und Selbstpräsenz im Bewußtsein nicht als ein Erstes, sondern als ein Abgeleitetes, einen Effekt, eine sich aus dem Spiel der Differenzen ergebene Bestimmung zu erweisen."

tungsstätte der Nationalsozialisten befand, die nach wie vor für einen Schrecken steht, der die von Handke zu Beginn der Erzählung erwähnte frühe Abkehr Cézannes von seinen Schreckensbildern mehr als konterkariert. Augenscheinlich betreibt Handkes Erzählung keineswegs ausschließlich eine Verherrlichung der Bilder Cézannes.[50]

Die Art und Weise darzustellen, wie Handkes Texte der Gefahr begegnen, den kollektiven Schrecken nicht einer völligen kollektiven Verdrängung anheim fallen zu lassen, für den der Name »Auschwitz« längst zur universellen und dennoch zugleich unentzifferbaren Chiffre geworden ist, heißt die Frage beantworten, wie sich, wenn überhaupt, im Kunstwerk mit den Mitteln der Repräsentation ein Eingedenken bewerkstelligen läßt, ohne repräsentieren zu können, für wen oder was es gelten soll. In diesem Zusammenhang ist im Namen »Auschwitz« nicht etwa ein solches transzendentales Signifikat zu vermuten, aus dem heraus sich nun eine neue unumstößliche Bedeutung der Texte Peter Handkes ergäbe. Dieser Name kann, bei der Vielzahl gerade seiner in einem Wort gar nicht zu bündelnden konkreten schrecklichen Bedeutungen, weder positiv noch negativ zum ausgewiesenen strukturalen Angelpunkt der Lektüren gemacht werden. Dennoch kann wohl kaum ein anderes historisches Ereignis als »Auschwitz« deutlicher hervortreten lassen, daß die dekonstruktivistische Kritik der ›Repräsentations‹-Funktion der Sprache mit historischen Ereignissen korrespondiert, die noch deutlich vor das Jahr 1968 zurückreichen, dessen politische Unruhen (wie Luc Ferry und Alain Renaut mit ihrem Buch „La pensée 68" [ADM] gezeigt haben) mit den potentiellen politischen Ansprüchen poststrukturalistischer Theorien zusammenzudenken, naheliegt.

Gegenüber dem Zeichenbegriff des Strukturalismus, der den Referenten des Zeichens ausgeklammert hat, hat die Dekonstruktion es auf die Durchstreichung des transzendentalen Signifikats abgesehen.[51] Zur Bedingung der Identifizierbarkeit eines so verstandenen Zeichens wird von Derrida seine Wiederholbarkeit konstatiert:

„Ein Signifikant ist von Anfang an die Möglichkeit seiner eigenen Wiederholung, seines eigenen Abbildes oder seiner Ähnlichkeit mit sich selbst. Das ist die Bedingung seiner Idealität." (Gr 165).

Die Chiffre »Auschwitz« kommt in Handkes bisherigem Gesamtwerk nur am äußersten Rande vor: Außer an der eingangs zitierten Stelle[52] einmal in dem durchaus geläuterten Status eines Quasi-Adorno-Zitats (IBE 34), auf welches das nächste Kapi-

---

[50] Peter Strasser schreibt (Fr 33):
„In *Die Lehre der Sainte-Victoire*, wo Handke Cézannes Bilder verherrlicht, schildert er die Erschütterung, die ihn beim Anblick dieser Bilder dauerhaft erfaßte: »das Schweigen der Bilder wirkte hier so vollkommen, weil die Dunkelbahnen einer Konstruktion einen Allgemein-Zug verstärkten, zu dem ich (Wort des Dichters) ›hinüberdunkeln‹ konnte[...].«"
Diese von Strasser zitierte Textstelle ist durchkreuzt von einem „(Wort des Dichters)", das ebenfalls, wie die Beschreibung der ehemaligen Hinrichtungsstätte – da es von Paul Celan stammt –, aus einem Kontext entnommen ist, der zu einer bloßen Verherrlichung von Bildern nicht so recht passen will. Die Analyse von derartigen Textstellen im 4.Kapitel der vorliegenden Arbeit wird die ethische Dimension von Intertextualität innerhalb von Handkes Ästhetik »nach Auschwitz« herausstellen.

[51] Eagleton formuliert:
„Wenn der Strukturalismus das Zeichen von seinem Referenten getrennt hat, so geht diese Denkweise – oft unter dem Namen ›Poststrukturalismus‹ bekannt – noch einen Schritt weiter: sie trennt den Signifikanten vom Signifikat." (EL 111).

[52] Siehe Anm.2.

tel eingeht, und dann nur noch ein weiteres Mal in einer während einer Aufführung des Theaterstücks „Quodlibet" selbst nicht direkt zur Sprache kommenden Bühnenanweisung:

> *„Unter den Wörtern und Sätzen, die die Zuschauer verstehen, sind neben belanglosen, nichtssagenden wie* »Verstehen Sie«, »Nicht daß ich wüßte«, »Warum auch nicht?«, »Nicht zu vergleichen«, »Wie gesagt«, »Und Sie?« *auch ein paar, von denen die Zuschauer nur glauben, daß sie sie verstehen. Es handelt sich dabei um Wörter und Sätze, die im Theater als Signale wirken: Ausdrücke der Politik; der Sexualität; der Analsphäre; der Gewalt. Freilich handelt es sich nur um ähnliche Ausdrücke, nicht die richtigen: jene signalisieren diese; die Zuschauer werden schon die richtigen verstehen. Statt* »vergasen« *wird auf der Bühne vom* »Vergaser« *gesprochen, statt von* »betonter Nichteinmischung« *von der* »Betonmischmaschine«, *statt* »Auschwitz« *spricht man vom* »Aus-Schwitzen«, *statt von* »Napalm« *spricht man von* »Nappa-Leder«, *statt* »mannstoll« *versteht man beim zweiten Mal richtig* »randvoll«, *statt von* »Ledernacken« *spricht man von* »Lederjacken« (...)"⁵³.

Diese konsequente Nicht-Nennung des Namens »Auschwitz« ist paradoxerweise gerade als ein Indikator von Handkes ethischer Schreibweise zu verstehen. Der Gebrauch ähnlicher Ausdrücke auf der Bühne, um die „richtigen" Ausdrücke zu signalisieren, macht bereits in diesem frühen Theaterstück Handkes eine gezielte Ästhetik gegen die kollektive Verdrängung deutlich.

Daß bisher der Name »Auschwitz« als Chiffre bezeichnet wurde, dient vor diesem Hintergrund als Kennzeichnung eines gewiß paradoxalen Bemühens, das unfaßbare Ereignis, das an diesen Namen gebunden ist, nicht einer gewissermaßen gesetzmäßigen Wiederholbarkeit anheimzustellen, und sei es auch „nur" eine unverantwortliche Wiederholbarkeit in der Sprache. Handke hat sich, wie bereits angedeutet, schon Jahre vor „Quodlibet", im Anschluß an Adorno, gegen einen inflationären Gebrauch des Namens »Auschwitz« in der deutschen Nachkriegsliteratur gewandt.[54]

Was in der Literatur Handkes also bewußt weitgehend verschwiegen wird, kommt in diesen Lektüren ebenso bewußt als problematische Chiffre immer wieder zum Vorschein. Dies geschieht nicht, um doch noch einen kontraproduktiven inflationären Gebrauch des Namens »Auschwitz« einzuleiten, sondern allein deshalb, damit die besondere methodisch-poetologische Qualität der Texte Handkes deutlich werden kann.

1.1.3 Handkes Ästhetik »nach Auschwitz« im Kontext literaturtheoretischer Diskussion

Neben den im Text „Die Lehre der Sainte-Victoire" beschriebenen Phänomenen, die auf der thematischen Ebene immer wieder auch zu sichtbaren Spuren des Schreckens führen, wie sie auch einmal in den von Handke erwähnten „Schreckensbildern" (LSV 21), die Cézanne anfänglich malte, zu finden sind, verfügt der Text über performative Phänomene, die eigentlich nichts beschreiben, die sich aber beschreiben lassen als die textuellen Phänomene, die den unbeschreiblichen Schrecken zwar nicht bestimmen können, ihn jedoch dennoch immerhin zu bannen versuchen, damit nicht eintritt, was Lyotard in seinem Text „Heidegger und »die Juden«" bemerkt:

---

[53] Peter Handke: Quodlibet. In: Stücke 2. Frankfurt a.M. 1973. S.42f.

[54] Siehe 3.Kapitel.

„Jedes repräsentative, repräsentierende Gedächtnis führt das Vergessen des ursprungslosen Schreckens, der ihm zugrundeliegt, mit sich und vergrößert ihn."[55]

Bei den performativen textuellen Phänomenen in Handkes Text handelt es sich um Zitatmarkierungen, die einen intertextuellen Prozeß signalisieren zwischen Texten, die, indem sie sich miteinander ohne Quellenangabe nahezu übergangslos verbinden, allein durch Zitatmarkierungen unterscheidbar bleiben. Verweisen aber diese Markierungen auf etwas, was sich dem Diskurs entzieht, oder repräsentieren sie dafür bereits schon wieder zuviel?[56] Das Zitat als Form ist jedenfalls in dieser von Handke geübten anonymen Weise selbst ein Übergang, der zugleich „trennend und ineinander" ist.

Um das trennende Ineinander von Texten Peter Handkes und Intertexten der »jüdischen Tradition« als einen intertextuellen Prozeß mit ethischem Anspruch zu verdeutlichen, gilt es im Hinblick auf Handkes Literatur zu zeigen, inwiefern Kristevas Konzeption eines „Subjekts-im-Prozeß" nicht doch gegenüber Lyotards Theorie des Widerstreits, an der Manfred Frank eine „Desanthropozentrierung"[57] kritisiert, und der von Frank selbst vertretenen „Unhintergehbarkeit von Individualität"[58] zunächst einen dritten Weg eröffnet. Diese heuristische Fiktion eines dritten Weges erlaubt, bestimmte Textbefunde bei Handke hervorzuheben, anhand derer der Streit um mögliche Resultate einer bisher ohnehin noch nicht ausreichend wahrgenommenen Bemühung Handkes um eine Ästhetik »nach Auschwitz« allererst zu entfachen ist.

Eine auch für Handkes Texte relevante imaginäre Auseinandersetzung um die möglichen Resultate einer Ästhetik »nach Auschwitz« führt Lyotard in seinem Buch „Der Widerstreit" mit Adorno:

„Als Modell illustriert »Auschwitz« nicht die Dialektik, auch nicht die negative. (...) Das Modell »Auschwitz« vermöchte eine »Erfahrung« von Sprache zu bezeichnen, die dem spekulativen Diskurs Halt gebietet. Dieser könnte sich »nach Auschwitz« nicht weiter fortsetzen. Hier liegt ein Name vor, »in« dem das spekulative Denken nicht stattfände. Es wäre also kein Name im Sinne Hegels, eine Gestalt des Gedächtnisses, die die Dauerhaftigkeit des Referenten und seiner Bedeutungen garantiert, wenn der Geist deren Zeichen zerstört hat. Dies wäre ein Name ohne spekulativen »Namen«, nicht in einem Begriff aufhebbar."[59]

Nach Lyotards Darstellung bleibt die Philosophie »nach Auschwitz«, wie sie Adorno zu denken versucht hat, ohne Resultat:

„Ist das namenlose »Auschwitz« ein Modell negativer Dialektik – dann wird es die Hoffnungslosigkeit des Nihilismus aufgeweckt haben, und das Denken »nach Auschwitz« wird seine Bestimmungen wie eine Kuh ihr Futter oder ein Tiger seine Beute aufzehren müssen, ohne Resultat." (DW 159).

---

[55] Jean-François Lyotard: Heidegger und „die Juden". Aus dem Französischen von Clemens-Carl Härle. Wien 1988. S.42. (Originaltitel: Jean-François Lyotard: Heidegger et „les juifs". Paris 1988). Im folgenden: *HdJ*.

[56] Im 4.Kapitel wird auf den problematischen Charakter dieser Markierungen im Zusammenhang mit Einwänden von Ferry und Renaut gegen eine vergleichbare Praxis bei Derrida zurückzukommen sein, die ihrer Ansicht nach als Praxis „jenseits der verschwiegenen Praxis der Kursivschrift und der Anführungszeichen" (ADM 154) keine Grenzen eines klaren Bewußtseins mehr kennt.

[57] Manfred Frank: Die Grenzen der Verständigung. Frankfurt a.M. 1988. S.100. Im folgenden: *GV*.

[58] Manfred Frank: Die Unhintergehbarkeit von Individualität. Frankfurt a.M. 1986.

[59] Jean-François Lyotard: Der Widerstreit. Aus dem Französischen von Joseph Vogl. München 2. Aufl. 1989. S.155. (Originaltitel: Jean-François Lyotard: Le Différend. Paris 1983). Im folgenden: *DW*.

Während also Lyotard Adornos Bestimmungsversuch einer Ästhetik »nach Auschwitz« noch immer für unzureichend erklärt, geht demgegenüber für Manfred Frank die „Desanthropozentrierung", die Lyotard in seinem Buch „Le Différend" seiner Ansicht nach betreibt, entschieden zu weit, weil sie „die radikale Auslöschung des Subjekts" (GV 100) verlange. In seinem Text „Die Grenzen der Verständigung" stellt Frank daher an Lyotards Text die Frage:

> „Für wen engagiert sich alsdann die Kritik an der Ich-auslöschenden Gewalt der Verpflichtung, und vor allem: wem geschieht ein >»tort«?" (GV 100f.).

Damit fragt Frank nach dem Ort des Subjekts im Lyotardschen Widerstreit logisch miteinander unvereinbarer Diskursarten. Frank erläutert selbst die Vorstellung Lyotards von einem »tort«:

> „Mit einem *tort* haben wir mithin zu tun, wenn die Regeln der Diskursgattung, die unserem Urteil zugrunde liegen, nicht die der Gattung(en) des beurteilten Diskurses sind. Mit einem Wort: ein *dommage* ist innerdiskursiv behebbar; ein tort dagegen wiegt darum schwerer, weil er den oder diejenigen, die von ihm betroffen werden, zugleich der Mittel – der überdiskursiven Metaebene – beraubt, auf der sie ihn nach intersubjektiv anerkennbaren Regeln einklagen und unter Beweis stellen könnten (...). Nur dieser Grenzfall interessiert Lyotard, und der im Titel seines Buches ausgestellte Terminus »différend« meint eben, daß hier eine universelle Schlichtungs-Regel zwischen oder über den heterogenen Diskursgattungen fehlt (...). Ein Beispiel, mit dem Lyotard bevorzugt arbeitet, ist der »tort«, der den Opfern der Gaskammern zum zweitenmal zugefügt dadurch, daß man ihr Zeugnis über widerfahrenes Unrecht an ihr Überleben bindet. Dann ist der »tort« – wegen des Todes der Opfer – gerade unbeweisbar, mithin – juristisch gesprochen – kein justiziabler Sachverhalt." (GV 25f.).

Wenn die Postmoderne nach Lyotard generell durch den Verlust einer Ebene der Meta-Erzählung nicht nur zu kennzeichnen, sondern auch zu begrüßen ist, so zeigt sich doch spätestens an einem derartigen »tort«, daß die Befreiung von einem Streben nach einer verbindlichen Metaebene die Lösung gerade von außerordentlichen ethischen Problemen kaum erleichtert. Umso unmöglicher hier ein Ausweg zu werden droht, umso notwendiger wird er aber: In diesem Dilemma sieht Lyotard die Ethik, wenn er bemerkt:

> „Ich sehe sehr wohl, daß die Ethik nicht zu umgehen ist, daß man urteilen muß, um sich verhalten zu können, und daß man also die Verantwortung auf sich nimmt, reflektiert zu urteilen, ohne jedoch die Regel zu kennen. Aber andererseits bin ich versucht, die Behauptung aufzustellen: die Ethik stellt keine MetaVorschrift dar, sie ist dasjenige Diskursgenre, in dem die Frage nach der Probität gestellt wird. Statt einfach zu sagen: >Man muß redlich sein<, fragt sie: >Was heißt es überhaupt, redlich zu sein, wenn man die Regeln nicht kennt?<"[60]

Lyotard hat in einem Interview Gelegenheit gehabt, eine Frage von Christine Pries zu beantworten, die mit anderen Worten die Frage von Manfred Frank nach dem Ort des Subjekts in seiner Theorie des Widerstreits wieder aufgreift. Die Beantwortung dieser Frage ist maßgeblich auch für die Texte Handkes, wenn zu beurteilen ist, welche Zeugnisfunktion Zitate der »jüdischen Tradition« im Widerstreit der Zitate in seinen Texten haben und welche Rolle der Subjektivität dabei zukommt. Pries fragt Lyotard (JFL):

> „(...) wer fühlt sich aufgerufen, vom Widerstreit Zeugnis abzulegen? Würden Sie nicht wenigstens eine Art flexiblen 'Haufen' Subjektivität zugestehen, vielleicht kein Subjekt, aber etwas wird doch berührt. Was, wenn nicht Subjektivität?

---

[60] Jean-François Lyotard in: Florian Rötzer: Französische Philosophen im Gespräch. A.a.O. S.115. Lyotard erklärt in diesem Gespräch seine Übereinstimmung sowohl mit Kant als auch mit Lévinas in dem Punkt, daß man nicht im voraus wissen könne, wie zu handeln sei. Insbesondere auf die Position von Lévinas wird später noch näher einzugehen sein.

> JFL: Das hängt davon ab, was man unter ‚Subjekt' versteht. (...) Es gibt ein Problem des Subjekts bei Kant. Schon in der ersten *Kritik* stellt sich explizit die Frage, ob es eine synthetische Einheit der Apperzeption, eine finale Einheit gibt. Kant sagt: ja, ich brauche ein *Ich denke**, obwohl es vielleicht nur eine reine Abstraktion ist. Das ist schon ziemlich verdächtig. Welcher Zusammenhang besteht nun aber vor allem zwischen diesem *Ich denke** der ersten *Kritik* und dem ‚Du sollst' der zweiten? Ein Zusammenhang von ‚Ich' und ‚Du', der gar nicht selbstverständlich ist. Als ‚Ich bin' denke ich z.B., schreibe, erkenne, artikuliere, argumentiere ich – alles Aufgaben des Verstandes und der Vernunft. Aber als – wie soll ich sagen – ‚Ich soll', doch eigentlich ist es nicht ‚Ich soll', sondern ‚Du sollst', bin ich Empfänger eines Gesetzes. Ist der Empfänger eines Gesetzes ein Subjekt? Das kommt darauf an. Wenn man unter ‚Subjekt' denjenigen versteht, der den Platz des Sprechers einnimmt, dann nein, weil er Hörer ist. Wenn man unter ‚Subjekt' jede Instanz versteht, die von einer Sprache betroffen ist, einverstanden. Dann ist man von vornherein aus dem Schneider. Das ist eine Lösung, aber man sagt damit nichts aus." (Erh 341f.)/(* = Deutsch im Original; T.H.).

Der Rückgriff auf Kant bedeutet zwar nicht mehr als erst einmal eine Verlagerung des Problems[61] auf ein weiteres, auf die schon bei Kant selbst problematische Vermittlung zweier zunächst unvereinbarer Subjektvorstellungen, die er in seiner dritten Kritik zu leisten versuchte. Lyotard rekurriert auf diese dritte Kritik, „Die Kritik der Urteilskraft"[62], indem er den Diskurs des Erhabenen wiederbelebt[63]. Allerdings, soviel läßt sich mit Christine Pries schon jetzt sagen, eine Theorie des Erhabenen als des Subjekt-Rätsels vermeintliche Lösung „müßte eine Theorie des Paradoxes sein." (Erh 6).

1.1.4 Der Text als ethische Praxis

Die Darstellung einer ethischen Dimension der intertextuellen Schreibpraxis Peter Handkes führt zur Konfrontation mit Paradoxien, die von Kristeva ausgehend zwar nicht logisch auflösbar, aber als solche verständlich zu machen sind. Schließlich entzieht sich ihre psychoanalytisch und semiotisch inspirierte Intertextualitäts-Theorie zumindest partiell dem Anspruch des Satzes vom Widerspruch, wenn eine Fundierung in der Psychoanalyse gerade dazu dient, dem metaphysisch denkenden Logozentrismus zunächst zu entkommen. Worauf in der Folge immer wieder zu achten sein wird, ist, wie Derrida es ausdrückt, „was metaphysisch jeden Strukturalismus bedroht: den Sinn nämlich gerade durch den Akt, der ihn aufdeckt, zu verbergen." (SD 47).

Das pauschale und despektierliche Urteil, das Ferry und Renaut in diesem Zusammenhang über die Dekonstruktion aussprechen, lautet:

> „Die Anwesenheit von jedem vernünftigen Standpunkt zu bereinigen, heißt, auf jedes begründende oder auch nur explikative Verfahren zu verzichten, sie vom Standpunkt des Willens zu bereinigen, heißt, auf jede Perspektive zu verzichten, die erlaubt, Zwecke zu setzen und Werte zu definieren, denen

---

[61] Neben Manfred Frank hat auch Wolfgang Welsch Lyotards Position kritisch dargestellt. Einerseits würdigt Welsch Lyotards Konzeption „einer *Erweiterung* der Gerechtigkeitssphäre" (S.240) als eine, die wie keine zweite „Konfliktlagen transparent zu machen" (S.234) vermag, andererseits wirft er Lyotard jedoch einen seinen eigenen Voraussetzungen widersprechenden „Sprachobjektivismus" (S.247) vor:
„Zuletzt zeigt Lyotard allerdings eine Tendenz, als eigentliches Widerstandspotential gegen Vereinheitlichung nicht eine entsprechende ethisch-politische Haltung der Menschen anzusehen, sondern die sprachliche Heterogenität selbst." (S.247).
Welsch: Unsere postmoderne Moderne. A.a.O. S.227-261. (Kapitel: Der Widerstreit oder Eine postmoderne Gerechtigkeitskonzeption).

[62] Immanuel Kant: Kritik der Urteilskraft. Werkausgabe Band X. Frankfurt a.M. 1974. Im folgenden: *KU*.

[63] Siehe 4.Kapitel.

entsprechend der Wille handeln kann – mit einem Wort: es bedeutet, dem Denken und dem Diskurs jede ethische Dimension zu nehmen." (ADM 150).

Kristevas Theorie der Intertextualität zeigt, wie wenig sie von diesem Vorwurf betroffen dennoch als dekonstruktive, das Subjekt dezentrierende Praxis zu gelten hat. Kristeva formuliert selbst den ethischen Anspruch ihrer Theorie:

> „Unter *Ethik* verstehen wir die Verneinung des Narzißmus in einer *Praxis*. Anders ausgedrückt: ethisch ist eine Praxis, welche die (zwingend subjektiven) narzißtischen Fixierungen aufhebt, denen der signifikante Prozeß bei einer soziosymbolischen Entfaltung ausgesetzt ist. Die Praxis, die wir definiert haben, die Sinn und Einheit des Subjekts *setzt* (Herv.T.H.) und wieder auflöst, deckt das, was wir soeben über die Ethik gesagt haben. So wird verständlich, daß der Text genau dieser ethischen Forderung nachkommt. Also kann nicht länger von der »Kunst« – vom Text – verlangt werden, eine für »positiv« gehaltene Botschaft mitzuteilen. Das eindeutige Aussprechen einer solchen Botschaft wäre schon die Aufhebung der ethischen Funktion, wie wir sie verstehen." (RpS 226f.)[64]

Was Ferry und Renaut als Verlust der ethischen Dimension erscheint, gilt Kristeva allererst als Bedingung der Möglichkeit derselben, wobei festzuhalten ist, daß Kristeva die „Einheit des Subjekts" gerade nicht gänzlich dem Verlust anheim gibt, sondern seine Setzung lediglich einem idealistischen Absolutheitsanspruch entzieht.

Handkes Texte wurden unabhängig von der hier zu verfolgenden Fragestellung von der Literaturkritik bereits mit dem Etikett „Neue Subjektivität"[65] versehen. Es erscheint fragwürdig, sich darunter eine von der Lektüre dieser Texte her vertretbare Auffassung vorzustellen, es handele sich bei dieser vermeintlich „Neuen Subjektivität" gegenüber anderen zeitgenössischen Positionen der Literatur um einen Rückfall Handkes in eine unkritische und narzißtische Subjektivität.

Indem eine intertextuelle Schreibpraxis Handkes erkennbar wird, deren Prätexte bevorzugt gerade keine gekennzeichneten autorisierten und als solche wiedererkennbaren Prätexte, sondern häufig anonyme Zitate darstellen, liegt die Frage nach einer bewußten Spiegelfunktion des Prätextes nahe. Die „Verneinung des Narzißmus", aus der Kristevas Intertextualitäts-Theorie ihre ethische Kraft gewinnt, bezieht sich nicht nur auf ein potentielles Selbstbespiegelungsmoment bei Autor oder Leser, sondern literaturtheoretisch gefaßt, geht es Kristeva vor allem um eine Bewegung des Textes, weg von den ihn einengenden Bestimmungsversuchen mit jeweils universalistischem Anspruch. Die ethischen Implikationen von Kristevas Textverständnis lassen sich insofern im Vergleich mit Kants Moralphilosophie verständlich machen, als es Kristeva darum geht, das Subjekt mit seiner individuellen empirischen und pathologischen Bedingtheit bekanntzumachen, um diese in der Absage an den Narzißmus überwinden zu können. Nur entwickelt Kristeva kein moralisches Gesetz, keinen kategorischen Imperativ, der das Vernunftsubjekt die Pflicht lehrt, sondern sie geht demge-

---

[64] In Abgrenzung zu Husserl macht Kristeva entschieden deutlich, was sie nicht unter Setzung des Subjekts verstanden wissen will:
„Wir sind weit davon entfernt, dieses urteilende »Ich« als Ursprung zu definieren; vielmehr sehen wir das Thetische und das Doxische als dem Sinngebungs*prozeß inhärent*, der über sie hinausweist und eine andere Frage aufwirft: Wie kommt es überhaupt zum Thetischen als *Setzung* des Subjekts?" (RpS 47).

[65] Helmut Kreuzer: Neue Subjektivität. Zur Literatur der siebziger Jahre in der Bundesrepublik. In: Manfred Durzak (Hg.): Deutsche Gegenwartsliteratur. Stuttgart 1981. S.77-108. Auf S.88 charakterisiert Kreuzer Handkes Text „Die Stunde der wahren Empfindung" als „zu formal und ichbefangen", und auf S.95 schreibt er:
„Handke verstärkt die mystisch-religiösen Züge seines Schreibens in *Langsame Heimkehr* (1979). Meditationsbücher bieten ihre Hilfe auf dem »Weg nach innen« an."

genüber von einer durch die Psychoanalyse erweiterten Subjektkonzeption aus, die im Gegensatz zu Kant einen affektiven Bereich nicht mehr von der Rationalität getrennt denkt. Das Eindringen des Unbewußten in die Konzeption von Subjektivität hat bei Kristeva das Eindringen des Unbewußten in die Konzeption von Textualität zur Folge. Ihre Absage an den Narzißmus ist in dieser Hinsicht als eine Absage an ein autonomes Subjektverständnis zu verstehen und als eine Hinwendung zur Dialogizität von Texten.

1.1.5 Absage an den Narzißmus

„»Der Übergang muß für mich klar trennend *und* ineinander sein.«" (LSV 119).

Zu zeigen ist also, daß das „für mich" in diesem Zitat alles andere als den Ausdruck eines privaten, eines narzißtisch veranlagten oder irgendwie eindeutig einem metaphysischen Diskurs zuzuschreibenden Subjekts darstellt. Bereits die Form des Zitats innerhalb von Handkes Text schafft im vorliegenden Beispiel eine deutliche Distanz zum Autor Handke. Gegenüber dem thematisierten Subjektbezug im Text des Zitats selbst, stellt die Markierung des anonymen Zitats eine diametral entgegengesetzte formale Infragestellung von Subjektivität dar.

Im weiteren lautet die Frage bezüglich dieser Textstelle und im Hinblick auf die Grundlagen der Intertextualitätstheorie Kristevas, ob sich nicht das fragliche „für mich" in Handkes Text als eine „reflexive Lücke" im Sinne der psychoanalytischen Texttheorie Lacans verstehen läßt, wie sie Manfred Frank zusammenfassend erläutert:

„Die unmittelbare Durchsichtigkeit des Sinns ist mithin schon im Ursprung getrübt; und wenn man ihn als das Bewußte oder das Sagbare bezeichnen wollte, so müßte man seinen Ursprung allerdings das Unbewußte oder das Schweigen nennen, wie es Lacan tut.

Erst jetzt, glaube ich, läßt sich die Tragweite der oben gegebenen Formulierung Lacans abschätzen, wonach das Nichts des Subjekts sich dadurch realisiere, daß es als ein »im Anderen an den zweiten Signifikanten ergangener Appell« bestehe. Ohne dies Fehlen»würden alle anderen nichts repräsentieren. Denn nichts wird repräsentiert, es sei denn für jemanden oder für etwas.«

Das reflexive »für« der Repräsentation verweist hier nicht – und das ist wohl das auffälligste Ärgernis, das der klassischen Hermeneutik durch Lacans eigenwillige Definition zugemutet wird – auf ein transzendentales Subjekt. Sondern das Subjekt selbst enthüllt sich als die reflexive Lücke, als das Intervall eines geregelten Verweisungsspieles zwischen (wenigstens) zwei Signifikanten, die sich positiv in ihrer Präsenz und Bestimmtheit vor dem leeren Hintergrund konturieren, in dessen Tiefe das Subjekt sich verflüchtigt und gleichsam nichtet."[66]

Das bisher hartnäckige Umkreisen und beständige Umakzentuieren eines einzigen Satzes aus einem Text Peter Handkes soll zunächst literaturtheoretische Positionen verdeutlichen, mittels derer sich diametral entgegengesetzte Lesarten einzustellen vermögen. Je nachdem, ob ein transzendentales Subjekt oder gar eine reflexive Lücke den Ausgangspunkt der Betrachtung bildet, gelangt dieselbe zu entsprechend differierenden Ergebnissen.

Es ist im gegebenen Zusammenhang bemerkenswert, daß ein weiteres anonymes Zitat im Text „Die Lehre der Sainte-Victoire" von Ingeborg Hoesterey (VS 120) Jacques Lacan zugeschrieben wird, leider ohne konkreten Quellennachweis. Bei Handke heißt es:

---

[66] Manfred Frank: Das Sagbare und das Unsagbare. Frankfurt a.M. 1980. S.121f. Im folgenden: *SU*.

> „Es war der Versöhnungswunsch, der, nach dem Wort des Philosophen, aus dem »Begehren des Begehrens des anderen« kam; und er schien mir wirklich-vernünftig, und galt mir ab da auch fürs Schreiben." (LSV 25).

Ist aber das Verhältnis Handke-Lacan von einem anonymen „Versöhnungswunsch", der sich intertextuell hier insgeheim als »Begehren des Begehrens des anderen« bereits realisiert hat, bestimmbar, oder handelt es sich doch noch einmal um eine bewußte Vereinnahmung eines Autoren durch einen anderen im Dienste eines selbstherrlichen und narzißtischen „Verkündigungspathos"? (PZ 132).

Es gibt wohl kaum eine Theorie neben der Theorie Lacans, in der ein „Versöhnungswunsch" deutlicher als dort von der gleichzeitigen Unmöglichkeit von Versöhnung als erreichbares Ziel eines Begehrens gekennzeichnet ist. Wenn sich Handke an dieser Stelle ausgerechnet auf Lacan beziehen sollte, so entspricht es wohl dem bei Lacan dem Erkennen vorausgehenden Verkennen seiner selbst wie des anderen, daß Handke eine Formulierung zitiert, die bei Lacan eher »Begehren des Begehrens des Anderen« („Anderen" geschrieben mit großem A, statt, wie in Handkes Text, mit kleinem a[67]) heißen müßte. Interessanterweise zitiert Handke den gleichen Ausspruch vom »Begehren des Begehrens des Anderen/anderen« in „Das Mal des Todes", also in seiner Verfilmung des von ihm übersetzten Textes „La Maladie de la Mort/Die Krankheit Tod" (Siehe: Anm.189) von Marguerite Duras in einer Weise, die zunächst offen läßt, ob eine Kleinschreibung oder Großschreibung interpretatorisch zu erwägen ist. Denn der Text von Duras selbst birgt dieses Zitat nicht, so daß dem Filmrezipienten ohne Vorlage des Drehbuches über diesen Punkt keine Gewißheit (bestenfalls ein Seinsverfehlen) möglich ist. Lacan schreibt:

> „Begehren ist, was manifest wird in dem Zwischenraum, der den Anspruch diesseits seiner selbst aushebt, insofern das Subjekt, indem es die signifikante Kette artikuliert, das Seinsverfehlen an den Tag bringt mit dem Appell, das Komplement davon vom Andern zu erhalten, insofern der Andere, Ort des Sprechens, auch der Ort dieses Verfehlens ist."[68]

---

[67] In seinem Aufsatz „Ethik im Kontext Lacans" unterstreicht Bernhard H.F. Taureck zwar den Stellenwert, den das Begehren des Begehrens in Lacans Denken einnimmt (S.164), in der Einleitung zu dem von ihm herausgegebenen Aufsatzband zitiert er aber bereits eine einschlägige Äußerung Lacans, die hinsichtlich des Begehrens [„Désir ist »désir de l'Autre« (Begehren des Anderen)" (Taureck: S.149)] auf den entscheidenden Unterschied zwischen anderem und Anderem in Lacans Denken zu sprechen kommt:
„A wird für uns als Objekt der Sprache (parole), d.h. als der Ort, der immer hervorgerufen wird, sobald es Sprache gibt, dieser dritte Ort, der stets in den Bezugnahmen auf den anderen -a- existiert, sobald es eine Signifikantenartikulation gibt. Dieses a ist kein absolut anderer, den wir, wie in unserer moralischen Sprachgebung, den als Subjekt geachteten anderen nennen, sofern er moralisch gesehen unseresgleichen ist. Dieser andere, wie ich ihn Ihnen hier zu bestimmen zeige -, ein anderer, der zugleich Notwendigkeit und notwendig ist als Ort und doch beständig der Frage unterworfen ist, was ihn selbst garantiert -, dieser andere ist ein beständig verschwindender Anderer, der uns deshalb beständig in eine Lage des Verschwindens bringt."
Jacques Lacan: Seminarband VIII. Die Übertragung 1960-61. S.202. Zitiert aus: Bernard H.F. Taureck: Die Psychoanalyse zwischen Empirie und Philosophie. Einleitung zu: Bernard H.F. Taureck (Hg.): Psychoanalyse und Philosophie. Lacan in der Diskussion. Frankfurt a.M. 1992. S.25. Im folgenden: *PuP*. Taurecks Aufsatz „Ethik im Kontext Lacans" befindet sich auf den Seiten 138-172.

[68] Jacques Lacan: Die Ausrichtung der Kur und die Prinzipien ihrer Macht (Abschnitt V: Man muß das Begehren buchstäblich nehmen). In: Jacques Lacan: Schriften I. Aus dem Französischen von Norbert Haas. Olten 1973. S.218f. (Originaltitel: »Ecrits«. Paris 1966).

Friedrich A. Kittler hebt Lacans radikale Position gegenüber dem cartesischen Ego hervor, von der ja auch Kristeva bei ihrer Absage an den Narzißmus[69] ausgeht:

> „Lacan unternimmt nichts geringeres als eine »Subversion«, die das cartesische Ego dezentriert. Der Narzißmus ist Verkennung und führt zur Verkennung. Er ist Verkennung, weil die Spiegelerkennung das Eingreifen des Anderen ausblendet, das sie notwendig voraussetzt. Der Blick auf den Anblick im Spiegel sieht nicht, daß er schon gesehen, d.h. »Objekt eines Blicks« ist. Die »trügerische Selbstidentifikation« mit dem Ideal-Ich ersetzt das Subjekt durch denjenigen Anblick, den das Begehren des Anderen zum Objekt hat."[70]

Inwiefern also Handkes „Phänomenologie des Schauens"[71], von der Gerhard Melzer spricht, überhaupt in Husserls Begriffen zu fassen ist, was als Möglichkeit zuvor von Peter Pütz nahegelegt wurde, sei an dieser Stelle skeptisch dahingestellt. Handkes Texte jedenfalls gestatten durchaus eine andere Lesart, die sich ausgehend von Lacan und Kristeva gerade von Husserls Begriffen produktiv distanziert.

1.1.6 Kritik der »Quellenkritik« – Das Semiotische

Der Begriff des Übergangs, an dem sich die folgenden Textanalysen orientieren, findet sich demnach nicht bei Husserl, sondern in Julia Kristevas Schrift „Die Revolution der poetischen Sprache", und er dient der Kennzeichnung ihrer Konzeption von Intertextualität. Es handelt sich dabei um den „Übergang von einem Zeichensystem zu einem anderen" (RpS 69).

In einem an Lacan orientierten, psychoanalytischen Begründungszusammenhang unterscheidet Kristeva deutlich ein „Subjekt in der Sprache" vom „transzendentalen ego" Husserlscher Provenienz:

> „Das Subjekt in der Sprache stellt sich demnach so dar: Dezentrierung des transzendentalen *ego*, das es spaltet und dem es damit eine Dialektik eröffnet, in der sein syntaktischer und kategorialer Verstand nur *ein* Moment des Prozesses darstellt, der seinerseits von der Beziehung zum Anderen gelenkt wird

---

[69] Manfred Frank zeigt, wie Kristeva mit ihrem Festhalten am „Subjekt-im-Prozeß", daß Lacans Theorie nicht notwendig den Verlust des Subjekts impliziert:
„Bedeutet das, wie man Lacan hat verstehen wollen, daß es also, streng genommen, kein Subjekt gibt? Keineswegs: es überlebt als die Ordnung der Symbole, die ja ohne den Effekt der >subjektiven Lücke< bare insignifikante Lettern blieben, sinnlos wie Steine und ebenso stumm. Da, wie Lacan sagt, »in der symbolischen Ordnung die Leerstellen (les vides) ebenso signifikant sind wie die vollen Terme (les pleins)«, läßt sich sagen, daß der Aufschub, das Aussetzen, das konstitutive Verstummen des Signifikanz gerade das Subjekt vorstellen (repräsentieren), insofern das Subjekt nichts ist als das »Etre au dela de toute communication ..., le Néant.« Lacan zögert nicht, es den »Konstitutionsgrund« jeder Signifikanz zu nennen. Er anerkennt also eine semiologisch irreduzible Funktion des Subjekts – und er tut das, glaube ich, bewußt und unbeirrt von den Vorwürfen eines Rückfalls, in den Logo-Phonozentrismus –, wenn mit dem Namen Subjekt auch nicht mehr die reflexive Selbstgewißheit des cartesianischen Cogito gemeint sein kann." (SU 122).

[70] Friedrich A. Kittler/Horst Turk: Urszenen – Literaturwissenschaft als Diskursanalyse und Diskurskritik. Frankfurt a.M. 1977. S.152. Kittler spielt mit dem Terminus „Spiegelerkennung" auf einen wichtigen Text Lacans an: Jacques Lacan: Das Spiegelstadium als Bildner der Ichfunktion. Aus dem Französischen von Peter Stehlin. In: Schriften I. A.a.O. S.61-70.

[71] Melzer beschreibt eine Art phänomenologische Reduktion, die er in Handkes Schreiben vorgenommen sieht, und als deren Ergebnis eine gesteigerte Selbst-Erfahrung herauskommt, die von Melzer allerdings nicht explizit als Narzißmus vorgestellt wird:
„Zwischen den Polen „Nicht-Ich" und „Nur-Ich" will Handke eine Dialektik des Sehvorgangs etablieren, die die Subjekt-Objekt-Trennung zwar aufhebt, gleichzeitig aber eine gesteigerte Erfahrung sowohl des wahrgenommenen Gegenstands oder Lebewesens wie auch des eigenen Selbst ermöglicht."
Gerhard Melzer: „Lebendigkeit: ein Blick genügt." Zur Phänomenologie des Schauens bei Peter Handke. In: Gerhard Melzer/ Jale Tükel (Hg.): Peter Handke. Die Arbeit am Glück. Königstein/Ts. 1985. S.133.

– einer Beziehung, die vom Todestrieb und dessen »Signifikanten« erzeugender Rückkehr beherrscht wird." (RpS 41f.).

Kristeva formuliert somit den Bruch im Subjekt, der es immer wieder auf die Bezüge zwischen „Semiotischem" und „Symbolischem" in ihm selbst zurückwirft, die nicht zuletzt in seiner eigenen der Repräsentation entzogenen Genese gründen[72].

Als literaturwissenschaftliche Methode ist Intertextualität oft mißverstanden worden, was bei der Komplexität der in sie eingehenden theoretischen Voraussetzungen jedoch kaum verwundert. Da es sich bei der Praxis der Intertextualität nicht um ein Verfahren handelt, das sich an letztgültig fixierbaren Maßstäben messen läßt, dieses im Gegenteil der intertextuellen Praxis geradezu zuwiderliefe, ist eine gewisse Vielfalt von Praktiken der Intertextualität nicht nur als unvermeidlich, sondern sogar als begrüßenswert anzusehen. Gegen ein allzu positivistisches Verstehen von Intertextualität hat sich jedoch Kristeva selbst bereits verwahren müssen:

> „Der Terminus *Intertextualität* bezeichnet eine solche Transposition eines Zeichensystems (oder mehrerer) in ein anderes; doch wurde der Terminus häufig in dem banalen Sinne von »Quellenkritik« verstanden, weswegen wir ihm den der *Transposition* vorziehen; er hat den Vorteil, daß er die Dringlichkeit einer Neuartikulation des Thetischen beim Übergang von einem Zeichensystem zu einem anderen unterstreicht. Wenn man einmal davon ausgeht, daß jede signifikante Praxis das Transpositionsfeld verschiedener Zeichensysteme (Intertextualität) ist, dann versteht man auch, daß ihr Aussage»ort« und ihr denotierter »Gegenstand« nie einzig, erfüllt und identisch mit sich selbst sind, sondern pluralisch, aufgesplittert und Tabellenmodellen zugänglich. Die Polysemie erscheint so auch als Folge semiotischer Polyvalenz, d.h. der Zugehörigkeit zu verschiedenen semiotischen Systemen." (Rps 69).

Die „Dringlichkeit einer Neuartikulation des Thetischen", von der Kristeva spricht, ergibt sich immer wieder aus dem Aufeinandertreffen zweier oder gar mehrerer Textpassagen. Das Thetische verlangt dadurch die Abstimmung zweier oder mehrerer gleichzeitig ablaufender intertextueller Oszillationsprozesse, um das Abenteuer des Entstehens und Verstehens von Sinn[73] bestehen zu können. Dazu ist der Übergang ins Thetische für Kristeva unverzichtbar. Man könnte annehmen, auf der Ebene des „Thetischen" ließe sich ein Subjekt, durchaus im Sinne sogar noch von Fichtes „Wissenschaftslehre"[74], als sich selbst setzend verstehen, insofern es sich auf einer rein

---

[72] Eagleton bemerkt zum Verhältnis der Theorien Kristevas und Lacans:
„Kristevas Denken ist stark von Lacan beeinflußt: aber ein solcher Einfluß stellt für eine Feministin ganz offensichtlich ein Problem dar. Denn die symbolische Ordnung, von der Lacan schreibt, ist in Wirklichkeit die patriarchalische geschlechtliche und gesellschaftliche Ordnung der modernen Klassengesellschaft, die vom >transzendentalen Signifikanten< des Phallus strukturiert und von dem Gesetz beherrscht wird, das der Vater verkörpert. Für eine Feministin oder einen pro-feministisch eingestellten Menschen gibt es somit keine Möglichkeit, die symbolische Ordnung auf Kosten des Imaginären unkritisch zu verherrlichen: die Unterdrückungsmechanismen der realen gesellschaftlichen und Geschlechter-Beziehungen eines solchen Systems sind im Gegenteil gerade das Ziel der feministischen Kritik." (EL 179f.).

[73] Vgl. Roland Bartes: Das semiologische Abenteuer. Aus dem Französischen von Dieter Hornig. Frankfurt a.M. 1988. (Originaltitel: Roland Barthes: L'aventure sémiologique. Paris 1985). S.8:
„Was bedeutet mir also die Semiologie? Sie ist ein *Abenteuer*, das heißt etwas, *was mir zustößt* (was mir vom Signifikanten widerfährt)."
Auf S.10 erklärt Barthes seine Dankbarkeit unter anderem gegenüber Kristeva:
„Julia Kristeva und ihrer weitgehenden Erneuerung des semiologischen Feldes verdanke ich die neuen Begriffe *Paragrammatismus* und *Intertextualität*."

[74] Vgl. Fichtes Werke. Hg. v. I.H.Fichte. Fotomechanischer Nachdruck der Ausgabe: Johann Gottlieb Fichte: Sämmtliche Werke 1845-46. Berlin 1971. Band I: Grundlagen der gesammten Wissenschaftslehre (1794). S.83-328.

rationalen, argumentativen Ebene kommunizierend verhält. Manfred Frank bespricht die Problematik einer in sich reflektierten Repräsentation bei Fichte in seiner Neostrukturalismus-Vorlesung:

> „Nun: wäre eine in sich reflektierte Repräsentation möglich, so ließe sich die Strukturalität der Struktur hintergehen, und wir könnten ohne Umstände zum frühidealistischen Bewußtseinsmodell zurückkehren, in dem, wie beim frühen Fichte, das Ich sich nicht nur selbst setzt, sondern sich auch setzt *als* sich setzend (...). In diesem Falle wäre das Repräsentierte immer schon im Lichte eines vorgängigen Bewußtseins erschlossen, das aus dem Spiel der Bezeichnung herausspringt." (WiN 165).

Ein solches hypothetisches vorgängiges Bewußtsein aber hat in Kristevas Theorie keinen Platz. Ein so fundiert zu denkendes Sprachverhalten in einer Ordnung des „Symbolischen", wie bei Kristeva der gesellschaftlich konstituierte und sich immer wieder neu konstituierende Kommunikationszusammenhang bezeichnet wird, unterliegt innerhalb ihrer Theorie ständig den Anfechtungen des „Semiotischen", einer ins „Symbolische" hervorbrechenden unbewußten Ordnung jenseits des „Symbolischen".[75]

Als ein in den „symbolischen" Text eines Autors einbrechendes „Semiotisches" ließen sich die in den Texten Handkes gewiß nicht ohne Grund verborgen zitierten »Fremd«-texte betrachten, und es ergäbe sich schlagartig eine völlig veränderte Sicht als die der »Quellenkritik«. Vorstellbar ist, daß Handke unter der Chiffre »Der Philosoph« in seinem Text „Die Lehre der Sainte-Victoire" die Geschichte der Philosophie des Abendlands dadurch zitierbar erhält, daß diese Chiffre zu den unterschiedlichsten philosophischen Autoren in bezug zu setzen ist; ebenso, wie er diese Geschichte um die in sie eingeschriebene und sie tragende Vorstellung der »Autorschaft« beraubt, indem es gerade die Polyvalenz der Chiffre ist, die jegliche jeweilige Absolutheit einzelner Positionen verunmöglicht. Der abendländische Logozentrismus bleibt zitierbar, nicht ohne zitiert zu werden, dies jedoch ohne Nennung von Quellen und Autoren. Auf diese Weise wird der Logozentrismus einer bereits bestimmten symbolischen wie auch chronologischen Ordnung einer Art Retention überantwortet, die den Charakter des Semiotischen dadurch annimmt, daß eine Anonymität erzeugende Dekonstruktion der Autorschaft die Verwendung ehemals streng autorisierter Zeichen in eine vielfältige Transponierbarkeit überführt.

Durch ihre Anonymisierung werden die alten Quellen der Philosophie erneut in einem intertextuellen Rahmen aktualisierbar, der *bewußt* mit der Logik des Bewußtseins bricht. Die Zitierbarkeit, auf die es hier ankommt, ist eine solche, die Abstand nimmt von der herrschenden symbolischen Ordnung, ohne sie verlassen zu können.

Texte der Tradition erhalten durch die Autorsubtraktion einen veränderten Stellenwert, um der aktuellen Schreibweise nicht nur unerreichbar gegenüberzustehen, sondern um in ihr erkennbar zu werden, ohne schon längst bekannt zu sein. Der Prozeß des Verstehens einer symbolischen Ordnung, eines aktuellen Zeichensystems,

---

[75] „Da das Subjekt immer semiotisch *und* symbolisch ist, kann kein Zeichensystem, das von ihm erzeugt wird, ausschließlich »semiotisch« oder »symbolisch« sein, sondern verdankt sich sowohl dem einen wie dem anderen." (RpS 35).
Scharf kritisiert Judith Butler diesen Standpunkt Kristevas. Sie hält ihn für unglaubwürdig, da Kristeva nicht nur nicht das Semiotische gegenüber dem Symbolischen, dem >>Gesetz des Vaters<<, als unzureichend subversiv entworfen hat, sondern es letztlich dem Symbolischen, ob gewollt oder ungewollt, sogar unterordnet. An die Wechselwirkung von Semiotischem und Symbolischen glaubt Judith Butler nicht. Judith Butler: Das Unbehagen der Geschlechter. Aus dem Amerikanischen von Katharina Menke. Frankfurt a.M.1991. S.123ff. (Originaltitel: Judith Butler: Gender Trouble. Routledge 1990). Im folgenden: *UG*.

gewinnt paradoxerweise an Gehalt, indem er diesen an eine semiotische Ordnung, an ein allererst wieder zu aktualisierendes Zeichensystem *verliert*.

Mit anderen Worten: der in Handkes Text ermittelte Identitätsverlust von Texten der Tradition beinhaltet zwar nicht eine explizite Aufforderung der aktualisierenden Relektüre der zitierten Texte, wie es die Dekonstruktion Derridas immer wieder nahelegt (zu diesem Zweck wäre es hilfreich, die zitierten Quellen zu erfahren), vielmehr wird demgegenüber eine Schreibweise gegeben, die einen solchen Prozeß der Relektüre bereits geleistet hat. Andererseits eröffnet sie ihn allererst, als ob es dabei in Handkes Text um eine Akzentuierung des von Kristeva so benannten Semiotischen ginge, um die Betonung von Brüchen im Symbolischen, auf das sich in seiner allerdings bruchlos gedachten Form die »Quellenkritik« stützt. Es würde sich bei Handkes intertextueller Praxis damit implizit um eine Kritik der »Quellenkritik« nicht nur im Verständnis Kristevas handeln. Derrida bemerkt ebenfalls zu seiner Praxis der Dekonstruktion:

„(...) die Dekonstruktion ist keine *nachträglich* von außen her eines schönen Tages sich ereignende Operation, sie ist immer schon am Werk im Werk."[76]

Eine solche Funktion des anonymen Zitats in Handkes Texten läßt sich mit Terry Eagleton als Funktion des „›Subtextes‹" bezeichnen:

„Alle literarischen Werke enthalten einen oder mehrere solcher Subtexte, und man kann sie in gewissem Sinne als das ›Unbewußte‹ des Werkes selbst bezeichnen. Die Einsichten des Werkes sind, wie bei jeder Form des Schreibens, tief mit seinen Blindheiten verbunden: was es nicht sagt, und wie es nicht gesagt wird, kann so wichtig sein wie das, was ausgesprochen wird; was an ihm fehlend, marginal oder ambivalent erscheint, kann einen wichtigen Schlüssel zu seiner Bedeutung liefern." (EL 169).

Nach Kristeva läßt sich der poetische Text nur aus dem Zusammenspiel der unterschiedlichen Ordnungen des Semiotischen und des Symbolischen begreifen. In einem Gespräch mit J.-P. Enthoven akzentuiert Kristeva einmal das Hauptanliegen der von ihr konzipierten Textpraxis:

„Es geht darum, den Ort zu wechseln und ein einengendes System anzugreifen, nicht indem man ihm frontal entgegentritt, sondern dadurch, daß man ein anderes Territorium erschließt, eine andere Redeweise, einen anderen Horizont."[77]

In diesem Zusammenhang begreift die vorliegende Untersuchung von Texten Peter Handkes diese innerhalb ihrer intertextuellen Ortswechsel. Dabei kann sich neben der Theorie Kristevas, die selbst zahlreiche Ansätze miteinander verbindet, ein ganzes Theoriespektrum entfalten, in dem zum Teil avant la lettre eine Praxis geübt wird, die erst von Julia Kristeva ihren heutigen Namen Intertextualität erhielt. Von besonderem Interesse ist vor allem Walter Benjamins verblüffender Umgang mit Zitaten, mit dem er etwa im „Passagen-Werk" ein kollektives Unbewußtes des 19. Jahrhunderts freizulegen gedachte.[78]

---

[76] Jacques Derrida: Mémoires. Für Paul de Man. Aus dem Französischen von Hans-Dieter Gondek. Wien 1988. S.103. (Originaltitel: Jacques Derrida: Mémoires. For Paul de Man. Paris 1987).

[77] Zitiert nach: Inge Suchsland: Julia Kristeva zur Einführung. Hamburg 1992. S.79.

[78] Vgl. Rolf Tiedemann: Dialektik im Stillstand. Frankfurt a.M. 1983. S.17:
„»Jede Epoche« habe eine »Träumen zugewandte Seite, die Kinderseite« (V,1006) (Tiedemann zitiert „Das Passagen-Werk";T.H.): der Blick, den Benjamins Betrachtung dieser Seite der Geschichte zuwandte, sollte »die ungeheuren Kräfte der Geschichte freimachen (...), die im ›es war einmal‹ der klassischen historischen Erzählung eingeschläfert werden« (V,1033)."

1.1.7 Intertextualität als Geschichtsschreibung

In Kantischen Begriffen gesprochen – jedoch modifiziert durch einen Gedanken Walter Benjamins – geht es in dieser Untersuchung der ethischen Dimension von Handkes Texten um die Frage nach den *Bedingungen der Möglichkeit* von Geschichtsschreibung, genauer: Geschichtsschreibung »nach Auschwitz« im Reflexionsmedium[79] des Kunstwerks. Es ist dies eine Frage, die in Kants Begriffen allein deshalb nicht mehr zu beantworten ist, weil der Status der Idee eines aufgeklärten Vernunft-Subjekts, den seine Philosophie uneingeschränkt hypostasiert, sich so uneingeschränkt in der Geschichte eben nicht in der Weise durchgesetzt hat, daß dieser Status deren Verlauf noch umfassend zu denken erlaubt. Nicht die Geschichte hat damit Kant vollständig widerlegt, aber sie hat es nötig gemacht, die Grundvoraussetzungen seines Denkens erneut kritisch zu überdenken, wodurch Kants Denken nicht gleich obsolet wird, wie Lyotards Anknüpfungspunkte zeigen.

Für die Erörterung der Möglichkeit einer Geschichtsschreibung im Medium des Kunstwerks ist die Dekonstruktion des Kantischen Vernunft-Subjekts bereits bei Benjamin Grundlage seiner Reflexionen: Eingetreten ins „Zeitalter seiner technischen Reproduzierbarkeit" (GS.Bd.I/2. 431ff.), ist nach Benjamins Theorie diese Erörterung nicht mehr ausschließlich in der kritischen Terminologie Kants zu bewerkstelligen[80]. Es scheint, als bedeute der von Benjamin benannte, durch die Kulturindustrialisierung mitverursachte Verlust der Aura des Kunstwerks, jenes letzten Residuums von Individualität und Originalität, zugleich die Infragestellung des Geltungsanspruches des kritischen Vermögens, das bei Kant „Transzendentale Apperzeption" heißt und dort den ultimativen formalen Fixpunkt eines Denkens bedeutet, in dem das kritische Selbstbewußtsein sich bewegt, „indem es die Vorstellung *Ich denke* hervorbringt, die alle anderen muß begleiten können, und in allem Bewußtsein ein und dasselbe ist, von keiner weiter begleitet werden kann." (KrV 136).

Hat Husserls Konzeption des intentionalen Bewußtseins, das er über den Umweg einer phänomenologischen Reduktion beschreibt, bereits eine grundlegende Distanz

---

[79] Walter Benjamin prägte den Terminus „Reflexionsmedium" in seiner Dissertation: Der Begriff der Kunstkritik in der deutschen Romantik:
„Methodisch beruht die gesamte romantische Kunsttheorie auf der Bestimmung des absoluten Reflexionsmediums als Kunst, genauer gesagt als der Idee der Kunst. Da das Organ der künstlerischen Reflexion die Form ist, so ist die Idee der Kunst definiert als das Reflexionsmedium der Formen. In diesem hängen alle Darstellungsformen stetig zusammen, gehen in einander über und vereinigen sich zur absoluten Kunstform, welche mit der Idee der Kunst identisch ist." (GS.Bd.I/1. 87).
Wie wenig Benjamin in seinem eigenen Denken diese Idee eines stetigen Kontinuums affirmiert hat, das haben bereits die einleitenden Bemerkungen der vorliegenden Arbeit hervorgehoben. Geschichtsschreibung im Reflexionsmedium der Kunst findet nach Benjamin nur in der Form eines Bruchs mit dem Kontinuum als eine Form der Gegen-Geschichtsschreibung statt, wie sie sich aus seiner impliziten Zitat-Theorie ergibt.

[80] Hans Blumenberg schreibt in seinem Buch: Die Sorge geht über den Fluß. Frankfurt a.M. 1987. S.210f.:
„Man sieht leicht, daß schon der Titel der »Kritik der reinen Vernunft« nicht möglich wäre ohne den Ausblick auf eine Paratheorie, die in ihrer ausgeführten Form nur ›Geschichtsphilosophie‹ heißen kann."
So bemerkt auch Blumenberg einen Mangel der Kantischen Vernunft-Kritik, der nachweislich von Anfang an für Benjamin im Zentrum seiner später impliziten Auseinandersetzungen mit Kant gestanden hat, als er zunächst eine Dissertation zum Thema „Kant und die Philosophie der Geschichte" geplant hatte, zu deren Realisation es jedoch nicht gekommen ist. Siehe: Werner Fuld: Walter Benjamin. Eine Biographie. Reinbek bei Hamburg 1990. S.74.

zu schaffen beansprucht gegenüber der in der Nachfolge Kants entstandenen Metaphysik des Subjekts im deutschen Idealismus, indem diese Konzeption den inzwischen legendären Ausspruch in den Mittelpunkt ihres Bestrebens stellt, der lautet: „Zu den Sachen selbst"[81], so sind darüber hinaus, lange vor Kristeva, für das Denken Walter Benjamins die metaphysikkritischen Überlegungen von Marx, Freud und Nietzsche von ausschlaggebender Bedeutung. Die Radikalisierung der Grundlagen der Transzendentalphilosophie Kants durch Husserl und die Dezentrierung des Subjekts besonders durch Nietzsche und Freud haben deutliche Spuren im paradoxalen Denken Benjamins hinterlassen. Konkretisieren wird sich dies an den zahlreichen Stellen, an denen Benjaminsche Denkfiguren dem Verständnis von Passagen aus Handkes Texten dienstbar gemacht werden. Dabei ist vor allem Benjamins Denken in Bildern zu berücksichtigen, das als Praxis radikaler Loslösung von feststehenden Wahrheitskriterien zu verstehen ist.

Inwiefern die Geschichte nach dem Verlust ihres Kontinuums, ihres Telos und ihres eindeutig bestimmbaren Subjekts sich in intertextuellen Zusammenhängen nicht nur verlieren muß, sondern womöglich, wenn auch gewiß aufgesplittert, partiell wieder zu finden vermag, inwiefern Intertextualität gar als Geschichtsschreibung zu fungieren vermag, die sich einem postmetaphysischen Eingedenken verschreibt, ist im folgenden die Frage.

Der Geschichtsschreiber im Sinne Benjamins „betrachtet es als seine Aufgabe, die Geschichte gegen den Strich zu bürsten." (GS.Bd.I/2. 697). Die Funktion, die dem Zitieren, und sei es nur vereinzelter Zeichen, dabei zukommt, beschreibt Kristeva recht genau, indem sie den Zusammenhang der Arbeit des Schriftstellers und des Geschichtsschreibers heraustellt, wie er sich nach Bachtins „Dynamisierung des Strukturalismus" ergibt:

> „Bachtin gehört zu den ersten, die die statische Zerlegung der Texte durch ein Modell ersetzen, in dem die literarische Struktur nicht *ist*, sondern sich erst aus der Beziehung zu einer *anderen* Struktur *herstellt*. Diese Dynamisierung des Strukturalismus wird erst durch eine Auffassung möglich, nach der das »literarische Wort« nicht ein *Punkt* (nicht ein feststehender Sinn) ist, sondern eine *Überlagerung von Text-Ebenen*, ein Dialog verschiedener Schreibweisen: der des Schriftstellers, der des Adressaten (oder auch der Person), der des gegenwärtigen oder vorangegangenen Kontextes.
>
> Indem er den Begriff *Wortstatus* (statut du mot) als kleinste Einheit der Struktur einführt, stellt Bachtin den Text in die Geschichte und die Gesellschaft, welche wiederum als Texte angesehen werden, die der Schriftsteller liest, in die er sich einfügt, wenn er schreibt. Die Diachronie verwandelt sich in Synchronie, und im Lichte dieser Verwandlung erscheint die lineare Geschichte als *Abstraktion;* die einzige Möglichkeit für den Schriftsteller, an der Geschichte teilzunehmen, besteht nun im Überschreiten dieser Abstraktion durch ein Schreiben-Lesen (une écriture-lecture), d.h. durch die Anwendung einer bezeichnenden Struktur, die zu einer anderen in funktioneller oder oppositioneller Beziehung steht. Geschichte und Moral werden innerhalb der Infrastruktur der Texte ›geschrieben‹ und ›gelesen‹." (BWDR 346).

---

[81] Vgl. Otto Pöggeler: Heidegger und die hermeneutische Philosophie. Freiburg – München 1983. S.182f.: „Die Phänomenologie, die die Sachen selbst unverdeckt in den Blick bringen will, sucht herauszuarbeiten, was in allen Variationen der Phänomene invariant bleibt, das *eidos* oder Sein. So ist die Phänomenologie nicht nur deskriptive Phänomenologie – unvoreingenommene Beschreibung –, sondern auch eidetische oder ontologische Phänomenologie, ein Herausarbeiten dessen, was im Seienden dessen *eidos* oder Sein ist. Ein Phänomen in seinem *eidos*, ein Seiendes in seinem Sein zeigt sich aber nicht, wenn nicht ein Bewußtsein durch seine unterschiedlichen Leistungen Seiendes *als* ein bestimmtes Seiendes nimmt, es in seinem *eidos* oder Sein konstituiert. Die Phänomenologie, die fragt, wie Seiendes in seinem Sein durch Leistungen des Bewußtseins konstituiert ist, ist konstitutive oder transzendentale Phänomenologie."

Benjamins Bürsten der Geschichte gegen den Strich, das er methodisch im Zitieren praktiziert, läßt sich ohne weiteres als ein *Herstellen* solch oppositioneller Beziehungen zwischen bezeichnenden Strukturen begreifen, wie es Kristeva ausgehend von Bachtin erläutert. Erinnert sei nur an den eingangs besprochenen XVII. Abschnitt aus Benjamins sogenannten geschichtsphilosophischen Thesen:

> „Der historische Materialist geht an einen geschichtlichen Gegenstand einzig und allein da heran, wo er ihm als Monade entgegentritt. In dieser Struktur erkennt er das Zeichen einer messianischen Stillstellung des Geschehens, anders gesagt, einer revolutionären Chance im Kampfe für die unterdrückte Vergangenheit." (GS.Bd.I/2. 703).

Ein ausgezeichnetes Beispiel für eine offensichtliche und dennoch erst zu erschließende „Zugehörigkeit zu verschiedenen semiotischen Systemen" (RpS 69) – für eine „Anwendung einer bezeichnenden Struktur, die zu einer anderen in funktioneller oder oppositioneller Beziehung steht" (BWDR 346) – ein Beispiel von „semiotischer Polyvalenz" (RpS 69), das sich intertextuell beschreiben läßt als „im Kampfe für die unterdrückte Vergangenheit" (GS.Bd.I/2. 703), stellt eine im Anschluß zu analysierende Sequenz des Filmes „L'Absence" von Peter Handke dar.

Nicht von Husserls „Phänomenologie des inneren Zeitbewußtseins", von der die Betrachtungen der erkenntnistheoretischen Funktion des Subjekts in Handkes Texten in diesem Kapitel ihren Ausgang nahmen, sondern von deren Dekonstruktion her werden Handkes Texte zu betrachten sein. Die Inversion der Husserlschen Denkfigur einer Dialektik von Protention und Retention im Zeitbewußtsein erscheint bei Derrida als das Ergebnis seiner Dekonstruktionsarbeit. Das Ergebnis dieser Inversion, der Gedanke der Einsetzung einer Dialektik inmitten der Gegenwart, von der Derrida spricht, vergleicht man es mit Benjamins Konzeption einer »Dialektik im Stillstand«, wirkt dagegen keineswegs neu, vielmehr wie ein verborgenes Benjamin-Zitat in Derridas Text:

> „Die Begriffe *Gegenwart, Vergangenheit* und *Zukunft*, alles, was in den Begriffen von Zeit und Geschichte deren klassische Evidenz unterstellt – der metaphysische Zeitbegriff schlechthin –, kann die Struktur der Spur nicht beschreiben. Und die Einfältigkeit der Präsenz zu dekonstruieren, heißt schließlich nicht nur, die Horizonte potentieller Präsenz, sondern in Wahrheit eine »Dialektik« der Protention und der Retention zu berücksichtigen, die man inmitten der Gegenwart einzusetzen hätte, anstatt sie damit zu umgeben. Es kommt also nicht darauf an, die Struktur der Zeit zu komplizieren, indem man das an ihr grundsätzlich Homogene und Sukzessive zu bewahren versucht, also zum Beispiel aufzeigt, daß die vollendete Gegenwart und die vollendete Zukunft die Form der lebendigen Gegenwart ursprünglich konstituieren, indem sie diese teilen. Eine derartige Komplizierung, welche bereits von Husserl beschrieben wurde, hält sich trotz einer kühnen phänomenologischen Reduktion an die Evidenz, die Präsenz eines linearen, objektiven und mundanen Modells." (Gr 116f.).

Daß es im Zusammenhang mit der Frage nach den Bedingungen der Möglichkeit von Geschichtsschreibung im Reflexionsmedium des Kunstwerks eine dekonstruktivistische Binsenweisheit gibt, die für das Verstehen die größten Hindernisse bereiten kann, gemeint ist die Vorstellung, „daß das Zeichen die *Abwesenheit* des bezeichneten Objektes voraussetzt" (EL 155): Diese Vorstellung einer Zeichen konstituierenden Abwesenheit stellt den Hintergrund dar für die folgende Analyse der Verfilmung von Handkes Text „Die Abwesenheit".

Der zunächst nur französische Titel des Films macht bereits deutlich, daß es sich bei diesem Film nicht nur um einen Übersetzungsversuch von einem Buch in einen Film handelt. Es handelt sich aber auch nicht einfach um einen französischsprachigen Film, sondern um einen vielsprachig konzipierten Film, um eine multiple Übersetzung der Handkeschen Buchvorlage, wenn nicht sogar um eine Polylogisierung, die die Spuren der vermeintlichen Vorlage ebenso verfolgt wie sie sie zugleich auch wieder verliert, verwischt oder verwandelt in scheinbar ursprungslose Anfangsbilder.

1.2 Die Abwesenheit angesichts von Wahrzeichen – Ein Beispiel für einen pluralischen Aussage»ort« in Peter Handkes Film „L'Absence"
[Die Lehre der Sainte-Victoire und Die Abwesenheit]

1.2.1 Ursprungslose Anfangsbilder – oder wo liegt der Keim des Märchens? Der Film „L'Absence"

Im Januar 1993 hatte Peter Handkes Film „L'Absence" in Paris seinen Kinostart, im März 1994 ist der Film dann auch in Deutschland unter dem Titel „Die Abwesenheit" angelaufen. Die Anfangsbilder dieser Verfilmung von Handkes Märchen „Die Abwesenheit" geben in rascher Abfolge eine Reihe von Blicken wieder, analog der zu Beginn des Märchens beschriebenen Blicke. Diese Analogie ist jedoch eher formal als inhaltlich zu verstehen, denn der Film führt zwar Beobachtungen vor Augen, die sich mit denen durch den Text beschriebenen Blicken vergleichen lassen, allein es zeigen sich dem Text gegenüber auch deutliche Abweichungen. Statt der „langen Schatten auf den Plätzen des Zentrums" (Abw 7), von denen der Buchtext anfänglich berichtet, eröffnet der Film mit einem Standbild, mit einer Nahaufnahme vermutlich von einer Mauerstruktur, die zu einem alten Gebäude gehören könnte, von dem im Anschluß lediglich eine schmale und steile Treppe zu sehen ist. Das zunächst nur fragmentarisch gezeigte Gemäuer stellt keinen identifizierbaren Ort dar, ebensowenig wie im Buch zu Beginn von einem Ortsnamen die Rede ist.

Aber bereits die nächste Einstellung des Film-Märchens gibt – ganz anders als das Buch – unverkennbar zumindest einen Ort der Handlung dadurch preis, daß einige Wahrzeichen den Bildraum dominieren: Unter ihnen die Tour Montparnasse und der Eiffelturm. Gaston Bachelard schreibt in seiner „Poetik des Raumes":

> „Das Märchen ist ein poetisches Bild, das vernünftig erscheinen will. Es möchte ungewöhnliche Bilder miteinander verbinden, als wären es logisch zusammenhängende Bilder. Das Märchen dehnt auf diese Weise die Überzeugungskraft eines ersten Bildes auf eine ganze Gruppe abgeleiteter Bilder aus. Aber der Verbindungsfaden ist so leicht zu verfolgen, die vernünftige Verknüpfung so beweglich, daß man bald nicht mehr weiß, wo der Keim des Märchens lag."[82]

Der Blick auf die Wahrzeichen in Handkes Film-Märchen macht die Stadt eindeutig identifizierbar, in der sie und für die sie stehen. Ist dies also ein vermeintlich vernünftiges Märchenbild, aus dem sich die weiteren Bilder mühelos werden ableiten lassen, oder dient es bereits der Verklärung des Keimes oder des Ursprungs des folgenden Film-Märchens? Der Kinozuschauer gewahrt für einige Sekunden einen Blick auf Paris, gefilmt von einem deutlich erhöhten Kamerastandpunkt aus. Im Vordergrund zeigen sich die grünen Wipfel eines Waldes, möglicherweise die des Bois de Boulogne, dahinter in der Totale die Stadtlandschaft, aus der unübersehbar der Eiffelturm emporragt. Auf den ersten Blick erwecken diese Bilder den Anschein einer belanglo-

---

[82] Gaston Bachelard: Poetik des Raumes. Aus dem Französischen von Kurt Leonhard. Frankfurt a.M. 1987. S.169. (Originaltitel: Gaston Bachelard: La poétique de l'espace. Paris 1957). Im folgenden: *PR*.

sen Impression einer Weltstadt, von der sich an dieser Stelle noch nicht ahnen läßt, welche Rolle sie im weiteren Verlauf spielt. Tatsächlich wendet sich der Film in der Folge von Paris wieder ab, andere Schauplätze werden aufgesucht, weit ab von der Großstadt.

Was macht also diese so belanglose Impression am Anfang des Films „L'Absence" überhaupt erwähnenswert? Wozu mag die Identifizierungsmöglichkeit eines Ausgangsdrehortes weiter dienlich sein, wenn der weitere Ablauf der Geschehnisse sich von diesem Ort weiter und weiter entfernt?

Dieser berühmte und zugleich für den Filmverlauf scheinbar so unbedeutende Ausgangsort läßt sich als ein „Aussage»ort«" (RpS 69) im Sinne Kristevas verstehen, als ein „Transpositionfeld verschiedener Zeichensysteme (Intertextualität)" (RpS 69), das sich nicht allein auf den direkten Zusammenhang von Textvorlage und dessen Verfilmung beschränken läßt.

1.2.2 Realismus [Paris/(Handke)] versus Ideologiekritik [„Newyork"/(Kafka)] ?

Zu Beginn des Kapitels „Der Heizer", zugleich der Anfang des Romanfragments „Der Verschollene" von Franz Kafka, wird ebenfalls als erstes der Blick auf eine moderne Weltstadt gerichtet, die Aufmerksamkeit gilt auch hier ganz einem Wahrzeichen der Stadt, das dem mit dem Schiff Ankommenden schon aus der Ferne das Ziel seiner Schiffsreise markiert:

> „Als der siebzehnjährige Karl Roßmann, der von seinen armen Eltern nach Amerika geschickt worden war, weil ihn ein Dienstmädchen verführt und ein Kind von ihm bekommen hatte, in dem schon langsam gewordenen Schiff in den Hafen von Newyork einfuhr, erblickte er die schon längst beobachtete Statue der Freiheitsgöttin wie in einem plötzlich stärker gewordenen Sonnenlicht. Ihr Arm mit dem Schwert ragte wie neuerdings empor und um ihre Gestalt wehten die freien Lüfte."[83]

Zwei Sätze genügen Kafka, um die Annäherung eines Protagonisten an die Weltstadt mit Kennzeichnungen zu versehen, von deren Deutung bereits das Gesamtverständnis des Romans abhängen dürfte. Zur Sprache kommen Alter und Name des Protagonisten, Familienverhältnisse und Grund seiner Verschickung in eine Stadt, deren Name sogleich genannt wird und dessen erster Anblick in einer merkwürdigen Verzerrung des Bildes besteht, das sich in der Realität eigentlich hätte zeigen müssen. Statt einer Freiheitsgöttin mit einem Schwert wäre eine Statue mit einer Fackel zu beschreiben gewesen, wenn es Kafka um die bloße Beschreibung der sogenannten Realität einer allgemein verbindlichen Erscheinungswelt gegangen wäre.

Alle diese Kennzeichnungen fehlen zu Beginn von Handkes Film, der flüchtige Blick auf Paris ist zwar identifizierbar aufgrund der sichtbaren Wahrzeichen, aber weder zeigt sich, von wem dieser Blick ausgeht, noch läßt sich aufgrund dieses Fehlens die Geschichte desjenigen nur andeutungsweise erahnen, von dem dieser Blick seinen Ausgang nimmt. Das Erblickte erscheint völlig unverzerrt als die Stadt, wie sie ist, gesehen aus der Sicht eines Kameraobjektivs.

Die Frage, ob diese Kameraeinstellung den Blick eines Individuums fingiert – oder ob diese Einstellung ganz im Gegenteil gerade unabhängig von dieser Fiktion zu interpretieren ist – bedeutet, bereits darüber zu entscheiden, ob eine immer noch an

---

[83] Franz Kafka: Der Verschollene. Herausgegeben von Jost Schillemeit. Frankfurt a.M. 1983. S.7.

das menschliche Wahrnehmungssubjekt gebundene philosophische Konzeption (wie die der Husserlschen Intentionalität) einer gewiß nur paradox zu fassenden subjektlosen „Intention des Films" nicht geradezu zuwiderläuft.

Die Geste dieses ersten Anblicks der Stadt in Handkes Film scheint weniger die eines typischen Romananfangs oder die eines Märchenbeginns zu sein als vielmehr eine dokumentarische, deren Bestreben in möglichst unverstellter Objektivität der Perspektive liegt. Allein, um auch einer solchen Annahme widersprechen zu können, die erneut gewissermaßen eine „Zu den Sachen selbst"-Geste impliziert, ist es nötig, weitere intertextuelle Bezüge zu erhellen. Sie sollen aufzeigen, inwieweit es unweigerlich einen Trugschluß bedeuten kann, aus dem Fehlen gewisser poetologischer Konstanten, die für die Kennzeichnung einer Kunstgattung nach wie vor zu erwägen sind, voreilig auf eine demgegenüber eher journalistisch und dokumentarisch zu nennende Stilebene auszuweichen, um den soeben beschriebenen Filmanfang der Interpretation zugänglich zu machen.

Kafka bedient sich zu Beginn seines Romanfragments „Der Verschollene" eines extrem verfremdenden Blickes seines Protagonisten, um von Anfang an der Freiheit, die das Wahr-Zeichen von New York zu versprechen scheint, das unbeugsame Schwert seiner Ironie zu reichen. Kafkas Verzerrung der Wahrnehmung erscheint als ideologiekritisch im Sinne von Roland Barthes, dessen semiologischen Standpunkt Eagleton an einem mit Kafkas Romanbeginn vergleichbaren Beispiel beschreibt:

„Die Ideologie versucht Kultur in Natur zu verkehren, und das ›natürliche‹ Zeichen ist eine ihrer Waffen. Vor einer Flagge zu salutieren oder mit der Ansicht übereinzustimmen, daß die westliche Demokratie die wahre Bedeutung des Wortes ›Freiheit‹ repräsentiert, wird zur selbstverständlichen, spontansten Reaktion der Welt. In diesem Sinne ist Ideologie eine Art moderner Mythologie, ein Bereich, der sich von Zweideutigkeiten und alternativen Möglichkeiten gereinigt hat.
In Barthes' Augen gibt es eine literarische Ideologie, die dieser ›natürlichen Haltung‹ entspricht; sie heißt Realismus." (EL 120).

Kafka erstattet mit seiner ironischen Schreibweise der modernen Mythologie eine unnatürliche Zweideutigkeit zurück, deren besonders ambivalenten Charakter Ingeborg Bachmann beschrieben hat:

„Freilich will es gelegentlich scheinen, als beruhe der Eindruck des Humorvollen, des manchmal geradezu Harmlosen auf einer optischen Täuschung. Die verwirrte Welt, in der sich Karl Roßmann befindet, ist nicht weniger grauenerregend, nicht weniger feindselig als alle anderen Welten, die Kafkas magische Phantasie je ersann."[84]

Es hieße sicherlich zu weit zu gehen, eine derart deutliche ironische Haltung Handkes in einer Darstellungsweise entdecken zu wollen, die auf vordergründigste Weise im Film „L'Absence" tatsächlich einfach nur zeigt, was sich zeigt, ohne jeden Kommentar und ohne eine Spur von Kafkas „magische(r) Phantasie".

Angesichts von Wahrzeichen scheint es, daß in diesem rudimentären Vergleich zweier Erzählsituationen im gegebenen Bezug die Instanzen traditioneller Textkonstitution, die von Kafka bereits eindringlich in Frage gestellt werden, bei Handke nicht einmal mehr für eine ironische Dekonstruktion zur Verfügung stehen.

---

[84] Ingeborg Bachmann: Die Wahrheit ist dem Menschen zumutbar. München 5.Aufl. 1990. S.116f.

1.2.3 Die subjektdezentrierende Kraft der Orte – Metaphysische Plätze

Während Kafkas Text unverzüglich einen Protagonisten einführt, der die Freiheitsgöttin erblickt, gibt es in Handkes Text erst an späterer Stelle einen Hinweis, daß auch in ihm unverzüglich ein Protagonist beschrieben wird. Dieser ist jedoch namenlos, und im Buch auch nicht näher identifizierbar; dieser Protagonist ist keine Person, es ist ein Ort. Genauer: Es ist ein Ort der Orte: Ein metaphysischer Platz, der einerseits erfahrbar ist und andererseits zugleich leer bleibt. Der Alte, eine zentrale Gestalt des Märchens, der gegenüber dem Buch im Film nicht nur einen Namen (Antonio) trägt, sondern auch eine von Jeanne Moreau dargestellte Frau namens Maria[85] hat –, spricht, nachdem er zusammen mit drei weiteren Protagonisten (dem Spieler, der Frau (nicht Maria) und dem Soldaten) aufgebrochen ist zu einem märchenhaften Ort der Orte, in einer Art Glaubensbekenntnis vom Charakter dieses Ortes:

„Aber ich glaube immer noch, ja im Unterschied von damals im Ernst, nicht im Spiel, an die Kraft der Orte. Ich glaube an die Orte, nicht die großen, sondern die kleinen, die unbekannten, im Ausland wie im Inland. Ich glaube an jene Orte, ohne Klang und ohne Namen, bezeichnet vielleicht allein dadurch, daß dort *nichts* ist, während überall ringsherum *etwas* ist. Ich glaube an die Kraft jener Orte, weil dort nichts *mehr* und *noch* nichts geschieht. Ich glaube an die Oasen der Leere, nicht abseits, sondern inmitten der Fülle hier. Ich bin gewiß, daß jene Orte, auch gar nicht leibhaftig betreten, immer neu fruchtbar werden, schon mit dem Entschluß des Aufbruchs und mit dem Sinn für den Weg." (Abw 82f.).

Gegenüber dem Film, der zu Beginn mit Paris alles andere als einen Ort „ohne Klang und Namen" zeigt, beginnt das Buch mit einem Satz, der eine der vom Alten erst später im Buch beschriebenen alltäglichen und anonymen „Oasen der Leere" evoziert, wie sie „inmitten der Fülle" anzutreffen sein sollen:

„Es ist ein später Sonntagnachmittag, mit schon langen Schatten auf den Plätzen des Zentrums, und leeren Vorstadtstraßen, wo der gewölbte Asphalt einen Bronzeschimmer hat." (Abw 7).

Nicht steht wie bei Kafka eine Statue im Vordergrund, vielmehr interessieren hier, wie auf den frühen Gemälden Giorgio de Chiricos, die „schon langen Schatten auf den Plätzen", Plätze, die der Maler – offenbar sowohl bezogen auf den Gegenstand des Bildes als auch auf das Bild als Gegenstand – „metaphysische Plätze" genannt hat. Von den Bildern dieses Malers spricht Handke zuvor im Text „Die Lehre der Sainte-Victoire":

„Die Beispiele, die mir einfallen, sind sämtlich Landschaften: und zwar solche, die den entvölkerten, schweigendschönen Drohbildern des Halbschlafs entsprechen. Auffällig an ihnen ist, daß sie jeweils eine Serie darstellen. Oft verkörpern sie sogar eine ganze Periode des Malers: die leeren metaphysischen Plätze De Chiricos; die veröden mondüberstrahlten Dschungelstädte Max Ernsts, deren jede einzeln Die ganze Stadt heißt; (...)" (LSV 18)[86]

---

[85] Der Name Maria korrespondiert mit dem Namen Marianne, den die Protagonistin in Handkes Film „Die linkshändige Frau" trägt, ebenso wie die Bezeichnung „Der Alte" bereits im Filmtext „Falsche Bewegung" vorkommt. In den folgenden Kapiteln wird ein kontradiktorisches Verhältnis der beiden Filmtexte „Falsche Bewegung" (FB) und „Die linkshändige Frau" (LF) in bezug auf Handkes Ästhetik »nach Auschwitz« herausgestellt. Es läßt sich an dieser Stelle bereits prospektiv die Frage andeuten, ob es vorstellbar ist, daß Handke selbst in seinem späteren Film „L'Absence" einen Widerspruch von ‚männlicher' und ‚weiblicher' Schreibweise aufgreift, um ihn zu überwinden in einer ‚topologischen' filmischen Schreibweise, die sich erneut mit der Gegenüberstellung auseinandersetzt, für die zuvor jeweils gesondert „Der Alte" (FB) und „Marianne" (LF) eingestanden sind. Auch der Name der Protagonistin „Marion" im Film „Der Himmel über Berlin" läßt sich in diese Überlegung miteinbeziehen.

[86] Eine weitere Serie von Bildern des hier nicht genannten Malers Barnett Newman steht im 4. Kapitel im Zentrum der Lektüre des Textes „Die linkshändige Frau".

Jean Clair hat in einem Aufsatz über die Malerei Giorgio de Chiricos mit dem Titel „Chronos und Mnemosyne"[87] einige Bemerkungen über de Chiricos Kunstverständnis gemacht, die sich mit Handkes Zitieren de Chiricos verbinden lassen. Clair schreibt, sich auf die Lebenserinnerungen des Malers berufend, daß dieser von der Moderne sagte, „daß sie, zusammen mit dem Nazismus, die größte Plage des Jahrhunderts sei." (CM 80). Handke spricht sehr viel später als de Chirico, zumindest bezüglich des Nazismus die gleiche Sprache wie dieser, wenn er „von der »fehlenden Entsühnung«" (LSV 92) spricht und in diesem Zusammenhang sogar seinen zeitweisen Abscheu gegenüber „deutschen Erdformen" (LSV 92) äußert.

Jean Clair beschreibt ein Bild de Chiricos mit Worten, die gleichsam das Motto bilden könnten zu dem Kapitel mit der Überschrift „Das Raumverbot" aus der Erzählung „Langsame Heimkehr"[88], die durch „Die Lehre der Sainte-Victoire" fortgesetzt wird:

> „Es gibt keinen Raum mehr, die Körper haben kein Leben mehr." (CM 83).

Handkes Hinwendung zu den Bildern de Chiricos, die für ihn mit „Drohbildern des Halbschlafs" vergleichbar sind, eröffnet einen Interpretationsraum von extrem gespannter Ambivalenz: Einen Raum, der ausgehend vom „Raumverbot" der Erzählung „Langsame Heimkehr"[89] hinausreicht bis zur „Kraft der Orte", wie sie im Märchen „Die Abwesenheit" vorgestellt wird.

Der Text „Die Lehre der Sainte-Victoire" folgt unmittelbar auf die Erzählung „Langsame Heimkehr", in der der Protagonist Sorger im Kapitel „Das Raumverbot" sogar einmal beklemmt „die Völkermörder seines Jahrhunderts als Ahnherren" (LH 99) anerkennt. Unter anderem verschränkt Handke beide Texte direkt im Anschluß an die Rede „von der »fehlenden Entsühnung«" miteinander. Diese Verschränkung vollzieht sich bezeichnenderweise über die Erwähnung einer zunächst geplanten Episode der Erzählung, in der der Geologe Sorger, der Protagonist der Erzählung „Langsame Heimkehr", sich im Rahmen seiner Abhandlung „»Über Räume«" (LSV 92) ausgerechnet mit den „deutschen Erdformen" hätte beschäftigen sollen: Dabei wäre es um „eine sogenannte Landschaft *Am kalten Feld* in der Bundesrepublik" (LSV 92) gegangen:

> „Aber der Geologe hatte sich noch vor dem europäischen Boden in mich zurückverwandelt, und ich wohnte in jener Zwischenzeit wieder in Berlin." (LSV 93).

Wenn schon Sorger nicht „Das kalte Feld" beschrieben hat, so hat doch zumindest ein Kapitel aus Handkes Text „Die Lehre der Sainte-Victoire" diese Überschrift erhalten. Und dieses Kapitel wird damit zu einem Dreh- und Angelpunkt für Handkes Poetologie des Eingedenkens, die sich abwendet von dem traumatischen „Raumverbot" und hinwendet zur „Kraft der Orte", die sich abwendet von der durch das Bewußtsein historischer Verschuldung drohenden Sprachlosigkeit, um in der Sprache selbst

---

[87] Jean Clair: Chronos und Mnemosyne. Aus dem Französischen von Erika Tophoven-Schöningh. In: Giorgio de Chirico – der Metaphysiker. Hg. von William Rubin, Wieland Schmied und Jean Clair. (Ausstellungskatalog). München 1982. S. 79-88. Im folgenden: *CM*.

[88] Peter Handke: Langsame Heimkehr. Frankfurt a.M. 1979. S.91. Im folgenden: *LH*.

[89] Siehe hierzu aus der Dissertation von Irene Kann: Schuld und Zeit. Literarische Handlung in theologischer Sicht; Thomas Mann – Robert Musil – Peter Handke. Paderborn – München – Wien – Zürich 1992 auf S.211ff. den Abschnitt: 3.1.2 Schuldhafte Geschichte und „Raumverbot". Im folgenden: *SuZ*.

einen Ort des Eingedenkens zu schaffen, der zwar nicht gleich geschehenes Unrecht zu entsühnen vermag, der aber zumindest das Bewußtsein einer „»fehlenden Entsühnung«" aufrechterhält.

Ludwig Hohl, der von Handke mit einer Wendung im Kapitel „Das kalte Feld" verborgen zitiert wird[90], hat das Wort von der „unvoreiligen Versöhnung"[91] geprägt, dem sich Handke damit uneingeschränkt anzuschließen scheint.

Handkes Verhältnis zur Ästhetik der Moderne läßt sich weitaus weniger einfach bestimmen als sein Verhältnis zum Nationalsozialismus. Die Spannung zwischen Chronos und Mnemosyne, die Clair seiner Deutung der Bild-Räume de Chiricos zugrunde legt, ist durchaus vergleichbar mit derjenigen, die Handkes Text „Die Lehre der Sainte-Victoire" bestimmt:

> „Der dargestellte Raum ist nicht mehr wesensgleich mit dem realen Raum. Malen ist nicht mehr Ausdruck der Macht über die Welt, sondern wird die eisige Bestandsaufnahme einer Enteignung. Die große Uhr, die so oft in de Chiricos Werken zu sehen ist, zeigt deutlich genug, unter welchen fürchterlichen Gottes-Zeichen die Moderne ihre Existenz gestellt hat: Es ist nicht Mnemosyne, das hilfreiche Gedächtnis, das Savino feierte, und das die ruhige Weitergabe der Erinnerungen gewährleistet, sondern es ist der kannibalische, kastrierte Gott der Zeit, der seine Nachkommenschaft verschlingt und sich der Weitergabe des Wissens widersetzt, der Titan, der die primitive, brutale Gewalt selber ist, die in Zeiten des Schreckens und der Revolutionen wütet." (CM 85).

Vor das Problem einer Tradierbarkeit friedlicher Inhalte im Bild-Raum der Kunst hat sich kaum jemand radikaler gestellt gesehen – wenn man Jean Clair hier glauben darf – als Giorgio de Chirico. Handkes Text wendet sich, kurz nach der Nennung de Chiricos und einiger weiterer Maler, jedoch zunächst den Bildern Cézannes zu:

> „Cézanne hat ja anfangs Schreckensbilder, wie die Versuchung des Heiligen Antonius, gemalt. Aber mit der Zeit wurde sein einziges Problem die Verwirklichung (»réalisation«) des reinen, schuldlosen Irdischen: des Apfels, des Felsens, eines menschlichen Gesichts. Das Wirkliche war dann die erreichte Form; die nicht das Vergehen in den Wechselfällen der Geschichte beklagt, sondern ein Sein im Frieden weitergibt. – Es geht in der Kunst um nichts anderes. Doch was dem Leben erst sein Gefühl gibt, wird beim Weitergeben dann das Problem." (LSV 21).

De Chiricos Reflexionen auf den Zusammenhang von Ästhetik und Ethik, die er vor dem Hintergrund der Schrecken der Geschichte dieses Jahrhunderts angestellt hat, werden in Handkes Text zwar nicht angesprochen, wenn dieser lediglich die Bilder nennt; sie werden aber auf der anderen Seite auch nicht einfach zugedeckt von den reinen, schuldlosen Gegenständen der Bilder Cézannes. Handke wendet sich – anders als Cézanne von seinen frühen Schreckensbildern – nicht einfach ab von den Schrecken dieses Jahrhunderts, sondern versucht vielmehr deutlich, einen poetologisch reflektierten Umgang mit diesen Ereignissen zu finden.

Die Ikonographie der leeren *metaphysischen Plätze* de Chiricos, mit der im Text „Die Lehre der Sainte-Victoire" von Handke „schweigendschöne Drohbilder des Halbschlafs" assoziiert werden, könnte sich sogar darüber hinaus ausgewirkt haben auf die Ästhetik des Films „L'Absence": Zu denken ist dabei neben dem ersten Satz der Textvorlage an die „Oasen der Leere", die der Alte im Text benennt.

---

[90] Handke zitiert unausgewiesen aus: Ludwig Hohl: Nächtlicher Weg. Frankfurt a.M. 1971. S.43 die Wendung:
„(...) das schweigende Leben der regelmäßigen Formen in der Stille" (LSV 98).
Poetischer läßt sich Handkes versteckter und versteckender Umgang mit Zitaten kaum zum Ausdruck bringen, als er es an dieser Stelle verborgen zitierend selbst vermag.

[91] Ludwig Hohl: Die Notizen oder Von der unvoreiligen Versöhnung. Frankfurt a.M. 1984.

Im Text „Die Lehre der Sainte-Victoire", dessen Kapitelüberschriften allesamt Ortsnamen oder besser gesagt Ortsnennungen darstellen, spricht Handke von einem unscheinbaren Ort unweit des Pariser Großstadttreibens, der jedoch ein solcher Ort des Schreckens ist, daß er sich der Phantasie sicher nicht zuerst aufdrängt nach der Lektüre des Glaubensbekenntnisses des Alten im Märchen „Die Abwesenheit". Dieser Ort ist der Mont Valérien, über den Handke im Kapitel „Das kalte Feld" schreibt:

> „Es gibt einen Pariser Hügel, den man, anders als den Montmartre, kaum wahrnimmt. Er liegt am Westrand der Stadt, gehört eigentlich schon zum Vorort Suresnes und heißt *Mont Valérien*. Kaum als besondere Erhebung zu erkennen in der Hügelkette, die westlich an der Seine entlangzieht, ist der Mont Valérien befestigt mit einem Fort, das im zweiten Weltkrieg von den deutschen Besatzern als große Hinrichtungsstätte benutzt wurde." (LSV 85).

In der Folge beschreibt Handke, wie er an einem Sommersonntag (also an eben dem Wochentag, mit dem auch das Märchen „Die Abwesenheit" beginnt(!)) diesen Hügel besucht hat, und wie er im Anschluß daran noch im Bois de Boulogne „eine zweite, kaum merkliche Erhebung" aufsucht,

> „(...) die, ebenfalls vom Krieg her, *Mont des Fusillés* heißt und an den Baumstämmen noch Kugelspuren zeigt (unter denen jetzt, wie überall, die Sonntagsausflügler lagerten)" (LSV 86).

Dieser Beschreibung des Besuchs der Hinrichtungsstätten geht es gewiß nicht in einem emphatischen Sinn darum, diesen Orten unvorstellbaren Grauens eine märchenhafte Kraft der Verwandlung zuzusprechen, die es unbedachten Sonntagsausflüglern inzwischen wieder gestattet, ihr Picknick dort abzuhalten. Von einem solchen „Verkündigungspathos" (PZ 132), das Durzak Handkes Texten inzwischen attestiert, ist hier keine Spur zu finden. Vielmehr kommt Handke mit den beiden Hinrichtungsstätten auf Orte zu sprechen, die mit Lévinas gesprochen:

> „(...) keine Orte mehr sind, auf Orte, die man sicher nicht vergessen kann, die jedoch weder im Gedächtnis beherbergt noch in Erinnerungen eingefügt werden können."[92]

Lévinas fügt die Shoah evozierend aus jüdischer Sicht hinzu:

> „Wir haben diese umzäunten Gebiete in diesem Jahrhundert gekannt!" (SdN 132).

Wie zu Beginn des Films „L'Absence" ist auch im Text „Die Lehre der Sainte-Victoire" zunächst eine neutrale Erzählperspektive gewählt. Im unmittelbaren Vergleich dieser beiden Passagen aus dem Text „Die Lehre der Sainte-Victoire" mit dem Filmbeginn von „L'Absence" fällt auf, daß der Filmbeginn zumindest auch die grünen Wipfel eines Waldes von einem erhöhten Standpunkt aus vor Augen führt. Jedoch wird die dort befindliche und von Handke im Text „Die Lehre der Sainte-Victoire" beschriebene Hinrichtungsstätte weder gezeigt noch genannt. Ist sie nicht aber trotzdem als namenlos im Bild verschwunden vorhanden zu denken, unter dem Teppich der Baumkronen: sichtbar-unsichtbar/-/vergangen-gegenwärtig? – Zumindest – soviel läßt sich sagen – die Bedingungen der Möglichkeit des Aufblitzens eines dialektischen Bildes, das zitierend der Opfer der Geschichte eingedenk bleibt, werden an dieser Stelle des Films bereitgestellt.

---

[92] Emmanuel Lévinas: Stunde der Nationen. Talmudlektüren. Aus dem Französischen von Elisabeth Weber. München 1994. S.131f. (Originaltitel: Emmanuel Lévinas: A l'heure des nations. Paris 1988). Im folgenden: *SdN*.

Unmittelbar ist dies allerdings nur unter der Bedingung der Fall, daß es sich bei dem gezeigten Waldstück tatsächlich um den Bois de Boulogne handelt. Seit Erscheinen von Handkes Buch „Mein Jahr in der Niemandsbucht" (Frankfurt a.M. 1994) – ein Datum, das kurz nach der Einreichung der hier zugrunde liegenden Dissertation lag – ist es nämlich ebenso denkbar, daß es sich bei dem Waldstück um einen Teil des Waldes zwischen Chaville und Meudon handelt. Dort, südwestlich von Paris, befindet sich ein Fernsehturm, den Handke mehrfach in dem Buch beschreibt, und von dem aus die beschriebene Anfangseinstellung des Films durchaus gefilmt worden sein kann. Von der Tour Montparnasse aus, die anfangs im Film erscheint, ist dieser Turm jedenfalls ebenso gut zu sehen wie der Mont Valérien. Aus der Sicht des Textes „Mein Jahr in der Niemandsbucht" ergibt sich eine mit der folgenden vergleichbar komplexe Betrachtungsweise, denn in diesem Text findet der Mont Valérien erneut Erwähnung, wobei der Hügel mit der Hinrichtungsstätte dort fiktiv von einer Naturkatastrophe vom Erdboden getilgt wird (S.786ff.). Dies ist auf den ersten Blick eine geradezu groteske Lösung im Umgang mit der Geschichte des Nationalsozialismus, auf die bisherige Rezensenten des Buches noch gar nicht eingegangen sind. Vom Protagonisten des Textes „Mein Jahr in der Niemandsbucht", Gregor Keuschnig, erzählt bereits Handkes Text „Die Stunde der wahren Empfindung", wie er die Erinnerung an einen Widerstandskämpfer, der gegen die Nazionalsozialisten gekämpft hatte und von ihnen hingerichtet wurde, mit Füßen tritt (S.16). Es ist daher eine interessante Frage, wie das Verhältnis dieser beiden eher subjektivistisch konzipierten Texte unter dem Aspekt des Eingedenkens historischer Schrecken zu bewerten ist. Für den früheren Text von beiden bietet Cornelia Blasberg die psychoanalytisch begründete These an, daß sich Keuschnigs Aggression gar nicht gegen den Anti-Faschisten, sondern gegen seine eigene faschistische Vätergeneration richtet, mit der er sich an dieser Stelle nur vordergründig zu identifizieren scheint (Siehe Anm.280: [NS 531]). Läßt sich dies aber ohne weiteres auch auf die erwähnte Naturkatastrophe übertragen?

In der Verfilmung des Märchens „Die Abwesenheit" läßt sich nicht allein ein Rückbezug auf den Text „Die Lehre der Sainte-Victoire" erkennen, der im Dienst eines postmetaphysischen Eingedenkens steht, sondern es ist vor allem der entschieden gesuchte Abstand zu dem noch in der Erzählung „Langsame Heimkehr" beschriebenen „Raumverbot", der hier realisiert wird.

Während die Erzählung „Langsame Heimkehr" noch einen durch historische Schuldverstrickung bedingten Sprachverlust Sorgers thematisierte, wendet sich das Märchen „Die Abwesenheit" einer „Kraft der Orte" zu, die um eine Rückgewinnung auch der ›Kraft der Worte‹ ringt, wenn es darum geht, einen sprachlichen Rahmen zu gestalten für eine Ethik der Nichtrepräsentation – einen Ort für dialektische Bilder zu schaffen, die schon Walter Benjamin in der Sprache situiert hat.

So beiläufig damit Handke eine Vergeßlichkeit gegenüber dem unvorstellbaren Grauen dokumentiert, so unscheinbar eröffnet er die Möglichkeit eines postmetaphysischen Eingedenkens jenseits des Thetischen. Es handelt sich um ein Eingedenken, das weder argumentierend, noch mahnend, noch ideologisierend verfährt und womöglich gerade dadurch vor einer weiteren Verdrängung schützt. Im Anschluß an eine stattgefundene Dezentrierung des Subjekts wird somit keine voreilige Versöhnung, weder mit sich selbst noch mit anderen, zum Angebot gemacht, angeboten wird vielmehr eine andere Ethik, eine Ethik des Anderen, die im Sinne Kristevas aus der Differenz verschiedener Zeichensysteme heraus und gerade nicht aus einer narzißtisch motivierten Identitätssuche des Autors zu begründen ist.

In einem weiteren Zusammenhang mit dem Begriff einer Ethik des Anderen steht das bis hierher angedeutete Bemühen Handkes um eine Poetologie, der es zumindest um die Erhaltung des Bewußtseins eines entschiedenen Mangels an »Entsühnung« der Verbrechen des Nationalsozialismus geht.

»Entsühnung« erscheint als das Andere, das sich zwar dem Begriff entzieht; »Entsühnung« bleibt aber gerade auch als derart »fehlende« dennoch spürbar. Es ist genau dieses Unrechtsempfinden jenseits herrschender Rechtsvorstellungen, um die nicht nur Lyotards Philosophie des Widerstreits kreist, sondern auch das ethische (Einge)-Denken von Emmanuel Lévinas, für den „Sühne" nichts anderes heißt als Stellvertretung für den Anderen (Siehe 5.Kapitel). In einem Gespräch äußerte Lévinas:

> „Die Subjektivität, indem sie sich in der Bewegung selbst konstituiert, in der ihr aufgetragen wird, für den Anderen verantwortlich zu sein, reicht bis zur Stellvertretung für den *Anderen*. Sie nimmt die Bedingung – oder die Unbedingtheit – des Geisel-Seins auf sich. Die Subjektivität als solche ist ursprünglich Geisel-Sein; sie geht bis dahin, für die anderen zu büßen.
> Man kann an dieser utopischen und für ein Ich unmenschlichen Vorstellung Anstoß nehmen. Doch die Menschlichkeit des Menschlichen – das wahre Leben – ist abwesend."[93]

An die Texte Handkes ist die Frage zu richten, inwieweit es intertextuelle Bezüge sein können, die für eine Verantwortung gegenüber dem Anderen zu zeugen vermögen. Subjektivität und (Inter-)Textualität gingen somit eine Verbindung ein, die im Rahmen einer Ästhetik »nach Auschwitz« weder allein von Kristeva, noch allein von Lévinas aus gedacht wird. Aber was spricht gegen eine Verbindung beider Standpunkte[94], um eine Beschreibungsgrundlage für Handkes Texte zu gewinnen?

1.2.4 Chora oder das Dilemma der Repräsentation

In dem Glaubensbekenntnis, in dem sich der Alte im Märchen „Die Abwesenheit" zur „Kraft der Orte" äußert, heißt es unter anderem:

> „Ich glaube an jene Orte, ohne Klang und ohne Namen, bezeichnet vielleicht allein dadurch, daß dort *nichts* ist, während überall ringsherum *etwas* ist." (Abw 82).

In der Philosophie Platons, im Dialog „Timaios"[95], ist an einer Stelle die Rede von einem ortlosen Ort, der „bezeichnet" allein dadurch ist, daß er sich sowohl von der

---

[93] Emmanuel Lévinas: Ethik und Unendliches. Gespräche mit Philippe Nemo. Aus dem Französischen von Dorothea Schmidt. Graz – Wien 1986. S.77. (Originaltitel: Emmanuel Lévinas: Ethique et Infini. Paris 1982).

[94] Georges-Arthur Goldschmidt hat in seinem Buch: Peter Handke. Paris 1988. Im folgenden: *GPH*, auf S.123 einen Zusammenhang hergestellt zwischen Handkes Tetralogie „Langsame Heimkehr" und der Philosophie von Emmanuel Lévinas. Speziell bezieht sich Goldschmidt dabei auf den Gedanken der Epiphanie des Antlitzes, den er in einigen Erfahrungen Sorgers in der Erzählung „Langsame Heimkehr" poetisch gestaltet sieht. Unabhängig von einer denkbaren Beziehung Handkes zur Philosophie von Lévinas bemerkt Goldschmidt zuvor:
> „*Lent Retour* tente le rétablissement d'une histoire annulée et d'une langue compromise jusqu'au fond de ses possibilités d'expression par le nazisme, et que rien ne débarrassera plus de l'ombre d'Auschwitz" (GPH 118).

Wie aber ist eine solche Bemühung Handkes, aus dem Schatten von Auschwitz herauszutreten, anders zu verstehen, als entweder Auschwitz zu vergessen – was Handke in der Tat vorgeworfen wurde – oder aber mit dem dunkelsten Kapitel der Geschichte des 20. Jahrhunderts in einer Weise umzugehen, die gerade gegen jede oberflächliche Verdrängung ankämpft?

[95] Platon: Timaios. Aus dem Griechischen von Hieronymus Müller. In: Sämtliche Werke. Hamburg 1959. Band 5. S.141-213. Siehe S.171ff. (49 a – 52 d). Im folgenden: *Tim*.

Ordnung des Seins als auch von der Ordnung des Werdens unterscheidet, also „vielleicht allein dadurch, daß dort nichts ist" (Abw 82)[96]. Der besagte Abschnitt bei Platon ist überschrieben mit:

> „Die dritte Gattung: das Worin des Werdens. Bestimmung seiner Art und des Verhältnisses des Seienden und Werdenden zu ihm" (Tim 171).

Platon wendet sich implizit gegen die zum Teil materialistischen Naturphilosophien der Vorsokratiker und benennt eine dritte, weder allein seiende noch rein werdende Gattung: „die Mutter und Aufnehmerin alles gewordenen Sichtbaren und durchaus sinnlich Wahrnehmbaren". Mit einem Wort nennt Platon diese „Mutter und Aufnehmerin" auch die Chora:

> „Demnach wollen wir die Mutter und Aufnehmerin alles gewordenen Sichtbaren und durchaus sinnlich Wahrnehmbaren weder Erde, noch Luft, noch Feuer noch Wasser nennen, noch mit dem Namen dessen, was aus diesen und woraus diese entstanden; sondern wenn wir behaupten, es sei ein unsichtbares, gestaltloses, allempfängliches Wesen, auf irgendeine höchst unzugängliche Weise am Denkbaren teilnehmend und äußerst schwierig zu erfassen, so werden wir keine irrige Behauptung aussprechen." (Tim 173).

Platon begegnet auf diese Weise dem paradoxalen Befund Zenons – dem aufgefallen war, daß es für jeden Ort einen Ort des Ortes geben müsse, und dies bis ins Unendliche – mit einer antimaterialistischen, aber ebenfalls äußerst ambivalenten Ontologisierung des Ortes der Orte. Wie hängt die „Kraft der Orte" (Abw 82), von der in Handkes Text die Rede ist, mit Platons Chora zusammen? In einem Aufsatz über Handkes Märchen „Die Abwesenheit" hat Laurent Margantin überzeugend die Ansicht vertreten, daß die vier Protagonisten die vier Elemente und damit zusammenhängend auch die vier Jahreszeiten repräsentieren:

> „(...) le joueur symbolise la Terre; le vieil homme, l'Eau; le soldat, l'Air; et la femme, le Feu."[97]

Margantin sieht in Handkes Text aber nicht nur die Bedingungen für eine Beschreibung eines traditionell alchimistischen Initiationsweges, sondern zugleich die beständige Durchkreuzung dieser Möglichkeit im Text selbst. Schließt man sich dieser Lesart an, so kann das im gegebenen Zusammenhang nur bedeuten, daß die vermeintlichen Repräsentanten der vier Elemente – der Spieler (Erde), der Alte (Wasser), der Soldat (Luft) und die Frau (Feuer) – keineswegs in eine im Sinne des Platonismus ontologisierbare Abwesenheit aufgebrochen sind. Zumindest ihre Ankunft an einem ontologisch gesicherten und rückversichernden Ort erscheint abschließend mehr als fraglich. Die Abwesenheit ist in Handkes Märchen weniger im Unterschied zu Platon als im Unterschied zu diversen Platonismen per se der Ort,

---

[96] Vor Platon hatte in der Antike bereits Zenon mit seinen Paradoxien des Ortes Anstoß zum Nachdenken gegeben. Siehe: Die Vorsokratiker. Band II. Zenon, Empedokles, Anaxagoras, Leukipp, Demokrit. Griechisch/Deutsch. Stuttgart 1986. S.50-53.
In der Folge Platons waren es die Stoiker, die Gilles Deleuze nicht nur als „Liebhaber der Paradoxa und Erfinder" (S.24) bezeichnet, sondern sie waren es auch, die „zur ersten großen Umkehrung des Platonismus" (S.22) übergingen mit der Feststellung: *Das Ideelle, das Unkörperliche können nur noch eine »Wirkung« sein.*" (S.23).
Gilles Deleuze: Logik des Sinns. Aus dem Französischen von Bernard Dieckmann. Frankfurt a.M. 1993. S.22-24. (Originaltitel: Gilles Deleuze: Logique du sens. Paris 1969). Im folgenden: *LS*.

[97] Laurent Margantin: Une lecture du monde: *Die Abwesenheit*, un conte de Peter Handke. In: Le conte dans les littératures germaniques du XXe siècle. 11/1992 Université Charles-De-Gaulle – Lille III -. S.93-111. Hier: S.97.

der sich der Repräsentation entzieht. Es ist ein Ort der Gefahr des Verschwindens, der nur dann diese Gefahr selbst zum Verschwinden brächte, wenn er erreicht werden könnte. Die Gefahr besteht darin, daß im Auseinanderdriften von Orten und Zeiten Erinnerungen verschwinden. – Die Art und Weise, wie sich der Film „L'Absence" dieser Gefahr stellt, liegt darin, daß er sich ihr aussetzt. So jedenfalls läßt sich die Analyse eines Kamerastandpunkts zu Beginn des Films verstehen: Dargestellt wird die Frage nach dem Ort des Ortes. Diese Frage erscheint aber nicht wie im Anschluß an Platon als vorrangig ontologische Fragestellung, sondern wie bei Lévinas – dem Denker, für den Ethik Erste Philosophie ist („Es geht um nichts geringeres als um eine Umkehrung der Ontologie!"[98]) – als eine vorrangig ethische Fragestellung[99].

Der zu erschließende Zusammenhang von Platons Chora und Handkes „Kraft der Orte" verspricht einigen Aufschluß über die von Handke geübte Praxis, zunächst von Hinrichtungsstätten zu sprechen, diese in der Folge dann zwar als Orte nicht gänzlich vergessen zu machen, sie jedoch in bezug auf die dort stattgefundenen schrecklichen historischen Ereignisse entschieden der Repräsentation zu entziehen. Nicht allein eine ontologisch gewährleistete Idee des Guten, wie sie in Platons Philosophie notwendig gedacht wird, entzieht sich in Handkes hier vorgestellten Texten der Repräsentation, sondern ebenso eine unfaßbar gewordene Realität des Bösen. Die ethische Dimension von Handkes intertextueller Schreibweise ereignet sich mit Nietzsche gesprochen: »Jenseits von Gut und Böse«, das heißt, jenseits von begrifflich abgesicherten Vorstellungen von Gut und Böse „Wider einen bloß mit auf sich selbst verweisenden Zeichen angefüllten, bedeutungsleeren Raum figuriert Handkes Leere als poetologisch, nicht ontologisch konstante Voraussetzung der Wiederholung, in der sich ihre Formen zur Realisation aufbauen. Stets fungiert die Leere als Möglichkeitsbedingung der Formen zu einem Strukturzusammenhang festigenden Phantasie." (IW 98).[100]

In Anlehnung an Lyotards Adorno-Lektüre, die die „Negative Dialektik"[101] Adornos als Bewegung ansieht, die affiziert, „was nicht verinnerlicht, erinnert oder dargestellt werden kann" (HdJ 43), ergibt sich jedoch unweigerlich die Frage, inwieweit der „Kraft der Orte" in Handkes Texten überhaupt eine Kraft des Eingedenkens zu entspringen vermag. „Ohne Ort, hat sie kein Unten, das nach einem Oben strebte" (HdJ 43), darin sieht jedenfalls Lyotard den sich der Logik entziehenden Beweggrund von

---

[98] Emmanuel Lévinas: Von der Ethik zur Exegese. Aus dem Französischen von Frank Miething. In: Michael Mayer, Markus Hentschel (Hg.): Parabel. Bd.12.: Lévinas. Zur Möglichkeit einer prophetischen Philosophie. Gießen 1990. S.13.

[99] Klaus Bonns Dissertation bestätigt diesen Gedanken formell in einer um die ethische Dimension verkürzten Weise, da sie nicht den geschichtsrelevanten, ethischen Stellenwert der Handkeschen „Leere" erkennen läßt, wie er sich nicht nur an dieser Stelle in der Darstellungsweise von anwesend-abwesenden Orten im Film „L'Absence" bemerkbar macht. Der Strukturzusammenhang, der sich hier ergibt, hat, gegenüber der Sichtweise Bonns, in seinem poetologischen Rang eine durchaus historiographische Funktion zu erfüllen. Vgl. IW 98.

[100] Friedrich Nietzsche: Jenseits von Gut und Böse. Frankfurt a.M. 1984. Auf S.15 gibt Nietzsche eine erste Erläuterung des Titels:
„Die Unwahrheit als Lebensbedingung zugestehn: das heißt freilich auf eine gefährliche Weise den gewohnten Wertgefühlen Widerstand leisten; und eine Philosophie, die das wagt, stellt sich damit allein schon jenseits von Gut und Böse."

[101] Theodor W. Adorno: Negative Dialektik. Frankfurt a.M. 5. Aufl. 1988. Im folgenden: *ND*.

Adornos Denken, der verhindert, daß es zu Resultaten gelangt. Worauf Lyotard aufmerksam macht, ist, daß Repräsentation wie Nichtrepräsentation, beide für sich genommen, unzulängliche Weisen einer Ästhetik »nach Auschwitz« sind, wenn es darum geht, ein Gedächtnis mit ethischer Funktion im Text zu situieren:

> „Man *muß*, gewiß, man muß in Wort und Bild einschreiben. Es kann nicht darum gehen, der Notwendigkeit von Repräsentation und Darstellung zu entgehen. Das wäre die Sünde, sich heilig, gerettet zu wähnen. Aber eines ist es, ob die Darstellung der Rettung des Gedächtnisses dient, ein anderes, ob sie versucht, in der Schrift den Rest, das unvergeßlich Vergessene zu bergen." (HdJ 38).

Die Frage an Handkes Schreibweise muß also lauten, ob es ihr gelingt, in intertextuellen Zusammenhängen zu repräsentieren ohne zu repräsentieren, und ob damit „Aussage»orte«" entstehen, die das „unvergeßlich Vergessene zu bergen" erlauben. Es geht um die Möglichkeit, Spuren weiter zu verfolgen, die in Handkes Texten auf ein komplexes Zusammenspiel von Repräsentation und Nichtrepräsentation im Rahmen einer Bemühung um eine Ästhetik »nach Auschwitz« schließen lassen. Das „Worin des Werdens" ist »nach Auschwitz« jedenfalls nicht länger mehr metaphysisch zu verstehen – der Ort der Orte hat die Vorzeichen gewechselt und kann nicht mehr ontologisch, sondern nur noch ethisch verstanden werden: Mit Hilfe einer Ethik der Nichtrepräsentation, die es jedoch im Kunstwerk zur Darstellung zu bringen gilt.

Wenn die Chora keinen Ort darstellt, vielmehr das Worin des Werdens, das selbst nicht *seiend ist*, dann kann unter der Chora, wenn nicht ein Ort, so doch eine ethische „Kraft der Orte" verstanden werden, so daß Handkes Text selbst auf eine komplizierte Bild-Struktur des Films „L'Absence" einen Hinweis gibt: Es handelt sich jedoch dabei um eine Spur, die letztlich in eine „Oase der Leere" mündet, wenn man sie zu ontologisieren gedenkt. Diese Spur jedoch ethisch zu verstehen, setzt voraus, den Grad des durch sie möglichen Eingedenkens bestimmen zu können, ohne dafür über einen ontologischen Bestimmungsgrund zu verfügen.

Kristeva überschreibt ein Kapitel ihres Buches „Die Revolution der poetischen Sprache" mit: „Die semiotische »chora« als Triebauflage". Im Anschluß an eine Aufzählung der vom Griechischen her möglichen Bedeutungen von »semiotisch«, als da sind: „Unterscheidungsmal, Spur, Kennzeichen, Vorzeichen, Beweis, graviertes oder geschriebenes Zeichen, Aufdruck, Hinweis, Gestaltung" (RpS 35), erläutert Kristeva ihr im Zusammenhang mit der Psychoanalyse stehendes »chora«-Verständnis:

> „Es handelt sich einerseits um das, was die Freudsche Psychoanalyse als *Bahnung* und strukturierende *Disposition* der Triebe postuliert, andererseits geht es um die sogenannten *Primärvorgänge*, bei welchen sich Energie sowie deren Einschreibung verschieben und verdichten: diskrete Energiemengen durchlaufen den Körper des späteren Subjekts und setzen sich im Laufe der Subjektwerdung nach Maßgabe von Zwängen ab, die auf den immer schon semiotisierenden Körper durch Familien- und Gesellschaftsstrukturen ausgeübt werden. Auf diese Weise artikulieren die Triebe, ihrerseits sowohl »energetische« Ladungen als auch »psychische« Markierungen, das, was wir eine *chora* nennen: eine ausdruckslose Totalität, die durch die Triebe und deren *Stasen* in einer ebenso flüssigen wie geordneten Beweglichkeit geschaffen wird." (RpS 36).

Wenn Kristeva *chora* als „eine ausdruckslose Totalität" versteht, „die durch die Triebe und deren Stasen in einer ebenso flüssigen wie geordneten Beweglichkeit geschaffen wird", so hat dies als psychoanalytisch geprägter Ansatz anscheinend mit Platons Konzeption nicht viel gemeinsam:

> „Die die semiotische *chora* organisierenden Funktionen lassen sich, genetisch gesehen, nur im Lichte einer Theorie des Subjekts klären, die dieses nicht auf ein Verstandessubjekt verkürzt, sondern in ihm auch den Schauplatz der vorsymbolischen Funktionen freilegt." (RpS 38).

Explizit bezieht sich Kristeva dennoch auf Platon, jedoch allein, um den „immer schon semiotisierenden Körper" (RpS 36) von der „Ontologie und der Leblosigkeit" zu befreien, „in den Platon ihn versetzt hatte" (RpS 37)[102]:

> „Den Terminus *chora* entlehnen wir Platons *Timaios*; er soll eine noch ganz provisorische, im wesentlichen mobile Artikulation kennzeichnen, die aus Bewegungen und deren flüchtigen Stasen besteht. Wir unterscheiden eine solche unbeständige und unbestimmte *Artikulation* von der *Disposition*, die bereits die Vorstellung *(représentation)* zur Voraussetzung hat und sich der phänomenologischen Raumintuition fügt, über die sie dann später in Geometrisierung mündet." (RpS 36).

Mit dieser zuletzt gemachten Unterscheidung widerspricht Kristeva der von Gadamer vorgenommenen Interpretation der Chora, der in ihrer Problematisierung bei Platon eine „vertiefte Erörterung des Abbild-Urbild-Verhältnisses selbst"[103] sieht. Für Gadamer ist die Einführung der Chora in Platons Denken gerade „nicht ein neuer, die paradigmatisch verstandene Ideenlehre überwindender Gedanke" (IWP 256). Für Platons Lehre läßt dies Kristeva ebenfalls gelten, allein sie macht von der Chora einen demgegenüber gänzlich abweichenden Gebrauch:

> „Zwar folgt die theoretische Beschreibung der *chora*, wie wir sie hier versuchen, dem Diskurs der Repräsentation, um sie überhaupt intelligibel zu machen; doch an sich geht die *chora* als Einschnitt und als Artikulation – als Rhythmus – der Evidenz und Wahrscheinlichkeit, der Räumlichkeit und Zeitlichkeit voraus. Unser Diskurs – der Diskurs ganz allgemein – läuft ihr zuwider, das heißt, er beruht auf ihr, doch gleichzeitig setzt er sich von ihr ab, da die *chora* zwar *bezeichnet* und reguliert werden, aber nie endgültig hergestellt werden kann – so daß sie sich wohl ermitteln und gegebenenfalls mit Hilfe einer *Topologie* beschreiben läßt, sich aber der *Axiomatisierung* entzieht."
> (RpS 36)/(Die drei letzten Kursiv-Stellungen von mir;T.H.).

Was Kristeva im Rahmen der Vorstellung der Grundlagen ihrer Theorie entwickelt, hat sich bereits für den „pluralischen Aussage»ort«" (RpS 69) zu Beginn des Filmes „L'Absence" gezeigt: Der Text „Die Abwesenheit" *bezeichnet* gewissermaßen die Chora als „Kraft der Orte", von dieser Bezeichnung her ließ sich die *Topologie* beschreiben, die sich aus den intertextuellen Beziehungen verschiedener Texte mit dem Film ergibt, ohne dadurch einer eindeutigen *Axiomatisierung* ins Netz zu gehen. Der „pluralische Aussage»ort«" Kristevas ist damit, wie es bei Derrida heißt, „Behältnis narrativer Behältnisse", ohne daß die Chora zu seinem Gegenstand wird.[104] Kristeva schreibt weiter:

---

[102] Kristevas Abkehr von Platons Ontologie als Bedingung ihres Ethikverständnisses läßt sich mit der Denkweise von Lévinas vergleichen.

[103] Hans-Georg Gadamer: Idee und Wirklichkeit in Platons >Timaios<. In: Gesammelte Werke. Band 6. Griechische Philosophie 2. Tübingen 1985. S.256. Im folgenden: *IWP*.

[104] Jacques Derrida: Chora. Aus dem Französischen von Hans-Dieter Gondek. Wien 1990. (Originaltitel: Chora. In: Poikilia. Études offertes à Jean-Pierre Vernant. Paris 1987). S.55:
„In Wahrheit wird jeder narrative – ob fabulös, fiktiv, legendär oder mythisch, ist für den Augenblick nicht weiter von Belang – Inhalt seinerseits zum Beinhaltenden einer weiteren Erzählung. Jede Erzählung ist folglich das *Behältnis* einer weiteren. Es gibt nichts als Behältnisse narrativer Behältnisse. Vergessen wir nicht, daß Behältnis, Ort der Aufnahme oder der Unterbringung, (hypodoche), die anhaltendste Bestimmung (aus Gründen, die bereits evident sind, möchten wir es vermeiden, von einer wesentlichen zu sprechen) von *chora* ist.
Doch wenn *chora* ein Behältnis ist, wenn sie allen Geschichten, ontologischen oder mythischen, die man erzählen kann und die das zum Sujet haben, was sie aufnimmt, und sogar das, dem sie ähnlich ist, aber was tatsächlich in ihr Platz nimmt, einen Ort gibt, so wird *chora* selbst, sofern man das sagen kann, für keine *Erzählung* zum Gegenstand, ob diese nun als eine wahre durchgeht oder als eine fabulöse."

„Ohne schon Stellung zu sein, die für jemanden etwas vor-stellt, das heißt ohne Zeichen zu sein, ist die *chora* ebensowenig eine *Stellung,* die jemanden an seiner Stelle vorstellt, das heißt, sie ist noch kein Signifikant: doch erzeugt sie sich in Hinblick auf eine solche Signifikantensetzung. Weder Modell noch Abbild geht sie der Gestaltgebung und insofern auch der Spiegelung voraus, denen sie später zugrunde liegt, und sie duldet keine andere Analogie als den Rhythmus von Stimme und Geste. Erst wenn man diese Beweglichkeit wieder im Lichte des Gebärden- und Stimmspiels sieht [...], eines Spiels, das sie auf dem Register des sozialisierten Körpers vollführt, wird dieser Körper von der Ontologie und der Leblosigkeit befreit, in die Platon ihn versetzt hatte." (Rps 37).

Die Anfangsein*stellung* von Handkes Film „L'Absence" als eine solche Stellung ohne Stellung zu verstehen, die einen Schrecken bezeichnet, ohne Zeichen für diesen Schrecken zu sein, heißt demnach, daß sich auf der Ausdrucksebene des Films ein Zeichensystem konstituiert vor dem Hintergrund einer gleichzeitig zu denkenden Revokation eines weiteren Zeichensystems – das sich aus Passagen des Textes „Die Lehre der Sainte-Victoire" zusammensetzt. Die Revokation steht damit für die Verwandlung des Prätextes mit Quellencharakter in einen semiotischen Subtext ein, der aus dieser Verborgenheit wiederum zur Evokation verfügbar ist.

Jean-François Lyotard beschreibt in seinem Buch „Heidegger und »die Juden«" das Dilemma, dem sich auch die Texte Handkes stellen, wenn es darum geht, eine ethische Kraft zu realisieren:

„Durch eine Darstellung wird ein Inhalt in das Gedächtnis aufgenommen, und eine solche Einschreibung mag als ein guter Schutz gegen das Vergessen erscheinen. Ich glaube indes, daß eher das Gegenteil zutrifft: Nach gängiger Auffassung kann nur dasjenige vergessen werden, das aufgezeichnet wurde, denn nur was aufgezeichnet wurde, kann auch wieder gelöscht werden. Was dagegen mangels einer Aufzeichnungsoberfläche, mangels eines Ortes oder einer Dauer, in der die Aufzeichnung situiert werden könnte, nicht aufgezeichnet wurde – was also, da nicht synthetisierbar, weder im Raum noch in der Zeit der Herrschaft, weder in der Geographie noch in der Diachronie des seiner selbst gewissen Geistes einen Platz finden kann –, sagen wir: was kein möglicher Stoff von Erfahrung ist, da die Formen oder Bildungen der Erfahrung, und sei sie unbewußt, die die sekundäre Verdrängung beibringt, dafür nicht tauglich und geeignet sind, kann mithin auch nicht vergessen werden. Es bietet dem Vergessen keinen Angriffspunkt und bleibt „nur" als eine Affizierung präsent, von der man nicht weiß, wie sie qualifiziert werden könnte, als ein Zustand des Todes inmitten des Lebens des Geistes." (HdJ 38).

Zunächst gerät zu Beginn des Films „L'Absence" im Zusammenhang mit der Nichtrepräsentation des Mont Valérien eine stringent gar nicht aufzulösende Paradoxie des Zeitbewußtseins in den Blick, die „kein möglicher Stoff von Erfahrung" zu sein vermag. Es ist deutlich geworden, daß die räumlichen und zeitlichen Inkommensurabilitäten in ihrem Zusammenhang, von denen auch der Alte in seinem Glaubensbekenntnis spricht, für den Filmbeginn von bereits ausschlaggebender Bedeutung sind. Die Art und Weise, wie der Film diese Komplexion von Diskontinuitäten zur Darstellung bringt, ist derart unscheinbar, daß der Kinozuschauer den Versuch des Eingedenkens an „das unvergeßlich Vergessene" (HdJ 38) leicht übersehen könnte, den das Kunstwerk an dieser Stelle zu leisten bestrebt ist.

Es gibt einen Film von Andrej Tarkowskij, in dem ebenfalls ein Ort der Abwesenheit im Mittelpunkt steht: Im Film „Stalker" aus dem Jahre 1979 geht es um eine »Zone«, zu der nur ein Fährtensucher hinzuführen vermag und in der Wünsche in Erfüllung gehen sollen. Tarkowskij schrieb über seinen Film:

„Der Film wurde so gemacht, daß der Zuschauer das Gefühl haben konnte, alles würde sich heute abspielen und die »Zone« wäre gleich nebenan.
Häufig wurde ich gefragt, was denn die »Zone« nun eigentlich symbolisiere, woran sich dann auch gleich die unsinnigsten Vermutungen anschlossen. (...) In keinem meiner Filme wird etwas symboli-

siert. Die »Zone« ist einfach die »Zone«. Sie ist das Leben, durch das der Mensch hindurch muß, wobei er entweder zugrunde geht oder durchhält."[105]

Vor dem Hintergrund, daß auch Tarkowskij sich ausgesprochen hat „gegen Dokumentaraufnahmen aus Konzentrationslagern, die aufgrund ihrer undenkbaren Wahrheit menschlichen Leidens und Sterbens unerträglich sind" (VZ 194), erweckt auch die so banal dargestellte »Zone« von nebenan den Eindruck, daß sich die im Film dargestellte märchenhafte Kraft dieses unscheinbaren Ortes einem ähnlichen poetischen Programm nichtrepräsentierenden Eingedenkens verpflichtet zeigt, wie es für Handkes Film „L'Absence" unter den hier gegebenen Voraussetzungen zutrifft.

Angesichts der Wahr-Zeichen der Stadt Paris eröffnet sich die Möglichkeit zu einem fiktiven Rückblick zum Kamerastandpunkt, der, würde er repräsentiert werden, lediglich einen dokumentarischen Blick aller Voraussicht nach auf den Mont Valérien der Jetztzeit der Filmaufnahmen zeigen könnte. Man sähe womöglich einige Jogger, die um die Festung herum keuchend ihre Runden zögen, man sähe auch die monumentale Gedenkstätte, die an die dort umgebrachten Widerstandskämpfer erinnern soll oder eine Gedenktafel, die gesondert an die ebenfalls an diesem Ort zwischen 1941 und 1944 hingerichteten jüdischen Widerstandskämpfer erinnert.

Hat sich Handke also entschieden, diesen Monumenten in einer Weise filmisch zu begegnen, indem er sich von ihnen abwendet? Die eindringlichen Zweifel an jeglicher Form von repräsentierender Historiographie hätte gerade eine Repräsentation dieser Denkmäler nicht zum Ausdruck zu bringen vermocht. Was sich „in Wahrheit" auf dem Mont Valèrien ereignet hat, läßt sich so jedenfalls nicht repräsentieren. Damit ein Ort, der von erschreckender historischer „Wahrheit" heimgesucht wurde, der es einzugedenken gilt, mittels eines unzureichenden Repräsentationsversuches nicht notwendig umkippt in einen Ort offensichtlicher „Unwahrheit", verbleibt er angesichts eines nur scheinbar identitätsstiftenden Wahrzeichens im Film „L'Absence" in der Abwesenheit. Julia Kristeva schreibt in der Schrift „Die Revolution der poetischen Sprache":

> „Die »Kunst« besteht gerade darin, mit der Negativität das Thetische zu überschreiten und aufzureiben und es dennoch nicht aufzugeben."[106].

Kristeva beschreibt somit einen dekonstruktivistischen Vorgang der Textpraxis, der bezogen auf die vorausgegangene Analyse des Anfangs des Films „L'Absence" ganz konkret so zu verstehen ist, daß der zwar mögliche und notwendig erst zu fingierende Rückblick auf den Mont Valérien die Negativität zum Vorschein bringen müßte, die das Thetische überschreiten und aufreiben würde. Es ist aber gerade die Verwehrung dieses letzlich ohnehin gar nicht möglichen Rückblicks in die Vergangenheit, die anstatt einer anfänglichen Aufhebung des Thetischen, im Sinne einer Gefahr der Zerstörung einer Möglichkeit postmetaphysischen Eingedenkens, die Fortsetzung der Erzählung gestattet. Die »Kunst« Handkes besteht nicht nur an dieser Stelle darin, innerhalb des Thetischen dieses gleichermaßen in Frage zu stellen, wie es aufrecht zu erhalten. Der Blick auf Paris ist die Negation eines gleichzeitig nicht darstellbaren

---

[105] Andrej Tarkowskij: Die versiegelte Zeit. Gedanken zur Kunst, zur Ästhetik und Poetik des Films. Aus dem Russischen von Hans-Joachim Schlegel. Frankfurt a.M. – Berlin 3.Aufl. 1991. S.203. Im folgenden: VZ.

[106] (Rps 79) Kristeva erläutert den Begriff der Negativität in Anlehnung an Hegel:
„Die Negativität ist der logische Trieb, so wie er sich in den Thesen der Negation und der Negation der Negation darstellen kann, ohne mit ihnen zusammenzufallen, da er etwas anderes als die Thesen ist: nämlich die logische Funktionsweise der Bewegung, die diese erzeugt." (RpS 114).

Rückblickes auf den Kamerastandpunkt, der, würde er im Gegenschußverfahren anschließend gezeigt, seine außerästhetische Position der Negativität verlieren müßte, weil er dadurch selbst zu einem strukturalen Bestandteil des Thetischen würde. Würde der Mont Valérien gezeigt, statt nicht gezeigt zu werden, entginge dieser Filmeinstellung die Möglichkeit, formal auf das hinzuweisen, auf das sich direkt aufgrund der dargestellten Brüche gar nicht hinweisen läßt. Die anwesende Abwesenheit des Ortes Mont Valérien zu Beginn des Films ist die Negativität, die das Thetische überschreitet, ohne es aufzugeben.

Dies trifft übrigens auch dann zu, wenn der Fernsehturm im Wald von Meudon der Drehort gewesen sein sollte, denn auch in diesem Fall ist der Blick vom Mont Valérien zumindest abgewendet.

Auch im Zusammenhang mit der chora wird Negativität von Kristeva als ein Vorgang beschrieben, der sich auf das Subjekt bezieht:

> „Die semiotische *chora* ist für das Subjekt, dessen Geburtsort sie ist, gleichzeitig der Ort seiner Negation, an dem seine Einheit dem Prozeß von Ladungen und Stasen weicht, der diese Einheit allererst herbeiführt. Wir nennen diesen Vorgang semiotischer Erzeugung *Negativität*, die wir von der Negation als einem Akt des urteilenden Subjekts unterscheiden." (RpS 39).

Einen vergleichbar paradoxalen Umgang mit einem in der Schrift nicht darstellbaren Eingedenken, das umgekehrt nur durch Spuren der Nichtdarstellbarkeit zu leisten möglich scheint, weisen die Texte des jüdischen Schriftstellers Edmond Jabès auf:

> „«... un livre – disait-il – que je n'écrirai jamais / parce que nul ne peut l'écrire, étant un livre:
> « – contre le livre.
> « – contre la pensée.
> « – contre la vérité et contre le mot.
> « – un livre, donc, qui s'émiette à mesure qu'il se forme.
> « – contre le livre, car le livre n'a, pour contenu, / que lui-même et il n'est rien.
> « – contre la pensée, car elle est incapable de / penser sa totalité et même le rien.
> « – contre la vérité, car la vérité c'est Dieu / et Dieu échappe à la pensée; contre la vérité, donc, qui demeure, pour nous, une légendaire inconnue.
> « – contre la parole, enfin, car la parole ne dit / que ce qu'elle peut et ce peu est le rien que seul le rien pourrait exprimer.
> « Et pourtant, je sais:
> « – que le livre s'écrit contre le livre qui cherche / à l'anéantir.
> « – que la pensée pense contre la pensée qui lui / envie sa place.
> « – que la vérité s'impose, à travers l'instant / vécu, en tant que seul instant à vivre.
> « – que le mot, en s'effaçant, ne révèle rien / d'autre que la détresse de l'homme qu'il efface »." [107]

---

[107] Edmond Jabès: Désir d'un commencement Angoisse d'une seule fin. Montpellier 1991. S.11f. (Die hier zitierte Passage wurde von Felix Philipp Ingold übersetzt und findet sich in: Akzente. Zeitschrift für Literatur, herausgegeben von Michael Krüger. Heft 2/April 1992. S.97:
„»... ein Buch -/ sagte er – das ich niemals schreiben werde, weil keiner es schreiben kann; denn es ist ein Buch/ – gegen das Buch./ – gegen das Denken./ – gegen die Wahrheit und gegen das Wort./ – ein Buch also, welches zerfällt, indem es Gestalt annimmt.
– gegen das Buch, denn das Buch hat nur sich selbst zum Inhalt, und es ist nichts./ – gegen das Denken, denn es ist unfähig, seine Totalität und schon gar das Nichts zu denken./ – gegen die Wahrheit, denn die Wahrheit ist Gott, und Gott entzieht sich dem Denken; gegen die Wahrheit mithin, die für uns eine legendäre Unbekannte bleibt./ – schließlich gegen das Wort, denn das Wort sagt bloß, was es sagen kann, und dieses Wenige ist das Nichts, welches allein das Nichts auszudrücken vermöchte.
Und gleichwohl weiß ich:/ – daß das Buch gegen das Buch geschrieben wird, welches es zu zerstören sucht./ – daß das Denken gegen das Denken denkt, welches ihm seinen Ort mißgönnt./ – daß die Wahrheit im gelebten Moment sich durchsetzt als der einzig lebbare Moment./ – daß das Wort, indem es verschwindet, nichts anderes enthüllt als den Gram des Menschen, den es zum Verschwinden bringt.«").

> „Warum ist das Klagen sinnlos? Klagen heißt Fragen stellen und Warten bis Antwort kommt. Fragen aber die sich nicht selbst im Entstehen beantworten werden niemals beantwortet. Es gibt keine Entfernungen zwischen Fragesteller und Antwortgeber. Es sind keine Entfernungen zu überwinden. Daher Fragen und Warten sinnlos."
>
> Franz Kafka[108]

2. Kapitel: Lebendige Tradition bei Edmond Jabès und Peter Handke

[„Die Abwesenheit" und „Das Spiel vom Fragen"]

Das *2. Kapitel* untersucht in Fortsetzung der Analyse des Märchens „Die Abwesenheit" eine denkbare intertextuelle Beziehung Handkes zum jüdischen Schriftsteller und postmodernen Theoretiker des Buches Edmond Jabès. Dieser äußerte sich zur Frage nach seinem Verständnis von einer „Intuition des Buches" über die unerreichbare Abwesenheit des im Buch geschriebenen ungeschriebenen Buches:

> „Il y a, dans tout livre, une zone d'obscurité, une épaisseur d'ombre qu'on ne saurait évaluer et que le lecteur découvre peu à peu. Elle l'irrite mais il sent bien que là se tient le livre réel autour duquel s'organisent les pages qu'il lit. Ce livre non écrit, énigmatique et révélateur à la fois, se dérobe toujours. Pourtant seule l'intuition que le lecteur a pu en avoir lui permet d'aborder l'ouvrage dans sa véritable dimension; c'est effectivement approché ou, au contraire, éloigné du livre qu'il ambitionnait d'écrire." [109]

Diese allgemein gehaltene Äußerung bietet sich als Beziehungsgrund eines Vergleichs zweier Poetiken der Abwesenheit an. Bei dessen Konkretisierung geht es darum, inwiefern eine „Intuition des Buches", die ohne das Gegenüber des Lesers unerfüllt bliebe, überleiten kann zu den von Handke und Jabès praktizierten Ästhetiken »nach Auschwitz«, wobei es sich anbietet, Handkes Theaterstück „Das Spiel vom Fragen oder die Reise zum sonoren Land"[110] und „Le Livre des Questions"[111] von Jabès in Beziehung zu setzen.

---

[108] Franz Kafka: Tagebücher. Herausgegeben von Hans-Gerd Koch, Michael Müller und Malcolm Pasley. Frankfurt a.M. 1990. S.755.

[109] Edmond Jabès: Du désert au livre – entretiens avec Marcel Cohen. Paris 1980. S.119. (Z.T. in dt.Übers. In: Edmond Jabès: Die Schrift der Wüste. Hg. von Felix Philipp Ingold. Berlin 1989. Das Gespräch mit dem Titel „Une lecture prioritaire", aus dem das Zitat stammt, hat H.U.Brunner übersetzt. Die Passage findet sich auf S.49:

> „Es gibt in jedem Buch eine Zone der Dunkelheit, einen undurchdringlichen Schatten, den man nicht auswerten kann und den der Leser erst nach und nach entdeckt. Er irritiert ihn, doch er spürt genau, daß hier das reale Buch ist, um das herum sich die Seiten gruppieren, die er liest. Dieses ungeschriebene Buch, in einem rätselhaft und enthüllend, entzieht sich fortlaufend. Indes erlaubt einzig die Intuition, die der Leser davon haben konnte, das Werk in seiner wahrhaftigen Dimension zu orten; dank dieser Intuition auch vermag er zu beurteilen, ob der Schriftsteller sich wirklich dem Buch, das er zu schreiben beanspruchte, genähert oder sich eher von ihm entfernt hat.").

[110] Peter Handke: Das Spiel vom Fragen oder die Reise zum sonoren Land. Frankfurt a.M. 1989. Im folgenden: *SvF.*

[111] Edmond Jabès: Le Livre des Questions. Paris 1963. (Dt.Übers.: Edmond Jabès: Das Buch der Fragen. Aus dem Französischen von Henriette Beese. Frankfurt a.M. 1989). Im folgenden: *LQ.*

2.1 Die Abwesenheit des Buches

Die Tatsache, daß Edmond Jabès und Peter Handke sich bisher weder wechselseitig noch einseitig in ihren Texten aufeinander bezogen haben, erklärt, warum das Verhältnis beider Autoren zueinander in der Forschung so gut wie gar nicht berücksichtigt wird. Eine Ausnahme bildet ein von Erika Tunner in französischer Sprache verfaßter Aufsatz[112], der in fast unverbindlicher Weise eine Beziehung zwischen Handke und Jabès in Betracht zieht. Was Erika Tunner dabei nicht ausspricht, aber anzusprechen anbietet, ist die Affinität zweier Ästhetiken »nach Auschwitz«, die an dieser Stelle Erwähnung finden soll. Es handelt sich bei der intertextuellen Beziehung zwischen Handke und Jabès offenbar um ein Verhältnis hypothetischer oder gar spekulativer Intertextualität von nur schwer zu skalierender Intensität. Manfred Pfister hat zur Skalierung von Intertextualität bezüglich der syntagmatischen Integration von Prätexten in den Text das Kriterium der *Strukturalität* benannt:

> „Nach diesem Kriterium ergibt das bloß punktuelle und beiläufige Anzitieren von Prätexten einen nur geringen Intensitätsgrad der Intertextualität, während wir uns in dem Maße dem Zentrum maximaler Intensität nähern, in dem ein Prätext zur strukturalen Folie eines ganzen Textes wird." (Int 28).

Wie aber läßt sich sogar ein hoher Intensitätsgrad von Intertextualität behaupten, wenn nicht einmal ein beiläufiges Anzitieren von Texten des einen Autors in Texten des anderen vorliegt?

Während Monika Schmitz-Emans in ihren Buch „Poesie als Dialog – Vergleichende Studien zu Paul Celan und seinem literarischen Umfeld"[113] wenigstens von einem Text als Bezugspunkt ausgehen kann, den Jabès über Celan geschrieben hat, um ein imaginäres Gespräch beider Autoren analysieren zu können, fehlen derartige Anhaltspunkte für eine Beziehung Handke-Jabès. Die Abwesenheit eines vermeintlichen Prätextes von Edmond Jabès in den Texten Peter Handkes stellt einen solchen merkwürdigen Sonderfall von Intertextualität dar, der sich einerseits zwar ganz und gar nicht skalieren läßt, der aber andererseits dennoch nicht ganz von der Hand zu weisen ist.

Erika Tunner sieht eine deutliche thematische Beziehung zwischen den Texten von Handke und Jabès – beide thematisieren ausdrücklich eine für die Dekonstruktion maßgebliche Problematik, die bereits bei der vorangegangenen Analyse des Anfangs der Verfilmung von Handkes Märchen „Die Abwesenheit" deutlich geworden ist. Diese zeichentheoretische Problematik trägt denselben Titel wie der Film: – „L'Absence" –, genauer: Das offene Spiel von Anwesenheit und Abwesenheit der Bedeutung im Prozeß der Signifikation. Tunner bemerkt die zeitliche und auch räumliche Unbestimmbarkeit von Handkes Märchenerzählung und bringt diese in Zusammenhang mit einem Zitat von Edmond Jabès:

---

[112] Erika Tunner: „Ganz bei mir fühle ich mich erst unterwegs". (Peter Handke, *L'Absence*). In: Partir, revenir... En route avec Peter Handke. Publications de l'Institut d'Allemand d'Asnières 1992. S.55-62. Im folgenden: *Gbm*.

[113] Monika Schmitz-Emans: Poesie als Dialog. Vergleichende Studien zu Paul Celan und seinem literarischen Umfeld. Heidelberg 1993. Im folgenden: *PaD*.
Das Kapitel zu Celan und Jabès findet sich S.59-105. Als Einführung in das Werk von Jabès ist die Lektüre dieses Kapitels sehr zu empfehlen, da es den hohen Grad poetologischer Selbstreflexion der Texte von Jabès in seiner ganzen Vielschichtigkeit und in Abgrenzung zu demjenigen der kaum weniger komplizierten Texte Celans klar verständlich konturiert.

> „Le conte de Handke est une histoire dont on ne peut dire avec certitude où elle commence et où elle finit. C'est le livre d'une rencontre: mais a-t-elle seulement eu lieu? Et dans quel lieu?
> »Si aucun lieu n'est le mien, quel serait mon lieu véritable?
> »Etant vivant, il faut bien que je sois, quelque part, présent?«
> »Peut-être – lui répondit-on – le lieu véritable est-il dans l'absence de tout lieu?
> »"Et le sage dit: „Habitable infini. Pour ceux de ma race, havre de grâce.«
>
> L'habitable infini d'où se lève le vent comme venu de nous-mêmes, ce vent qui passe par toutes choses: le vent de la poésie, de l'imagination, le vent de l'arrivée dans une tout autre absence, comme dit Handke à la fin de son conte." (Gbm 61f.)[114]

Jürgen Ritte hat „Habitable infini" mit „Bewohnbare Unendlichkeit" übersetzt. Dieser Ausdruck ist im Zusammenhang mit Handkes Umgang mit Texten der »jüdischen Tradition« im Rahmen seiner Ästhetik »nach Auschwitz« in mehrfacher Hinsicht gerade in seiner Ambivalenz von Interesse. Wenn „L'habitable infini" ein nur im Imaginären zu erreichendes Konkretum der Poesie darstellen sollte, dessen poetische Realisation in Handkes Märchen möglich werden soll, so gilt es, diese bewohnbare Unendlichkeit auf mindestens zwei unterschiedliche Weisen aufzufassen, um erkennen zu können, was sich in ihr konkretisiert. Es geht dabei um das Zusammentreffen des Gedankens einer „lebendigen Tradition", wie sie Emmanuel Lévinas im Judentum als gegeben ansieht, mit der historischen Katastrophe von »Auschwitz«, die sogar die Unendlichkeit unbewohnbar gemacht haben dürfte. Wenn ein jüdischer Autor wie Jabès »nach Auschwitz« schreibt: „Habitable infini. Pour ceux de ma race, havre de grâce", dann gilt es zu verdeutlichen, daß kaum jemand hellsichtiger als Jabès die Paradoxalität einer „bewohnbaren Unendlichkeit" zu beurteilen in der Lage gewesen ist. Sein gesamtes Schreiben kreist um den Ort der Bedeutung, der durch »Auschwitz« unnahbar abwesend geworden ist.

Die Schrift selbst wird von Jabès als Ort reflektiert, in dem sich die Schrift verliert, das Buch wird zum Buch im Buch und Gott wird zum unverständlichen Zeichen, dessen Unverständlichkeit nicht länger auf eine mythische Gesetzgebung in grauer Vorzeit zurückzuführen ist, sondern nun konkrete historische Vorzeichen bekommen hat.[115]

Alain Robbe-Grillet – dessen frühzeitige Vorbildfunktion für Handkes Schreibweise nicht nur formal am (Nouveau-) Roman „Die Hornissen" abzulesen ist, sondern auf den Handke sich auch wiederholt in seinen frühen programmatischen Aufsätzen beruft – hat bezogen auf Balzacs Romankunst bemerkt:

---

[114] Das Zitat im Zitat von Edmond Jabès stammt aus: Un Etranger avec, sous le bras, un livre de petit format. Paris 1989. S.18. (Dt.Übers.: Edmond Jabès: Ein Fremder mit einem kleinen Buch unterm Arm. Aus dem Französischen von Jürgen Ritte. München – Wien 1993. S.15:

„»Wenn kein Ort der meine ist, wo wäre dann mein wahrer Ort?/ Da ich doch lebe, muß ich wohl, irgendwo, anwesend sein« (, disait un sage./, sagte ein Weiser. [Von Tunner nicht zitiert; T.H.])/ »Vielleicht«, antwortete man ihm, »liegt der wahre Ort in der Abwesenheit eines jeden Ortes./ («Le lieu, justement, de cette inacceptable absence?»/ Vielleicht ist er eben der Ort jener inakzeptablen Abwesenheit?« [Von Tunner nicht zitiert; T.H.])/ Und der Weise sagte: »Bewohnbare Unendlichkeit. Für alle Angehörigen meines Volkes ein Hafen der Gnade.«").

[115] Hans Jonas hat in seinem Text: Der Gottesbegriff nach Auschwitz. Eine jüdische Stimme. Frankfurt a.M. 1987 auf S.39 ausgesprochen, was auch für das Denken und Schreiben von Jabès unverrückbarer Ausgangspunkt ist:

„Nach Auschwitz können wir mit größerer Entschiedenheit als je zuvor behaupten, daß eine allmächtige Gottheit entweder nicht allgütig oder (in ihrem Weltregiment, worin allein wir sie erfassen können) total unverständlich wäre. Wenn aber Gott auf gewisse Weise und in gewissem Grade verstehbar sein soll (und hieran müssen wir festhalten), dann muß sein Gutsein vereinbar sein mit der Existenz des Übels, und das ist nur, wenn er nicht allmächtig ist."

> „Quel est ce narrateur omniscient, omniprésent, qui se place partout en même temps, qui voit en même temps l'endroit et l'envers des choses (...)? Ça ne peut être qu'un Dieu."¹¹⁶

Weder aber Alain Robbe-Grillet noch Edmond Jabès oder auch Peter Handke hegen mit ihren metaphysikkritischen Schreibweisen länger die Absicht, die Erzählperspektive eines Gottes zu verwirklichen – was sie nicht daran hindert, in ihren Texten die historisch gewordene Unmöglichkeit einer solchen Erzählperspektive poetologisch zu reflektieren. Robbe-Grillet beschreibt seine Erzähltechnik in seinem Buch „Le miroir qui revient" als eine „technique du «centre vide»":

> „Quant au narrateur absent de *La jalousie*, il est lui-même comme le point aveugle dans un texte basé sur les choses que son regard tente désespérément de mettre en ordre, de tenir en main, contre la conspiration qui menace à chaque instant de faire chavirer les fragiles échafaudages de son «colonialisme»: la végétation proliférante des tropiques, la sexualité ravageuse prêtée aux Noirs, les yeux sans fond de sa propre épouse et tout un univers parallèle, innommable, constitué par les bruits qui cernent la maison. Comment se fait-il qu'on ait si peu parlé du rôle de l'oreille, dans ce roman qu'on a même prétendu voué à un seul sens: la vue? La raison doit se trouver, au moins en partie, dans cette déconcertante technique du «centre vide», qui commençait à se développer depuis *Les Gommes* et sur laquelle il nous faudra revenir." (Lm 39f.)¹¹⁷

Vor »Auschwitz« konnte das Medium der jüdischen Schrifttraditionen – gewissermaßen ein Universum von Verweisungs- und Interpretationszusammenhängen – problemloser noch als „bewohnbare Unendlichkeit" verstanden werden; »nach Auschwitz« jedoch hat für die Überlebenden nicht nur unweigerlich eine gründliche Infragestellung eines weiterhin glaubwürdigen Zentrums dieser Unendlichkeit stattfinden müssen, auch scheint als Resultat der Shoah sich der Tod als „Meister aus Deutschland" (Paul Celan) über die „lebendige Tradition" des Judentums (Emmanuel Lévinas) durchgesetzt zu haben. „Es war," heißt es einmal in Handkes Märchen „Die Abwesenheit", „als vervielfältige sich der »Tote« ins Unendliche und rotte sich zugleich gegen die einsamen Überlebenden zusammen." (Abw 209) Im Zusammenhang von Handkes Märchen kommt mit diesem Satz keineswegs explizit das Trauma von »Auschwitz« zum Ausdruck. Daß dies aber implizit der Fall sein könnte, darauf deuten nicht zuletzt poetologische Affinitäten zwischen den Schreibweisen von Edmond Jabès und Peter Handke.

Wenn Jabès vom Buch im Buch spricht, so kommt darin eine doppelte Perspektive zum Ausdruck, die durch »Auschwitz« unausweichlich geworden ist. Diese Doppelperspektive bildet den Ausgangspunkt für ein Reflexionsniveau, das sich in

---

116 Alain Robbe-Grillet: Pour un nouveau roman. Paris 1961. S.118. (Dt. Übers.: Alain Robbe-Grillet: Argumente für einen neuen Roman. Aus dem Französischen von Werner Spiess u.a. München 1965. S.87: „Wer ist dieser allwissende, allgegenwärtige Erzähler, der an allen Orten gleichzeitig ist, der gleichzeitig die Vorder- und die Kehrseite der Dinge sieht (...)? Das kann nur ein Gott sein.").

117 (Dt.Übers. A.a.O. S.38:
„Was den abwesenden Erzähler von *La jalousie* angeht, so ist er selbst wie die blinde Stelle in einem Text, und sein Blick versucht verzweifelt, die dem Text zugrundeliegenden Dinge zu ordnen, in der Hand zu haben gegen die Verschwörung, die jeden Moment das zerbrechliche Gerüst seines »Kolonialismus« zum Einsturz zu bringen droht: die wuchernde Vegetation der Tropen, die zerstörerische Sexualität, die den Schwarzen zugeschrieben wird, die abgründigen Augen seiner eigenen Frau und parallel dazu eine ganze unbeschreibliche Welt, die von den Geräuschen um das Haus gebildet wird. Wie kommt es, daß man so wenig über die Rolle des Hörens in diesem Roman gesprochen hat, von dem sogar behauptet wurde, er sei einem einzigen Sinn geweiht: dem Sehen. Der Grund muß zumindest teilweise in dieser verwirrenden Technik des »leeren Zentrums« liegen, die sich seit *Les Gommes* zu entwickeln begann und auf die wir noch zurückkommen müssen.").

ähnlicher Weise auch in Kristevas Intertextualitätstheorie wiederfindet. Der Verlust des transzendentalen Signifikats bedeutet auch für die Literaturtheorie die Notwendigkeit zu einem Umdenken im Umgang mit literarischen Traditionen. Das Buch im Buch verweist gleichermaßen auf eine Anwesenheit wie auch auf eine Abwesenheit des Buches im Buch. Das Vexierbild, um das es hier geht, besteht aus einer lebendigen »jüdischen Tradition« vor dem Hintergrund ihrer geplanten und beinahe realisierten völligen Vernichtung durch den Nationalsozialismus. »Auschwitz« war für Jabès Auslöser für eine in ihrem Reflexionsniveau kaum zu überbietende Selbstinfragestellung einer »jüdischen Tradition«, deren dialogische und seit jeher selbstkritische Organisation in den Texten von Jabès bezeichnenderweise zum Teil nur noch von fiktiven Rabbinern übernommen wird.

Die Logik der Supplementarität eines Jacques Derrida, die ein freies Spiel von Anwesenheit und Abwesenheit des Signifikats im Zeichen konstatiert, war noch vor ihrer Ausformulierung im Text der „Grammatologie" von Jabès poetologisch vorweggenommen. Ein kurzer Text Derridas, der sich mit den Texten von Jabès auseinandersetzt, zitiert dessen Wendung vom Buch im Buch, zunächst spricht jedoch Derrida über die Auffassung des Buches bei Jabès:

> „Alles geht ins Buch über; alles geschieht im Buch. Alles wird dem Buch einwohnen müssen. Die Bücher ebenfalls. Deshalb ist das Buch niemals beendet. Es bleibt immer im Leiden und im Nachtlicht.
> – »*Eine Lampe steht auf meinem Tisch und das Haus ist im Buch*
> – *Ich werde endlich das Haus bewohnen.*« 118
> ....
> – »*Wo befindet sich das Buch?*
> – *Im Buch.*«119
> Jeder Austritt aus dem Buch findet im Buch statt. Das Ende der Schrift befindet sich gewiß jenseits der Schrift" (SD 116).

Auch Derrida umschreibt also die „bewohnbare Unendlichkeit" des Buches, in der seiner Ansicht nach bei Jabès ausdrücklich das Leiden eingeschrieben ist.

Bezogen auf Handkes Märchen „Die Abwesenheit" spricht Erika Tunner davon, daß es sich um einen Text ohne erkennbaren Anfang und ohne erkennbares Ende handelt. Und tatsächlich schließt das Buch mit dem Verweis auf ein allererst zu schreibendes Buch so, als ob das bereits vorliegende Buch noch gar nicht geschrieben wäre, als ob es – vergleichbar der Chora – ein Ort wäre ohne Ort: „(...) un lieu sans lieu qui n'aura été qu'un itenéraire."120 So ließe sich der Konjunktiv verstehen, der vom anonymen Schwellen-Erzähler Handkes, der zwischen einem Erzähler-Ich und einem Wir-Erzähler changiert, gebraucht wird:

> „Ein ganzes Buch könnte ich über unsere Suche schreiben. Vorerst aber durften wir uns noch eine kurze Ruhe gönnen. Der Soldat streckte die Beine aus; der Spieler teilte sein Geld; die Frau schmückte sich und lächelte irgendwem um die Ecke. Jeder der drei legte schließlich dem anderen den Arm um die Schultern. Und für eine kleine Weile saßen wir da und ließen uns einfach sehen." (Abw 224).

---

118 Derrida zitiert an dieser Stelle Jabès (LQ 18):
„– Une lampe est sur ma table et la maison est dans le livre./ – J'habiterai enfin la maison."

119 Derrida zitiert Jabès (LQ 15):
„– Où se situe le livre?/ – Dans le livre."

120 Edmond Jabès: Le Parcours. Paris 1985. S.93. Im folgenden: P.
(Dt. Übers.: Edmond Jabès: Der vorbestimmte Weg. Aus dem Französischen von Monika Rauschenbach. Berlin 1993. S.119:
„(...) ein Ort ohne Ort, der allein eine Wegstrecke gewesen sein wird.").

Haben also am Schluß des Buches die drei übriggebliebenen, von wem auch immer beschriebenen Protagonisten den auch von Jabès angesteuerten „Hafen der Gnade" erreicht? Oder ist ihrer bloßgestellten Gelassenheit doch noch ein Schrecken oder ein Leiden eingeschrieben, das, nachdem die „kurze Ruhe" vorüber sein wird, weiter spürbar bleibt?

Während das Buch mit der Aussicht auf ein noch zu schreibendes Buch und der Beschreibung einer vorläufigen Gelassenheit der Protagonisten endet, nimmt der Film „L'Absence" demgegenüber ein nuancierteres Ende. Dort findet am Schluß ein festliches Essen, das Fest der Abwesenheit, auf einem Steg am Meer statt, zu dem sich neben den Protagonisten nicht nur weitere zahlreiche Gäste einfinden, sondern wo es auch zu einer merkwürdigen Begegnung mit einem Mann mit Sonnenbrille und in Turnschuhen kommt. Dieser fordert die Gesellschaft unter dem tosenden Lärm einer Armada von Militärhubschraubern auf zu gehen, weil der letzte Krieg bereits tobt. Der Mann bekundet, daß er wisse, daß er selbst schon tot sei. Diese befremdliche Erscheinung auf dem Fest der Abwesenheit, die im Buch nicht vorkommt, akzentuiert dieses aber keineswegs völlig um. Auch der Text des Buches ist voller Anspielungen, sowohl auf die Zeit eines allerdings vergangenen Krieges als auch auf ein Militärmanöver, die jedoch sehr viel beiläufiger wirken. Die Wanderung ins Land der Abwesenheit, die die Protagonisten unternehmen, ist eine Wanderung in ein durchaus ambivalentes „Niemandsland" (Abw 194), in dem die märchenhafte Sehnsucht nach einer „bewohnbare(n) Unendlichkeit" (Jabès) immer wieder durchkreuzt wird von einem Erinnertwerden an die Schrecken des Krieges. Der Film ist darin abschließend weitaus drastischer als das Buch.

Wenn zu Beginn des Textes der Soldat an einer Kirche ein vielversprechendes Plakat gewahrt, „welches zu einer »Pilgerfahrt ins Heilige Land« einlädt" (Abw 35), so bietet doch aufgrund der zahlreichen Spuren des Krieges, auf die die Protagonisten immer wieder stoßen, ihre Wanderung nur wenig Anlaß, mit einem heilsversprechenden Pilgern verglichen zu werden. Dennoch führt der Alte die Gruppe unter anderem in eine Kirche, um darin diverse Skulpturen in Augenschein zu nehmen. Als wäre dieser vorherige Kirchenbesuch der vier Protagonisten ein Hinweis darauf, spielt der Film ausgerechnet in der Szene, in der der Alte sich von der vermeintlichen Pilgergruppe unbemerkt entfernt, auf eine mittelalterliche Darstellung an, wie sie etwa in der Kathedrale von Autun, einer ehemaligen Pilgerkirche, zu besichtigen ist. Dabei handelt es sich um ein Kapitell im Lapidarium der Kathedrale aus der Zeit um 1125 mit dem Titel „Traum der Heiligen Drei Könige"[121], das die drei Könige, während sie von einem Engel besucht werden, in einer derartigen perspektivischen Verzerrung schlafend zeigt, daß sie wie übereinanderliegend wirken. Dabei sind sie von einem kostbaren Tuch bedeckt. Gegen Ende von Handkes Film sieht man aber nicht dieses Kapitell im Bild, sondern entsprechend zunächst noch die vier Protagonisten auf einer ebenfalls perspektivisch merkwürdig wirkenden Schräge im Anschluß an eine Mahlzeit und eine Aussprache in einer karg aber dennoch festlich eingerichteten Höhle zugedeckt nebeneinander ruhen, bevor plötzlich nur noch drei von ihnen im Schlaf versunken gezeigt werden. Der Alte ist verschwunden, nachdem er die drei anderen an den vermeintlichen Ort der Orte geführt hat. Auf dem mittelalterlichen

---

[121] Eine Abbildung findet sich in: Hermann Fillitz: Das Mittelalter I. Propyläen Kunstgeschichte. Frankfurt a.M. – Berlin 1990. Abb. 282a.

Kapitell ist ebenfalls eine vierte Person, ein Engel mit einem Zeigegestus zu erkennen, der für die Heiligen Drei Könige nach ihrem Erwachen gewiß auch als verschwunden gedacht werden muß.

Handkes Anlehnung an eine sakrale Ikonographie läßt den anfangs im Buch gegenüber einem Plakat, das zu einer Pilgerreise einlud, noch befremdeten Soldat der Jetztzeit im Film selbst als eine der mythischen Symbolfiguren der Pilgerschaft erscheinen, als einen der Heiligen Drei Könige[122]. Gegenüber dem Buch macht der Film die Hautfarbe des Soldaten sichtbar als die eines Schwarzen. Im hohen Mittelalter war es üblich, eine Identifikation der Heiligen Drei Könige mit den damals bekannten drei Erdteilen Europa, Afrika und Asien vorzunehmen, wobei einer der Könige oft als Mohr dargestellt wurde.[123]

Gegenüber der mittelalterlichen Darstellung der drei in Harmonie befindlichen Herrscher, denen die drei Weltgegenden zuzuordnen sind, hebt der Film an dieser Stelle eine inzwischen eingetretene Differenz zu einer solch einvernehmlichen Darstellungsweise hervor. Im Film sind es nicht die drei Protagonisten, denen sich nun einfach analog drei Erdteile zuordnen lassen. Der Film gedenkt auf differenzierte Weise eben nicht nur idealisierend eines verschwundenen mittelalterlichen Herrschaftsphantasmas, sondern ebenso in bezug auf die jüngste Geschichte dieses Jahrhunderts gerade auch der Opfer totalitärer Herrschaftssysteme, ausgerechnet aus den Kontinenten, die im Mittelalter von den Heiligen Drei Königen symbolisiert worden sind. Für den Kontinent Europa sind dies, wie bereits erläutert, die Opfer vor allem des Nationalsozialismus. Für den heutigen Kontinent Asien steht im Film die deutlichste Geste eines Eingedenkens,

---

[122] Ein Jahr zuvor hat Handke seine Erzählung „Die Wiederholung" mit einem Motto allerdings aus der »jüdischen Tradition« versehen, auf das nun das Märchen „Die Abwesenheit" modifiziert Bezug nehmen könnte. Das Motto lautet:
„»Die Könige der Urzeit sind/ gestorben, sie haben ihre/ Nahrung nicht gefunden.«/ *Der Sohar.*"
Die von Handke zitierte Textpassage aus dem Sohar findet sich in einem Text, der von einem „Buch der Verborgenheit" ebenso spricht, wie er auch „zwei Fenster im Paradies" benennt. Die Spur der „zwei Fenster im Paradies" läßt sich direkt auf die poetologisch zentrale Episode der Erzählung „Die Wiederholung" am Ende des Kapitels mit dem Titel „Das blinde Fenster" (W 96f.) beziehen, in der es dann zwei Fenster sind, die zu einer differenzierten Beschreibung einer Wahrnehmung beitragen. Die Rede vom „Buch der Verborgenheit" verweist dagegen bereits über den Text „Die Wiederholung" hinaus auf das Märchen „Die Abwesenheit", in dem abschließend nicht nur „Der Alte" die Rolle eines Königs der Urzeit übernommen haben könnte, der seine Nahrung nicht gefunden hat. Wie im Märchen „Die Abwesenheit" ein imaginäres Land die Hauptrolle spielt, so wird schon in der Erzählung „Die Wiederholung" ein imaginäres „Land der Erzählung" (W 333) vom Erzähler aufgesucht, um dort seinem vermißten Bruder wiederbegegnen zu können. Die Erzählung wird zum Ort der Wiederholung, zur Erzählung in der Erzählung, zur verborgenen Buchführung oder besser: zur Buch-Führung ins Verborgene. Der Möglichkeit der Begegnung mit einem Verschollenen im Imaginären, wie sie von der Erzählung „Die Wiederholung" eingeräumt wird, steht im Märchen „Die Abwesenheit" der Verlust einer solchen Begegnungsmöglichkeit gegenüber.
Peter Handke: Die Wiederholung. Frankfurt a.M. 1986. Im folgenden: *W* (auch schon in dieser Anm.).
Der Sohar. Das heilige Buch der Kabbala. Nach dem Urtext ausgewählt, übertragen und herausgegeben von Ernst Müller. Neu ediert. Köln 1982. S.104. Auf der Grundlage der Ausgabe: Wien 1932.

[123] Siehe den Artikel: Drei Könige. In: Lexikon für Theologie und Kirche. Dritter Band. Freiburg i. Br. 2. Aufl. 1959. S.566-569. Auf S.567 heißt es:
„Auf die 3 Magier wurden die bibl. Rassen der Semiten, Chamiten u. Japhetiten, ihre Städte (z.B. Tharsis, Codolie, Ergrosilla) bzw. 3 Weltteile, selbst 3 Lebensalter u. 3 bibl. Gaben (Gold, Weihrauch, Myrrhe) typisierend verteilt. Die Magierausstattung wechselte nach Zeit und Land. (...) Der Mohrenkönig wurde seit den span. u. oriental. Kreuzzügen eine beliebte Volksfigur u. schließlich als Kasperl im Puppentheater ganz ins Komische gekehrt."
Die Heiligen Drei Könige sind ebenfalls abgebildet auf dem Umschlag von Handkes Theaterstück: Die Stunde da wir nichts voneinander wußten. Frankfurt a.M. 1992.

nämlich die durch den Soldaten häufig wiederkehrende Nennung der Namen in China erschossener Regimegegner. Für den Kontinent Afrika stellt ein intertextueller Verweis eine Zwischenstellung dar, die einzuordnen ist zwischen direkter Namensnennung von chinesischen Opfern und einer Ethik der Nichtrepräsentation, wie sie sich in bezug auf die Opfer des Nationalsozialismus gezeigt hat. Zu Beginn des Films sieht man bereits den Soldaten in einem Buch lesen, das er im Verlauf des Films immer wieder zur Lektüre zur Hand nimmt. Es handelt sich dabei um einen Roman, der aus der Sicht eines Afrikaners die französische Kolonisation Westafrikas beschreibt, um den Roman von Amadou Hampaté Bâ: „L'étrange destin de Wangrin ou Les roueries d'un interprète africain"[124]. Diese im Film marginale Lektüre des Soldaten spielt in Handkes Buchtext noch keine erkennbare Rolle. Vergleicht man diese Anspielung auf einen afrikanischen Roman im Film mit der Präsenz eines Kolonialromans in Alain Robbe-Grillets Text „La Jalousie"[125], wie sie Jacques Leenhardt präzise als ernstzunehmende Kritik Robbe-Grillets an Frankreichs Kolonialpolitik in ihrem Endstadium analysiert hat[126], so ist zu bemerken, daß Handke Jahrzehnte später dazu übergegangen ist, Robbe-Grillets einstiges politisch engagiertes Desengagement in seinem intertextuellen Anspielungscharakter im Film „L'Absence" an Subtilität noch zu übertreffen. Eine dereinst der Heilsgeschichte verpflichtete Ikonographie wird von Handke intertextuell ebenso angeführt wie zugleich ihre dekonstruktive Unterwanderung durch Zitate, die den jüngsten Geschichtsverlauf auf unterschiedliche Weise dokumentieren als einen Prozeß, dem jegliche Heilserwartung abhanden gekommen ist: So begegnen die übriggebliebenen drei Wanderer im Film zwar noch im Anschluß an das Verschwinden des Alten seiner Frau Maria; jedoch abwesend ist nicht nur ihr Mann, auch ist sie, anders als die biblische Maria bei ihrer Begegnung mit den drei Königen, ohne Kind.

Das Vor-Bild des mittelalterlichen Kapitells mit den harmonisch vereinten Heiligen Drei Königen, die aus den drei Erdteilen zusammengekommen sind, bleibt als Zitat im Verschwinden noch immer erkennbar und versieht somit die im Film dargestellte Profanisierung dieses Bildes erneut mit der scheinbar verlorengegangenen Vision einer Welt ohne kulturelle Schranken, die jedoch nicht nur auf der Ebene der Herrscher und schon gar nicht allein symbolisch zu realisieren wäre. Der drastische Schluß des Films, der einen Kriegsausbruch assoziiert, erscheint gegenüber derart poetisch feinsinnigen und dialektischen Bildkonstruktionen im Sinne Benjamins letztlich doch noch als notwendiger Kontrast, wenn der Film nicht Gefahr laufen möchte, die minutiös verknüpften Formen des Eingedenkens in der Verharmlosung verschwinden zu lassen. Was Sartre einmal auf Afrika bezogen geäußert hat, läßt sich auch auf alle anderen Kontinente ausdehnen, auf denen Unrechtsregime ihre Spuren hinterlassen haben:

---

[124] Amadou Hampaté Bâ: L'étrange destin de Wangrin ou Les roueries d'un interprète africain. Paris 1973. (Dt.Übers.: Amadou Hampaté Bâ: Wangrins seltsames Schicksal oder die listigen Ränke eines afrikanischen Dolmetschers. Aus dem Französischen von Adelheid Witt. Frankfurt a.M. 1986).

[125] Alain Robbe-Grillet: La Jalousie. Paris 1957. (Dt. Übers.: Alain Robbe-Grillet: Die Jalousie oder die Eifersucht. Aus dem Französischen von Elmar Tophoven. Stuttgart 1986).

[126] Jacques Leenhardt: Politische Mythen im Roman. Am Beispiel von Alain Robbe-Grillets ›Die Jalousie oder die Eifersucht‹. Aus dem Französischen von Jochen und Renate Hörisch. Frankfurt a.M. 1976. (Originaltitel: Jacques Leenhardt: Lecture politique du roman. La Jalousie d'Alain Robbe-Grillet. Paris 1973).

„Die afrikanische Präsenz soll unter uns nicht die eines Kindes im Familienkreis sein, sondern die Präsenz eines Gewissensbisses und einer Hoffnung."[127]

Die afrikanische Präsenz, wie sie Handke in seinem Film „L'Absence" zur Darstellung bringt, ist gegenüber Sartres Forderung zunächst sehr wohl vergleichbar mit der eines Kindes im Familienkreis. Allein dieser Schein trügt, und es bedarf einer gesteigerten Aufmerksamkeit auf Handkes Poesie vermeintlich kindlicher Bilder, auf die differenzierte Schichtung von historischen Perspektiven, die sie in sich bergen, um zu erkennen, daß sie auf der einen Seite so naiv nicht sind, und sich auf der anderen Seite zugleich einem politisch und ideologisch mißbrauchbaren Gewissens- oder Hoffnungsbegriff entziehen. Jean Améry hat einmal bemerkt, was einen politischen Film auszeichnet, der den Schrecken zu zeigen beabsichtigt:

„Gerade im politischen Film aber, der ein tatsächlich stattgehabtes Schreckensgeschehen vermitteln will, ist Verzicht auf die Kunst der Kunst höchste und sauberste Form."[128]

Handkes Film „L'Absence" vermeidet die direkte Darstellung historischer Schrecken und verzichtet auch keineswegs auf die »Kunst«. Ein Film ist somit aber deshalb nicht schon ein unpolitischer Film, weil er lediglich nach künstlerischen und poetischen Formen des Eingedenkens sucht.

Als Ergebnis dieses Exkurses über die auratische Präsenz [129] der mittelalterlichen Vorstellung von den drei Kontinenten in Handkes Film „L'Absence", wie sie durch die Heiligen Drei Könige personifiziert erschienen, ist bezogen auf Handkes Ästhetik »nach Auschwitz« zu bemerken, daß dem Gedenken an die Shoah in seinen Texten eine besondere Darstellungsweise zukommt: Die Darstellung der Nichtdarstellbarkeit.

Noch vor dem Aufbruch zu der Wanderung äußert der Spieler im Buch sein unbestimmtes Bedürfnis nach Trauer:

„Weg von hier, irgendwohin. Irgendwohin, wo ich trauern und etwas betrauern kann." (Abw 45).

Im Film kommt diese Äußerung des Spielers zwar nicht zur Sprache, dafür aber vielleicht noch eine Steigerung, wenn er dort sagt: „Verwundet mich mehr." Dieser Ausspruch des Spielers im Film läßt abermals an Tarkowskij denken, der gesagt hat:

„Als moralisches Wesen ist der Mensch mit einer Erinnerung begabt, die in ihm das Gefühl eigener Unzulänglichkeit weckt. Die Erinnerung macht uns verletzbar und leidensfähig." (VZ 61).

Der Soldat wiederholt im Film mehrmals vier chinesische Namen, von denen er später sagen wird, daß es die Namen von in China Hingerichteten sind, die er auswendig lernt, um ihrer einzugedenken; der Alte spricht im Film explizit von dem zu erreichenden Land als von einem Land, in dem eine allgemeine Reinigung stattfindet. Trauer, Verwundung, Eingedenken und Reinigung: Das sind die Themen, denen das Buch und der Film je auf ihre Weise nachgehen.

---

[127] Jean-Paul Sartre: Schwarze Präsenz. In: Wir alle sind Mörder. Der Kolonialismus ist ein System. Artikel. Reden. Interviews. 1947-1967. Aus dem Französischen von Eva Moldenhauer. Reinbek bei Hamburg 1988. S.11. (Originaltitel: Jean-Paul Sartre: Présence noire. In: Michel Contat, Michel Rybalka: Les Écrits de Sartre. Paris 1970.).

[128] Jean Améry: Wann darf Kunst auf »Kunst« verzichten? Zu dem Filmwerk »Das Geständnis«. In: Cinéma. Arbeiten zum Film. Stuttgart 1994. S.90.

[129] Unter auratischer Präsenz soll hier nach Benjamin Anwesenheit unter den Bedingungen einer Dialektik von Nähe und Ferne zu verstehen sein, die nicht in eindeutigen logischen Beziehungen zum Ausdruck kommt.

Fast exakt so wie Jabès von einer Lampe auf seinem Tisch in einem Haus berichtet, welches sich im Buch befindet, das es vom Schriftsteller wie vom Leser zu bewohnen gilt (als „[b]ewohnbare Unendlichkeit"!), so erzählt auch Handke in seinem Märchen einmal von dem Soldaten als einem Leser, der im Buch verschwindet, was der Film nur andeuten kann:

> „Als nächstes klammert er eine winzige Leselampe an den hinteren Deckel, betrieben von einer Batterie, die er mit der Rechten umfaßt, während die Linke auf die erste Zeile einen halbzylindrischen Glasstab legt, welcher nicht nur die Lettern vergrößert, sondern auch die Zwischenräume auf dem Papier hell aufleuchten läßt. Das Lämpchen gibt ein zeltförmiges Licht, worin das Buch selber durchsichtig wirkt. Für einen Moment ist es, als genüge es sich selber; als sei da etwas im Gang, auch ohne den Leser. Dabei hat dieser, so still er da sitzt, alle Hände voll zu tun, mit dem zeilenweisen Verschieben der Lupe einerseits, mit dem Halten der schweren Batterie, die er wiegt wie einen Stein, andererseits. Er wird nicht einmal dazu kommen, die Seiten umzublättern; die eine beschäftigt ihn zur Genüge; jeder Satz braucht seine Zeit, und danach muß immer tief Luft geschöpft werden für den nächsten. (...) Die Augen des Lesers sind schmal und in den Winkeln geschweift, wie verlängert hinauf in die Schläfen, so als bildeten die doch nahen Buchstaben und Wörter einen sehr fernen Horizont. An diesen Augen wird deutlich, daß nicht er das Buch aufnimmt, sondern das Buch umgekehrt ihn; allmählich geht er auf es über, bis er – die Ohren legen sich förmlich zurück – in ihm verschwunden und ganz Buch geworden ist." (Abw 101ff.).

Der Soldat erscheint hier als ein Leser, wie ihn Jabès kaum anders beschreibt:

> „Tu crois rêver le livre. Tu es rêvé par lui."¹³⁰

Immer wieder sind es scheinbar idyllische Momente, vergleichbar mit dem des Schlußsatzes, in die hinein ein beobachteter Gegenstand seine Geschichte zu erzählen beginnt, unter Zuhilfenahme der Stimme des Beobachters, der seinen Blick zuvor dafür geöffnet hat:

> „Im Wagen ist es inzwischen still; auch die Lichter sind aus. Das Feuer im Gras ist abgebrannt. An der Asche sitzt noch immer die Frau, neben ihr, statt des Alten, der Spieler, im Abstand. Die Frau hat die Füße in der Asche und braucht keinen Umhang mehr. Endlich bricht der Spieler das Schweigen: »Der zerfallene Waschzuber dort am Ufer, groß wie für eine ganze Familie, ist nicht das Überbleibsel von einem Hausrat. Er hat im Krieg den Widerstandskämpfern als Fährboot gedient. Sie sind damit nachts weiter oben über den Fluß gepaddelt. Immer wieder sind sie gekentert, und viele von ihnen sind ertrunken; sie waren in der Regel Bauernburschen und konnten nicht schwimmen; man hat einen täglichen Nachschub von solchen Zubern gebraucht, aus einer eigenen geheimen Werkstätte. Ein Denkmal gibt es für die Toten hier nicht. (...)« (Abw 106f.).

Eine derartige Aufmerksamkeit für das Sichtbare verlangt auch der Anfang der Verfilmung des Märchens, wo gerade das Nicht-Zeigen von Denkmälern einem Eingedenken zuträglich gedacht werden kann, das sich nicht allein in Marmortafeln manifestiert. Schließlich geht es in den Poetiken von Handke und Jabès um die paradoxale Sagbarkeit des Unsagbaren. Edmond Jabès schreibt in seinem Buch „Ça suit son cours":

> „Ce qui peut se dire se dit dans ce qui ne se dira jamais, de se dire."¹³¹

---

¹³⁰ Edmond Jabès: Le petit livre de la subversion hors de soupçon. Paris 1982. S.33. (Dt.Übers.: Edmond Jabès: Das kleine unverdächtige Buch der Subversion. Aus dem Französischen von Felix Philipp Ingold. München – Wien 1985. S.31:
„Du glaubst das Buch zu träumen. Du wirst von ihm geträumt.").

¹³¹ Edmond Jabès: Ça suit son cours. Montpellier 1975. S.21. Im folgenden: Çs.
(Dt.Übers.: Edmond Jabès: Es nimmt seinen Lauf. Aus dem Französischen von Felix Philipp Ingold. Frankfurt a.M. 1981. S.21:
„(Was gesagt werden kann, wird ausgesagt durch das, was niemals ausgesagt werden kann dadurch, daß es gesagt wird. ...)").

Dieser Satz von Jabès beinhaltet dessen Poetologie und wie es scheint, auch Handkes in nuce. Die Lektüre dieses Satzes braucht nicht nur Zeit, inhärent ist diesem Satz auch der Gedanke, daß nichts notwendig dadurch in der Zeit verloren geht, daß etwas Vergangenes und zugleich unvorstellbar Schreckliches deshalb dem Vergessen anheimgestellt wäre, weil es nicht mehr authentisch repräsentierbar ist.

Die poetologischen Paradoxien, denen sich Handkes Märchen stellt, beurteilt Peter Strasser noch vor seiner Verfilmung auf eine bemerkenswerte, weil im nachhinein umzukehrende Weise:

„Mehr als einmal läßt Handke die Unwirklichkeit anklingen, indem er reale Szenen beschreibt, als ob sie bloß im Film vorkommen könnten (...)." (Fr 40).

Die vorausgegangene Analyse der inzwischen entstandenen Verfilmung erlaubt zugleich die Umkehrung von Strassers Beurteilung des Märchentextes: Der Film verweist in bezug auf für ihn ohnehin nicht authentisch repräsentierbare vergangene Schrecken äußerst diskret auf literarische Texte Handkes zurück, – *als ob* diese bloß in der Literatur zum Ausdruck kommen könnten.

Aber auch dort lassen sich die Schrecken der Vergangenheit nicht repräsentieren. Betrachtet man aber Buch und Film als sich intertextuell ergänzende Medien, so nähern sie sich in ihrem wechselweisen Verweisungszusammenhang der Verwirklichung des bereits zitierten paradoxalen poetologischen Anspruchs von Jabès:

„Ce qui peut se dire se dit dans ce/ qui ne se dira jamais, de se dire." (Çs 21).

In Handkes Märchen kommen die Wanderer an einigen Orten des Schreckens vorbei. Sie passieren zunächst einen gigantischen Soldatenfriedhof, von dem es heißt, es ist:

„(...) jeder Steinblock bis an die Ränder vollgemeißelt mit Namenskolonnen, und über jeder der Kolonnen, anders als die Namen auch im Abstand lesbar, ja sogar in die Augen springend, das gleiche Wort: ANWESEND, in schwarzen Lettern, von welchen es durch das riesige Gefallenen-Gelände flimmert und aus lautlosen Kehlen zu schallen scheint." (Abw 124).

Eine spätere Textstelle bringt nicht nur erneut indirekt mit dem Krieg in Berührung, sondern bedeutet darüber hinaus den Verweis auf den ersten Roman von Handke: „Die Hornissen", dessen Strukturprinzip bereits ein Buch im Buch gewesen ist und dessen Thema: Der Verlust der Erinnerung. Wird nicht sogar potentiell das Buch im Buch in Handkes erstem Roman durch diese Anspielung weiter sedimentiert zum Buch im Buch im Buch? Im Text „Die Abwesenheit" heißt es:

„Als wir in dem scheinbaren Urwald am anderen Ufer eine Schrifttafel sahen, seit langem wieder ein Merkmal menschlicher Gegenwart – näherten wir uns ihr erleichtert? Oder nicht ebenso auch enttäuscht?
Beim Anlegen erwies sich das Schild als durchgerostet und kaum mehr leserlich; das endlich entzifferte »Achtung, Hornissen!« hatte, auch nach der Art der Lettern zu schließen, offenbar für eine Vorkriegs-Epoche gegolten." (Abw 188)[132]

---

[132] Obwohl es so aussieht, daß Handke erst in der Verfilmung des Märchens „Die Abwesenheit" einen Roman von Amadou Hampaté Bâ als intertextuellen Bezug zur Geltung bringt, der neben den ebenfalls im Film zum ersten Mal genannten Namen der chinesischen Opfer eine universelle Poetik des Eingedenkens zu unterstützen scheint, gibt es gerade zu dieser Passage aus Handkes Text eine Parallelstelle im Roman „L'etrange destin de Wangrin" (a.a.O. S.126) von Amadou Hampaté Bâ, die schon für den Buchtext Handkes als Intertext in Frage kommt:

„Ils avaient encore une semaine de chemin à parcourir, sur une route parsemée de campements dont les pancartes étaient parfois insolites. Sur certaines d'entre elles, on pouvait lire: «Méfiez-vous des lions», sur d'autres: »Méfiez-vous des moustiques» ou encore: «Méfiez-vous des reptiles». Mais la plus

Als schließlich die Wanderer noch beim Verlassen des Hochplateaus der Abwesenheit offensichtlich in ein Militärmanöver geraten, verwandelt sich schnell der letzte Eindruck des Imaginären in ernüchternde Realität, die wiederum an die Beschreibung der stets wiederkehrenden bedrohlichen Geräusche von Bombern in Handkes erstem Roman „Die Hornissen" erinnert:

> „Plötzlich dann schrumpfte die Landschaft zum bloßen Gelände. Beidseits der Straßen fuhren Panzer auf, die Geschoßrohre dem Anschein nach auf uns gerichtet. Aus allen Mündungen blitzte und krachte es uns entgegen. Schwerbeladene Soldaten, an denen das Metall aneinanderschlug, rannten, ohne uns zu beachten, geduckt zwischen den Büschen. Ein Gefechtsturm glänzte von Feldstechern. Kein Vogellaut mehr." (Abw 194).

Der Spieler, die Frau und der Soldat treten die Rückkehr aus dem Land der Abwesenheit an, nachdem der Alte, der sie dorthin führte, sich von ihnen entfernt hat. Als ihre Suche nach dem Alten ergebnislos bleibt, kommt es dazu, daß sie ihn als Toten imaginieren:

> „So trat jetzt auch der Alte in die Phase der bösen Abwesenheit. Und diese dauerte. (...) Es war, als vervielfältige sich der »Tote« ins Unendliche und rotte sich zugleich gegen die einsamen Überlebenden zusammen." (Abw 209).

Edmond Jabès hat ein immer nur anzustrebendes „bewohnbares Unendliches" als „Hafen der Gnade" für sein Volk imaginiert, zu dem Handkes Märchen, ob beabsichtigt oder nicht, hier das genaue Gegenbild zeichnet. Der Verlust des Alten ist im Märchen „Die Abwesenheit" für die „Überlebenden" zugleich der Verlust eines vielfältig versierten Schriftgelehrten und Entzifferungskünstlers. Nach seinem Verschwinden zerfällt die ohnehin nur lockere Gemeinschaft der Wanderer immer mehr, als hätte sie den sie bindenden, durch den Alten verkörperten Fokus zur Lesbarkeit der Welt verloren und damit auch das Verständnis füreinander.

Es mag willkürlich erscheinen, darin strukturale Ähnlichkeiten mit dem in der Diaspora verstreuten jüdischen Volk zu erblicken, dessen Angehörige sich inzwischen zu einem großen Teil kaum anders, denn als „Überlebende" bezeichnen können. Ihnen ist zwar nicht der Alte des Handkeschen Märchens, gewiß aber zumeist der vertrauensselige Umgang mit dem Alten, im Sinne einer vielschichtigen und althergebrachten Tradition aufgrund des Traumas mit Namen »Auschwitz« abhanden gekommen. Es nimmt dieser Assoziation zwar nicht die Unbestimmtheit, aber immerhin macht Erika Tunner in ihrem Aufsatz darauf aufmerksam, daß Handke, während er „Die Abwesenheit" schrieb, sich gleichzeitig mit Talmud-Studien beschäftigte. Dies

---

complète était celle du campement de »Zindinnguesse» sur laquelle on pouvait lire, en gros caractères: «Méfiez-vous des voleurs, des moustiques, des lions et des reptiles».
En arrivant devant la pancarte de Zindinnguesse Wangrin se dit en lui-même: «Eh bien! C'est ici le rendez-vous général de tout ce que ce pays a de mauvais». Il n'avait pas achevé sa pensée qu'un gros crotale se mit à faire vibrer sa sonette mortelle."
(Dt. Übers.: Amadou Hampaté Bâ: Wangrins seltsames Schicksal. A.a.O. S.105:
„Sie hatten noch eine Woche Marsch vor sich. Unterwegs kamen sie an mehreren Lagern vorbei, wo oft ungewöhnliche Warntafeln aufgestellt waren. Auf manchen konnte man lesen: »Vorsicht, Löwen!«, auf anderen: »Vorsicht, Stechmücken!« oder auch »Vorsicht, Reptilien!« Aber die umfassendste sahen sie im Lager von Zindinnguesse, wo in großen Lettern geschrieben stand: »Vorsicht, Diebe, Stechmücken, Löwen und Reptilien!«
Als Wangrin diese Warntafel sah, sprach er zu sich selbst: O je, das ist der allgemeine Sammelpunkt für alles Schlimme, das es in diesem Land gibt. Er hatte den Gedanken noch nicht zu Ende gedacht, als eine große Klapperschlange ihre tödliche Klapper ertönen ließ.").

dient ihr zugleich als Überleitung zu der von ihr gesehenen poetologischen Parallele zwischen Handke und Jabès:

> „Changement de décor littéraire, apparition d'une autre voie, tracée par des textes talmudiques qui font partie des lectures de Handke au moment où il rédige *L'Absence*. Ecoute d'une voix qui s'est éteinte récemment mais qui vibre toujours à travers des ouvrages qui ont pour titres: *Le Livre des questions* (dont fait partie *Le Livre de l'absent*), puis *Le Parcours* ou bien *Ça suit son cours*. Ce la voix d'Edmond Jabès qui, comme celle de Handke, n'est pas exempte d'emphase solenelle, mais qui, elle aussi, excerce une profonde séduction puisqu'elle est un lieu sonore au coeur du vide.
> Sur la route textuelle de Handke comme celle de Jabès, dans le paysage qu'ils sillonnent l'un et l'autre, il y a à la fois le chant interminable de l'absence et un livre sur le livre." (Gbm 57f.).

Daß Handke über seine Talmud-Lektüren hinaus kurz zuvor im Sohar gelesen hat, davon zeugt ein Motto in der Erzählung „Die Wiederholung" [133].

In seinem Buch „Vier Talmud-Lesungen" erläutert der jüdische Philosoph Emmanuel Lévinas die Aktualität, besser gesagt, die zu jeder Gegenwart mögliche Aktualisierbarkeit des Talmud, die sich deutlich erkennbar auf seine Weise Edmond Jabès zur Aufgabe gemacht hat. Weniger deutlich ist diese Bemühung zwar bei Peter Handke zu erkennen, aber sie ist sehr wohl vorhanden. Lévinas erläutert:

> „(...) die von den Talmudtexten gelehrten Bedeutungen, deren unverminderte Gültigkeit wir aufzeigen wollen, werden von Zeichen getragen, deren Materialität der Schrift entlehnt ist: ihren Erzählungen, ihrer rituellen und zivilen Gesetzgebung, ihrer Verkündigung: einem ganzen Inventar alttestamentlicher Vorstellungen, wie auch einer Anzahl von Ereignissen, Situationen oder, allgemeiner gesagt, Markzeichen, die der Zeit der Rabbinen – des Talmud vertraut waren. Trotz aller Sinnverschiebungen, die die Elemente dieses Zeicheninventariums im Laufe der Zeiten erlitten haben mögen, trotz der Zufälligkeit der Umstände, unter denen diese Zeichen entstanden und ihre bedeutungstragende Kraft erhielten, denken wir nicht, daß eine rein historische Forschung ausreicht, diesen Symbolismus zu erhellen: Noch weniger angezeigt scheint uns die formalistische Spurensuche der strukturalen Variante."[134]

Bis hierhin macht Lévinas deutlich, daß sich der Talmud aus den unterschiedlichsten Textgattungen zusammensetzt, deren „bedeutungstragende Kraft" sich weder allein mit historischer Forschung noch mit den Mitteln des Strukturalismus erklären läßt. Wer mit dem philosophischen Werk von Lévinas vertraut ist, weiß, daß nicht er etwa orthodox denkt, sondern, daß ihm bereits im Jahre 1968 der Strukturalismus längst zu orthodox gedacht haben dürfte, um der „lebendigen Tradition" des Talmud, wie er sie versteht, nahe zu kommen. Lévinas fährt fort:

---

[133] Anzunehmen ist, daß die talmudische Struktur des Eingedenkens, die Struktur des Buches im Buch, wie sie Jabès lange vor Handke nutzte, auch für Handke im Zusammenhang mit seiner Beschäftigung mit der »jüdischen Tradition« bei der Niederschrift des Textes „Die Wiederholung" von Bedeutung war. Handkes „Gedicht an die Dauer" – Frankfurt a.M. 1986 – zitiert auf S.50 ebenfalls aus dem Sohar.
Auf einem Symposium, das am 31.Januar und am 1.Februar 1992 in Paris unter dem Titel „Partir, revenir ... en route avec Peter Handke" von Laurent Cassagnau, Jacques Le Rider und Erika Tunner veranstaltet wurde, teilte mir Georges-Arthur Goldschmidt, der als Handkes Übersetzer ins Französische an der Veranstaltung teilnahm, in einem Gespräch mit, daß Handke, während er den Text „Die Wiederholung" Mitte der achtziger Jahre verfaßte, bereits mit Talmud-Studien beschäftigt war. Zuletzt spricht Goldschmidt in einem Interview mit dem Bonner „General-Anzeiger" vom 19./20. Februar 1994 auf S. II der Literaturbeilage von Handke als einem Schriftsteller, „der das Jüdische wie kein anderer versteht".

[134] Emmanuel Lévinas: Vier Talmud-Lesungen. Aus dem Französischen von Frank Miething. Frankfurt a.M. 1993. S.13f. (Originaltitel: Emmanuel Lévinas: Quatre lectures talmudiques. Paris 1968). Im folgenden: *VTL*.

> „Tatsächlich ist es legitim, die Vergangenheit in zwei Bereiche einzuteilen: denjenigen, der entschiedenermaßen der Geschichte angehört, der erst nach einer kenntnisreichen und kritischen Vermittlung durch den Historiker durchsichtig wird und unvermeidlich eine mythische Dimension aufweist, und denjenigen, der einer weniger weit entfernten Epoche entstammt und durch die Tatsache, unmittelbar mit der Aktualität und dem Verständnis der Aktualität verbunden zu sein, definiert wird.
> Diese unmittelbare Verbindung kann man als lebendige Tradition bezeichnen und durch den Begriff der lebendigen Tradition eine Vergangenheit definieren, die dann modern genannt würde." (VTL 14) [135].

Gegenüber den letztlich ebenfalls paradoxalen Versuchen des einstigen philosophischen Lehrers von Lévinas, Edmund Husserl, einen partikulären Zugriff auf einen absolut gedachten Zeitfluß wissenschafts- und subjekttheoretisch abgesichert vorzustellen, erlauben sich sowohl Benjamin als auch später Lévinas ein eher anfänglich paradoxales und rebusartiges Zeitverständnis, das sich bei genauerem Hinsehen gegen jegliche herrschende Geschichtsauffassung oder Geschichtsauffassung der Herrschenden als widerständig erweist. Für das den Ästhetiken von Jabès und Handke inhärente Geschichtsbewußtsein dürften sich die Auffassungen von Benjamin und Lévinas gegenüber derjenigen Husserls (Vgl. Frank: WiN 319) ohne Zweifel als die naheliegenderen erweisen, denn ihren poetischen Texten ist jener historische Bruch von »Auschwitz« eingeschrieben, der sich philosophisch mit transzendentaler Logik nicht mehr erklären läßt. Lévinas erläutert weiterhin sein Verständnis der Modernität des Talmud, indem er auf die von ihm getroffene Unterscheidung zweier Bereiche der Vergangenheit eingeht:

> „Die Erzählungen und Gedanken der Bibel gehören zum ersten der beiden Bereiche. Nur der Glaube erlaubt hier einen unmittelbaren Zugang. Die modernen Menschen, die diesen Zugang verloren haben, gehen an sie wie an Mythen heran und können die biblischen Tatsachen und Gestalten der Bibel nicht von der Mythologie lösen, ohne dabei auf die historische Methode zurückzugreifen. Das Wirken des Talmud gehört dagegen – paradoxerweise – trotz seines Alters, und zwar eben wegen des nie unterbrochenen Talmudstudiums, zur modernen jüdischen Geschichte. Mit ihm kann man direkt in Dialog treten. Zweifellos besteht hierin die Originalität des Judentums: in der Existenz einer ununterbrochenen Tradition, eben durch die Weitergabe und Kommentierung der Talmudtexte, wobei ein Kommentar auf den Schultern anderer Kommentare sitzt." (VTL 14).

Sieht man nun Handkes Talmud-Lektüren im Zusammenhang mit seinen intertextuellen Schreibweisen, die deutliche Affinitäten zu dekonstruktivistischen Theorieansätzen zeigen, so existiert für diesen Autor das Problem eines Widerspruchs von Moderne und Talmudstudium nicht. Beispielsweise beginnt am Schluß von Handkes Märchen „Die Abwesenheit" der Soldat nach dem Verschwinden des Alten diesen äußerst kritisch zu sehen:

> „Mein vermeintlicher Fürst hat mir den Kopf verdreht, hat mich aus meiner Sphäre gerissen, hat mich vors Nichts gestellt. Und auch als Kundschafter hat er mich enttäuscht. Er kannte alle Orte vom Sehen, und keinen vom Bleiben. Er war kein Erdkundler, weil er nicht die Geduld für den Zeugen-Stand des Geschichtsschreibers aufbrachte. Er wollte immer nur hier und da seine Spuren lesen, statt ein Chronist zu sein, zum Beispiel einer Hungersnot, eines Autobahnbaus, oder bloß eines schiefwinkligen Eisenbahngartens. So hat er mich nicht geradewegs in die Weite, sondern mit seinem Zeichenzauber im Kreis geführt, tiefer und tiefer hinein ins Labyrinth." (Abw 217).

---

[135] An dieser Stelle drängt sich Benjamins Bild-Konzeption zum Vergleich auf, in der offensichtlich ebenfalls – mit Lévinas gesprochen – „lebendige Tradition" als Ergebnis einer unmittelbaren Verbindung gedacht wird:
> „Denn während die Beziehung der Gegenwart zur Vergangenheit eine rein zeitliche, kontinuierliche ist, ist die des Gewesnen (sic!) zum Jetzt dialektisch: ist nicht Verlauf sondern Bild‹,›sprunghaft." (PW 577).

Nachdem die Erzählung Handkes in die Weite der Abwesenheit geführt hat – Edmond Jabès spricht gegenüber Handke in seinen Texten statt von Hochplateaus lieber von der Wüste als dem Ort der Leere – beginnt mit der Abwesenheit des Expeditionsleiters die kritische Destruktion des imaginären Buches im Buch, die am Schluß damit enden wird, daß ein noch zu schreibendes Buch jenseits des Buches womöglich Genaueres zu berichten weiß. Der Alte findet als Geschichtsschreiber abschließend keine Anerkennung, und doch bietet das Märchen, indem es fernab von allen faktisch-historischen Ereignissen ein Gebiet außerhalb der Zeitordnung imaginiert, gerade dadurch die Möglichkeit zu einer weitausholenden Reflexion über die Bedingungen der Möglichkeit von Geschichtsschreibung.

Lévinas erklärt den Talmud einerseits als zusammengesetzt aus strengem Regelwerk (der Halachá) und phantasievollem bunt gemischtem Erzählwerk (der Haggadá)/(VTL 9f.). Dem entsprechend – und in Analogie zu der von Kristeva innerhalb der poetischen Sprache gedachten Wechselwirkung von Semiotischem (phantasievolles Erzählen) und Symbolischem (sprachliches Regelsystem) – läßt sich bereits in bezug auf die Thematik der Geschichtsschreibung ein deutliches Spannungsverhältnis beschreiben. Nach einer Beschreibung der unglücklichen Situation der Protagonisten nach dem Verlassen des Hochplateaus der Abwesenheit stellt der anonyme Wir-Erzähler die Frage:

> „Das hatten wir also davon, daß wir die Geschichte, die eigene wie die große, loswerden hatten wollen und aufgebrochen waren in die sogenannte »Geographie«?" (Abw 214).

Das Märchen „Die Abwesenheit" widerspricht dem Gedanken an ein Ende der Geschichte, in dem es einerseits nach imaginären Formen der Geschichtsschreibung Ausschau hält, andererseits diese aber auch kritisch in ihre Schranken verweist. Zwischen zwei abwesenden Büchern, einem schon abwesenden und einem noch abwesenden, endet vorläufig der Text Handkes, und wird selbst zum abwesenden. Das Märchen eröffnet damit dem Leser eine zweite Sinnschicht: Die Möglichkeit, die Anstöße der kritisch gebrochenen imaginären Wir-Erzählung nun auch kritisch gestaltend in die Realität seiner eigenen Geschichte zu übersetzen. Das Märchen kann dadurch zu dem werden, als was es anfängt und damit das bleiben, was es ist: Eine wechselhafte „Geschichte der Blicke" (Abw 162), die den „Hafen der Gnade", von dem Jabès spricht, nicht aus den Augen verliert, und dabei doch nicht in den Blick bekommt.

Von einer in Handkes Texten wirksamen „Gnadenmaschine" spricht Peter Strasser, ohne dabei jedoch auf Handkes Ästhetik »nach Auschwitz« zu sprechen zu kommen. Die Ambivalenz dieser Maschine erläutert Strasser unter anderem in einer Gegenüberstellung von Handke und Kafka, wenn er bemerkt, es:

> „(...) muß die Idee der Errettung hier als eine entschlüsselt werden, die Kafkas Gnadenmaschine umpolt: Produziert diese unbegreiflichen Terror, so produziert die Gnade in Handkes Werk unbegreifbares Heil, freilich auf derselben Produktionsbasis – hier wie dort wird das Individuum, das an die Gnadenmaschine angeschlossen ist, dadurch zur äußersten Isolation verurteilt. Handkes Heil ist fast so schrecklich wie Kafkas Unheil." (Fr 26).

Wenn in Handkes Texten eine „Gnadenmaschine" tätig sein soll, so läßt sich ihr Wirken weniger mit Strasser als widersprüchlicher „Output einer metaphysischen Blackbox" (Fr 25) erklären, sondern kann nur im Zusammenhang mit den historischen Bedingungen seiner Schreibweisen, im Rahmen seiner Ästhetik »nach Auschwitz«, verständlich werden. Gegenüber der von Strasser hypostasierten Möglichkeit, Zustände von Heil oder Unheil der Protagonisten zu interpretieren, bietet das Märchen „Die Abwesenheit" Anlaß zu weiterführenden Fragen. So gibt die anonyme Ich/Wir-Erzählerinstanz zu bedenken, inwieweit in ihr nicht auch eine formalpoetologische Frage nach den Bedingungen der Möglichkeit von Geschichtsschreibung gestellt ist. In diesem Zusammenhang länger von einer narzißtischen Schreibweise zu sprechen, ist also aus formalen Gründen wenig angebracht. Vielmehr bestätigt sich das Urteil von Georges-Arthur Goldschmidt:

> „En un certain sens, *l'Absence* marque pour Handke la fin de l'écriture personnelle: c'est un livre qui appartient à tout le monde et dont lui, l'auteur, n'est en somme que le rapporteur; le conte ne fait que transmettre le soi «vide» par lequel s'opère la transformation poétique anonyme du réel." (GPH 177).

Zumindest, was das Märchen „Die Abwesenheit" anbelangt, verstärkt die Einschätzung Goldschmidts die These einer Affinität zwischen bestimmten Texten von Handke und Jabès. Monika Schmitz-Emans hat als Hauptunterscheidungsmerkmal zwischen den poetologischen Stellungnahmen von Celan und Jabès eine sich widersprechende Einstellung zu Fragen der Autorschaft und Individualität hervorgehoben, wonach Jabès derjenige von beiden ist, dem es in seinen Texten um das Verschwinden der individualisierbaren Autorinstanz zugunsten eines autoreferenziellen Schriftmediums geht:

> „Zur Aussage fähig zu sein, setzt für Jabès (der hier anders und radikaler denkt als Celan) voraus, den Anspruch auf Autorschaft aufzugeben. Im Zentrum seiner Poetik steht die Idee eines „Eigenlebens" der Sprache, einer inneren, aber im literarischen Werk freisetzbaren Wirklichkeit des Worts." (PaD 92f.).

Mit der „Idee eines „Eigenlebens" der Sprache" spielt kein anderer Text Handkes mehr als „Das Spiel vom Fragen", in dem nicht zuletzt diese Idee auf dem Spiel steht.

2.2 Parzival und die »jüdische Tradition« des Fragens

„Das Buch der Fragen" von Edmond Jabès beinhaltet „Das Buch des Abwesenden", worin sich die folgenden Äußerungen zweier fiktiver Rabbiner finden:

> *„A toute question, le Juif répond par une question.*
> Reb Léma
>
> *Mon nom est une question et ma liberté, dans mon penchant pour les questions.*
> Reb Eglal" (LQ 125)[136].

Geradezu eine Kette von intertextuellen Inversionen ist nötig, um einen Zusammenhang zwischen einer Bühnenfigur namens Parzival in Peter Handkes Theaterstück „Das Spiel vom Fragen" und den fiktiven Rabbinern, die „Le Livre des Questions" von Edmond Jabès bevölkern, erkennbar werden zu lassen. Ein direktes Zitat von Jabès findet sich auch in diesem Theaterstück Handkes nicht. Die poetologischen Parallelen sind erneut allein formal und betreffen den Umgang mit der »jüdischen Tradition« im Rahmen einer Ästhetik »nach Auschwitz«.

---

[136] (Dt.Übers. A.a.O. S.117:
„*Auf jede Frage antwortet der Jude mit einer Frage.* Reb Léma / *Mein Name ist eine Frage, und meine Freiheit liegt in meiner Neigung zum Fragen.* Reb Eglal").

Jabès hat die Fiktion als Möglichkeit für sich erkannt, die Frage nach den Bedingungen der Möglichkeit der Repräsentation einer Katastrophe des Ausmaßes von »Auschwitz« zu stellen, sie oftmals von fiktiven Rabbinern stellen zu lassen, die dabei immer wieder auf ihr Judentum reflektieren:

> „Victime de l'injustice, le Juif est l'ennemi de ceux qui fondent leur justice sur l'injustice. Gênant pour les pouvoirs absolus, il est la cible de ceux qui détiennent le pouvoir absolu; gênant parce que réfractaire. Etre Juif, c'est apprendre à se mouvoir à quelques mètres du sol qui vous est contesté; c'est ne plus savoir si la terre est d'eau ou d'air ou d'oubli." (LQ 73).[137]

Diese kurze Passage von Jabès ist vergleichbar mit der eingangs zitierten, zwischen Ethik und Ästhetik schwankenden Position Lyotards, der es „im wesentlichen darauf ankommt, an etwas zu erinnern, in dessen Schuld wir stehen" (Erh 327), indem sie von einer ethischen Beschreibungsebene nahtlos übergeht in eine ästhetisch-poetische. Die Juden als Opfer des Unrechts stehen schließlich auch in Lyotards Buch „Der Widerstreit" im Zentrum der Reflexionen.

Die Notwendigkeit des Forschens und Fragens, als der vielleicht wichtigsten Mnemotechnik gegen das Vergessen scheint in dem zweiten, poetischen Teil des Zitats in einer Weise auf, daß sie aus einer Erzählung Kafkas entnommen sein könnte, die damit als gemeinsamer intertextueller Bezugspunkt zwischen Handkes „Spiel vom Fragen" und dem „Livre de Questions" von Jabès zu einem ersten konkreten Tertium comparationis werden kann.

Die Erzählung Kafkas, um die es hier geht, trägt den Titel „Forschungen eines Hundes"[138]. In dieser Erzählung *monologisiert* ein Hund über die Bedeutung des Fragens, insbesondere in bezug auf das Wesen der Hundeschaft. So stellt er sich die Frage, „wovon sich die Hundeschaft nährt" (FeH 379) und kommt dabei immerhin zu einem Teilergebnis bezüglich der Hauptnahrung der Hunde: „diese Hauptnahrung finden wir auf der Erde, die Erde aber braucht unser Wasser" (FeH 380). Die Reflexionen des Hundes streifen auch das Phänomen der Lufthunde, einem Teil der Hundeschaft also, der – mit Jabès gesprochen – bereits gelernt hat, sich oberhalb eines zuvor längst entzogenen Bodens zu bewegen:

> „In den wunderbarsten Berufen sind wir Hunde beschäftigt. (...) Ich denke hier am liebsten an das Beispiel der Lufthunde. Als ich zum erstenmal von einem hörte, lachte ich, ließ es mir auf keine Weise einreden. (...) Aber kurz darauf hörte ich von anderer Seite von einem anderen Lufthund erzählen. Hatte man sich vereinigt, mich zum besten zu halten? Dann aber sah ich die Musikerhunde, und von der Zeit an hielt ich alles für möglich, kein Vorurteil beschränkte meine Fassungskraft, den unsinnigsten Gerüchten ging ich nach, verfolgte sie, soweit ich konnte, das Unsinnigste erschien mir in diesem unsinnigen Leben wahrscheinlicher als das Sinnvolle und für meine Forschung besonders ergiebig. So auch die Lufthunde." (FeH 385f.).

Kafkas Hund befragt nicht nur seine Beziehung zur Hundeschaft im allgemeinen und zu den Lufthunden im besonderen, denkt nicht nur über die Zusammenhänge von

---

[137] Dt. Übers. A.a.O. S.66:
„Als ein Opfer des Unrechts ist der Jude ein Feind all derer, die ihr Recht auf Unrecht gründen. Als Störer für die absoluten Mächte ist er Zielscheibe all derer, die absolute Macht innehaben; störend, weil widerspenstig.
(Jude sein bedeutet, zu lernen, wie man sich einen Meter vom Boden entfernt bewegt, der einem verweigert wird; es bedeutet nicht zu wissen, ob die Erde aus Wasser oder aus Luft oder aus Vergessen besteht.)".

[138] Franz Kafka: Forschungen eines Hundes. In: Franz Kafka: Sämtliche Erzählungen. Herausgegeben von Paul Raabe. Frankfurt a.M. – Hamburg 1970. S.371-406. Im folgenden: *FeH*.

Erde und Wasser nach, sondern auch über das Verhältnis von Tradition und Vergessen. Dabei geht es dem Hund um Ähnliches wie bereits Platon bei seiner im Gedanken der Chora gedachten Vertiefung des Abbild-Urbild-Verhältnisses, die sich ja ebenfalls von der direkten Beziehung zu den Elementen gelöst hat – aber gegenüber Platon geht es Kafkas Hund bereits um die vergeblich gewordene Suche nach einem der Vergänglichkeit entzogenen Prinzip der Tradition:

> „Unsere Generation ist vielleicht verloren, aber sie ist unschuldiger als die damalige. Das Zögern meiner Generation kann ich verstehen, es ist ja auch kein Zögern mehr, es ist das Vergessen eines vor tausend Nächten geträumten und tausendmal vergessenen Traumes, wer will uns gerade des tausendsten Vergessens zürnen?" (FeH 391).

Kafka läßt den Hund sagen, was Jabès ebenfalls allerdings vom Juden sagt:

> „Jeder hat den Drang zu fragen" (FeH 385),

und markanter noch:

> „Und überhaupt, das Fragen ist ja eine Eigentümlichkeit der Hundeschaft, alle fragen durcheinander, es ist, als sollte damit die Spur der richtigen Fragen verwischt werden." (FeH 389).

Das Problem, wie sich eine auf Selbstinfragestellung basierende Kultur der Hunde bei Kafka und der Juden bei Jabès aufrechterhalten läßt, ohne daß dabei die potentiellen Wurzeln der Tradition verloren gehen, erscheint als ein beiden Kulturen Gemeinsames. Kafkas fiktive Ausführungen eines monologisierenden Hundes lassen sich deshalb auf diese Problematik hin verstehen, insofern sie die Situation eines Schriftstellers betreffen, der sich in den divergenten geistigen Strömungen, die sein Schreiben beeinflussen, beispielsweise jüdische Schrifttradition und literarische Moderne, zu orientieren bemüht. Detlef Kremer sieht in Kafkas Erzählung „Forschungen eines Hundes" gleich:

> „(...) eine ganze Reihe von jüdischen, speziell kabbalistischen Motiven eingefügt, die sich jedoch nirgends als Quintessenzen der Hundeforschung ergebnisartig festhalten ließen. (...) Ein Beispiel dafür stellt das merkwürdige Bild der Nahrung, die von schräg oben in Spiralen herabgezogen wird. Der Hund weiß dies in dieser Metapher ausdrücklich eins mit der Tradition: »In dieser Auffassung bestärkt mich die Tradition.« (...) In die Vorstellung der Nahrungsspirale geht vermutlich ein Zitat des kabbalistischen Hauptwerkes, des Sohar, ein, das von einem »Impuls von unten« spricht, der den »Impuls von oben« hervorruft. Restlos sicher kann man jedoch nicht sein, ob hier eine kabbalistische Referenz vorliegt, da die Zitate allesamt unterbestimmt sind."[139]

Die fiktive Zuspitzung des Traditionsproblems, in die Kafkas Erzählung einmündet – die, so wie sie Kafka vorträgt, innerhalb der »jüdischen Tradition« als Kritik an den scheinbar durchaus vergessenswerten metaphysischen Grundsätzen der Urväter zu verstehen ist – besteht in der Aussicht auf einen kollektiven und unverschuldeten Tod der Hundeschaft:

> „Aber auch das Zögern unserer Urväter glaube ich zu verstehen, wir hätten wahrscheinlich nicht anders gehandelt, fast möchte ich sagen: Wohl uns, daß nicht wir es waren, die die Schuld auf uns laden mußten, daß wir vielmehr in einer schon von anderen verfinsterten Welt in fast schuldlosem Schweigen dem Tode zueilen dürfen." (FeH 391).

Die Ästhetik »nach Auschwitz« von Edmond Jabès ist im Anschluß an Kafka vor historische Tatsachen gestellt, die dieser fiktiv vorausgesehen zu haben scheint. Daß

---

[139] Detlef Kremer: Kafka. Die Erotik des Schreibens. Schreiben als Lebensentzug. Frankfurt a.M. 1989. S.74. Im folgenden: *DES*.

Jabès sich noch immer fiktiv mit Fragen der jüdischen Schrifttradition auseinandersetzt, hat offenbar inzwischen zusätzlich mit der Nichtrepräsentierbarkeit der historischen Katastrophe der Shoah zu tun. Diese Katastrophe erfordert somit von Jabès gegenüber Kafka das scheinbar Unmögliche, nämlich den poetologischen Reflexionsgrad von Kafkas Texten noch zu steigern. Zumindest wird die poetologische Reflexion der jüdischen Schrifttradition in den Texten von Jabès die Kafkas erneut zu variieren haben. Kafkas oftmals wundersame Tiergestalten, die so häufig eine Konfrontation von Künstlertum und Judentum reflektieren, haben sich damit für Jabès der »jüdischen Tradition« längst eingeschrieben und bleiben darin nicht nur lebendig, sondern erscheinen geradezu typisch für sie, wenn Jabès in bezug auf den Juden weiter schreibt, als schriebe er allein über Gestalten aus Kafkas Texten:

„Que de ruses employe-t-il pour survivre. Quelle ingéniosité dans le moyens, quelle application dans ses métamorphoses.
Déduire, s'adapter, tracer. On peut s'acharner sur lui, on ne réussit pas à le détruire.
Mi-homme, mi-poisson, mi-oiseau, mi-fantôme, il y a toujours une moitié de lui qui échappe au bourreau." (LQ 73)[140].

Der jüdische Schriftsteller Edmond Jabès setzt die poetologisch radikale Selbstbefragung der »jüdischen Tradition« Kafkas fort, dadurch, daß er sie nicht einfach fortsetzt. Die Variationen, die Jabès »nach Auschwitz« an dieser Selbstbefragung vornimmt, bedeuten zugleich eine weitere Radikalisierung der Frage nach den Bedingungen der Möglichkeit von Tradition. In seinem Buch „Le Parcours" schreibt Jabès:

„Dans tout nom, il y a un nom dérangeant: *Auschwitz.*" (P 43)[141].

„J'écris à partir de deux limites.
Au-delà, il y a le vide.
En deçà, l'horreur d'Auschwitz.
Limite-réelle. Limite-reflet.
Ne lisez que l'inaptitude à
fonder un équilibre.
Ne lisez que la déchirante et maladroite
détermination de survivre.
Dans un même cri, soers despotiques,
vie et mort s'éteignent, enlacées.
Opaque est l'éternité." (P 95)[142].

Das Reflexionsniveau, auf dem sich die Texte von Kafka und Jabès berühren, bringt Jabès – ohne sich dabei direkt auf Kafka zu beziehen – ebenfalls in diesem Text zum Ausdruck, wenn er formuliert:

---

[140] (Dt.Übers. A.a.O. S.66:
„Wie viele Listen wendet er an, um zu überleben. Welch ein Erfindungsreichtum an Mitteln, welch ein Eifer in seinen Verwandlungen./ Schlüsse ziehen, sich anpassen, Spuren hinterlassen. Man kann ihn verbissen bekämpfen, es gelingt nicht ihn zu zerstören./ Halbmensch, Halbfisch, Halbvogel, Halbgespenst: Stets gibt es eine Hälfte von ihm, die dem Henker entkommt.").

[141] (Dt.Übers. A.a.O. S.51:
„In jedem Namen gibt es einen störenden Namen: Auschwitz.").

[142] (Dt.Übers. A.a.O. S.121f.:
„Ich schreibe ausgehend von zwei Grenzen./ Jenseits davon ist die Leere./ Diesseits das Grauen von Auschwitz./ Wirkliche Grenze. Reflektierte Grenze./ Lest allein die Unfähigkeit,/ ein Gleichgewicht herzustellen./ Lest allein die herzzerreißende und linkische/ Entschlossenheit zu überleben./ In ein und demselben Aufschrei verlöschen/ – despotisches Geschwisterpaar –/ Leben und Tod, eng umschlungen./ Undurchsichtig ist die Ewigkeit.").

> „Le judaïsme pose, au monde, une question politique, par la fondamentale question de l'irréductible fidélité à soi-même.
> Sa liberté est là." (P 47).[143]

Auch Kafkas Erzählung „Forschungen eines Hundes" schließt mit einer Reflexion über die Freiheit:

> „Es war der Instinkt, der mich vielleicht gerade um der Wissenschaft willen, aber einer anderen Wissenschaft als sie heute geübt wird, einer allerletzten Wissenschaft, die Freiheit höher schätzen ließ als alles andere. Die Freiheit! Freilich, die Freiheit, wie sie heute möglich ist, ist ein kümmerliches Gewächs. Aber immerhin Freiheit, immerhin ein Besitz.–" (FeH 406).

Peter Handkes Theaterstück „Das Spiel vom Fragen" enthält ebenfalls einige intertextuelle Anknüpfungspunkte, die auf Kafkas Erzählung „Forschungen eines Hundes" hindeuten. Kafkas Hund berichtet, in gesprächigem Ton monologisierend, von einer erstaunlichen Begegnung mit sieben sprachlosen Musikhunden, die ihm in seiner Kindheit entgegentraten, „aus irgendwelcher Finsternis unter Hervorbringung eines entsetzlichen Lärms" (FeH 374). In Handkes Text findet sich eine Personengruppe zusammen, bestehend aus letztlich sieben monologisierenden Teilnehmern einer späteren Wanderung ins sonore Land und einem demgegenüber zunächst vollkommen stummen Teilnehmer, genannt Parzival. Den wortreichen Versuchen der anderen, ihn zum Sprechen zu bringen, begegnet Parzival statt mit Worten zunächst mit dem wütenden und lärmenden Schlagen mit einer Hundekette. Dies ist bereits die erste inverse Entsprechung zu Kafkas Text: Nicht einem gesprächigen Hund begegnen zu dessen Verwunderung sieben lärmende aber sprachunfähige Hunde, die keine Fragen dulden, sondern es sind sieben sprechende Personen auf der Bühne, die sich, mit der Sprachunfähigkeit Parzivals konfrontiert, vor dessen gewalttätiger und lärmender Abwehr ihrer Fragen in acht nehmen müssen. Dennoch werden sie sich gemeinsam, nach dem Erklingen eines Signals, auf den Weg ins sonore Land machen.

Das Attribut der Hundekette allein reicht sicher nicht aus, um diesen Parzival mit Kafkas Erzählung in Verbindung zu bringen, und damit mit der »jüdischen Tradition«, zumal im konkreten Sinn in dieser Erzählung noch nicht einmal eine Hundekette vorkommt. Immerhin ein Hundehalsband für einen schwarzen Plüschhund kommt dagegen in Samuel Becketts „Fin de partie"[144] vor. In Becketts „Fin de partie" kommt es an einer Stelle zu einer satirischen Verhöhnung der alten Fragetradition:

> „HAMM: Tu te souviens de ton père?
> CLOV *avec lassitude:* Même réplique. Un temps. Tu m'as posé ces questions des millions de fois.
> HAMM: J'aime les vieilles questions. *Avec élan.* Ah les vieilles questions, les vieilles réponses, il n'y a que ça!"[145]

Gegenüber Becketts „Endspiel" hat sich Handke sein „Spiel vom Fragen" jedoch eher als ein „Anfangsspiel" vorgestellt:

---

[143] (Dt.Übers. A.a.O. S.55:
„Das Judentum stellt, mit seiner grundlegenden Frage nach der Treue sich selbst gegenüber, der Welt eine politische Frage./ Darin liegt seine Freiheit.").

[144] Samuel Beckett: Fin de partie * Endspiel. Französisch und deutsch. Aus dem Französischen von Elmar Tophoven. Frankfurt a.M. 1964. S.64f. (Originalerstausgabe: Samuel Beckett: Fin de partie. Paris 1957).

[145] Ebd.: S.60 und S.62. (Dt. Übers.: S.61 und S.63:
„HAMM: Erinnerst du dich an deinen Vater?
CLOV überdrüssig: Dieselbe Replik. Pause. Du hast mir diese Fragen millionenmal gestellt.
HAMM: Ich liebe die alten Fragen. Schwungvoll. Ah, diese alten Fragen, die alten Antworten, da geht nichts drüber!").

> „Als ich unlängst den Prometheus übersetzt und dann auf der Bühne gesehen habe, erkannte ich, daß ich einen völligen Unsinn vollbracht hatte. Diese Übereinstimmung des attischen Publikums, dieser gemeinsame Traumraum – das haben wir nicht mehr. Wir sind kein Kreis von Zuschauern mehr. Ich habe immer geglaubt, die allgemeine Übereinstimmung müsse ja keine ideologische sein, sondern wenigstens eine Übereinstimmung der Sehnsucht, eine Übereinstimmung der Träume. Wenn man das aber nicht mehr erreichen kann, dann muß man es im Grunde fast aufgeben. Oder man muß ganz, ganz von vorne anfangen, man muß anfangen zu fragen."[146]

Neben Becketts „Endspiel" stellt aber – dies sei hier nur am Rande bemerkt – auch Handkes frühes Theaterstück „Kaspar"[147] eine Kontrastmöglichkeit bereit: Sind es dort gegenüber Kaspar noch „Einsager", die ihn im Verlauf des Stückes das Sprechen zu lehren versuchen, so erscheint nun gegenüber Parzival eine Gruppe von Ausfragern, die, anders als die Einsager gegenüber Kaspar, das richtige Fragen erst noch lernen müssen. Es geht nicht länger mehr allein um eine Kritik an den die Welt verstellenden Sprachfunktionen, sondern darum, eine poetische Öffnung aus einer Bewegung des Fragens zu erreichen, die aus einer Inversion der früheren Sprachkritik heraus deshalb nicht unkritisch geworden ist. Vielmehr ließe sich aus einem hier nicht ausführlich darstellbaren Vergleich beider Theaterstücke Handkes von einer Umakzentuierung einer eher destruktiv-sprachkritischen hin zu einer eher konstruktiv-sprachkritischen Schreibweise sprechen.

Wenn man aber den zuvor geknüpften Vergleich der Art der Selbstbefragung der »jüdischen Tradition« in den Texten von Kafka und der »jüdischen Tradition« in den Texten von Jabès zugrundelegt, dann liegt die Hypothese nah, daß Parzival auf der Bühne nicht nur wortlos und gewaltsam mit einer Hundekette lärmt. Was auf der Bühne als Aktion zunächst für sich steht, verwandelt sich bei einer auf intertextuelle Bezüge achtenden Lektüre in ein vieldeutiges Bild. Das anfängliche Lärmen Parzivals mit der Hundekette wird am Ende des Textes abgelöst von unterschiedlichsten sprachlichen Äußerungen. Darunter ist eine äußerst bemerkenswerte Äußerung Parzivals, die – ohne dies sonderlich zu kennzeichnen – aus einem Grundtext der »jüdischen Tradition« zitiert. Parzival sagt, nachdem er „die Füße in die Quelle"[148] (der Tradition?) getaucht hat:

> „Solange keine Waage war, gab es kein Angesicht zu Angesicht. Diese Waage hing an einem Ort, der nicht war. Gewogen wurden daran, die nicht waren. Die Waage wurde nicht erfaßt und nicht gesehen. In sie gingen ein, die nicht waren und sein werden. (...)" (SvF 125f.).

Diese Sätze geben eine Passage aus exakt dem Abschnitt aus dem Sohar, dem Heiligen Buch der Kabbala, zum Teil wörtlich wieder, aus dem Handke bereits für seine programmatische Erzählung „Die Wiederholung" ein Motto entnommen hatte, das von Parzival hier jedoch ausgespart bleibt:

> „DIE WAAGE DES LEBENS
> Wir haben gelernt: Ein Buch der Verborgenheit, ein Buch, mit der Waage gewogen. Denn solange keine Waage war, konnte man nicht Angesicht zu Angesicht schauen. Die Könige der Urzeit sind gestor-

---

[146] „Ich denke wieder an ein ganz stummes Stück.": Peter Handke im Gespräch mit L. Schmidt-Mühlisch. In: Die Welt. Nr.235. (9.10.1987). S.8.

[147] Peter Handke: Kaspar. Frankfurt a.M. 1968.

[148] Derrida macht in einem anderen Zusammenhang einmal über das Wort Quelle einige Bemerkungen, die sich leicht auf den hier gegebenen Zusammenhang beziehen lassen:
> „Diese Quelle, die sich nicht thematisieren läßt, ist also kein Selbstbewußtsein, sie ist kaum auch nur ein Bewußtsein. Ist sie nicht auf eine gewisse Weise unbewußt oder (...) vom Unbewußten nur durch den kleinstmöglichen Raum getrennt? Fast ein Unbewußtes?" (RP 267).

ben, sie fanden ihre Nahrung nicht. Die Erde ward zunichte, bis das Haupt, die Sehnsucht aller Sehnsüchte, kostbare Gewandungen richtete und festigte. Diese Waage hängt an einem Orte, der [noch] nicht war. Gewogen wurden daran, die [noch] nicht waren. Die Waage hat Bestand durch Körperlichkeit. Sie ward nicht gefaßt, sie ward nicht gesehen. In sie gingen ein, in sie gehen ein, die nicht waren und doch waren und sein werden. Ein Geheimnis innerhalb eines Geheimnisses, das sich richtet und bereitet. In einer Schädelform, voll kristallenen Taus, eine Hautschicht von Luft, die sich aufhellt und löst, dies ist die »reine Wolle«, im Gleichgewicht schwebend. Der oberste Wille offenbart sich durch das Gebet der Unteren. Das nimmt wahr der Sehende, nimmer schlummernde, immer Wachende. Die Gewahrung des Unteren in der Gewahrung der oberen Strömung: das sind zwei Fenster im Paradies, wodurch allem der Lebensodem sich erweckt (...)".[149]

Diese Stelle aus dem Sohar korrespondiert ebenfalls in auffälliger Weise mit dem Problem der Herabflehung der Nahrung in der Erzählung Kafkas, wenn darin der Zusammenhang der wechselweisen Gewahrung von Oben und Unten in bezug auf den zu erweckenden Lebensodem zur Sprache kommt.

Dieser wiederholte Zugriff Handkes auf eine Quelle der »jüdischen Tradition« erscheint damit selbst programmatisch. Das stumme, aber lärmende Schlagen mit der Hundekette erscheint durch diese Wortwahl Parzivals rückblickend als die ihm unmögliche Rückbesinnung auf eine Tradition, über deren scheinbar völligen Verlust er sich nur mit einer ohnmächtigen Gewaltäußerung zu beklagen weiß. Die Hundekette beginnt sich jedoch zumindest partiell mit dieser Äußerung Parzivals in die Kette der »jüdischen Tradition« zurückzuverwandeln, auf die sich der Form nach „Das Spiel vom Fragen" in poetologischer Selbstreflexion ohnehin bezieht. So wie in Kafkas Erzählung ein Hund zum Relexionsmedium für die Befragung der jüdischen Schrifttradition dient, so dienen hier Verhaltensweisen und Äußerungen Parzivals zu einem vergleichbaren Zweck. Dabei erscheint es jedoch auf den ersten Blick nicht ganz selbstverständlich, ausgerechnet eine Figur namens Parzival diesen Part übernehmen zu lassen. Allerdings hebt sich dieser Parzival Handkes von Anfang an gegenüber dem Parzival Wolfram von Eschenbachs deutlich ab, wird anscheinend gar einmal in Widerspruch zu jenem gebracht, als der Spielverderber Parzival mit den Worten anspricht, als ob in der Geschichte von Parzival dieser und nicht Anfortas an einer unheilbaren Wunde gelitten hätte:

„Kind Parzival, wem gibst du die Schuld an deiner unheilbaren Wunde?" (SvF 42)[150].

---

[149] Der Sohar. Das Heilige Buch der Kabbala. A.a.O. S.104.

[150] Zum ersten Mal wird auf den »Parzival« von Wolfram von Eschenbach in Handkes Texten angespielt in: Peter Handke: Phantasien der Wiederholung. Frankfurt a.M. 1983. Im folgenden: *PdW*.
Dort notiert Handke:
„Im »Parzival« ist jener der Schönste, der von einer schweren Krankheit genest (Anfortas)" (PdW 23).
„Seltsam, daß das Wort »Gott« mich etwa im »Parzival«, dem Epos, gar nicht stört (eher rührt), beim Meister Eckhart, im Traktat, aber wohl: da beklemmt es mich sogar" (PdW 13).
„»Ich muß mich an das Leben halten, denn ich bin ein Fürst« (Parzival)" (PdW 13).
„(Wenn man Wolfram von Eschenbach liest, möchte man die Deutschen lieben)" (PdW 14).
„So vieles im »Parzival« grenzt, auf einmal!, ans Meer: dieses ist überall, als Schutz und Weite (ähnlich auch den täglich in meinem Innern aufblitzenden Bildern von der weiten Welt)" (PdW 16).
Weitere Anspielungen auf den Parzival Wolframs finden sich in den „Phantasien der Wiederholung" auf den Seiten: 14, 25, 28, 51, 62.
In dem Märchen „Die Abwesenheit" wird Parzival ebenfalls erwähnt, die Frau spricht von einem Zitat aus dem Parzival:
„Mit mir sei keine Beständigkeit, und damit kein Alltag möglich. Dabei habe er doch erfahren, wie ein Teil von mir gut und groß sei: Nur zeige der sich immer nur an einer Grenze, und ich gäbe ihm weder Zeit noch Raum. So, hat er gemeint, solle ich endlich Abstand nehmen von meinem Paar-Traum – und er hat mir dazu noch aus dem Parzival und dem König Lear zitiert: *Wer die Form währt, schweigt von Liebe.– Liebe, und sei still.*" (Abw 25f.)

Parzival, der später als „Leib des Fragens" (SvF 146) bezeichnet wird, spielt hier weniger die fragwürdige Rolle des Erlösers, sondern die des zu Erlösenden, was ihn in der Tat dann mit Anfortas, dem Gralskönig aus dem Parzival-Epos, vergleichbar erscheinen läßt.

Die unheilbare Wunde Parzivals, von der zu Beginn des Theaterstücks „Das Spiel vom Fragen" die Rede ist, berührt sich in ihrer anfänglichen Unaussprechlichkeit mit derjenigen, von der „Le Livre des Questions" von Jabès gleich zu Anfang berichtet:

> „*Marque d'un signet rouge la première page du*
> *livre, car la blessure est invisible à son*
> *commencement.*
>   Reb Alcé" (LQ 11)[151]

Oder in „Ça suit son cours" schreibt Jabès:

> „*Le silence est sang séché de la plaie.*" (Çs80)[152]

Wenn also der vermeintlich unheilbar verwundete Parzival in Handkes Theaterstück in dessen Verlauf ebenso sichtbar wie sinnbildlich seine Füße in eine Quelle taucht, um darauf aus dem Sohar zu zitieren, zeigt er damit an, woran er am Anfang im Stillen krankte? Seine jedoch unbewußte Hinwendung zu einer historischen Quelle des Judentums, die im Text nicht im geringsten ausgewiesen ist, erscheint weiterer Interpretation zu bedürfen. Ohne weiteres ist in diesem Umgang Parzivals mit der Tradition nicht zu erkennen, daß er sich damit um eine nahtlose Anknüpfung an sie bemüht, die ihrem Verlust wirkungsvoll entgegenarbeiten kann. Dieser nur schwer einzuordnende Vorgang eines Eingedenkens erinnert eher an den Hund in Kafkas Erzählung, der vom Verwischen der Spuren im Prozeß der Tradition berichtet.

Die von Kremer bei Kafka als unterbestimmte Zitate bezeichneten Verweise auf eine kabbalistische Tradition scheinen für Handkes Schreibweise poetologischen Modellcharakter angenommen zu haben. Dies gilt umso mehr, wenn man Kremer Recht gibt, daß in bezug auf Kafkas Erzählung nicht zu vergessen sei, „daß Kafka seiner Anspielung auf die kabbalistische Erkenntnislehre des Sohar deutlich groteske Züge eingeschrieben hat, die verhindern, die *Forschungen eines Hundes* als literarische Chiffrierung des Sohar zu lesen." (DES 75). Denn in Handkes Theaterstück setzt sich die entsprechende Äußerung Parzivals durchaus auf groteske Weise fort, wenn im Anschluß an das verborgene oder auch unterbestimmte Sohar-Zitat beispielsweise eine Gottesanbeterin mit einem Radargerät verglichen wird.

Parzivals assoziativer und mündlicher Rückgriff auf die jüdische Schrift-Tradition in Handkes Theaterstück spiegelt in Miniatur auch das Spannungsverhältnis wider, das innerhalb der jüdischen Tradition zwischen mündlicher und schriftlicher Tradition besteht. Lévinas schreibt über dieses Verhältnis, das auch seinen Begriff der Spur und des Gedächtnisses bestimmt:

> „Es gibt eine Ordnung des geschriebenen Sinns, der immer schon eine Tradition anruft. Die Schrift ist daher aufs engste mit einer »mündlichen Tora« verknüpft, die zugleich vorläufig ist und erneuert. Darin läge nicht eine Kontingenz der Geschichte, sondern eine wesentliche Möglichkeit des Geistes, eine

---

[151] (Dt.Übers. A.a.O. S.9:
„Markiere die erste Seite des Buches mit einem roten Lesezeichen, denn zu Beginn ist die Wunde unsichtbar. Reb Alcé").

[152] (Dt.Übers. A.a.O. S.83:
„Die Stille ist gestocktes Blut der Wunde.").

Facette seiner Berufung. Die jüdische Lektüre ist nichts weniger als unvoreingenommen, selbst wenn hier ein voreingenommener Leser zu sein nicht die Sterilität dogmatischer Vorurteile meint, sondern die Chancen – und die Gefahren – eines Denkens, das das Gegebene transzendiert; und wahrscheinlich die außerordentliche Spur, die die Offenbarung in einem Denken zurückläßt, das über die Anschauung des Seins hinaus das Wort Gottes vernimmt." (SdN 84)[153].

Die intertextuelle Beziehung, die zwischen den Texten Kafkas und Handkes hier erwogen wird, läßt sich gegenüber der bereits vorgestellten gewiß spekulativeren Affinität zwischen Kafka und Jabès etwas besser belegen. Nicht nur, daß in Handkes Theaterstück ständig von Hunden die Rede ist, an einer Stelle drängt sich der Vergleich einer Passage aus dem Text Handkes mit einer aus Kafkas Text geradezu auf. Kafkas Hund beschreibt die erste Begegnung mit den Musikhunden:

„Alles war Musik, das Heben und Niedersetzen ihrer Füße, bestimmte Wendungen des Kopfes, ihr Laufen und ihr Ruhen, die Stellungen, die sie zueinander einnahmen, die reigenmäßigen Verbindungen, die sie miteinander eingingen, indem etwa einer die Vorderpfoten auf des anderen Rücken stützte und sie sich dann so ordneten, daß der erste aufrecht die Last aller anderen trug, oder indem sie mit ihren nah am Boden hinschleichenden Körpern verschlungene Figuren bildeten und niemals sich irrten; nicht einmal der letzte, der noch ein wenig unsicher war, nicht immer gleich den Anschluß an die anderen fand, gewissermaßen im Anschlagen der Melodie manchmal schwankte, aber doch unsicher war nur im Vergleich mit der großartigen Sicherheit der anderen und selbst bei viel größerer, ja bei vollkommener Unsicherheit nichts hätte verderben können, wo die anderen, große Meister, den Takt unerschütterlich hielten." (FeH 374).

In Handkes Stück unterhalten sich der Mauerschauer und der Spielverderber über ihre Wahrnehmung zweier Hunde:

„SPIELVERDERBER
(...) Siehst du denn nirgends ein Lebewesen, etwas Laufendes, Springendes, Tanzendes?
MAUERSCHAUER
Dort am Strand die zwei spielenden Hunde. Und wie schön können Hunde spielen, so schau doch, wie wunderschön! Da hast du deinen Tanz. Im Kreis und zugleich immer weiter, rund um die Erde. Schau, der eine jetzt die Pfote auf dem Kopf des andern, und jetzt paarweise wieder weiter, im Rauchlicht der Brandung, von Klippe zu Klippe tänzelnd. Verkörpern sie nicht alle Daseinslust der Erde?
SPIELVERDERBER
Ich sehe nur ein Gehetztsein. Zwei Herumstreicher. Überall verjagt. Verwahrlost vor Alleinsein. Und wenn ihre Spielzeit vorbei ist, in den Augen statt der Daseinslust alle Traurigkeit auf der Erde. Das dort sind unsere Ebenbilder, mit Schlappohren statt Lauschern!" (SvF 72).

Während der Mauerschauer bei den spielenden Hunden eine Musikalität wahrnimmt, die mit derjenigen in Kafkas Erzählung korrespondiert, sieht der Spielverderber anstelle der Musikalität entsprechenden Lauscher nur der von ihm wahrgenommenen Traurigkeit entsprechende Schlappohren. Gesetzt den Fall, Handkes Theaterstück spielt hier auf Kafkas Erzählung an, so wird dieser Dialog mit der literarischen Tradition keineswegs so direkt geführt, wie der zwischen Spielverderber und Mauerschauer. Das implizite poetologische Thema Kafkas – die Verwischung der Traditionsspuren – ist auch als Thema der Reise ins sonore Land nur indirekt nachweisbar.

---

[153] Lévinas führt diesen Zusammenhang weiter aus:
„Die Mischna ist die Tradition des mündlichen Gesetzes, das am Sinai zur schriftlichen Tora hinzugefügt wird. Sie ist aber auch das Ungeschriebene mit allen seinen Möglichkeiten, sie ist das über den Vers Hinausgehende, das den Vers aufweckt. Die Mischna, das ist schon die Auslegung, die sich im Geschriebenen regt und die zukünftige »Problematik« der Gemara aufstellt. Das ist die Tora, in der die Zeit und das die Zeit durchquerende spirituelle Leben den Buchstaben erläutern und ihm neues Leben verliehen haben, was eine wahre Überlieferung möglich aber auch unmöglich macht. Das ist die Tora, die sich durch die Zeiten hindurch an ihrem eigenen Glanz bereichert." (SdN 105f.).

Analog zur Beziehung Kafka-Jabès läßt sich für die Beziehung Kafka-Handke sagen, daß, unter besonderer Berücksichtigung eines verborgenen Zitates aus dem Sohar, Handkes Bemühung um eine Fortsetzung der »jüdischen Tradition« erkennbar ist. Gegenüber der Bemühung von Jabès läßt sich die von Handke nur vordergründig darin unterscheiden, daß es sich bei Handke um keinen jüdischen Schriftsteller handelt. Jabès selbst fragt diesbezüglich unmißverständlich nach dem Wert derartiger Unterscheidungen:

„Et si cette difficulté à être pleinement juif n'était que la difficulté de tout homme à être intégralement homme?" (P 91)[154].

Die Texte von Handke und Jabès geben Zeugnis davon, daß es ihnen um ein Differenzierungsvermögen geht, das kein Diskriminierungsvermögen sein darf. Anders als Kafka in seiner Erzählung „Forschungen eines Hundes" drücken Handke und Jabès die Krise des Fragens nicht paradox in der Form des Monologs aus, sondern schaffen auf je unterschiedliche Weise polyphone Texte, deren Dialogizität sich entweder aus einer Fragmentierung des Textes bei Jabès oder aus einer Vielstimmigkeit auf der Bühne bei Handke ergibt. Damit jedenfalls kehren sie zu einer von Kafka in der Erzählung „Forschungen eines Hundes" längst aufgegebenen Form »jüdischer Tradition« zurück, die sie aber beide dennoch nicht länger mehr uneingeschränkt als dezidiert jüdisch, im Sinne etwa der monotheistischen Tradition, bezeichnen wollen. Damit wird diese Tradition einerseits preisgegeben, andererseits aber auch wieder fruchtbar gemacht, denn der nicht mehr herkömmliche Bezug auf die Tradition gewinnt zugleich zurück, was er preisgibt. Die Preisgabe der Tradition wird zur Preisgabe der Tradition in einem gleichzeitig verbergenden und entbergenden Akt der Schrift. Niemand hat dies an den Texten von Jabès so deutlich herausgestellt wie Jacques Derrida:

„Die Frage nach der Schrift konnte sich nur mit der Schließung des Buches eröffnen. Damit wurde die fröhliche Irre des *graphein* zu einer rückkehrlosen Bewegung. Das Offensein für den Text wurde das Abenteuer, die rückhaltlose Verausgabung." (SD 443).

Handkes Theaterstück „Das Spiel vom Fragen" inszeniert mit einem verborgenen Zitat aus dem Heiligen Buch der Kabbala dieses „Offensein für den Text" à la Jabès, der über sein Verhältnis zu Talmud und Kabbala sowie über das Gespräch, das er mit seinen fiktiven Rabbinern pflegt, einmal sagte:

„D'où, sans doute, l'étude particulière que j'ai été amené à faire du Talmud et, plus tard, de la Cabale. En somme, tout se déroulait comme si l'écrivain interrogeait le rabbin et le rabbin l'écrivain; les deux étant habités par la même obsession du livre. Il faut avouer qu'à la lecture de ces pages j'éprouvais, à mon tour, non seulement un intérêt intellectuel mais, au risque de surprendre les talmudistes, un plaisir inattendu face à un texte incomparable où le quotidien et le sacré sont si intimement mêlés que le moindre objet – une gerbe de blé oubliée dans un champ, par exemple – déclenche des réflexions métaphysiques et éthiques fondamentales. Les talmudistes comparent volontiers le Talmud à un océan. Les dimensions mêmes de l'ouvrage rejoignaient l'idée que je me faisais du livre."[155]

Daß neben Handke und Jabès sich zuvor auch Kafka mit der Kabbala ausführlich beschäftigt hat, das belegt eindrucksvoll und detailliert das Buch von Karl Erich Grö-

---

[154] (Dt.Übers. A.a.O. S.116:
„Und wenn diese Schwierigkeit, durch und durch Jude zu sein, nichts anderes wäre als die Schwierigkeit eines jeden Menschen, ungeteilt Mensch zu sein?").

[155] Edmond Jabès: Du désert au livre – entretens avec Marcel Cohen. Paris 1980. S.107. Das Gespräch, aus dem diese Passage stammt, ist bisher noch unübersetzt.

zinger: „Kafka und die Kabbala – Das Jüdische in Werk und Denken von Franz Kafka". Das Kapitel „Die Tiergeschichten"[156] geht dabei kurz auch auf die Erzählung „Forschungen eines Hundes" ein, und zeigt Zusammenhänge zwischen den Geschichten Kafkas und den volkstümlichen Geschichten vom Gilgul, die im Anschluß an die Kabbala Jizchak Lurjas eine Wiederverkörperung von verstorbenen Menschen in Tieren annehmen und damit eine Generationen übergreifende Schuld-Sühne-Problematik berühren. Grözinger zitiert zu diesem Zweck unter anderem eine Passage von einem lurianischen Moralschriftsteller aus dem 17.Jahrhundert, auf die sich Kafkas Erzählung „Forschungen eines Hundes" deutlich zu beziehen scheint:

> „In den Schriften des Ari [Jitzchak Lurjas] steht geschrieben: Wenn ihr Menschen seht mit frechem Gesicht, die kein Schamgefühl vor anderen Menschen kennen, wisset, daß diese im Gilgul davor als Vieh, ein wildes Tier oder unreiner Vogel gewandelt waren und wie jene das Schamgefühl vermissen lassen, denn diese Menschen handeln nach dem, was sie zuvor erlernten." (KK 117).

Bei Kafka heißt es über die sprachlos musizierenden Hunde:

> „Sie hatten wirklich Grund zu schweigen, vorausgesetzt, daß sie aus Schuldgefühl schwiegen. Denn wie führten sie sich auf, vor lauter Musik hatte ich es bisher nicht bemerkt, sie hatten ja alle Scham von sich geworfen, die elenden (sic!) taten das gleichzeitig Lächerlichste und Unanständigste, sie gingen aufrecht auf den Hinterbeinen. Pfui Teufel! Sie entblößten sich und trugen ihre Blöße protzig zur Schau: sie taten sich darauf zugute, und wenn sie einmal auf einen Augenblick dem guten Trieb gehorchten und die Vorderbeine senkten, erschraken sie förmlich, als sei es ein Fehler, als sei die Natur ein Fehler, hoben wieder schnell die Beine und ihr Blick schien um Verzeihung dafür zu bitten, daß sie in ihrer Sündhaftigkeit ein wenig hatten innehalten müssen." (FeH 376f.).

Grözinger, der noch weitere Quellen zur Verdeutlichung der Beziehung zwischen der lurianischen Kabbala und Kafkas Tiergeschichten zu Rate zieht, schreibt zu dieser Textpassage von Kafka:

> „Immerhin ist mit dem Stichwort »guter Trieb« ein geläufiger terminus technicus der jüdischen Anthropologie aufgenommen, dessen Gegenstück, der noch häufiger vorkommende»böse Trieb« ist, ein Trieb, dessen wesentlichste und fast sprichwörtliche Aktivität die Sexualität darstellt. Es ist darum zumindest soviel belegt, daß Kafka diese sexuelle Entgleisung der Hunde mit jüdisch anthropologisch-theologischen Vorstellungen benannte. Ein jüdisches Sprichwort schreibt die Verfallenheit an die Begierden gerade Hunden zu: »Wer seinen Begierden nachjagt, gleicht einem Hunde«." (KK 125).

Diese Andeutungen, die sich durch die Lektüre von Grözingers Buch leicht vertiefen lassen, mögen an dieser Stelle genügen, um die Verbindung der drei Autoren Kafka, Jabès und Handke über den Umweg über die Kabbala zu belegen.

Abschließend sei dazu noch ein Brauch der »jüdischen Tradition« benannt, auf den auch Grözinger im Kapitel „Zeiten und Weisen des Gerichts" eingeht: das Schofarblasen:

> „Ein anderes Mittel, um auf sozusagen illegale Weise einer Verurteilung zu entgehen, ist nach einer geläufigen talmudischen Deutung das Schofarblasen. Mit ihm soll nach der besagten Deutung, der Satan verwirrt werden, damit er in der Verwirrung vergißt, sein Anklägeramt wahrzunehmen. Beim Schofarklang glaubt er nämlich laut dieser Stelle, daß die zu Neujahr erklingenden Schofartöne die letzte Erlösung ankündigen, mit der die Ära des Satan, zu Ende geht." (KK 50).

Möglicherweise kann man von daher die Verwunderung des Hundes bei Kafka verstehen, der, nachdem er die schamlose Veranstaltung der Musikhunde – die sich als

---

[156] Karl Erich Grözinger: Kafka und die Kabbala. Das Jüdische in Werk und Denken von Franz Kafka. Frankfurt a.M. 1992. S.114-144. Im folgenden: *KK.*

textuelles Phänomen nach Bachtin als Musterbeispiel für eine Karnevalisierung der modernen Literatur begreifen läßt[157] – mit einem „Pfui Teufel!" quittiert und der die Welt nicht mehr versteht, wenn er fragt:

> „War die Welt verkehrt?" (FeH 377).

Der Hund könnte sich im Rahmen einer hündischen Tradition, die hier auch für die »jüdische Tradition« einzustehen vermag, gefragt haben, wie es zusammenpaßt, daß der Teufel selbst (repräsentiert von gleich mehreren teuflischen Hunden) musikalische Klänge produziert, anstatt von ihnen gebannt zu werden.

Es fällt an den hier besprochenen Texten Handkes auf, daß in ihnen der jeweilige Aufbruch in entweder das Land der Abwesenheit oder ins sonore Land beginnt mit einem sonoren Signal, das wie die Musik der Hunde bei Kafka möglicherweise mit dem Entsühnungssignal des Schofarblasens in Verbindung gebracht werden kann. Im Märchen „Die Abwesenheit" beginnt die Reise mit einem lauten Tuten, wie von einem Ozeandampfer:

> „Ein Signal ertönt, kein Pfiff, sondern ein Tuten wie von einem Ozeandampfer, so lang anhaltend, daß sich ein Kind auf dem Bahnsteig, indem es sich rhythmisch die Ohren zuhält und wiederaufmacht, damit ein Hörspiel erzeugt." (Abw 71).

Vor dem Aufbruch der Wanderer ins sonore Land heißt es im „Spiel vom Fragen":

> „Jetzt ertönt ein sonores Signal, fein, aber weithin, ein langgezogener, der tiefstmögliche aller Töne, allesdurchdringend, und nach einer Pause, in der jede Gestalt auf der Bühne, auch Parzival, reglos wurde und aufhorchte, ein zweites und ein drittes Mal, etwas wie ein Nebelhorn oder das Pfeifen aus dem Innern einer altertümlichen Lokomotive oder das Abfahrtstuten einer Fähre an einer Meeresstraße. Danach in der Stille bemerken die sieben einander, und sofern sie nicht schon stehen, erheben sie sich. Koffer und Tasche werden wieder aufgenommen, und die Bühne wird dunkel." (SvF 12f.).

Da diese Texte Handkes tatsächlich auf die »jüdische Tradition« reflektieren, läßt sich die Annahme, es werde hier auf ein traditionell jüdisches Entsühnungssignal angespielt, im Rahmen der hier diskutierten Ästhetik »nach Auschwitz« zumindest nicht ausschließen.

Gewidmet hat Peter Handke sein Theaterstück „Das Spiel vom Fragen oder die Reise zum sonoren Land" unter anderem Anton Tschechow. In Tschechows Stück „Der Kirschgarten" spielen nicht nur jüdische Musikanten eine gewisse Rolle, es endet darüber hinaus mit einer Bühnenanweisung, die sich – wenn auch nicht nahtlos – in den gegebenen Zusammenhang einer „Reise ins sonore Land" zu fügen scheint:

> „(Man hört einen fernen Klang, der wie vom Himmel kommt, den Klang einer zerspringenden Saite, traurig. Dann tritt Stille ein. Nur noch die Axtschläge sind, von weit her, aus dem Kirschgarten zu hören.)"[158]

Ziemlich genau in der Mitte von Tschechows Stück „Der Kirschgarten", am Ende des zweiten Aktes, heißt es:

---

[157] Michail M. Bachtin: Literatur und Karneval. Zur Romantheorie und Lachkultur. Aus dem Russischen von Alexander Kaempfe. Frankfurt a.M. 1990. Im folgenden: LuK.
Hierzu das Kapitel: Der Karneval und die Karnevalisierung der Literatur. S.47-60.

[158] Anton Tschechow: Der Kirschgarten. Komödie in vier Akten. Aus dem Russischen von Hans Walter Poll. Stuttgart 1984. S.75. Im folgenden: DK.

> „Dabei ist ja klar: Um mit unserem Leben einen neuen Anfang zu machen, muß erst einmal unsere Vergangenheit gesühnt werden, muß endgültig mit ihr Schluß gemacht werden. Aber sühnen kann man nur durch Leiden, nur durch außergewöhnliche, ununterbrochene Arbeit." (DK 43).

Eine denkbare intertextuelle Bezugnahme Handkes auf Passagen, wie die soeben zitierte aus Tschechows Stück „Der Kirschgarten", erzeugt ein Echo in Handkes Text, das in einer Ästhetik »nach Auschwitz« einen eigenen, neuen Stellenwert gewinnt.

Die Frage nach Kriterien für eine Skalierbarkeit intertextueller Verhältnisse, wie sie hier zwischen Texten von Kafka, Jabès und Handke dargestellt worden sind, müßte angesichts eines weitestgehend positivistisch ausgerichteten Kriterienkatalogs, wie ihn Manfred Pfister vorschlägt, neu gestellt werden. Oder aber derartige Kriterien lassen sich nur negativ bestimmen. Eine solche Abgrenzung an dieser Stelle anzusprechen, hat den Vorteil, daß sich im Anschluß daran das, was in Anlehnung an Kristeva hier als ethische Dimension von Intertextualität verstanden wird, deutlicher herausdifferenziert.

Pfister unterscheidet sechs „Kriterien für die Intensität intertextueller Verweise" (Int 26ff.), er trennt dabei voneinander die quantitativen und die „entscheidenderen" qualitativen Kriterien.

Da das erste Kriterium der *Referentialität* als qualitatives Kriterium betrachtet wird, ist es fragwürdig, ob damit Texte als miteinander in Beziehung gedacht werden können, die sich faktisch nicht einmal in einem einzigen Punkt quantitativ aufeinander beziehen, wie es bei den Texten von Jabès und Handke der Fall ist. Wenn dies jedoch nicht unbedingte Voraussetzung der Anwendung dieses Kriteriums ist, so könnte eine Verwandtschaft zwischen den Texten beider Autoren der „Eigenart" nach trotzdem bestehen, allein sie müßte dann nach Pfister als wenig intensiv verstanden werden.

Das zweite Kriterium der *Kommunikativität* geht vom „Grad der Bewußtheit des intertextuellen Bezugs beim Autor wie bei Rezipienten" aus. Pfister stellt mit diesem Kriterium die von Kristeva literaturtheoretisch dekonstruierte „Intentionalität" erneut in den Vordergrund und verfehlt damit zumindest deren Subjekt dezentrierenden Ansatz gründlich. Edmond Jabès hat mehr als einmal ausgesprochen, was zumindest in seinen Texten diesem Kriterium unzugänglich bleiben dürfte:

> „»L'histoire me permet de ne plus penser pour moi.«" (P 67)[159].

Das dritte Kriterium *Autoreflexivität* trifft insofern auf die Texte von Handke und Jabès zu, als dieses Kriterium mit dem Grad der Reflexion auf die Voraussetzungen von Intertextualität im Text zu tun hat, der bei beiden Autoren sehr hoch anzusiedeln ist. Die Anbindung aber auch dieses Kriteriums an die in den Texten zum Ausdruck kommende Bewußtheit der Verweise stellt die Anwendbarkeit im speziellen Fall erneut in Frage. Gerade das verborgene Zitat aus dem Sohar in Handkes Theaterstück erweckt nicht den Eindruck, daß es dem Zuhörer, Zuschauer oder Leser als intertextueller Akt bewußt gemacht werden soll, und dennoch verfügt diese Passage über einen hohen Grad an Autoreflexivität, der nach Pfister „implizit" genannt werden müßte.

Das vierte Kriterium der *Strukturalität* wurde bereits besprochen. Zu erinnern ist daran, daß dieses Kriterium ebenfalls, bezieht man es auf Handke und Jabès, leer

---
[159] (Dt.Übers. A.a.O. S.81:
„Die Geschichte gestattet mir, nicht mehr für mich zu denken.").

läuft, weil von einer „syntagmatische(n) Integration der Prätexte in den Text" keine Rede sein kann.

Das fünfte Kriterium der *Selektivität* stellt interessanterweise die Frage nach dem Abstraktionsniveau der intertextuellen Textkonstitution. Da im speziellen Fall Handke-Jabès keine von Pfister bevorzugten wörtlichen Zitate aus einem individuellen Prätext vorliegen, gilt nach Pfister das hier zuvor beschriebene Verhältnis als „Bezug zwischen Texten allein aufgrund ihrer Textualität", der als Bezug „eine periphere Schwundstufe von Intertextualität darstellt." Dazu ist zu bemerken, daß das, was die Texte von Handke und Jabès verbindet, durch ihre gemeinsame Bemühung um eine Ästhetik »nach Auschwitz« entsteht und letzlich als Beziehung auf ein nichtrepräsentierbares historisches Ereignis jenseits von der hier von Pfister angesprochenen Textualität liegt.

Das sechste und letzte qualitative Kriterium ist für Pfister Bachtins *Dialogizität*. Mit Sicherheit ist dies für den intertextuellen Spezialfall Handke-Jabès das bedeutendste Kriterium, da zumindest ihre parallele Gegen-den-Strich-Lektüre Kafkas erwogen werden könnte als gemeinsamer Bezugspunkt. Fragwürdig bliebe die Beziehung nach Pfisters Kriterienkatalog jedoch auch noch nach diesem Kriterium, da in ihm nicht an einen Fall paralleler Intertextualität gedacht ist, die sich erst im Unendlichen der negativen Erhabenheit der Katastrophe von »Auschwitz« berührt.

Gewiß führt hier der simple Gedanke an eine sekundäre Intertextualität, wie ihn Ingeborg Hoesterey formuliert hat, bereits einen kleinen Schritt weiter. Hoesterey nennt beispielsweise Rilkes „Briefe über Cézanne"[160], bezogen auf Handkes Text „Die Lehre der Sainte-Victoire" einen „Intertext zweiten Grades" (VS 102), da Rilkes Texte zumindest keine direkte Zitierung in Handkes Auseinandersetzung mit Cézanne erfahren, dennoch aber dabei eine erkennbare Rolle spielen.

Daß formale Fragen moralische Fragen sind, wie es Handke schon zu Beginn seiner Schriftstellerlaufbahn postuliert hat, ist bei den vorausgegangenen Analysen deutlich geworden. Da es sich aber bei den bisher untersuchten Texten und Filmen um durchweg jüngere Beispiele gehandelt hat, erfolgt nun ein Blick auf die Genese sowie auf die literaturtheoretischen Bedingungen der Genese von Handkes Ästhetik »nach Auschwitz«.

---

[160] Rainer Maria Rilke: Briefe über Cézanne. Frankfurt a.M. 1983.
An dieser Stelle seien nur zwei von zahlreichen Anknüpfungspunkten, die Handkes Text mit dem Rilkes verbindet, genannt. Zum einen beginnt Handke seinen Text mit einer literarisierten Wahrnehmung der Himmelsfarbe auf der „*Route Paul Cézanne*" (LSV 10), die von Aix-en-Provence zur Montagne Sainte-Victoire führt [„(...) der Himmel (wie Stifter in seinen Erzählungen noch so ruhig hinsetzen konnte) war blau." (LSV 10)], wogegen Rilke auf S.29 schreibt:
  „(Es ließe sich denken, daß jemand eine Monographie des Blaus schriebe, von dem dichten wachsigen Blau der pompejanischen Wandbilder bis zu Chardin und weiter bis zu Cézanne: welche Lebensgeschichte!)"
Neben Stifters Erzählungen könnte also für Handke auch Rilkes Text initiierend gewirkt haben. Darüber hinaus spricht Rilke auf S.49 von der Berechtigung, über Cézannes Bilder zu schreiben, und auch Handke kommt im Rahmen seiner Auseinandersetzung mit Cézanne zu der Frage:
  „Warum sage ich: *Recht zu schreiben*?" (LSV 71).

> „Schritt um Schritt, nirgendwohin,
> niemand allein weiß wie,
> Schrittchen nirgendwohin, immerzu."
> Samuel Beckett/ Elmar Tophoven[161]

3. Kapitel: „von Auschwitz ... und so weiter." –
Vom formalen Engagement der Texte Handkes

Das *3. Kapitel* beschäftigt sich mit Einflüssen einiger literaturtheoretischer Konzepte auf Handkes beginnende Schriftstellerlaufbahn sowie mit dem im Text „Falsche Bewegung" auftretenden Zusammenhang von „Wesensschau" und „erotischem Blick", ebenso in Ansätzen mit dem Verhältnis Handkes zu Adorno.

Husserls Konzeption einer kategorialen Anschauung, die er anfänglich noch als „Wesensschau" bezeichnet, spielt in Handkes Konzeption des „erotischen Blicks" im Filmtext „Falsche Bewegung"[162] eine wichtige Rolle: Sie ist in eine Struktur eingebunden, die sich vor dem Hintergrund der Husserl-Kritik Theodor W. Adornos teilweise erhellen läßt. Für Adorno hat Husserls „Wesensschau" einen derart ahistorisch-ontologischen Charakter, daß sie zumindest aus seiner Sicht einen ernsthaften poetologischen Stellenwert in einer Ästhetik »nach Auschwitz« unmöglich annehmen kann. Der Schriftsteller Wilhelm jedoch spricht im Filmtext „Falsche Bewegung" von einer derartigen Grundlage seines Schreibens, ausgerechnet in dem Text Handkes, der bisher am deutlichsten von allen die Shoah thematisiert. Der philosophische Terminus „Wesensschau", den Wilhelm im Text „Falsche Bewegung" literarisch gebraucht, wird nicht allein durch diese Verschiebung zum Literarischen zweifelhaft – es läßt sich darüber hinaus die Frage stellen, welcher Kategorie von ambivalenten Wörtern, die Bachtin vorgestellt hat, dieses Zitat zuzurechnen ist:

> „Diese Kategorie von ambivalenten Wörtern wird dadurch gekennzeichnet, daß der Autor die Rede des Anderen für seine eigenen Zwecke ausnutzt, ohne aber gegen deren Gedanken zu verstoßen; er verfolgt deren Weg, wobei er sie zugleich relativiert. Nichts dergleichen in der zweiten Kategorie von ambivalenten Wörtern, für die die *Parodie* ein typisches Beispiel ist. Hier führt der Autor eine der Bedeutung des anderen Wortes entgegengesetzte Bedeutung ein. Die dritte Kategorie des ambivalenten Wortes, für die die *versteckte innere Polemik* ein Beispiel ist, wird wiederum durch den aktiven (modifizierenden) Einfluß des fremden Wortes auf das Wort des Autors gekennzeichnet. Es »spricht« der Schriftsteller, aber ein fremder Diskurs ist stets anwesend in jener von ihm selbst entstellten Rede." (BWDR 356f.).

---

[161] Der Text Becketts lautet:
„pas à pas/ nulle part/ nul seul/ ne sait comment/ petits pas/ nulle part/ obstinément" (Fl 55).

[162] Peter Handke: Falsche Bewegung. Frankfurt a.M. 1975. Im folgenden: *FB*.

3.1 Jenseits einer Ästhetik des Schreckens – Einflüsse verschiedener Texttheorien auf Handkes Ästhetik »nach Auschwitz«

3.1.1 Die Abwehr des ursprünglichen Schreckens

Jean-François Lyotard beschreibt unterschiedliche historische Abstufungen des Antisemitismus:

> „Im Mittelalter werden die Juden genötigt, sich zu bekehren, und sie widersetzen sich der Konvention kraft einer reservatio mentalis. Im Zeitalter der Klassik werden sie vertrieben, und sie kommen zurück. In der Moderne werden sie integriert, doch sie beharren auf ihrer Verschiedenheit. Im XX.Jahrhundert werden sie ausgerottet." (HdJ 35).

Stärker noch als in der Xenophobie erkennt Lyotard im Antisemitismus eine tragende Funktion von fatalem Ausmaß innerhalb der abendländischen Kultur, genaugenommen im kollektiven Unbewußten. Dieses nach Prinzipien der Rationalität nicht erklärbare Andere der Vernunft ist weit mehr als nur der Grund einer Furcht vor dem Fremden, sofern es sich durch die Shoah unvorstellbar verheerend ausgewirkt hat. Lyotard macht sich in seiner Argumentation unter anderem die Perspektive der Freudschen Psychoanalyse zu eigen, um die Abwehr des ursprünglichen Schreckens, wie sie seiner Ansicht nach der kulturelle Apparat mittels des Antisemitismus vornimmt, nachzuvollziehen:

> „Man darf den Antisemitismus des Abendlands nicht mit dessen Xenophobie verwechseln. Er ist vielmehr eines der Mittel seines kulturellen Apparats, den ursprünglichen Schrecken, so gut es geht, zu binden, ihn darzustellen und zu parieren, ihn aktiv zu vergessen." (HdJ 35).

Gegenüber Julia Kristeva, die in ihrem Buch „Fremde sind wir uns selbst"[163] Xenophobie, sehr wohl in kulturkritischer Absicht, ausgehend von einer zwar stark gebrochenen aber dennoch individualistischen und dabei ebenfalls psychoanalytischen Position untersucht, gilt Lyotards Hauptaugenmerk dem kulturellen Apparat, der ihm von den Grenzen des Individuellen her nicht mehr denkbar erscheint. Während Kristevas Ansatz dazu dienlich sein kann, die immer wiederkehrenden gegen Handke gerichteten Narzißmus-Vorwürfe literaturtheoretisch zu entkräften, sind es vor allem Überlegungen Lyotards, die einer Verbindung von Psychoanalyse und Geschichtsphilosophie, bezogen auf Handkes gegen die kollektive Verdrängung der

---

[163] Julia Kristeva: Fremde sind wir uns selbst. Aus dem Französischen von Xenia Rajewsky. Frankfurt a.M. 1990. (Originaltitel: Julia Kristeva: Etrangers à nous-mêmes. Paris 1988).
Kristeva unterscheidet bezogen auf das Subjekt keineswegs wider besseres Wissen ein »Drinnen« des Fremden von seinem »Draußen«. Sie bedient sich dieser Unterscheidung mit der radikal aufklärerischen Absicht, sie zu überwinden. Auf S.208f. schreibt Kristeva bezogen auf Freuds Lehre vom Unheimlichen:

> „Und wenn die »politischen« Gefühle der Xenophobie nun doch, oft unbewußt, diese Trance triumphierenden Schreckens enthalten, die man *unheimlich* genannt hat, die die Engländer *uncanny* nennen und die bei den Griechen ganz einfach ... *xenos,* »fremd«, hieß? In der faszinierten Ablehnung, die der Fremde in uns hervorruft, steckt ein Moment jenes Unheimlichen, im Sinne der Entpersonalisierung, die Freud entdeckt hat und die zu unseren infantilen Wünschen und Ängsten gegenüber dem anderen zurückführt – dem anderen als Tod, als Frau, als unbeherrschbarer Trieb. Das Fremde ist in uns selbst. Und wenn wir den Fremden fliehen oder bekämpfen, kämpfen wir gegen unser Unbewußtes – dieses »Uneigene« unseres nicht möglichen »Eigenen«. Feinfühlig, Analytiker, der er ist, spricht Freud nicht von den Fremden: er lehrt uns, die Fremdheit in uns selbst aufzuspüren. Das ist vielleicht die einzige Art, sie draußen nicht zu verfolgen."

Naziverbrechen gerichtete Schreibweise, zu einer gesellschaftstheoretischen Relevanz verhelfen können.[164]

Es ist eine nicht mehr zu steigernde Klimax des Schreckens, ein nicht mehr umkehrbarer Abgrund, den der in der Shoah gipfelnde Antisemitismus einer ehemals humanistisch orientierten, teleologischen Geschichtsauffassung eingeschrieben hat. Ohne selbst noch denkbar zu sein, gibt dieser Schrecken dennoch zu denken auf, wie es sich erreichen läßt, daß er sich, wie es bereits Adorno[165] forderte, nicht wiederholt.

Kurz vor seinem Tode im Jahre 1940, den Walter Benjamin auf der Flucht vor den Nationalsozialisten selbst wählen mußte, hat er in seiner letzten Schrift mit dem Titel „Über den Begriff der Geschichte" den Einschnitt gekennzeichnet, für den auch Lyotard deutliche Worte gefunden hat:

> „Das Staunen darüber, daß die Dinge, die wir erleben, im zwanzigsten Jahrhundert >noch< möglich sind, ist kein philosophisches. Es steht nicht am Anfang einer Erkenntnis, es sei denn der, daß die Vorstellung von Geschichte, aus der es stammt, nicht zu halten ist." (GS.Bd.I/2. 697).

Schon für Benjamin war eine philosophische Vorstellung von Geschichte vor dem Hintergrund seiner Erfahrungen in herkömmlichen Begriffen der Metaphysik nicht mehr tragbar. Die besondere Kennzeichnung des Wortes „>noch<" führt bereits ins Zentrum der geschichtsphilosophischen Überlegungen Walter Benjamins. Es ist die Konzeption des dialektischen Bildes, von der ausgehend Benjamins Denken als ein geschichtsphilosophisches verständlich wird. Allein Philosophie der Geschichte ist im Denken Benjamins nur noch vor dem Hintergrund eines radikalen Bruchs mit der Geschichte der Philosophie zu begreifen. „Das Passagen-Werk" Benjamins wurde von ihm unter der Voraussetzung angelegt, daß der kulturelle Apparat nicht länger mehr ohne ein mitzudenkendes kollektives Unbewußtes[166] vorstellbar sei.

---

[164] Welchen Wandel die psychoanalytische Literaturbetrachtung mit den Positionen Kristevas und Lyotards in Richtung auf eine gesellschaftstheoretische Einflußnahme genommen hat, läßt sich ablesen aus dem Kapitel „Zur Relevanz psychoanalytischer Literaturbetrachtung" des 1973 in Frankreich erschienenen Buches von Jacques Leenhardt: Lecture politique du roman. (Dt.Übers.: Politische Mythen im Roman. A.a.O. S.133-181). Leenhardt kritisiert darin die allein am Autor orientierten und damit sich durch gesellschaftstheoretische Irrelevanz auszeichnenden psychoanalytischen Rezeptionsweisen von Alain Robbe-Grillets Roman „La Jalousie", wie sie bis zu diesem Zeitpunkt üblich waren. Hierzu läßt sich partiell eine Parallele bis zum heutigen Zeitpunkt ziehen, wenn in der Handke-Rezeption noch immer allein auf den Autor rückbezogene Interpretationen seiner Texte üblich sind, wie sie Leenhardt mit Blick auf Robbe-Grillet vor über zwanzig Jahren überzeugend als unzureichend beschrieben hat.

[165] „Hitler hat den Menschen im Stande ihrer Unfreiheit einen neuen Kategorischen Imperativ aufgezwungen: ihr Denken und Handeln so einzurichten, daß Auschwitz nicht sich wiederhole, nichts Ähnliches geschehe." (ND 358).

[166] Buck-Morss schreibt bezogen auf Benjamins Konzeption eines kollektiven Unbewußten:
> „Ist unerfülltes utopisches Potential (als Wunsch des kollektiven Unbewußten) eine psychologische Kategorie oder (im Sinne des inneren Wesens der objektiven Welt) eine metaphysische Kategorie? Womöglich meint Benjamin (der die Metaphysik nie als eine Form von Herrschaft auffaßt) beides. Die moderne Theorie der Psychoanalyse würde vielleicht geltend machen, daß der Wunsch nach unmittelbarer Gegenwart nie erfüllt werden könne, worauf Benjamin eventuell erwidern würde, das sei einerlei. Der Punkt, auf den es ankomme, sei vielmehr der, daß man sich darauf verlassen kann und muß, daß dieser utopische Wunsch das politische Handeln motiviert (wiewohl dieses Handeln unweigerlich auch die Vermittlung des Wunsches leistet). Man *kann* sich darauf verlassen, weil jedes Erlebnis von Glück oder Verzweiflung lehrt, daß der gegenwärtige Gang der Ereignisse das Potential der Wirklichkeit nicht erschöpft. Und man *muß* sich darauf verlassen, weil die Revolution nicht als Gipfel des Geschichtsverlaufs begriffen wird, sondern als messianisches Ausbrechen aus diesem Verlauf."

Susan Buck-Morss: Dialektik des Sehens. Walter Benjamin und das Passagen-Werk. Aus dem Amerikanischen von Joachim Schulte. Frankfurt a.M. 1993. S.296. (Originaltitel: Susan Buck-Morss: The Dialectics of Seeing. Walter Benjamin and the Arcades Project. Cambridge/ Mass. 1989). Im folgenden: *DdS*.

Im Anschluß an Adorno greift Lyotard in seinem Buch „Heidegger und »die Juden«" die Frage nach einer möglichen Ästhetik »nach Auschwitz« wieder auf. Renate Lachmann sieht in Lyotards Denken die Verknüpfung von Erkenntnissen der Psychoanalyse mit der Frage nach der Geschichtsschreibung:

> „Jean-François Lyotard setzt an jenem Punkt der Verdrängungskonzeption ein, an dem die Dekodierung der durch die Verdrängung inszenierten sekundären Repräsentation problematisch wird – und zwar durch das Eingeständnis der letztlich unmöglichen Einholbarkeit der primären Zeichen. Indem er dies Problem der Psychoanalyse auf die Geschichtsanalyse überträgt, stellt er genau das in Frage, was Geschichte nach seiner Auffassung tut, nämlich Vergangenes/Erinnertes darzustellen und sich damit seiner zu bemächtigen. Wie in der Psychoanalyse, so gibt es in der Historiographie etwas, das sich der Darstellbarkeit entzieht, nicht in ihr aufgehoben werden kann. Die Darstellung muß das Undarstellbare als ihr Anderes umfassen; und es ist das Undarstellbare, das das »unvergeßlich Vergessene« umschließt. (...) Damit wäre, zugespitzt, die Nichtrepräsentation die Garantie für das Erinnern des Vergessens. Und in diesem Vergessenen wäre alles bewahrt. Die Lyotardsche Darstellungsskepsis setzt also auf einen Prozeß, der jenseits jeder Semiose liegt." [167]

Die ethische Dimension der Schreibweisen Handkes läßt sich mit der Lyotardschen Darstellungsskepsis als „Erinnern des Vergessens" beschreiben, wenn sich auch Handke zunächst an Adornos Ästhetik »nach Auschwitz« orientiert hat. Der Abstand zu Adorno, auf den es Handke bereits früh ankommt, läßt sich mit dem ambivalenten Abstand vergleichen, den inzwischen auch Lyotard zu Adorno eingenommen hat [168].

3.1.2 Formale Fragen sind moralische Fragen

Zu Beginn von Handkes Schriftstellerkarriere war der Begriff der engagierten Literatur noch viel diskutiert. Ausgegangen war die Diskussion von französischen Denkern, später in sie eingegriffen hat aber auch Adorno und nicht zuletzt Peter Handke. Ihren Nachhall finden die unterschiedlichen Auffassungen schriftstellerischen Engagements der beiden bedeutenden französischen Denker Sartre und

---

[167] Renate Lachmann: Die Unlöschbarkeit der Zeichen: Das semiotische Unglück des Mnemonisten. In: Gedächtniskunst. Raum – Bild – Schrift. Studien zur Mnemotechnik. Hg. von Anselm Haverkamp und Renate Lachmann. Frankfurt a.M. 1991. S.115f. Im folgenden: *UdZ*.
Lachmann erläutert das Verdrängungskonzept Freuds auf S.115:
„Das Freudsche Verdrängungskonzept dominiert ein Modell des Vergessens/Erinnerns, das nicht nur mikrokulturell (psychisch), sondern auch makrokulturell interpretierbar ist. Die Psychotechnik der Verdrängung läßt sich als Lösungsversuch bestimmen, der als nach rhetorisch qualifizierbaren Regeln funktionierende Transpositionsarbeit vollzogen wird. Aufgrund eines Repräsentationsverbots, d.h. einer Zensur, werden vorhandene inakzeptable Zeichen in andere, akzeptable übersetzt. Die sekundäre Repräsentation bedient sich dabei bestimmter Bilder, unter denen die Primärzeichen (Erinnerungen) sowohl verborgen sind als auch virulent bleiben. Um die psychische Störung, die dieses Verbergen, aber letztlich Nicht-löschen-können, hervorruft, aufzuheben, werden die ursprünglichen Zeichen durch einen komplexen Interpretationsvorgang (Rückübersetzung) restituiert. Beide Vorgänge, Bildfindung und Dekodierung, haben Parallelen in den Strategien der Mnemotechnik. Die Homologie zwischen Psychologik und Mnemologik tritt nicht nur in den Bildfindungs- und Übersetzungsprozeduren zutage, sondern auch in dem Wechselspiel zwischen Aus-der-Anwesenheit-in-die-Abwesenheit- und Aus-der-Abwesenheit-in-die-Anwesenheit-Versetzen."
Im gegebenen Zusammenhang bleibt zu erinnern, daß lange vor Lyotard bereits Walter Benjamins Zitat-Konzeption das Freudsche Verdrängungskonzept makrokulturell interpretiert hat.

[168] Wolfgang Welsch schreibt in seinem Aufsatz: Adornos Ästhetik: eine implizite Ästhetik des Erhabenen. In: Das Erhabene – Zwischen Grenzerfahrung und Größenwahn. Hg. v. Christine Pries:
„Lyotard hat sich stets, wo er sich zu Adorno bekannte, zugleich von ihm distanziert." (Erh 205).

Barthes in Handkes frühen poetologischen Überlegungen, die sich explizit kritisch gegen Sartre richten (IBE 40f.), sich jedoch implizit in erheblicher Nähe zu den Gedanken von Barthes[169] ansiedeln lassen. Der letzte Absatz aus Handkes Bericht „Zur Tagung der Gruppe 47 in den USA" (IBE 34), während der er mit einem spektakulären Auftritt schlagartig und schlagfertig berühmt wurde, unterstreicht implizit jedenfalls deutlich die Auffassung von Barthes, „daß", so Handke, „formale Fragen eigentlich moralische Fragen sind."

Darüber hinaus spielt Handke in diesem Abschnitt noch auf einen weiteren prominenten Kritiker und Theoretiker des Engagements in der Literatur an, auf Theodor W. Adorno[170], der wie kaum ein anderer sein Denken an der Zäsur ausgerichtet hat, für die der Name »Auschwitz« als universelle Chiffre auch bei Handke steht. Es fällt jedoch auf, daß der Name »Auschwitz« bei Handke, außer an dieser Stelle, die den Namen lediglich in einer geradezu zitatartigen Weise nennt, und außer in der eingangs der Einleitung zitierten Passage (IBE 25) später nur noch in einer einzigen weiteren Passage genannt wird, damit er bezeichnenderweise gerade nicht zur Sprache kommt[171]. Roland Barthes zufolge heißt dies jedoch keineswegs, daß damit »Auschwitz« in Handkes Werk keine bedeutende Rolle spielt:

> „Ein Ausdruck kann in einem ganzen Werk nur ein einziges Mal formuliert sein und kann doch durch die Wirkung einer gewissen Anzahl von Verwandlungen, die gerade das strukturelle Faktum definieren, darin »überall« und »immer« anwesend sein."[172]

Handke nennt in Form eines Quasi-Adorno-Zitats die Chiffre »Auschwitz«, um damit in Distanz zu Adorno einen ethischen Anspruch von Literatur »nach Auschwitz« zu verdeutlichen, der fortan seine Schreibweisen bestimmt:

> „Ich muß es noch einmal wiederholen: die auf der Tagung der Gruppe 47 gelesenen Texte wurden auf die Realität der beschriebenen Objekte geprüft, und nicht auf die Realität der Sprache. Sogar der weit-

---

[169] Roland Barthes: Mythen des Alltags. Aus dem Französischen von Helmut Scheffel. Frankfurt a.M. 1964. (Originaltitel: Roland Barthes: Mythologies. Paris 1957). S.151:
„Es scheint, daß das eine Schwierigkeit der Epoche ist; es gibt für den Augenblick nur eine Wahl, und diese Wahl kann nur zwischen zwei auf gleiche Weise exzessiven Methoden erfolgen: Entweder ein für die Geschichte vollkommen durchlässiges Reales setzen und ideologisieren, oder, umgekehrt, ein letztlich undurchdringliches, nicht reduzierbares Reales setzen, und in diesem Fall poetisieren. In einem Wort: ich sehe noch keine Synthese von Ideologie und Poesie (ich verstehe unter Poesie auf eine sehr allgemeine Weise die Suche nach dem nicht entfremdbaren Sinn der Dinge")."

[170] Theodor W. Adorno: Engagement. In: Gesammelte Schriften. Band 11. S.409-430. Im folgenden: *Eng*. Dort schreibt Adorno:
„In Deutschland läuft vielfach das Engagement auf Geblök hinaus, auf das, was alle sagen, oder wenigstens latent alle gern hören möchten. Im Begriff des »message«, der Botschaft von Kunst selbst, auch der politisch radikalen, steckt schon das weltfreundliche Moment; im Gestus des Anredens heimliches Einverständnis mit den Angeredeten, die doch allein dadurch noch aus der Verblendung zu reißen wären, daß man dies Einverständnis aufsagt.
Literatur, die wie die engagierte, aber auch wie die ethischen Philister es wollen, für den Menschen da ist, verrät ihn, indem sie die Sache verrät, die ihm helfen könnte nur, wenn sie nicht sich gebärdet, als ob sie ihm hülfe." (Eng 429).

[171] Der Name »Auschwitz« findet Erwähnung in Handkes Regieanweisungen im Theaterstück „Quodlibet", jedoch während der Aufführung soll er gerade nicht ausgesprochen werden! Siehe: Peter Handke. Stücke 2. Frankfurt a.M. 1973. S.43:
„(...) statt »Auschwitz« *spricht man vom* »AusSchwitzen«, (...)".

[172] Roland Barthes: Kritik und Wahrheit. Aus dem Französischen von Helmut Scheffel. Frankfurt a.M. 1967. S.79. (Originaltitel: Roland Barthes: Critique et vérité. Paris 1966).

aus besten Prosa, dem Romankapitel Ernst Augustins, wurde »mangelnder Widerstand der Realität gegenüber« vorgeworfen, ohne daß bedacht wurde, daß die Sprache eine Realität für sich ist und ihre Realität nicht geprüft werden kann an den Dingen, die sie *beschreibt*, sondern an den Dingen, die sie *bewirkt*. Mir ist während der Tagung aufgefallen, daß formale Fragen eigentlich moralische Fragen sind. Wagt es jemand, in einer unreflektierten Form über heiße Dinge zu schreiben, so erkalten diese heißen Dinge und erscheinen harmlos. Den berüchtigten Ort A. in einem Nebensatz zu erwähnen, geht vielleicht an. Ihn aber bedenkenlos in jede Wald- und Wiesengeschichte einzuflechten, in einem unzureichenden Stil, mit untauglichen Mitteln, mit gedankenloser Sprache, das ist unmoralisch. Die Reaktion treibt dann zu dem bekannten Ausspruch, man solle doch endlich aufhören, von Auschwitz ... und so weiter." (IBE 34).

Der bekannte Ausspruch, auf den Handke hier anspielt, ist das Diktum Adornos, das er am Ende seines Aufsatzes „Kulturkritik und Gesellschaft"[173] zum ersten Mal formuliert hatte. Handke wendet sich an dieser Stelle weniger gegen Adorno, als vielmehr gegen die Autoren, die dieses Diktum auf naive Weise ignorieren und seine Notwendigkeit so nur bestätigen können. Adorno schreibt in seinem Aufsatz „Erziehung nach Auschwitz":

„Die einzig wahrhafte Kraft gegen das Prinzip von Auschwitz wäre Autonomie, wenn ich den Kantischen Ausdruck verwenden darf; die Kraft zur Reflexion, zur Selbstbestimmung, zum Nicht-Mitmachen." [174]

Handkes Abkehr von der gedankenlosen Sprache der von ihm kritisierten Autoren läßt sich als ein Nicht-Mitmachen im Sinne Adornos begreifen. Daß Handke jedoch selbst mit Adornos Diktum bricht, allerdings auf eine Weise, die ihm fast schon wieder gerecht wird, ist dasjenige, worüber nachzudenken lohnt. Voraussetzung dafür ist, daß es Handke gelingt, mit der Logik der Repräsentation stellenweise nicht nur reflektiert und behutsam umzugehen, sondern nach Möglichkeit den denkbar größten Abstand zu ihr zu gewinnen. Das paradoxale Eingedenken durch Nichtrepräsentation, wie es Lyotard im Anschluß an Adorno vorschwebt, bietet sich in diesem Zusammenhang zur Überprüfung an.

Handke zeigt sich auch bei seiner Kritik des Realitätsbegriffs der von ihm angegriffenen Autoren unausgesprochen dem kritischen Standpunkt von Barthes bezüglich des Realismus und seines Zeichenbegriffs verwandt. Eagleton faßt diesen Standpunkt zusammen:

„In der Ideologie des Realismus oder der Repräsentation werden Wörter als etwas empfunden, was mit den entsprechenden Gedanken oder Objekten auf eine vom Wesen her richtige und unbestreitbare Weise verknüpft ist: das Wort wird zur einzig angemessenen Sicht- oder Ausdrucksweise einer Sache oder eines Gedankens. Das realistische oder repräsentierende Zeichen ist somit für Barthes seinem Wesen nach ungesund. Es löscht seinen eigenen Status als Zeichen aus, um die Illusion zu nähren, daß wir die Realität ohne sein Zutun wahrnehmen. Das Zeichen als ›Widerspiegelung‹, ›Ausdruck‹, oder ›Repräsentation‹ leugnet den *produktiven* Charakter der Sprache: es unterdrückt die Tatsache,

---

[173] Theodor W. Adorno: Kulturkritik und Gesellschaft. In: Prismen. Frankfurt a.M. 3.Aufl. 1987. S.26:
„Kulturkritik findet sich der letzten Stufe der Dialektik von Kultur und Barbarei gegenüber: nach Auschwitz ein Gedicht zu schreiben, ist barbarisch, und das frißt auch die Erkenntnis an, die ausspricht, warum es unmöglich ward, heute Gedichte zu schreiben."
In seinem Aufsatz „Engagement" bekräftigt Adorno noch einmal mit Nachdruck sein Diktum:
„Den Satz, nach Auschwitz noch Lyrik zu schreiben, sei barbarisch, möchte ich nicht mildern; negativ ist darin der Impuls ausgesprochen, der die engagierte Dichtung beseelt." (Eng 422).
In seinem Buch „Negative Dialektik" relativiert Adorno sein Diktum:
„Das perennierende Leiden hat soviel Recht auf Ausdruck wie der Gemarterte zu brüllen; darum mag falsch gewesen sein, nach Auschwitz ließe kein Gedicht mehr sich schreiben." (ND 355).

[174] Theodor W. Adorno: Erziehung nach Auschwitz. In: Gesammelte Schriften. Band 10.2. Frankfurt a.M. 1977. S.679.

> daß wir überhaupt nur deshalb über eine >Welt< verfügen, weil wir Sprache haben, um sie zu bezeichnen, und daß das, was wir für >real< halten, in die veränderlichen Strukturen der Bedeutungsgebung, in der wir leben, eingebunden ist." (EL 120).

Deutlich wird in den Anfängen von Handkes Schriftstellerlaufbahn, daß aus Handkes Sicht eine Schreibweise gegenüber den Geschehnissen, für die hier der berüchtigte „Ort A." steht – den Handke, um einen inflationären Gebrauch dieser Chiffre im Rahmen einer >realistischen< Schreibweise zu kritisieren, nur in dieser Form nennt – nur dann gerechtfertigt ist, wenn sie in ihrer Form, sowie in ihrer Reflexion auf dieselbe, eine ethische Dimension der Sprache zum Ausdruck bringt. Bereits Anfang der fünfziger Jahre hat Roland Barthes in seinem Text „Am Nullpunkt der Literatur" eine ethische Schreibweise hervorgehoben:

> „Sprache und Stil sind blinde Kräfte, die Schreibweise ist ein Akt historischer Solidarität; Sprache und Stil sind Objekte, die Schreibweise ist eine Funktion: sie bedeutet die Beziehung zwischen dem Geschaffenen und der Gesellschaft, sie ist die durch ihre soziale Bestimmung umgewandelte literarische Ausdrucksweise, sie ist die in ihrer menschlichen Intention ergriffene Form, die somit an die großen Krisen der Geschichte gebunden ist." [175]

Der Strukturalist Roland Barthes spricht sich, ganz anders als der Existentialist Jean-Paul Sartre wenige Jahre zuvor, für ein Engagement des Schriftstellers auf einer ausschließlich formalen Ebene aus:

> „Erst dann könnte sich der Schriftsteller als vollständig >engagé< bezeichnen, wenn sich seine Dichterfreiheit im Inneren einer conditio des Wortes stellte, deren Grenzen die der Gesellschaft wären und nicht die einer Konvention oder eines Publikums. Anders wird das Engagement immer nur nominal bleiben, es kann das Heil eines Gewissens gewähren, niemals aber eine Aktion begründen. Weil es kein Denken ohne Sprache gibt, ist die Form die erste und letzte Instanz literarischer Verantwortlichkeit, und weil die Gesellschaft nicht versöhnt ist, instituiert die notwendige und notwendigerweise gelenkte Sprache für den Schriftsteller eine conditio der Zerrissenheit." (ANL 96).

Für Sartre war es gerade nicht „die Form", die „die erste und letzte Instanz literarischer Verantwortlichkeit" bildete, sondern er legte den Akzent auf „den Inhalt", dem die Form bestenfalls ihre Dienste zu leisten hat:

> „Wir wollen nicht, daß unser Publikum, wie groß es auch sein könnte, sich auf das Nebeneinander individueller Leser beschränke, wir wollen auch nicht, daß seine Einheit ihm durch die transzendente Aktion einer Partei oder einer Kirche auferlegt werde. Die Lektüre soll nicht eine mystische Kommunion, auch nicht eine Selbstbefleckung sein, sondern eine Kumpanei. Anderseits anerkennen wir, daß das rein formale Zurückgreifen auf Bekundungen eines abstrakten guten Willens jeden in seiner ursprünglichen Isolierung beläßt. Trotzdem muß man von da ausgehen: wenn man diesen Leitfaden verliert, verirrt man sich plötzlich in den Dschungel der Propaganda oder in die egoistische Wollust eines Stils, der <sich selbst genug ist>. Wir müssen also die *sittliche Weltordnung* in eine konkrete und zugängliche Gesellschaft verwandeln – und zwar durch den Inhalt unserer Werke." [176]

Es ist in der Folge an weiteren Texten zu untersuchen, ob und wenn ja, in welcher Weise sich Handke im Verlauf seiner Schriftstellerkarriere diesen von ihm schon früh geäußerten Ansprüchen an eine formale Ästhetik »nach Auschwitz« gewachsen zeigt. In der Zeitschrift „Akzente" schreibt Handke 1966:

---

[175] Roland Barthes: Am Nullpunkt der Literatur. Aus dem Französischen von Helmut Scheffel. Frankfurt a.M. 1982. S.20f. (Originaltitel: Roland Barthes: Le degré zéro de l'écriture. Paris 1953). Im folgenden: *ANL*.

[176] Jean-Paul Sartre: Was ist Literatur? Aus dem Französischen von Hans Georg Brenner. Hamburg 10.Aufl. 1970. S.161. (Originaltitel: Jean-Paul Sartre: Qu'est-ce que la littérature? Paris 1948.). Im folgenden: *WL*.

„Ich selber bin nicht engagiert, wenn ich schreibe. Ich interessiere mich für die sogenannte Wirklichkeit nicht, wenn ich schreibe. Sie stört mich. Wenn ich schreibe, interessiere ich mich nur für die Sprache; wenn ich nicht schreibe, ist das eine andere Sache. Beim Schreiben lenkt mich die Wirklichkeit nur ab und macht alles unrein. Ich interessiere mich auch nicht, während der literarischen Arbeit, für eine Kritik an der Gesellschaft. Es geht einfach nicht darum. Es ist mir widerlich, meine Kritik an einer Gesellschaftsordnung in eine Geschichte zu verdrehen oder in ein Gedicht zu ästhetisieren. Das find ich die scheußlichste Verlogenheit: sein Engagement zu einem Gedicht zu verarbeiten, Literatur draus zu machen, statt es geradeheraus zu sagen. *Das* ist Ästhetizismus, und diese Art von Literatur hängt mir zum Hals heraus. Ich schreibe von mir selber." [177]

Vor dem Hintergrund der Auseinandersetzungen mit den Positionen des Engagements von Adorno und Sartre leitet Handke mit solchen Äußerungen bereits früh seinen bekannten Rückzug in den Elfenbeinturm ein. Handke wehrt sich gegen den Anspruch, ein persönliches Engagement des Autors müsse den Texten abzulesen sein. Er verlegt von Anfang an, indem er ein persönliches Engagement entschieden vom Schreiben fernhält, die Kraft zur Reflexion dessen, wofür es sich zu engagieren gilt, in die formale Gestaltung der Sprache seiner Texte. Es scheint, daß »Auschwitz« für Handke einen solchen Nullpunkt der Literatur bedeutet, den zu umgehen seinem Schreiben genauso unmöglich ist wie ihn hervorzuheben.

Mit Barthes gesprochen, handelt es sich also um „eine conditio der Zerrissenheit" (ANL 96), die Handkes Schreiben von Anfang an bestimmt. Anders lassen sich seine ablehnenden Stellungnahmen gegenüber den Autoren des Engagements kaum verstehen, als daß Handke – ausgehend von einem anfänglichen Nicht-Mitmachen – nach einem angemesseneren Umgang mit der Vergangenheit sucht, der sich weder in bloßen Absichtserklärungen erschöpft noch dieselben in ästhetisierender Maskerade zur Wirkung zu bringen trachtet. Der junge Avantgarde-Schriftsteller[178] Handke hält sich hier offensichtlich abermals an Adorno, der bemerkte:

„Am schwersten fällt wider das Engagement ins Gewicht, daß selbst die richtige Absicht verstimmt, wenn man sie merkt, und mehr noch, wenn sie eben darum sich maskiert." (Eng 422).

---

[177] Peter Handke: Wenn ich schreibe. In: Akzente. 13.Jahrgang 1966. S.467.

[178] Peter Bürger sieht im avantgardistischen Werk die Möglichkeit, „die alte Dichotomie von »reiner«und »politischer« Kunst" aufzuheben. Er schreibt in seiner „Theorie der Avantgarde" im Kapitel „Avantgarde und Engagement":
„Statt das avantgardistische Strukturprinzip des Nicht-organischen selbst zur politischen Aussage zu erklären, wäre festzuhalten, daß es das Nebeneinander politischer und nicht-politischer Motive sogar in einem einzigen Werk ermöglicht. Auf der Grundlage des nicht-organischen Werks ist mithin ein neuer Typus engagierter Kunst möglich."
Peter Bürger: Theorie der Avantgarde. Frankfurt a.M. 1974. S.126f.
Einen solchen Typus gilt es in der Folge anhand von Texten Handkes zu entdecken, wobei eine anfängliche Orientierung Handkes an Adorno ebenso auffällig ist, wie deren gleichzeitige Weiterentwicklung hin zu dem von Bürger so benannten „Nebeneinander politischer und nicht-politischer Motive". Lange vor Bürger hat Umberto Eco in dem Kapitel „Form als Engagement" in seinem Buch „Das offene Kunstwerk" die Austragung der Widersprüche innerhalb der Avantgarden gefordert:
„(...) man muß die Widersprüchlichkeiten der modernen Avantgarde bis zu ihren letzten Konsequenzen austragen, weil nur innerhalb eines kulturellen Prozesses die Wege zur Befreiung gefunden werden können."
Umberto Eco: Das offene Kunstwerk. Aus dem Italienischen von Günter Memmert. Frankfurt a.M. 1977. S.288. (Originaltitel: Umberto Eco: Opera aperta. Mailand 1962, 1967).
Eco hat somit dem Gedanken Lyotards, die Postmoderne würde die Avantgarden schließlich in sich zu bergen beginnen, wichtige Anregung geleistet.

3.1.3 Tendenzen jenseits des Lustprinzips

Lyotards Ansprüche an eine Ästhetik »nach Auschwitz«, die er mehr als zwei Jahrzehnte nach Handkes Reflexionen präsentiert, zeigen sich diesen in mehrfacher Hinsicht verwandt. Mit Sartre stimmt Lyotard zwar insofern überein, daß er Sartres Feststellung aus dessen „Betrachtungen zur Judenfrage" ohne Zweifel teilt:

> „Wir haben nun gesehen, daß entgegen einer weitverbreiteten Ansicht nicht der Charakter des Juden den Antisemitismus macht, sondern daß im Gegenteil der Antisemit den Juden schafft."[179]

Jedoch beispielsweise den Schlußappell von Sartres Essay:

> „Kein Franzose wird sicher sein, solange ein Jude in Frankreich, *in der ganzen Welt*, um sein Leben zittern muß" (BJ 190),

würden Lyotard und auch Handke, fände sich der Appell statt in einem politischen Essay in einer im engeren Sinn literarisch-ästhetischen Kunstform, wohl nur als gutgemeinte und pathetische Propaganda verstehen können, gegen die sich Sartre selbst zwar abzusetzen versucht, wenn er sich nicht im „Dschungel der Propaganda" (WL 161) zu verirren bemüht, was ihm aber wohl an dieser Stelle nur unzulänglich gelingt. Die literarische Form des Sartreschen Appells verfehlt die Ansprüche Lyotards und Handkes an eine Ästhetik »nach Auschwitz«. Die Wirkung des Appells dürfte sich im Bereich der Literatur deshalb auf eine Ohnmacht beschränken, weil in diesem moralischen Aufruf Sartres kein Ansatz vorhanden ist, den ursprünglichen Schrecken, den Lyotard für den Antisemitismus verantwortlich macht, zu bannen:

> „Die Kunst (...) sagt nicht das Unsagbare, sie sagt vielmehr, daß sie es nicht sagen kann. „Nach Auschwitz" hat man, nach dem Geständnis von Elie Wiesel, der Geschichte vom Vergessen des Gebets vor dem Feuer im Walde noch einen Vers hinzuzufügen (...). Ich kann das Feuer nicht entzünden, ich kenne das Gebet nicht, ich kann die Stelle im Walde nicht mehr finden, ich kann nicht einmal die Geschichte mehr erzählen. Einzig vermag ich noch zu erzählen, daß ich diese Geschichte nicht mehr erzählen kann. Und das sollte genügen. Das wird genügen müssen." (HdJ 59).

Dem ursprünglichen Schrecken[180], der sich für Lyotard deutlich der Logik der Repräsentation entzieht, läßt sich nicht allein mit in dieser Logik verfaßten Appellen begegnen, die ausschließlich an diese Logik gerichtet sind. Was mit diesem Schrecken korrespondiert, scheint vielmehr eine Logik des Unbewußten zu sein, die gekennzeichnet ist durch einen nichtrepräsentativen Charakter. In seiner Schrift „Jenseits des Lustprinzips" geht es Sigmund Freud um die Beschreibung der:

> „(...) Wirksamkeit von Tendenzen jenseits des Lustprinzips, das heißt solcher, die ursprünglicher als dies und von ihm unabhängig wären."[181]

---

[179] Jean-Paul Sartre: Betrachtungen zur Judenfrage. In: Drei Essays. Frankfurt a.M. – Berlin 1966. Mit einem Nachwort von Walter Schmiele. S.184. (Originaltitel: Jean-Paul Sartre: Réflexions sur la Question Juive. Paris 1954.). Im folgenden: *BJ*.

[180] Lyotard schreibt:
> „In der Urverdrängung (...) ist der psychische Apparat außerstande, zu verbinden, zu besetzen, den Schrecken (der zwar ursprünglich genannt wird, in Wahrheit jedoch ursprungslos ist und nicht situiert werden kann) festzuhalten und darzustellen." (HdJ 45).

[181] Sigmund Freud: Jenseits des Lustprinzips. In: Studienausgabe. Band III. Frankfurt a.M. 1975. S.227. Im folgenden: *JdL*.
Freud schreibt weiter:
> „Es ist kein Zweifel, daß der Widerstand des bewußten und vorbewußten Ichs im Dienste des Lustprinzips steht, er will ja die Unlust ersparen, die durch das Freiwerden des Verdrängten erregt würde,

Freud nimmt einen Wiederholungszwang an, der ihm „ursprünglicher, elementarer, triebhafter als das von ihm zur Seite geschobene Lustprinzip" (JdL 233) erscheint. Dieser Wiederholungszwang geht auf „Erinnerungsreste" (JdL 235) zurück, „die nichts mit dem Bewußtwerden zu tun haben." (JdL 235) Dieser gegenüber dem Lustprinzip ursprünglichere Wiederholungszwang stellt einen psychischen »Primärvorgang« im Unbewußten dar, der für „unser normales Wachleben" (JdL 244), dem bei Freud die psychischen »Sekundärvorgänge« zugeordnet sind, unzugänglich bleibt. Als Beispiel einer Wirkungsweise des Wiederholungszwangs dient Freud die Unfallneurose. An diesem Beispiel wird die Funktion des unbewußten »Primärvorgangs« in bezug auf einen für das individuelle Bewußtsein nicht zu verarbeitenden Schrecken deutlich:

> „Wenn die Träume der Unfallsneurotiker die Kranken so regelmäßig in die Situation des Unfalles zurückführen, so dienen sie damit allerdings nicht der Wunscherfüllung, deren halluzinatorische Herbeiführung ihnen unter der Herrschaft des Lustprinzips zur Funktion geworden ist. Aber wir dürfen annehmen, daß sie sich dadurch einer anderen Aufgabe zur Verfügung stellen, deren Lösung vorangehen muß, ehe das Lustprinzip seine Herrschaft beginnen kann. Diese Träume suchen die Reizbewältigung unter Angstentwicklung nachzuholen, deren Unterlassung die Ursache der traumatischen Neurose geworden ist. Sie geben uns so einen Ausblick auf eine Funktion des seelischen Apparats, welche, ohne dem Lustprinzip zu widersprechen, doch unabhängig von ihm ist und ursprünglicher scheint als die Absicht des Lustgewinns und der Unlustvermeidung." (JdL 241f.).

Lyotard konstruiert gegenüber Freud nicht den seelischen Apparat des Individuums, sondern gewissermaßen den kulturellen Apparat des Abendlandes, innerhalb dessen der Antisemitismus die Funktion hat, die beim Individuum ein reizbewältigender Wiederholungszwang ausübt:

> „Er (der Antisemitismus;T.H.) ist vielmehr eines der Mittel seines (des Abendlandes;T.H.) kulturellen Apparats, den ursprünglichen Schrecken, so gut es geht, zu binden, ihn darzustellen und zu parieren, ihn aktiv zu vergessen." (HdJ 35).

Im Zusammenhang mit der Frage nach einer Ästhetik »nach Auschwitz«, mit der die Diskussion um eine engagierte Literatur eng verbunden ist, erhebt sich mit der Überlegung Lyotards, die den Antisemitismus innerhalb des kulturellen Apparats des Abendlands situiert, die Frage nach den Möglichkeiten der Kunst, gegenüber diesem Aspekt eines kulturellen Unbewußten nicht länger lediglich einen ohnmächtigen »Sekundärvorgang« darzustellen. Wenn, wie Lyotard sagt, der Antisemitismus „eines der Mittel" des kulturellen Apparates ist, den ursprünglichen Schrecken zu binden, ist nicht dann die Kunst ein anderes Mittel, das es gegenüber dem erstgenannten zu stärken gilt? Auf jeden Fall müßte der Kunst dabei die sehr wohl politische Aufgabe zukommen, gerade nicht zu vergessen, was der Antisemitismus in seiner schlimmsten Gestalt zu vergessen trachtete, wie Lyotard schreibt:

---

und unsere Bemühung geht dahin, solcher Unlust unter Berufung auf das Realitätsprinzip Zulassung zu erwirken. In welcher Beziehung zum Lustprinzip steht aber der Wiederholungszwang, die Kraftäußerung des Verdrängten? Es ist klar, daß das meiste, was der Wiederholungszwang wiedererleben läßt, dem Ich Unlust bringen muß, denn er fördert ja Leistungen verdrängter Triebregungen zutage, aber das ist Unlust, die wir schon gewürdigt haben, die dem Lustprinzip nicht widerspricht, Unlust für das eine System und gleichzeitig Befriedigung für das andere. Die neue und merkwürdige Tatsache aber, die wir jetzt zu untersuchen haben, ist, daß der Wiederholungszwang auch solche Erlebnisse der Vergangenheit wiederbringt, die keine Lustmöglichkeit enthalten, die auch damals nicht Befriedigungen, selbst nicht von seiten verdrängter Triebregungen, gewesen sein können." (JdL 230).

> „Die „Politik" der Endlösung kann nicht auf dem Schauplatz der Politik dargestellt werden. Sie muß vergessen werden. Und selbst noch das Ende, das dem, das kein Ende nimmt, gesetzt werden soll, muß vergessen und ausgelöscht werden: Niemand soll sich mehr seiner, als dem Ende eines Alptraums, erinnern. Denn der Alptraum dauerte fort, würde man sich an sein Ende erinnern. Aber eben dies, daß die Ausrottung des Vergessens selbst vergessen werden muß, damit sie vollendet und endgültig sei, beweist, daß das Vergessene nach wie vor da ist. Denn es war nie anders denn als vergessen da, als ein vergessenes Vergessen. Die *Vernichtung**, wie die Nazis sagen, ist nicht grundsätzlich verschieden von der *Verleugnung**. Der Unterschied betrifft, sozusagen, nur ein Detail: der Mord von Millionen wird als Verwaltungsakt vollzogen." (HdJ 42f.).

Lyotards metasemiotischer Ansatz transponiert nicht nur Freuds individualpsychologischen Ausgangspunkt der Schrift „Jenseits des Lustprinzips" auf eine kulturelle Ebene, sondern leistet darüber hinaus zugleich eine Übertragung auf eine neue historische Situation. Die Art und Weise, wie Lyotard dabei den Zusammenhang von Psychoanalyse und Historiographie problematisiert, kann also für das Verständnis der Texte Handkes von Nutzen sein.

3.1.4 Erwachen aus dem »unbewußt Deponierten«: Das Zitat zwischen Reiz-Schutz und Chock-Erfahrung

Walter Benjamin hat im Nachwort seines Aufsatzes „Das Kunstwerk im Zeitalter seiner technischen Reproduzierbarkeit"[182] dem Faschismus eine Ästhetisierung des Politischen beigemessen, der er, ebenfalls von Freud inspiriert, mit seinen kunsttheoretischen Überlegungen, mit einer „Politisierung der Kunst" (GS.Bd.I/2. 508), begegnet. Die Impulse, die von Benjamins Überlegungen auf das Schreiben Handkes übergegangen sein dürften, werden in der Folge häufiger Erwähnung finden.

„Die Ästhetik des Schreckens"[183] ist der Titel einer ausführlichen Analyse der Frühschriften Ernst Jüngers durch Karl Heinz Bohrer, die ebenso ausführlich wie präzise auf literarische Mechanismen in der Moderne aufmerksam macht, die offensichtlich zum Ideologieverdacht gegenüber den Autoren führen können, die sich ihrer bedienen. Indem Bohrer aber ausgerechnet Walter Benjamins Chock-Begriff an zentraler Stelle heranzieht, um davon ausgehend die Ästhetik Ernst Jüngers verständlich zu machen, zeigt er, daß es Benjamin gelungen ist, einen äußerst ambivalenten präideologischen Vorgang, der erst ins Bewußtsein zu drängen hat, ästhetisch fruchtbar zu machen:

> „Benjamin hat in seiner Arbeit »Über einige Motive bei Baudelaire« in Anlehnung an Freuds 1921 erschienenen Essay »Jenseits des Lustprinzips« den Begriff des »Chocks« vorgeschlagen, um den poetologischen Mechanismus des Baudelaireschen»Schreckens« zu erklären (...). Benjamin knüpft an Freuds These vom Reiz-Schutz an, wonach es gelte, den Energiehaushalt vor zerstörerischen Energien, die von draußen kommen, zu schützen: »Die Bedrohung durch diese Energien ist die durch Chocks. Je geläufiger ihre Registrierung dem Bewußtsein wird, desto weniger muß mit einer traumatischen Wirkung dieser Chocks gerechnet werden.« Benjamin stellt dann die Vermutung anheim, daß es sich bei Baudelaires (...) Dichtung um eine solche handeln könnte, in der »das Chock-Erlebnis zur Norm geworden ist«. Erst dadurch kann der Chock auslösende Vorfall zum »Erlebnis« werden, das heißt zu einer Leistung der Reflexion. Fällt diese Reflexion aus,»so würde sich grundsätzlich der freudige oder (meist) unlustbetonte Schreck einstellen, der nach Freud den Ausfall der Chockabwehr sanktioniert." (ÄdS 190).

---
[182] Benjamin formuliert:
„Der Faschismus läuft folgerecht auf eine Ästhetisierung des politischen Lebens hinaus." (GS.Bd.I/2. 506).
[183] Karl Heinz Bohrer: Die Ästhetik des Schreckens. Frankfurt a.M. – Berlin – Wien 1983. Im folgenden: *ÄdS*.

Was Bohrer der Benjaminschen Chock-Konzeption zugutehält, nämlich daß ein Chock auslösender Vorfall der Leistung der Reflexion zugänglich werde, ist aber gerade das, woran Lyotard »nach Auschwitz« bereits der Möglichkeit nach zweifelt, wenn er sagt:

> „Zu befürchten ist, daß Wort- (Bücher, Interviews) und Sachvorstellungen (Film, Fotografien) von der Ausrottung der Juden, und „der Juden", durch die Nazis gerade das, wogegen diese sich leidenschaftlich zur Wehr setzten, in den Bannkreis der sekundären Verdrängung ziehen, statt es als ein Vergessenes jenseits allen Status, im „Inneren", zu belassen. Daß es, durch seine Darstellung, zu einem gewöhnlich „Verdrängten" wird. Was für ein grauenvolles Massaker, ruft man aus, welch ein Schrecken! Gewiß, es war nicht das einzige, „nicht einmal" im heutigen Europa (die Verbrechen Stalins). Schließlich appelliert man an die Menschenrechte, ruft „Nie wieder das!", und läßt es sein Bewenden haben. Man ist damit fertig geworden." (HdJ 38f.).

Diese Bemerkung Lyotards macht auch die Differenz gegenüber Sartres eher inhaltlich akzentuiertem Appellieren noch einmal deutlich. Gegenüber Karl Heinz Bohrer sieht Bettine Menke bei Benjamin aus der Auseinandersetzug mit Freuds Schrift „Jenseits des Lustprinzips" nicht nur Einflüsse auf seinen Chock-Begriff hervorgehen, sondern es ist vor allem eine „Diskontinuität von Vergessen und Erinnern", die aus dieser Auseinandersetzung nicht zuletzt für Benjamins Zitat-Konzeption an Bedeutung gewinnt:

> „Die Diskontinuität von Vergessen und Erinnern, die in jedem erinnernden Wieder-Holen unüberholbare Abscheidung, macht einen anderen Begriff der Wiederholung nötig, dem zufolge »Wiederholung« mit posthumer Lesbarkeit zu tun bekäme; diese ereignet sich im/*als* Zitat."[184]

Wie aber begegnet Handke zu Beginn seiner schriftstellerischen Laufbahn der Gefahr einer gewöhnlichen Verdrängung im literarischen Umgang mit dem Schrecken, wie verbinden sich in seinen Texten Benjamins Konzeptionen von Chock und Zitat?

In dem Aufsatz „Expeditionen jenseits des Rheins", der sich in der Aufsatzsammlung „Unmeisterliche Wanderjahre" findet, beschreibt Jean Améry die üblichen, alltäglichen und unmeisterlichen Verdrängungsprozeduren im Nachkriegsdeutschland aus seiner Sicht:

> „Der Faschismus – denn ihn hatte es offenbar nur gegeben und nicht originale, unverwechselbare Tatbestände des SS-Staates – war Sache kritischer Reflexion. Der Tod war kein Meister aus Deutschland. Er war faschistisch oder faschistoid. Die realen Greuel, bei denen niemand sich aufzuhalten brauchte, wenn in angestrengter Begriffssprache doziert wurde, bekamen etwas Märchenhaftes. Greuelmärchen. Die abstrakte Reflexion nahm ihnen den Schrecken. Das Gewesene konnte kaum noch aufscheinen, ohne daß es als anekdotische Beigabe in seine Schranken verwiesen wurde."[185]

„Unmeisterliche Wanderjahre" erlebt – frei nach Goethe – auch der Protagonist Wilhelm aus Handkes Film-Buch „Falsche Bewegung". Ist es aber eine „anekdotische Beigabe", wenn in die Handkesche Goethe-Adaptation „unverwechselbare Tatbestände des SS-Staates" aufgenommen werden? Wird von Handke ein „Greuelmärchen" erzählt, oder wird nicht vielmehr durch die konsequente Vermeidung abstrakter Begrifflichkeit auch noch Jahrzehnte nach dem Dritten Reich das noch nicht Verarbeitete spürbar?

---

[184] Bettine Menke: Das Nach-Leben im Zitat. Benjamins Gedächtnis der Texte. In: Gedächtniskunst. Raum – Bild – Schrift. Studien zur Mnemotechnik. Hg. von Anselm Haverkamp und Renate Lachmann. Frankfurt a.M. 1991. S.85.

[185] Jean Améry: Unmeisterliche Wanderjahre. München 1989. S.104.

Eine Interpretation des Textes wie des Filmes „Falsche Bewegung" läuft Gefahr, der von Jean Améry skeptisch betrachteten Begriffssprache nicht ausweichen zu können. Jedoch soll die folgende Analyse den Filmtext nicht ersetzen oder zurückdrängen um ihrer selbst willen, sondern zu dem Punkt hinführen, an dem Reflexion nicht zu weiterer Verdrängung beiträgt, sondern an deren kritischer Aufhebung sich zu beteiligen vermag.

3.2 Kein neuer Meister aus Deutschland –
Die falsche Bewegung des Parodierens oder
Eine Schreibweise zwischen Moderne und Postmoderne
[„Falsche Bewegung"]

3.2.1 Im Spiegel der Parodie – Die Parodie im Spiegelstadium

Vordergründig betrachtet läßt sich Handkes Filmbuch „Falsche Bewegung" durchaus als Parodie von Goethes Bildungsroman „Wilhelm Meisters Lehrjahre" lesen, die aus Goethes Roman übernommenen Namen Wilhelm, Laertes (so heißt der in Handkes Text noch als „Der Alte" benannte Darsteller dann im Protokoll des Films), Mignon und Therese sind bereits überdeutliche Signale. Im Zusammenhang jedoch mit der Frage nach einer Ästhetik »nach Auschwitz« ist der Vermutung nachzugehen, ob es bei diesem Text um weit mehr geht, als auf dem Wege der Parodie den Fortgang der Literaturgeschichte zu gewährleisten. Peter Pütz sieht etwas einer aktualisierenden Spiegelfunktion Verwandtes in der Parodiefolie, wenn er schreibt, es:

> „(...) dient Handke der Goethesche „Wilhelm Meister" nicht nur als Vehikel der Parodie, sondern gleichsam als fotografisches Negativ, das es umzukehren gilt, will man die wirklichen, das heißt die gegenwärtigen Erscheinungen sichtbar werden lassen. Die Mechanismen tradierter Formen erscheinen nicht mehr nur wie in der»Publikumsbeschimpfung« und im»Tormann« als belastende und unterdrückende Machtfaktoren eines Systems. Sie bieten vielmehr die Kontrastfläche, vor der sich die neuen Dinge allererst abheben und profilieren. Damit wird Tradition als Mittel der Gegenwartserkenntnis reflektiert und verwertet." (PPH 69).

So fraglos überzeugend diese Darstellung ist, wird sie hier durch eine zusätzliche Kehrseite ergänzt. Denn die Tradition erscheint im Filmtext „Falsche Bewegung" nicht allein „als Mittel der Gegenwartserkenntnis reflektiert und verwertet", sondern auf der anderen Seite wird sie als unzulängliches „Vehikel der Parodie" zumindest im Zusammenhang mit der Shoah geradezu desavouiert. Der Umgang mit der Tradition steht nicht länger, wie noch in Handkes frühen avantgardistischen Arbeiten, im Zeichen unmittelbarer Zurückweisung, sondern es findet eine Adaption statt, aus der nur ein permanent reflektierter Umgang mit der Tradition abzuleiten in der Weise möglich ist, daß ein Bewußtsein für die Erneuerung des Alten nicht dessen endgültige Verabschiedung bedeuten muß. So tritt Handkes Form der Parodie »nach Auschwitz« ein in ein Spiegelstadium der Literaturgeschichte, das jedoch identifizierendes rückblickendes Erkennen in einer historischen Textvorlage nicht länger erlaubt.

Umberto Eco bemerkt in einem Aufsatz, daß es nach Lacans Theorie des Spiegelstadiums unmöglich sei, „Spiegelerfahrung und Semiose als Momente eines ziemlich unentwirrbaren Knäuels"[186] auseinanderzuhalten, wobei er in diesem Aufsatz Semiose von Semiotik in einer Weise unterscheidet, die es nicht überflüssig macht, sich darüber hinaus mit Ecos „Einführung in die Semiotik" zu beschäftigen[187]. Im Zusammenhang aber mit der Beschäftigung mit einer Film-Ästhetik »nach Auschwitz«, für die ein auf übliche Weise zu verstehendes Objekt oder zu verstehender Inhalt des Zeichens »Auschwitz« wie ein unwiederbringliches Spiegelbild verschwunden ist, wird der Semiotiker unweigerlich zu dem, als den ihn Eco an dieser Stelle seines Aufsatzes „Über Spiegel" mehr oder weniger scherzhaft beschreibt:

> „Semiose ist jenes für die Menschen typische Phänomen (und nach Ansicht einiger auch für die Engel und die Tiere), durch welches – so Charles S. Peirce – ein Zeichen, sein Objekt (oder Inhalt) und seine Interpretation in ein Wechselspiel treten. Semiotik ist die theoretische Reflexion über das, was Semiose ist. Mithin ist Semiotiker der, der nie genau weiß, was Semiose ist, aber sein Leben darauf verwetten würde, daß es sie gibt." (ÜSP 26).

Die identitätsstiftenden Momente literarischer Tradierung sind »nach Auschwitz« fragwürdig geworden – Handkes Texte reflektieren dieses Problem auf vielschichtige Weise: So geht es im Filmbuch „Falsche Bewegung" in formaler und damit für Handke auch in ethischer Hinsicht darum, auf dem Wege der Parodie den Weg aus der Parodie zu finden. Der Titel des Filmbuchs läßt sich programmatisch im Rahmen von Handkes Ästhetik »nach Auschwitz« so verstehen, daß die Parodie manifester Vorlagen, die poetologisch „Falsche Bewegung" darstellt. Ein erster einleuchtender Grund dafür ist die Inkommensurabilität von einem nicht repräsentierbaren Schrecken mit einer Kunstform, deren Modell geradezu in einer repräsentierenden Variation einer Vorlage besteht. Genau diese Diskrepanz wird von Handke auf verblüffend einfache Weise geltend gemacht, indem er im Film Laertes, eine Gestalt nicht nur bei Homer und Shakespeare, sondern ebenso aus Goethes Roman[188], mit einer nationalsozialistischen Vergangenheit versieht, innerhalb der er mindestens einen Juden umgebracht hat.

Marguerite Duras, aus deren umfangreichem Werk Handke später den Text „La Maladie de la Mort"[189] übersetzt hat, hat in einem Interview einen für ihr Schreiben maßgeblichen Satz geäußert, den auf Handkes Ästhetik »nach Auschwitz« zu übertragen, nahe liegt:

---

[186] Umberto Eco: Über Spiegel und andere Phänomene. Aus dem Italienischen von Burkhart Kroeber. München 3.Aufl. 1993. S.27. Im folgenden: *ÜSP.*
(Originaltitel der Aufsatzsammlung, der bis auf den ersten Aufsatz (Manuskript) die Texte Ecos für die Übersetzung entnommen sind: Umberto Eco: Sugli specchi e altri saggi. Mailand 1985).

[187] Umberto Eco: Einführung in die Semiotik. Aus dem Italienischen von Jürgen Trabant. München 1972. (Originaltitel: Umberto Eco: La struttura Assente. Mailand 1968). In dieser Einführung trifft Eco auf den Seiten 250ff. auch die für die Filminterpretation so grundlegende Unterscheidung zwischen einem „Code des Kinematographen" und einer „Semiotik der filmischen Botschaft".

[188] Laertes gilt bei Homer unter den Heroen des Trojanischen Krieges als der Vater des Odysseus, in Shakespeares „Hamlet" trägt der Sohn des Oberkämmerers Polonius diesen Namen und schließlich bei Goethe wird eine im zweiten Buch von „Wilhelm Meisters Lehrjahren" erstmals auftretende Figur mit diesem Namen belegt, lange bevor diese später tatsächlich in einer Aufführung des „Hamlet", von der der Text Goethes erzählt, die Rolle des Laertes übernehmen wird.

[189] Marguerite Duras: Die Krankheit Tod. La Maladie de la Mort. Deutsch von Peter Handke. Zweisprachige Ausgabe. Frankfurt a.M. 1985; neu bearbeitete Auflage 1992.

„La Mort d'un juif d'Auschwitz, quant à moi peuple l'histoire tout entière de notre temps, toute la guerre."[190]

Goethes Roman, sicher keine Schreckensgeschichte, ist einer der bedeutendsten Spiegel des literarischen Geschehens seiner Entstehungszeit. Als Spiegel für die Entstehungszeit von Handkes Parodie wird er durch einen einzigen nicht mehr parodistisch zu verstehenden Eingriff zerschlagen. So ist auch zu Beginn der Verfilmung von Wim Wenders Rüdiger Vogeler als Wilhelm zu sehen, der das Fenster seines Zimmers völlig unmotiviert mit bloßer Faust durchschlägt und sich dabei die rechte Hand verletzt[191]. Dieser Gewaltakt Wilhelms zu Beginn des Films entfernt sich bereits entschieden von der Vorlage Goethes und korrespondiert mit dem Beginn des frühen surrealistischen Films von Jean Cocteau aus dem Jahre 1930: Le Sang d'un poète[192].

Die Aggressivität von Handkes Wilhelm begegnet dem Leser des Textes oder dem Zuschauer des Films plötzlich, erscheint ihm unmotiviert und kann ihm, was vor allem für den Kinozuschauer als Adressaten gilt, einen gehörigen Schrecken einjagen. Die anfängliche Schrecksekunde wird noch dadurch etwas gedehnt, daß aus der Verletzung Wilhelms Blut austritt („Le Sang d'un poète"), jedoch spätestens nachdem er sich einen Verband angelegt hat, scheint das Schlimmste erst einmal überstanden. Der erste Schrecken ist verflogen, in dem Moment, in dem der Alltag Wilhelms seinen Lauf nimmt. Der Film von Wim Wenders zeigt in der Folge in keiner Weise vergleichbar spektakuläre Bilder, wie sie in Cocteaus Film zu sehen sind und dort den Dichter dem Alltag in bester surrealer Manier entrücken. So läßt Cocteau seinen Dichter einen Spiegel durchqueren, um ihn in eine imaginäre Welt eintauchen zu las-

---

[190] Marguerite Duras: Les yeux verts. Paris 1980 und 1987. S.177. (Dt.Übers.: Marguerite Duras: Die grünen Augen. Aus dem Französischen von Sigrid Vagt. München 1990. S.128.:
„Der Tod eines Juden in Auschwitz bevölkert für mich die gesamte Geschichte unserer Zeit, den gesamten Krieg.").
Rosa Rigendinger beschreibt eine Tatsache aus dem Leben von Marguerite Duras, die auch für Handkes Interesse an ihren Texten nicht unerheblich sein dürfte:
„Marguerite Duras, aktives Mitglied der französischen Résistance (um Mitterrand), gehörte nach 1945 einem Kreis von Intellektuellen (Mascolo, 1987) an, die, selber nicht Juden, in einer Judaisierung ihres Denkens die einzige Möglichkeit sahen, mit der erlittenen und in ihrem Ausmaß begriffenen Verfolgung, Vernichtung und Ausrottung weiterzuleben."
Rosa Rigendinger: Aufruhr im Selben. Unbeschriebene Genealogien in drei späten Texten von Marguerite Duras. Wien 1993. S.185.
Umgekehrt hat aber auch schon Duras aus Handkes Text „Die Lehre der Sainte-Victoire" zitiert, der sich deutlich mit den Verbrechen des Nationalsozialismus auseinandersetzt. Ingeborg Hoesterey schreibt:
„In ihrem Film Les Enfants von 1985 zitiert die mit Handke seit langem bekannte französische Autorin das Textsegment »Der große Wald«." (VS 120).

[191] Diese anfängliche Verletzung der Schreibhand des Schriftstellers Wilhelm versetzt ihn in eine Position, die sich inzwischen als vorausweisend auf den Text „Die linkshändige Frau" werten läßt, der gegenüber der verletzten männlichen Schreibweise eine demgegenüber exterritoriale weibliche Schreibweise erprobt.

[192] Jean Cocteau: Le testament d'Orphée. Le sang d'un poète. Monaco 1983. (Dt.Übers. von „Le sang d'un poète": Jean Cocteau: Werkausgabe in zwölf Bänden. Band 8. Filme. Frankfurt a.M. 1988. Darin: Das Blut eines Dichters. Aus dem Französischen von Karsten Witte. S.9-70).
Nach Auskunft von Siegfried Kracauer hat Cocteau selbst bestritten, mit „Le Sang d'un poète" einen surrealistischen Film gedreht zu haben. Dennoch wird der Film hier weiterhin so bezeichnet, aufgrund der formalen Übereinstimmungen, die auch für Kracauer ausschlaggebend sind, Cocteaus Film als surrealistisch anzusehen. Siehe: Siegfried Kracauer: Theorie des Films. Die Errettung der äußeren Wirklichkeit. Vom Verfasser revidierte Übersetzung von Friedrich Walter und Ruth Zellschan. Frankfurt a.M. 1985. S.252f. (Originaltitel: Theory of Film. The Redemption of Physical Reality. New York 1960).

sen. Indem der Film von Wenders von derartigen Darstellungsweisen Abstand nimmt, scheint ihm vielmehr an der Annäherung an ein Imaginäres gelegen, das sich auf der Ebene der Repräsentation nicht länger bezeichnen läßt. Erst gegen Ende des Textes, als Wilhelm seine von massiver Mordlust begleitete Aggression gegenüber Laertes entwickelt, nachdem dieser ihm den Mord an einem Juden gestanden hat, läßt sich ein Motiv für seine anfängliche Aggression erahnen, ohne daß dieses damit schon eindeutig bestimmbar ist.

Der Text „Falsche Bewegung" erzählt somit eine Schreckensgeschichte in der Weise, daß ein alltäglicher, gewöhnlicher Schrecken immer wieder zwar erkennbar wird, seine Motivation jedoch psychologisch wie politisch weitestgehend im Dunkeln bleibt. Der Zusammenhang der Aggressionen Wilhelms mit der noch ungesühnten Nazi-Mordtat von Laertes an einem Juden ist zwar mehr oder weniger offensichtlich, verweigert sich jedoch innerhalb des Textes, auf den Begriff gebracht zu werden. Die blutende Hand des Dichters zu Beginn erinnert also nicht einfach nur an die mögliche Vorlage Cocteaus, als Bild erscheint sie nun insbesondere auch vergleichbar dem roten Lesezeichen, das Edmond Jabès an der Schwelle des Buches[193] postiert wissen will, als Zeichen für eine unsichtbare Wunde, die allein durch den Namen »Auschwitz« immer nur unzureichend bezeichnet bleiben muß.

3.2.2 Der Taugenichtsblick der Parodie

Der Text thematisiert und ironisiert an einer Stelle äußerst pointiert die seinerzeit aktuelle vermeintliche Unmöglichkeit von politisch engagierter Literatur in einem Gespräch ausgerechnet zwischen Wilhelm und Laertes:

> „Wilhelm: Glauben Sie, daß man schreiben kann, wenn alles Politische einem fremd geworden ist?
> Laertes: Wenn man beschreiben könnte, wie es zu dieser Fremdheit gekommen ist. Sie darf nur nicht als das Natürliche erscheinen.
> Wilhelm: Dann müßte ich ja die ganze Geschichte des Abendlandes erzählen.
> Laertes: Ja, freilich."[194]

Im Text „Falsche Bewegung" debattieren die Protagonisten zwar über den Stellenwert, den „die ganze Geschichte des Abendlandes" für die Situation der Gegenwartskunst einnimmt, allein den Bruch, den diese Geschichte in diesem Jahrhundert durch die Shoah erfahren hat, weigert sich der Text konsequent in einer kommunikativen Logik des Gesprächs zu präsentieren. Der Dialog verweist vielmehr auf eine notwendige Kritik an der vermeintlichen Natürlichkeit der eingetretenen Fremdheit gegenüber dem Politischen, die als Kritik die gesamte Geschichte des Abendlandes zu berücksichtigen hat. Damit liegt ein früher Anknüpfungspunkt Handkes an die

---

[193] „Marque d'un signet rouge la première page du livre, car la blessure est invisible à son commencement." (Jabès: LQ 11).

[194] Zitiert aus: Falsche Bewegung – ein Protokoll. In: Reinhold Rauh: Wim Wenders und seine Filme. München 1990. S.177. Im folgenden: *WWF.*
Gegenüber diesem Filmprotokoll steht in dem allein von Handke autorisierten Text „Falsche Bewegung" anstelle des Namens Laertes generell eine Personenbezeichnung, die inzwischen eine ambivalente Beziehung zu dem Text „Die Abwesenheit" denkbar macht: „Der Alte". Bezeichnet „Der Alte" im Text „Falsche Bewegung" noch deutlich den Endpunkt der abendländischen Kultur, so steht demgegenüber „Der Alte" im Märchen „Die Abwesenheit" für die Anstrengung, diesem Endpunkt immer wieder einen Neuanfang entgegenzusetzen.

zumindest in Frankreich bereits rege diskutierten dekonstruktivistischen Literaturtheorien vor, die ausdrücklich einen solchen Prozeß der Kritik an der Natürlichkeit des sprachlichen Zeichens in Gang gesetzt haben. Dadurch aber, daß Handke diese Empfehlung durch einen ehemaligen Nazi an einen jungen deutschen Schriftsteller ergehen läßt, bekommt sie einen zweifelhaften Charakter, der die poetologische Fragestellung nur noch weiter verschärft.

Nachdem Wilhelm von Laertes erfahren hat, daß dieser einen Juden umgebracht hat, geht er gar nicht weiter darauf ein, sondern fragt Laertes, ob er schwimmen könne. Wenig später ergibt sich auf einer Fährfahrt für Wilhelm die Gelegenheit, Laertes in lebensbedrohliche Bedrängnis zu bringen, dadurch, daß er versucht, ihn ins Wasser zu stoßen. Irrational und dennoch bewußt reagiert Wilhelm auf die unfaßbare Tat von Laertes nun ebenfalls gewaltsam.

Was auf diese Weise auf der Ebene der Darstellung als ungebrochener Zirkel der Gewalt erscheint, als Schrecken ohne Ende, das wird auf formaler Ebene dadurch zu einem anderen Lösungsangebot geführt, indem die Form der Parodie als eine an die Logik der Repräsentation gebundene Kunstform ad absurdum geführt wird. Gegenüber einer scheinbaren Ausweglosigkeit auf der inhaltlichen Ebene bleibt in formaler Hinsicht die Suche nach einem Ausweg bestehen, der sich der Ideologie des natürlichen Zeichens und damit der Logik der Repräsentation entziehen müßte.

Daß es sich beim Filmbuch „Falsche Bewegung" und bei dessen Verfilmung gar nicht ausschließlich um eine Parodie der Vorlage Goethes handeln kann, wird dadurch deutlich, daß es darüber hinaus zahlreiche andere potentielle Folien der Parodie sind, auf die sich insbesondere die Verfilmung bezieht. Obwohl der zentrale Zweifel an der Vorstellung längst geäußert ist, bei der Verfilmung des Handketextes handele es sich um eine traditionelle Form der Parodie, seien die Indizien, die dennoch dafür sprechen, zur Verdeutlichung kurz erwähnt, allerdings nicht mehr nur bezogen auf den Goethetext. Denn läßt sich erst einmal die komplexe Vielfalt von Quellen erahnen, die letztlich in ihrer Summe als parodiert verstanden werden müßte, dann wird die geäußerte formale Intention des Textes als Kritik an einer ungebrochen herrschenden Tradition des natürlichen Zeichens um so überzeugender erscheinen. Die anfängliche Maxime von Wilhelm lautet bei Goethe:

„Mich selbst, ganz wie ich da bin, auszubilden, das war dunkel von Jugend auf mein Wunsch und meine Absicht."[195]

Handkes Wilhelm dagegen bedarf eines deutlichen Anstoßes zur Entdeckung seiner Absicht, Schriftsteller zu werden, die erst auf Wunsch der Mutter und mit ihrer finanziellen Unterstützung hervortritt. Wenn auch auf gänzlich andere Weise als Goethes Wilhelm, nämlich gleich über eine ganze Reihe falscher Bewegungen, erreicht auch Handkes Wilhelm letztendlich sein Ziel. Das Klappern der Schreibmaschine signalisiert am Schluß des Textes immerhin die Möglichkeit der Aufzeichnung seines Scheiterns.

Im Film von Wim Wenders kommt es nicht einmal mehr dazu. Dort kommt es vielmehr zu einer bemerkenswerten vor allem filmästhetisch noch weiter zu erläuternden Übersetzung von Wilhelms Versuchen der Aufzeichnung einer ganzen Reihe von falschen Bewegungen, die dann nicht mehr allein an den Protagonisten gebunden

---

[195] Johann Wolfgang von Goethe: Wilhelm Meisters Lehrjahre. In: Goethes Werke (Hamburger Ausgabe). Band VII. München 10.Aufl. 1981. S.290.

sind. Zunächst sind die falschen Bewegungen Wilhelms aber gerade Indiz für eine gelungene Parodie der Vorlage Goethes, insofern sie nicht länger der Verwirklichung eines Bildungsideals nahekommen. So gesehen erscheint die Form der Parodie wenigstens als richtige Bewegung. Handke aber schränkt die wegweisende Bedeutung allein der Vorlage Goethes ein:

> „Für mich war es etwas Normales, daß ich nur einige Sachen von Goethe übernommen habe, die mir im Gedächtnis geblieben sind. Daraus und aus dieser ganzen Bewegung habe ich das Buch geschrieben. Ich wollte keine Rekonstruktion der Historie machen, ich wollte die historische Situation, daß jemand aufbricht, unterwegs ist, um etwas zu lernen, um etwas anderes zu werden, um überhaupt etwas zu werden, also diese Bewegung ins Drehbuch übernehmen. Das ist es auch – da bin ich ganz sicher – worauf es Goethe angekommen ist. Eine Bewegung, oder die Anstrengung eine Bewegung zu unternehmen (...)" (WWF 45).

Auf bemerkenswerte Weise nimmt Handke eine extrem reduktionistische Deutung der Intention eines der meist interpretierten Texte der deutschen Literatur vor, als ginge es ihm dabei eindeutig darum, den Text Goethes von diesem Ballast zu befreien. Daß seine Adaption dieses Textes nicht den Anspruch erhebt, eine weitere maßgebliche Interpretation darzustellen, dafür spricht, daß „nur einige Sachen von Goethe" dem Film zugrunde liegen. Es wäre wohl eine falsche Bewegung der Interpretationsbemühung, sich allein auf diese Folie stützen zu wollen.

Ist es dann also generell das Schema des Bildungsromans, das der Parodie dient? Zumindest für den Text Handkes liegt dies nahe, wenn Wilhelm gleich zu Beginn seiner Reise Eichendorffs „Aus dem Leben eines Taugenichts" und dazu auch noch Flauberts „L'éducation sentimentale", jenes Buch, das von George Steiner als „der große Anti-Bildungsroman" bezeichnet wird (George Steiner: In Blaubarts Burg. Frankfurt a.M. 1972. S.31.), in seinem Koffer verschwinden läßt (FB 12). Während Wilhelm dann auf seiner Bahnfahrt nach Bonn im „Taugenichts" liest, zeigt auch Wenders einmal, wie eine filmische Adaption des literarischen Taugenichtsblickes aussehen könnte. Beispielsweise beginnt das vierte Kapitel des „Taugenichts" mit den Worten:

> „Nun ade, Mühle und Schloß und Portier! Nun ging's, daß mir der Wind am Hute pfiff. Rechts und links flogen Dörfer, Städte und Weingärten vorbei, daß es einem vor den Augen flimmerte; hinter mir die beiden Maler im Wagen, vor mir vier Pferde mit einem prächtigen Postillion, ich hoch oben auf dem Kutschbock, daß ich oft ellenhoch in die Lüfte flog."[196]

Damit Wilhelm ebenfalls einmal der Wind um die Ohren pfeifen kann, muß er das Zugfenster öffnen und seinen Kopf aus dem fahrenden Zug strecken. Die Blicke der Kamera aus dem fahrenden Zug machen dagegen den Taugenichtsblick sichtbar, ein Blick auf die vorüberfliegenden Orte, oftmals wie von einem in die Höhe fliegenden Ich: Der Film von Wenders hat mit seinen ihm inzwischen zur Verfügung stehenden technischen Mitteln keine Mühe, die von Eichendorff immer wieder poetisch anvisierte Vogelperspektive zu realisieren. Joachim Paech beschreibt einen Wandel der Wahrnehmungsstruktur, der sich beim Reisenden zur Zeit des Übergangs von der Postkutsche zur Eisenbahn im 19. Jahrhundert ereignet hat. Dieser Wandel war wegweisend auch für die Entstehung der Filmkunst:

> „Stattdessen ist der Reisende in seinem Abteil einer Bewegung ausgeliefert, die er nicht mehr als seine eigene Bewegung wahrnimmt; selbst unbewegt, wird er durch eine Landschaft bewegt, zu der er den Kontakt (das Rütteln der Postkutsche auf der Landstraße oder beim Aussteigen) verloren hat. Im Abteilfenster sieht er *das bewegte Bild einer Landschaft,* die keinen Vordergrund mehr hat, die sich zu

---

[196] Joseph von Eichendorff: Aus dem Leben eines Taugenichts. München – Wien 1977. S.38.

schnell am Fenster vorbeibewegt. Was sich dem Blick aus dem Abteilfenster der fahrenden Eisenbahn bietet, ist nurmehr *ein Bild der Bewegung,* die scheinbar unabhängig von der Bewegungslosigkeit des Reisenden in seinem Abteil nur noch der visuellen Wahrnehmung zugänglich ist.
Diese schockierende Erfahrung der mechanischen Fortbewegung, deren (zunehmende) Geschwindigkeit nur als Veränderung der Realitätswahrnehmung kenntlich wird, ist in der Kunst des 19.Jahrhunderts ausführlich verarbeitet worden"197.

Es scheint so, als könne der Film inzwischen realisieren, wovon Eichendorff selbst nur hat träumen können. Jedoch bedeutet die filmische Darstellung der romantischen Phantasien als Verwirklichung auch Ernüchterung, profanes Erwachen aus einem vergnüglichen Träumen, auf das zu Beginn der Film „Falsche Bewegung" reflektiert, indem er die ersten Zeilen aus Eichendorffs „Taugenichts", und damit Wilhelms Lesebewegung ins Bild setzt. Die rasante Bewegung des Zuges durch ein Außen bewirkt für den Reisenden den Verlust des Außenraumes und schafft Platz für imaginäre Abenteuer der Lektüre. Peach berichtet von kurz nach Entstehung der Eisenbahn „aufkommenden Eisenbahnbüchereien (zum Beispiel >Hachette<)" und bemerkt unmittelbar dazu:

> „Das (literarisch) Imaginäre füllt nun den leeren Raum zwischen den beiden Punkten Abfahrt und Ankunft aus. Und ist es nicht folgerichtig, wenn später einmal an die Stelle des Abteilfensters eine Kinoleinwand tritt, die dem bloßen Bild der Bewegung mit bewegten Bildern die Inhalte zurückgibt, die mit der Eisenbahnfahrt aus dem Blick geraten sind?" (LuF 74).

Entgegen dieser Bemerkung gilt aber für den Film „Falsche Bewegung", daß dieser anfänglich weder allein die Bewegung des Zuges ersetzt durch eine Bewegung der Lektüre, noch allein, daß er darüber hinaus auch noch diese Lektürebewegung im Film als mögliche Reflexion auf die Enstehungsgeschichte des Films anbietet – vielmehr entscheidend ist gegenüber diesen Betonungen des Imaginären im Wandel der Wahrnehmungsweisen, daß der Film von Wenders darüber hinaus eine Auseinandersetzung mit einer Vergangenheit anstrebt, die sich nicht ohne weiteres aus einer intertextuellen Bezugnahme auf diverse Kunsttraditionen ergibt. In der Zeit zwischen Abfahrt und Ankunft liest Wilhelm nicht nur den Text Eichendorffs, und er schaut auch nicht nur aus dem Fenster, wobei er nur noch vorbeihuschende Landschaften gewahrt – beides Gesten die auf einen längst eingetretenen Wandel im Realitätsverständnis eines heutigen Reisenden hinweisen; was ihm erst nachträglich, dann aber um so nachdrücklicher den Boden der Realität unter den Füßen wegreißt, das ist die Begegnung mit Laertes, von dem er während der Zugfahrt noch nicht weiß, daß er als Kriegsverbrecher Juden umgebracht hat.

Daß die ersten Kinobilder von fahrenden Zügen sogar Schrecken und Entsetzen ausgelöst hatten, davon berichtet Andrej Tarkowskij:

> „Bis zum heutigen Tag können wir den genialen Film »Die Ankunft des Zuges« nicht vergessen, der bereits im vorigen Jahrhundert gezeigt wurde und mit dem alles begann. Dieser allgemein bekannte Film von Auguste Lumière wurde nur deshalb gedreht, weil man damals gerade Filmkamera, Filmstreifen und Projektionsapparat erfunden hatte. In diesem Streifen, der länger als eine halbe Minute dauert, ist ein sonnenbelichtetes Stück Bahnsteig zu sehen, auf und ab gehende Damen und Herren, schließlich der aus der Tiefe der Einstellung direkt auf die Kamera zufahrende Zug. Je näher der Zug herankam, desto größer wurde damals die Panik im Zuschauersaal: die Leute sprangen auf und rannten hinaus. In diesem Moment wurde die Filmkunst geboren. Und das war nicht nur eine Frage der Technik oder einer neuen Form, die sichtbare Welt wiederzugeben. Nein, hier war ein neues ästhetisches Prinzip entstanden. Dieses Prinzip besteht darin, daß der Mensch zum ersten Mal in der Geschichte der Kunst und Kultur eine Möglichkeit gefunden hatte, *die Zeit* unmittelbar *festzuhalten*

---
[197] Joachim Paech: Literatur und Film. Stuttgart 1988. S.73. Im folgenden: *LuF.*

und sich diese zugleich so oft wieder reproduzieren zu können, also zu ihr zurückzukehren, wie ihm das in den Sinn kommt. Der Mensch erhielt damit eine Matrix der realen Zeit." (VZ 65).

Tarkowskij beschreibt somit Furcht und Hoffnung, wie sie sich anfänglich an das Medium des Films gebunden haben. Wenn heutzutage ein Zug in einem Film zu sehen ist, erschrickt darüber zumindest wohl ein erwachsener Zuschauer nicht mehr. Aber auch die Hoffnung auf die Verfügbarkeit über eine Matrix der *realen* Zeit dürfte von einem derartigen Motiv längst gewichen sein. Ein Film wie beispielsweise Claude Lanzmanns „Shoah"[198] zeigt immer wieder fahrende Züge, die weder allein als solche erschrecken noch für eine sogenannte reale Zeit einstehen dürften. Lanzmann verweist mit diesen Bildern unscheinbar und dennoch eindringlich gerade auf ein nicht repräsentierbares Geschehen aus der Geschichte unseres Jahrhunderts, auf die Shoah. Die immer wiederkehrenden Güterzüge in Lanzmanns Film erinnern an die Transporte der durch die Nationalsozialisten zur Ermordung bestimmten Juden.

Wim Wenders zeigt von oben gefilmt einen von Glückstadt sich entfernenden Zug, der mit seiner Spitze schon zu Beginn nach Süden, zur Zugspitze weist. Schaut Wilhelm am Ende des Filmes also von der Zugspitze etwa nach Norden, nach Glückstadt zurück? Läßt sich Wilhelm, wenn er am Ende des Films mit einem Aktenkoffer in der Hand auf der Zugspitze stehend eine prominente Pose einnimmt, die an ein Bild von Caspar David Friedrich erinnert, nach seinen ebenso alltäglichen wie einschneidenden Erfahrungen der Reise durch Deutschland von Nord nach Süd länger vorstellen als ein suchender Schriftsteller, der sich noch immer, wie zu Beginn in Glückstadt, an der Lektüre Eichendorffs inspiriert? Selbst wenn sich die Frage bejahen ließe, (das Buch könnte sich noch immer im Aktenkoffer befinden!), müßte doch sehr wohl geklärt werden, in welcher Weise dies in einer historischen Situation wie derjenigen Wilhelms sinnstiftend möglich sein soll. Denn auf der Zugfahrt, die ihn im Film von Glückstadt wegführt, während der er noch im „Taugenichts" liest, ist ihm durch die erste Begegnung mit Laertes, ohne daß es ihm zu diesem Zeitpunkt bewußt ist, in dessen Gestalt die historische Vergangenheit der Shoah längst begegnet.

Der von Wenders gezeigten Zugfahrt kann somit weder der vertraute Charakter einer romantischen Reise à la Eichendorff noch der von der Bewegung der Bilder ausgehende Schrecken im Sinne der ersten Kinozuschauererfahrungen zugeschrieben werden. Anders aber auch als in dem erst sehr viel später fertiggestellten Film „Shoah" ist die Abfolge der Szenen in „Falsche Bewegung" so angelegt, daß die Bilder von der Begegnung von Wilhelm und Laertes im Zug dort zunächst in keinerlei auch nur vordergründig bereits aufgeklärtem Zusammenhang mit einer historischen Perspektive erscheinen. Diese scheinbar unbedeutende, nur flüchtige Gegenwartsimpression gilt es, ihrer vermeintlich natürlichen Darstellungsperspektive nachträglich zu berauben, wenn dieser Sequenz eine entscheidende Bedeutung bei der Interpretation des Filmtextes zukommen soll.

---

[198] Claude Lanzmann: Shoah. Vorwort von Simone de Beauvoir. Aus dem Französischen von Nina Börnsen und Anna Kamp. München 1988. (Originaltitel: Claude Lanzmann: Shoah. Paris 1985).
Lanzmann hat in einer Stellungnahme zu Stephen Spielbergs Film „Schindlers Liste" die Bedeutung des Schlusses seines Filmes „Shoah" hervorgehoben:
„»Shoah« schließt mit einem anderen Bild. Mit einem fahrenden, einem endlos rollenden Zug. Um zu sagen, daß der Holocaust kein Ende hat."
Claude Lanzmann: Ihr sollt nicht weinen. Einspruch gegen „Schindlers Liste". Aus dem Französischen von Grete Osterwald. In: Frankfurter Allgemeine Zeitung vom 5.3.1994. S.27. (Originaltitel: Holocauste, la représentation impossible. In: Le Monde vom 3.3.1994). Im folgenden: *EgSL*.

Erkennbar konfrontiert Handke seinen Text mit Vorlagen aus verschiedenen literarischen Epochen. Michail M. Bachtin hat damit begonnen, für die unterschiedlichen Epochen einen unterschiedlichen stilistischen Gebrauch der Sprache zu beschreiben. Er kommt zu der Ansicht, daß es immer auch einen epochenspezifischen Wortstatus zu berücksichtigen gilt, wenn man sich mit literarischen Texten beschäftigt:

> „Welches Wort in einer gegebenen Epoche in einer gegebenen Richtung dominiert, welche Formen der Wortbrechung es gibt, was als Brechungsmedium dient: Alle diese Fragen sind von eminenter Bedeutung für die Erforschung des künstlerischen Wortes." (LuK 131).

Ein Text, wie derjenige Handkes, der sich zu mehreren Epochen gleichzeitig in ein polyphones Verhältnis setzt, erweckt in der Tat den Anschein, als ginge es ihm darum, die gesamte Geschichte des Abendlandes zu berücksichtigen – so wie es im Filmtext auch Laertes gegenüber Wilhelm von einer politisch relevanten Literatur erwartet. Allein der im Film gewählte Name Laertes spricht schon für eine solche Annahme, findet er sich doch bei Homer ebenso wie bei Shakespeare, bei Goethe genauso wie nun auch bei Handke und Wenders. Der Anspruch von Handkes polyphoner Konfrontation mit der Tradition dürfte demnach weniger in der Parodie einzelner Epochenstile liegen, vielmehr ist zu fragen, ob nicht gar die gesamte Typologie Bachtins, ob nicht eine Vielfalt von Worttypen in diesem Text zum Vorschein kommt, die sich nicht mehr auf einen ungebrochenen Traditionsstrang zurückführen läßt.

Wolfgang Welsch sieht die Postmoderne dort beginnen, wo das Ganze aufhört, wobei er dennoch auf einer ethischen Fundierung der Postmoderne insistiert. Indem Handke einzelne Epochenstile der Moderne formal zueinander ins Verhältnis setzt, ohne sie in ein neues Ganzes zu überführen, bestätigt er den Bruch mit dem Ganzen. Ethische Fundierung gewinnt dieses Vorgehen keineswegs automatisch allein dadurch, daß der Text selbst signalisiert, daß es ihm um eine dekonstruktivistische Kritik des natürlichen Zeichens geht. Darüber hinaus entstammt dieses Signal aus einem Dialog, in dem es ausgerechnet von einem Kriegsverbrecher gegeben wird. Die ethische Dimension dieser immanenten intertextuellen Berührung Handkes mit der französischen Dekonstruktion entsteht jedoch erst mit dem jeweils konkreten Eintreten des Lesers in den dekonstruktivistischen Dialog mit der Geschichte des Abendlandes, in weiterführender Weise aber gewiß auch in einem Dialog mit der Geschichtlichkeit der Dekonstruktion selbst, die etwa ohne den umstrittenen philosophischen Einfluß Heideggers, den Vertreter wie Kritiker der Dekonstruktion gleichermaßen feststellen, kaum entstanden wäre.

3.2.3 Die Blickrichtung der Kunst

Die Frage nach Wilhelms abschließender Blickrichtung im Film läßt sich demnach als Frage nach der Blickrichtung der Kunst überhaupt stellen, denn verborgenerweise und doch zu entdecken referiert die Schlußeinstellung des Films auf ein Gemälde Caspar David Friedrichs, das den Titel „Der Wanderer über dem Nebelmeer" trägt. [199]

---

[199] Bereits aufgefallen ist dieser Bezug Peter Buchka in seinem Buch: Augen kann man nicht kaufen – Wim Wenders und seine Filme. Frankfurt a.M. 1985. S.70-72. Buchka verleiht jedoch dieser Beobachtung keine besondere strukturale oder filmästhetische Bedeutung, wenn er lediglich auf S.72 lakonisch bemerkt:
„Einsam und reichlich deplaziert steht Wilhelm schließlich im Trenchcoat und mit Aktentasche oben auf der Zugspitze wie Caspar David Friedrichs Wanderer."

In einem größeren Kontrast könnten diese der romantischen Literatur und Malerei entnommenen Folien kaum stehen: Die fliegenden Blicke eines fliegenden Taugenichts auf die fliegenden Dinge und Orte und der Blick eines an seinem Ziel angekommenen einsamen Wanderers auf die von Nebelschleiern umwobenen starren Felsformationen des Riesengebirges, das am Ende des Films als einst gemaltes hinter den Alpen verborgen gedacht werden darf, wie zuvor schon der Taugenichtsblick hinter dem der Kamera hervorlugen wollte.

Nicht allein der unterschiedliche Wortstatus unterschiedlicher literarischer Epochen steht im Film „Falsche Bewegung" auf dem Spiel – auch innerhalb einer Epoche sind Gräben zwischen einzelnen Kunstmedien zu erkennen, auf die zu reflektieren es der Film offensichtlich absieht. Der auf der Zugspitze zum Stillstand gekommenen Bewegung Wilhelms und seinem vermeintlich romantischen Blick auf ein Glückstadt, das zugleich als eine in der Vergangenheit gelegene Stadt des Glücks vorstellbar ist, entspricht auf einer formalen filmästhetischen Ebene die Stillstellung der bewegten Bilder am Ende des Films, der ein nicht bloß kunsthistorischer Rückblick auf ein den bewegten Bildern des Films gegenüber stillstehendes Gemälde korrespondiert.

Was könnte eine solche formale und künstliche Stillstellung des Geschehens bedeuten? Bereits das Ende des Parodierens im denkbar naivsten Sinn, da der Film ohnehin hier endet oder selbst bloß wieder eine neue Form der Parodie, eine parodistische Anverwandlung romantischer Malerei durch den Film? Ist nicht die Infragestellung der Vorlage Goethes, die Handkes Text in bezug auf die Gegenwartserkenntnis leistet, auch auf die anderen Vorlagen, wie etwa auf die Eichendorffs auszudehnen? Bei den angesprochenen oder noch anzusprechenden potentiellen Parodievorlagen handelt es sich um Kunstwerke der Moderne (oder zumindest um solche, die sie initiiert haben), an denen auf unterschiedliche Art und Weise ›noch‹ ein Glaube an einen Fortschritt der Menschheitsgeschichte haftet, seien es einstige Hoffnungen auf eine politisch günstige Entwicklung des Bürgertums, der Gedanke an eine progredierende Universalpoesie, die Kritik sozialer Verhältnisse im Roman oder die Entdeckung des Unbewußten, die dem Surrealismus noch Hoffnung gab, mittels dessen Ästhetisierung zugleich eine Politisierung zu erreichen.

Indem der Film „Falsche Bewegung" auf all diese Quellen anspielt, verleiht er ihnen gezielt einen extrem ambivalenten Stellenwert. Sie dienen zwar wie in der Parodie als jeweilige Bezugspunkte, die in der Adaptation zugleich einer kritischen Negation anheimfallen. Allein geschieht dies auf eine so verborgene Weise, daß sich sogar die Frage wieder stellt, ob diese Bezugspunkte aus ihrer dezidierten Verborgenheit heraus nicht doch noch für positive Effekte gut sein können. Vor allem die in eine fast schon völlige Absenz verwiesenen Quellen des Films, wie das Bild Caspar David Friedrichs am Ende oder gleich zu Beginn ein surrealistischer Film Jean Cocteaus, geben nicht nur einer im Verborgenen zitierten Spannweite von im Film akkumulierter Kunstgeschichte der Moderne Ausdruck, sondern erzielen eine allein von ihrer zitierten Form ausgehende Wirkung, die nicht länger an die jeweilige zu ihrer Entstehungszeit noch vertretene Fortschrittsideologie gebunden ist.

Der Film zitiert auf diese Weise weder direkt Schreckensbilder, noch erscheinen die demgegenüber vermeintlich idyllischen und harmlosen Bilder, auf die er sich verborgen zitierend bezieht als solche. Daß sie vielmehr gar nicht mehr als offen zitierbar erscheinen, verdeutlicht den Bruch, den auch die Kunstgeschichte durch die Shoah erfahren hat. Es ist diese Form des verborgenen Zitierens, der es nicht mehr darum geht, auf dem Wege ungekennzeichneter Verarbeitung von Einflüssen Originalität oder gar Genialität des Kunstwerks vorzutäuschen. Der Film „Falsche Bewegung" ist nicht nur ein „Kunstwerk im Zeitalter seiner technischen Reproduzierbarkeit" (Benjamin), der Film stellt geradezu eine Bestandsaufnahme der Situation der Gegenwartskunst dar, indem er in formaler Selbstreflexion den Status einer auf Originalität zielenden Kunst in Frage stellt.

Bereits Walter Benjamin hat vom Verlust der Aura, der unverwechselbaren Einzigartigkeit und Originalität des Kunstwerks im Zusammenhang mit der künstlerischen Massenproduktion gesprochen. Die unscheinbare Art, wie der Film „Falsche Bewegung" sich auf Vorgänger in der Kunstgeschichte bezieht, schützt diese, da sie im Film bewußt direkt nicht gezeigt werden, nicht zuletzt vor der die Einzigartigkeit vernichtenden Reproduktion. Damit wird die Aura des angespielten Kunstwerks, oder was noch davon übrig geblieben sein mag, bewahrt. Der dadurch gleichzeitig notwendig entstehende Schein von eigener Originalität ist ein durch und durch reflektierter. In seinem „Brief über Mallarmé" schreibt Paul Valéry:

> „Nous disons qu'un auteur est *original* quand nous sommes dans l'ignorance des transformations cachées qui changèrent les autres en lui; nous voulons dire que la dépendance de *ce qu'il fait* à l'égard de *ce qui fut fait* est excessivement complexe et irrégulière. Il y a des oeuvres qui sont les *semblables* d'autres oeuvres; il en est qui n'en sont que les inverses; il en est d'une relation si composée avec les productions antérieures, que nous nous y perdons et les faisons venir directement des dieux."[200]

Der Film „Falsche Bewegung" geht mit den zugrunde liegenden Quellen in einer Weise um, daß sich gewiß nicht von einer Abhängigkeit des Textes von diesen Quellen sprechen läßt. Die subtilen Anspielungen auf verborgene Quellen lassen weder den Schluß zu, es handele sich um dem Film wesensverwandtes Material, noch läßt sich von einer bloßen Umkehrung der Vorlagen sprechen. Am allerwenigsten jedoch wird etwas unmittelbar von den Göttern herzuleiten sein.

Walter Benjamin schreibt in einer Anmerkung innerhalb der zweiten Fassung seines Aufsatzes „Das Kunstwerk im Zeitalter seiner technischen Reproduzierbarkeit":

> „Die Definition der Aura als »einmalige Erscheinung einer Ferne, so nah sie auch sein mag«, stellt nichts anderes dar als die Formulierung des Kultwertes des Kunstwerkes in Kategorien der raum-zeitlichen Wahrnehmung. Ferne ist das Unnahbare. In der Tat ist Unnahbarkeit eine Hauptqualität des Kultbildes. Es bleibt seiner Natur nach »Ferne so nah es sein mag«. Die Nähe, die man seiner Materie abzugewinnen vermag, tut der Ferne nicht Abbruch, die es nach seiner Erscheinung bewahrt." (GS.Bd.I/2. 480).

Wenn in der Schlußeinstellung des Filmes also das Gemälde Caspar David Friedrichs „Der Wanderer über dem Nebelmeer" zwar nicht gezeigt, aber dennoch soweit nachgestellt wird, daß es sich der Assoziation aus unnahbarer Ferne aufdrängen kann, dann könnte es sich bei dieser Inszenierung des Bezugs auf das Gemälde, das damit zu einem semiotischen ›Subtext‹ wird, um den deutlichen und beispielhaften Versuch der Restituierung einer „Ferne, so nah sie auch sein mag", kurz, der Aura eines viel zu

---

[200] Paul Valéry: Lettre sur Mallarmé. In: Paul Valéry: Variété II. Paris 1930. S.214. (Dt.Übers.: Paul Valéry: Brief über Mallarmé. Aus dem Französischen von Dieter Steland und Elmar Tophoven. In: Über Mallarmé. Frankfurt a.M. 1992. S.22:
„Wir nennen einen Autor *originell,* wenn wir von der heimlichen Verwandlung der anderen in ihm nichts wissen; wir wollen damit sagen, daß die Abhängigkeit dessen, *was er macht,* von dem, *was gemacht war,* äußerst schwer durchschaubar ist und keinen bekannten Regeln folgt. Es gibt Werke, die in anderen Werken *ihresgleichen* haben, und es gibt solche, die nur die Umkehrung schon bestehender Werke sind. In manchen Fällen wiederum ist die Beziehung zu früheren Hervorbringungen so verwickelt, daß wir den Faden verlieren und sie unmittelbar von den Göttern herleiten.").

oft reproduzierten und allein dadurch fast schon unsichtbar gewordenen Gemäldes handeln. Gleichzeitig aber – und das ist entscheidend – bleibt diese frisch restaurierte Aura nicht ganz unberührt, wenn der Anblick Wilhelms auf der Zugspitze so gar keinen erhabenen Eindruck zu hinterlassen vermag.

Ganz im Sinne von Benjamins dialektischer Bildkonzeption gewinnt das Zitat an dieser Stelle ein dekonstruktives Moment, aus dem seine erkenntnistheoretische Funktion erwächst. Die Ästhetik des Erhabenen, die das Bild Caspar David Friedrichs repräsentiert, wird abschließend durch das verborgene Zitat ebenfalls weniger parodiert als dekonstruiert.

3.2.4 Die Frage nach den Bedingungen der Möglichkeit einer Neubegründung der Kunst »nach Auschwitz«

Als mögliche Folien der Parodie sind für den Film „Falsche Bewegung" Werke aus unterschiedlichen Epochen und Kunstgattungen hervorgetreten: Aus dem Bereich der Literatur dienen Vertreter der Klassik und Romantik sowie des Flaubertschen Realismus als Vorlage. Ein Gemälde eines romantischen Malers dient dem Film ebenfalls als nahezu unsichtbares Vehikel des Rückblicks auf die Geschichte, um die Frage nach den Bedingungen der Möglichkeit von Geschichtsschreibung im Medium der Kunst für die Gegenwart neu stellen zu können. Dazu kommt das erwähnte filmische Vorbild, das sich der Epoche des Surrealismus zuschreiben läßt: Jean Cocteaus Film „Le Sang d'un poète". Im Verlauf von Cocteaus Film nimmt der Hauptdarsteller während eines wahrlich traumhaften Ganges über einen Flur in die dort befindlichen Zimmer Einblick, und er wird dabei mit den kuriosesten surrealen Begebenheiten konfrontiert. So entdeckt der Dichter Cocteaus bei einem seiner diversen Blicke durch Schlüssellöcher:

> „(...) une chambre vide avec de la paille par terre. Une cheminée. Une échelle. En bas de la cheminée, une petite fille en maillot de saltimbanque sous un harnais de grelots se recroqueville, tandis qu'une vieille gouvernante en robe noire (qui entre par la droite) la menace d'un fouet."[201]

Diese Bewegung von Cocteaus Dichter wird Handkes Dichter im Film bei einem nächtlichen Gang durch ein Schloß variierend wiederholen, der ihm ebenfalls rätselhafte Geschehnisse vor Augen führt:

> „Wilhelm, von oben zu sehend, steigt die Stufen eines heruntergekommenen, mit Bilderrahmen, Badewannen verstellten Treppenhauses empor. Es wird ein Baderaum mit einem Bügelbrett sichtbar. Wilhelm geht hinein, spuckt auf das Bügeleisen, schaltet den Stecker aus und verläßt den Raum wieder. Wilhelm geht nach links den Flur entlang und bleibt vor einer großen Türe stehen. Er öffnet sie, lugt hinein, und sieht den schlafenden Landau. Er schließt die Türe wieder. Wilhelm geht weiter auf dem Flur und öffnet wieder eine Tür. Der auf dem Bett liegende Laertes wird sichtbar. Er hält in der Linken eine dreischwänzige Geißel. Wilhelm geht weiter den Flur entlang (...)" (WWF 170f.).

Die Adaptation der unterschiedlichen Kunstgattungen in einem Kunstmedium ist sogesehen eine aktualisierte Parallele zur von den Romantikern schon so sehr geschätzten polyphonen Form von Goethes Roman, zu deren besonderer Qualität

---

[201] Cocteau: Le testament d'Orphée. Le sang d'un poète. A.a.O. S.24. (Dt. Übers. A.a.O. S.34.:
„Ein leeres Zimmer, auf dessen Boden Stroh herumliegt. Einen Kamin. Eine Leiter. Unter dem Kamin krümmt sich ein kleines Mädchen im Seiltänzerröckchen unter dem angelegten Schellengeschirr, während ihr eine alte Gouvernante im schwarzen Kleid Peitschenhiebe androht.").

nicht zuletzt die Verbindung der unterschiedlichen Literaturgattungen zählt. Bereits zur Entstehungszeit des „Wilhelm Meister" ergab sich aus den daraus resultierenden neuen Verknüpfungsmöglichkeiten die Perspektive einer sich in ihren Ausdrucksmöglichkeiten immer weiter entwickelnden Kunst.

Was allerdings den Roman Goethes mit seiner gesamten Gattungspluralität von seiner dieses Prinzip über die Berücksichtigung der Filmgeschichte noch weiter potenzierenden Parodie bei Handke grundlegend unterscheidet ist, daß Handke gerade das noch immer Prinzipielle des Verfahrens von Goethe sichtbar werden läßt. Die Vielheitskonzeption des Goethe-Romans galt beispielsweise den deutschen Frühromantikern als vorbildlich für eine Grundlegung einer transzendentalen Kunstauffassung, die nun von der Vorgehensweise von Handke und Wenders ebenfalls in den Blick genommen gleich mit ad absurdum geführt wird[202]. Diejenige Pluralität, die der Filmtext „Falsche Bewegung" in bezug auf die Künste entwickelt, ist synchron und diachron zugleich. Was gerade den entscheidenden Unterschied zu dem frühromantischen Konzept einer progredierenden Universalpoesie ausmacht, ist die Abstandnahme sowohl von einer programmatischen Fundierung im transzendentalen Subjekt als auch die Distanz zu dem Glauben einer im Dienst des Fortschritts befindlichen regulativ fungierenden Idee von Totalität. Salopp gesprochen zeigt der Filmtext auf eindringliche Weise, daß die Moderne einerseits nicht mehr unter einen Hut zu bringen ist, andererseits aber auch nicht durch ein Lüften des Hutes zu verabschieden ist.

Gleich zwei möglichen Postmoderne-Konzepten erteilt der Filmtext damit dennoch eine formale Absage, zum einen einer solchen, für die mit der Postmoderne etwas ganz Neues zu beginnen hat und zum anderen einer solchen, die im eingetretenen Pluralismus eine Chance zu einer neuen fundamentalen Einheitsstiftung sieht. Demgegenüber schildert Wolfgang Welsch eine „postmoderne Form" von Ganzheit, die auch von Handkes Filmtext nicht gleich wieder dekonstruiert wird, sondern sich durchaus mit ihm vereinbaren läßt:

„Jeder definitive Einheitsanspruch (...) verfehlt ihn genau in dem Moment, da er ihn zu „erfüllen" glaubt. Aus strukturellen Gründen ist das Vielheitskonzept prinzipiell überlegen. Es *ist* das Ganzheitskonzept. Und auch unter inhaltlichem Aspekt ergibt sich nicht etwa eine Überlegenheit der Einheitskonzeptionen, sondern gerade als inhaltliche münden diese selbst unweigerlich in eine Vielheitsverfassung. Denn in ihrer Inhaltlichkeit sind sie immer spezifisch und vermögen sie ihren Totalitätsanspruch daher gar nicht zu erfüllen, sondern haben sie stets andere, keineswegs weniger legitime Konkurrenten neben sich, so daß die Inhaltlichkeit nicht zum Einlösungspunkt der Ganzheit, sondern zum Tor zur Pluralität wird. Einheitskonzeptionen, die gegen Vielheit antreten, reproduzieren in dem Maße, wie sie dies tun, auf höherer Ebene die Vielheit erneut, nämlich als – sehr viel härtere und von ihnen endgültig nicht mehr synthetisierbare – Vielheit unterschiedlicher Einheitkonzeptionen.
Allein ein Denken der Pluralität vermag der Struktur des Ganzen wirklich gerecht zu werden. Eine Frage freilich ist dabei noch offen. Indem man der Gefahr von Einheitssetzungen entgeht, ist man ja noch nicht allen Gefahren entgangen. Es taucht vielmehr die umgekehrte Gefahr des Atomismus, der zusammenhanglosen Pluralität auf. Wie entgeht man dieser? Während gegen substantiale Einheitsansinnen die Offenheit der Ganzheit zu betonen war, sind gegen die Zusammenhanglosigkeit die Übergänge stark zu machen. Ganzheit besteht nicht als Fixgestalt, sondern stellt sich je in Übergängen, Verbindungen, Komplexionen her." (UpM 63).

---

[202] Jürgen Wertheimer spricht unabhängig von tatsächlich reichlich vorkommenden Dialogen in Texten Goethes sogar vom „monologischen Erzählen Goethes", und von „Goethe, dessen Erkenntnisinteresse im *Werther* aber auch im *Wilhelm Meister* primär auf den Ich-bezogenen Gegenstandsbereich gerichtet ist. Jürgen Wertheimer: „Der Güter Gefährlichstes, die Sprache". Zur Krise des Dialogs zwischen Aufklärung und Romantik. München 1990. S.180f.

Der demonstrative Verweis im Film „Falsche Bewegung" auf das notwendig fixierte Kunstmedium der Malerei, der ausgerechnet aus dem Kunstmedium der Bewegung schlechthin, aus dem Film heraus getätigt wird, läßt sich auch so verstehen, daß diese ganze Bewegung der modernen Kunstgeschichte in dieser Stillstellung zumindest in Frage steht. Es ist fraglich, ob der Film aus diesem Grunde die Bewegung der Moderne noch einmal exemplarisch mit seinen Referenzen auf Klassik, Romantik, Realismus und Surrealismus, auf Malerei, Literatur- und Filmgeschichte versammelt, um einen Rückblick auf eine inzwischen vermeintlich abgeschlossene Epoche inszenieren zu können.

Selbst wenn das so wäre, so gibt der formal hochpotenzierte und damit indirekt zugleich inhaltlich extrem pluralistische Film damit bereits einen Hinweis darauf, inwiefern zumindest das Parodieren als eine Umgangsweise mit der Kunsttradition inzwischen die falsche Bewegung der Kunst ist. Die mehrfach angesprochenen Stellen, mit denen der Film deutlich vor Augen führt, wie die Kunst von einer unfaßbaren Realität eingeholt wird, dokumentieren die ganze Ohnmacht, die die Gegenwartskunst gegenüber der nicht darstellbaren Realität des unsäglichen Schreckens der Shoah bemächtigt hat. Kaum mehr als parodistische Abweichung einer der angesprochenen Vorlagen kann die Offenbarung eines Ereignisses aus der Geschichte des Laertes gegenüber Wilhelm während eines Spazierganges angesehen werden. Laertes berichtet Wilhelm:

„Vorhin auf der Terrasse habe ich das Lied eines Juden gesungen.
Wilhelm: Ihr Freund?
Laertes: Ich hab ihn umgebracht. Sie erinnern sich an den Schaffner im Zug. Wie er mich beim Weggehen militärisch gegrüßt hat? Er war mein Adjutant in Wilna. Übrigens habe ich auch Juden gerettet – wenn sie Fachjuden waren." (WWF 179)[203].

Wilhelm wünscht sich, als er dies vernimmt, sofort die Gelegenheit herbei, persönlich Rache zu nehmen an einem Repräsentanten eines bis heute nicht vorstellbaren und dennoch geschehenen organisierten Mord an Millionen von Juden. Auf der Stelle erwacht in Wilhelm nun selbst eine Mordlust, der er zwar später Folge zu leisten versucht, aber seine ganze Ohnmacht gegenüber dem Geschehen, das Laertes für ihn repräsentiert, wird nur noch gesteigert dadurch, daß ihm auch dies noch mißlingt.

Die stattgefundene Erschütterung des Fortschrittsdenkens in bezug auf die politische Weltgeschichte erfaßt auch die Geschichte der Kunst um so nachhaltiger, um so weniger es der Kunst gelingt, selbst diese Erschütterung zu erfassen. Da auch eine Erschütterung des abendländischen Logozentrismus, der Logik der Metaphysik stattgefunden hat, kann als Motor der Geschichte der Kunst daher die auf Repräsentation unvermeidlich angewiesene Form der Parodie nicht länger gelten. Der Künstler Wilhelm mag am Ende die Illusion hegen, sich zumindest in seinem Scheitern eine Geschichte erstritten zu haben. Welche Gestalt aber soll seine Kunst noch annehmen

---

[203] Was unter einer „Rettung" von „Fachjuden" zu verstehen ist, wird hier nicht deutlich. Darunter kann einerseits eine Einteilung zu Arbeitsdiensten in Konzentrations- und Vernichtungslagern verstanden werden, von der auch Claude Lanzmanns Film „Shoah" berichtet. Eine solche Einteilung bedeutete jedoch längst keine „Rettung", wie Lanzmann bemerkt hat:

„In Treblinka oder in Auschwitz stellte sich nicht einmal die Frage der Rettung." (EgSL).
Eine andere Weise der Rettung von Juden außerhalb der Lager wird dagegen in Steven Spielbergs Film „Schindlers Liste" präsentiert. Fraglich ist aber, ob eine solche Rettung auch von deutschen Militärs, zu denen Laertes offenbar gehörte, hätte erreicht werden können.

können, um als Kunst nicht notwendig ebenfalls zum Scheitern verurteilt zu sein? Worin soll sie noch, mit Blick auf ihre an der Geschichte gescheiterten Geschichte, einen Neuanfang suchen und finden können? Was der Film „Falsche Bewegung" formal bedingungslos fordert, ist das Ende eines solchen Parodierens, das die Grenzen der Repräsentation nicht antastet. Der Film nimmt eine problematische Stellung ein, denn er ist gewiß Parodie, soweit er sich erkennbar etwa auf Goethes Vorlage bezieht, dennoch ist es das Parodieren als Form, das er in Frage stellt.

Daß der Film die vielfältigen Traditionen der Künste versammelt, um sie mit einem einzigen Schlag in ihrem Kern sogar zerstören zu wollen, ist bereits in Abrede gestellt worden. Die Spiegelfunktion der Traditionen aber wird dennoch nachhaltig mehr in Frage gestellt als aufrechterhalten. Es geht bei aller destruktiven Energie des Films gegenüber seinen zahlreichen Quellen in einem mindestens ebenso hohen Ausmaß um die Frage nach den Bedingungen der Möglichkeit einer Neukonstruktion der Kunst sowie ihrer Aufgaben, wenn mit dem Pluralismus der zitierbaren Traditionen ein ethischer Anspruch noch verbunden gedacht werden soll.

3.2.5 Vom Bewegungs-Bild zum Zeit-Bild

Gilles Deleuze hat zwei zusammenhängende Bücher über das Kino geschrieben, die Auskunft über das Entstehen einer Krise der Repräsentation auch in diesem Kunstmedium geben. Während es dem der Frankfurter Schule nahestehenden Filmkritiker Siegfried Kracauer in seiner 1960 erstmals erschienenen „Theorie des Films" noch programmatisch um „Die Errettung der äußeren Wirklichkeit" geht, vollzieht Deleuze etwa ein Vierteljahrhundert danach inzwischen eingetretene filmgeschichtliche Entwicklungsschritte nach, die von dem noch der Repräsentation verhafteten Bewegungs-Bild hin zu einer Bild-Gattung führen, die mit den Grenzen der Repräsentation einen neuen semiotischen Umgang erlaubt und die Deleuze Zeit-Bild nennt. Deleuze geht in seinem Buch „Das Bewegungs-Bild" häufiger auf die Filme von Wim Wenders ein, zu seinen Themen gehört explizit und von Anfang an auch die falsche Bewegung: Dennoch, ausgerechnet über den Film „Falsche Bewegung" von Wim Wenders verliert Deleuze nicht ein einziges Wort:

> „In der Tat beruht das filmische Verfahren auf zwei komplementären Voraussetzungen: Momentschnitte, die Bilder genannt werden; eine Bewegung oder eine unpersönliche, einheitliche, abstrakte, unsichtbare oder nicht wahrnehmbare Zeit, die »im« Apparat ist und »mit« der man die Bilder vorbeiziehen läßt. Der Film liefert uns also eine falsche Bewegung, er ist das typische Beispiel einer falschen Bewegung." [204]

Die Analyse des Filmbuchs und des Films „Falsche Bewegung" hat einen auffällig ambivalenten und vielschichtigen Umgang mit den darin mehr oder weniger verborgen zitierten Kunsttraditionen hervorgehoben. Das verborgene Zitat schützt das Zitierte davor, als Klischee zu erscheinen. Als was es erscheint, dies hängt unmittelbar von der Art und Weise der Aktualisierung des Zitats eines Kunstwerks aus der Vergangenheit durch die Rezeption in einer jeweiligen Jetztzeit ab. Mit anderen Worten,

---

[204] Gilles Deleuze: Das Bewegungs-Bild. Kino 1. Aus dem Französischen von Ulrich Christians und Ulrike Bokelmann. Frankfurt a.M. 1989. S.14. (Originaltitel: Gilles Deleuze: Cinéma 1. L'image-mouvement. Paris 1983). Im folgenden: *DBB*.

was der Film „Falsche Bewegung" in seinem Verlauf zum Stillstand bringt, sind mit Benjamin gesprochen: dialektische Bilder; sind mit Deleuze gesprochen:

> „(...) Zeit-Bilder, das heißt Bilder der Dauer, Veränderungsbilder, Relationsbilder, Volumenbilder, jenseits noch der Bewegung (...)" (DBB 26).

Zum Abschluß seines Buches über das Bewegungs-Bild, im Vorausblick auf sein Buch über das Zeit-Bild, schreibt Deleuze unter Wiederaufnahme all der Bildtypen, die er bis dahin behandelt hat, von einem neuen, von einem denkenden Bild:

> „Das mentale Bild dürfte sich nicht damit begnügen, ein Beziehungsgeflecht zu knüpfen, sondern müßte eine neue Substanz bilden. Es müßte tatsächlich Gedanke werden, zu denken anfangen, selbst wenn es dadurch »schwieriger« werden würde. *Zweierlei wäre dafür vorausgesetzt:* einerseits die Infragestellung des Aktionsbildes, des Wahrnehmungs- und des Affektbildes, und zwar um den Preis, überall »Klischees« zu entdecken. Die zweite Vorraussetzung wäre die, daß die Krise des Aktionsbildes keinen Wert hat, nicht als solche bestehen kann, sondern nur die negative Bedingung dafür ist, daß das neue, denkende Bild entsteht, selbst wenn man es jenseits der Bewegung suchen müßte." (DBB 288).

Nachdem von Walter Benjamin eine Schrift mit dem Titel „Denkbilder" (GS.Bd.IV/1. 305-438) veröffentlicht vorliegt, die sich allerdings nicht mit dem Kino beschäftigt, hat Deleuze sich der schwierigen Aufgabe angenommen, die Bedeutung eines denkenden Bildes für das Kino hervorzuheben, das man „jenseits der Bewegung" zu suchen hat. Dabei bezieht er sich bestenfalls unausgesprochen auf Benjamins Konzeption des stillgestellten Bildes. Deleuze geht ausdrücklich von Überlegungen der Philosophen Bergson und Peirce aus, die er auf den Film überträgt. Die demgegenüber hier nur hypostasierbare Affinität zwischen den Bild-Auffassungen von Deleuze und Benjamin läßt sich jedoch durchaus ohne weiteren Erklärungsaufwand über ein literarisches »Denkbild« Walter Benjamins mit dem Titel „Der enthüllte Osterhase oder Kleine Versteck-Lehre" entdecken; es ist ebenso dazu geeignet, eine Verwandtschaft der bereits analysierten intertextuellen Verfahrensweisen der Texte „Die Abwesenheit" und „Falsche Bewegung" mit den Denkbildern Benjamins erkennbar werden zu lassen. Handkes Umgang mit Zitaten der Tradition läßt sich demnach als „Kleine Versteck-Lehre" verstehen, in der es letztlich darum geht, Bilder „jenseits der Bewegung" – also Zeit-Bilder oder auch dialektische Bilder erfahrbar zu machen:

> „Verstecken heißt: Spuren hinterlassen. Aber unsichtbare. Es ist die Kunst der leichten Hand. Rastelli konnte Sachen in der Luft verstecken.
> Je luftiger ein Versteck, desto geistreicher. Je freier es dem Blick nach allen Seiten preisgegeben, desto besser.
> Also beileibe nichts in Schubladen, Schränke, unter die Betten oder ins Klavier stecken.
> Fairneß am Ostermorgen: Alles so verstecken, daß es entdeckt werden kann, ohne daß irgendein Gegenstand vom Fleck bewegt werden muß." (GS.Bd.IV/1. 398).

Auf die Schlußeinstellung des Films „Falsche Bewegung" angewendet, ergibt sich aus Benjamins kleiner Versteck-Lehre, daß es weniger das potentiell im Aktenkoffer Wilhelms noch versteckte Buch von Eichendorff zu erraten gilt, vielmehr kommt es darauf an – ohne daß etwa ein Aktenkoffer geöffnet werden müßte – die Aufmerksamkeit auf eine Bild-Struktur zu lenken, die sich nicht allein auf die tatsächlich repräsentierten Gegenstände bezieht. Wim Wenders hat wie ein wahrer Rastelli das Vor-Bild Caspar David Friedrichs der Schlußeinstellung des Films als unsichtbare Spur eingeschrieben. Es wird damit zu einem dialektischen Bild, dessen Ort die Filmsprache ist, innerhalb der nun „das Gewesne mit dem Jetzt blitzhaft zu einer Konstellation zusammentritt" (Benjamin: PW 576f.), ohne dabei dem Anspruch zu verfallen,

„das Gewesne" repräsentieren zu können. Die Schlußeinstellung des Films „Falsche Bewegung" steht damit nicht für die Unmöglichkeit, ein Gemälde im Film zu zeigen, sondern für die Suche nach Formen der Darstellung in der Kunst, die der Verantwortung gegenüber dem „Gewesnen" gerecht werden können.

Wenn im Film „Falsche Bewegung" die Szene, in der Wilhelm zu Beginn mit der Faust eine Glasscheibe zertrümmert, auch als der alte Zweifel Handkes gegenüber einer Sprache erkennbar wird, von der Sartre noch gesagt hat, sie solle „>wie Glas< sein, durch das man ohne Fälschung auf die Dinge schauen könne"[205], so ist doch die kleine filmästhetische Versteck-Lehre der Schlußeinstellung der beste Beleg dafür, wie sehr der Film sich bemüht, diesen Zweifel produktiv zu gestalten. Deleuze formuliert mit seinen Worten viele Jahre nach dem Film „Falsche Bewegung", was dieser mit seinen Bildern bereits zu verstehen gegeben hat:

> „Im modernen Kino dagegen ist das Zeit-Bild weder empirisch noch metaphysisch, sondern »transzendental« im kantischen Sinne: Die Zeit befreit sich aus ihrer Verankerung und stellt sich im Reinzustand dar. Das Zeit-Bild impliziert nicht die Abwesenheit von Bewegung, sondern die Umkehrung der Hierarchie; nicht mehr die Zeit ergibt sich aus der Bewegung, ihrer Norm und ihren berichtigten Irrungen; sondern die Bewegung als falsche und »abweichende« Bewegung ergibt sich nun aus der Zeit. Das Zeit-Bild ist direkt geworden, und im gleichen Maße hat die Zeit neue Aspekte entdeckt, ist das Abweichen der Bewegung nichts Zufälliges mehr, sondern ihr wesentlich, hat die Montage einen neuen Sinn angenommen. Auf diese Weise hat sich nach dem Krieg das sogenannte moderne Kino gebildet. Wie eng die Bezüge zum klassischen Kino auch sein mögen, für das moderne Kino stellt sich die Frage: Welches sind die neuen Kräfte, die das Bild bearbeiten; welches sind die neuen Zeichen, die sich auf der Leinwand ausbreiten?"[206]

Der Film „Falsche Bewegung" läßt sich demnach begreifen als beruhend auf den filmästhetischen Utopien Walter Benjamins, die, allerdings und bezeichnenderweise nur versteckt, auch in die filmtheoretischen Überlegungen von Gilles Deleuze Eingang gefunden haben. Der falschen Bewegung einer Verdrängung oder Unterdrückung der Unterdrückungsgeschichte bei der Aufzeichnung des Geschichtsprozesses versucht Benjamin mit ästhetischen Konzeptionen zu begegnen, die nicht ausschließlich eine „Umkehrung der Hierarchie" (Deleuze) zum Ziel haben, sie aber in eine dialektische Bild-Struktur miteinzubeziehen beabsichtigen. Benjamins Überlegungen zu einer dekonstruktivistischen Ästhetik der Historiographie sollen Formen des Eingedenkens ermöglichen, nach denen sichtlich auch der Film „Falsche Bewegung" Ausschau hält.

---

[205] Vgl. Peter Handke: Die Literatur ist romantisch:
„Ein Dichter ist für Sartre, wer die Wörter als Dinge nimmt, wer die Wörter als die Wirklichkeit nimmt. Für den Dichter *bezeichne* die Sprache nicht die Welt, sondern stehe für die Welt. Für den Schriftsteller dagegen seien die Wörter Zeichen. Ihn interessieren die Dinge, die mit den Wörtern bezeichnet werden, und nicht die Wörter selber.
Nun begeht Sartre den entscheidenden Fehler: er teilt dem Schriftsteller die Prosa zu, dem Dichter, wie er ihn versteht, die Poesie, beharrt damit auf einer Einteilung, die dem neunzehnten Jahrhundert angehört. Der Prosaschreiber sei also der >Schriftsteller<, das heißt, für ihn seien die Wörter nicht eine Wirklichkeit für sich oder sogar die Wirklichkeit an sich wie für den poesieschreibenden sogenannten >Dichter<, sondern nur Namen für die sprachlose Wirklichkeit. Dem Schriftsteller gehe es nicht um die Wörter, sondern um die >Wirklichkeit<. Er benütze die Wörter nur, um mit ihnen die Dinge zu beschreiben.
Für den Schriftsteller – hier leiht sich Sartre eine Metapher von Paul Valéry – müsse die Sprache >wie Glas< sein, durch das man ohne Fälschung auf die Dinge schauen könne." (IBE 40).

[206] Gilles Deleuze: Das Zeit-Bild. Kino 2. Aus dem Französischen von Klaus Englert. Frankfurt a.M. 1991. S.347. (Originaltitel: Gilles Deleuze: Cinéma 2. L'image-temps. Paris 1985).

3.2.6 Der Tod ist ein Meister aus Deutschland

In Paul Celans Gedicht „Todesfuge"[207] findet sich die Zeile, die mit Bezug auf die Shoah das Ende des Parodierens ebenso fordern müßte, wie es die Verfilmung von Handkes Text „Falsche Bewegung" offensichtlich tut. Das vielzitierte Wort Celans lautet:

> „(...) der Tod ist ein Meister aus Deutschland" (Tf 42).

Folgt nicht aus dem, was dieses Wort Celans zu bezeichnen sucht, auch das Scheitern Wilhelms im Film? Er jedenfalls ist kein neuer Meister aus Deutschland, der aus der Parodie des Goetheschen „Wilhelm Meister" hervortritt; seine Existenz ist durchgehend bis zum Schluß eine völlig verunsicherte. Der von Celan benannte Meister erscheint als das Subjekt der Geschichte, dem keine Kunst mehr zu trotzen vermag, vor dem alle ihre Mittel versagen. Der von Celan benannte Meister erscheint gegenüber demjenigen Goethes der für die Schriftstellerexistenz des Handkeschen Wilhelm bestimmendere Meister zu sein. Ist es also das Ende der Kunst, das der Film zum Ausdruck bringen möchte? Welche Rolle kommt dem erotischen Blick zu, den Wilhelm im Film „Falsche Bewegung" erwähnt? Zu fragen ist, ob nicht die von Wilhelm geäußerte Vorstellung des erotischen Blickes vom gescheiterten übermäßigen Optimismus zeugt, dem es gerade nicht mehr möglich ist, zu Ausdrucksweisen zu gelangen, die für „inwendige" Realitäten jenseits des Sichtbaren, zu denen im Extremfall ein unsäglicher Schrecken zählt, Zeugnis abgeben können:

> „Wilhelm: »Ich weiß, ich habe nicht das, was man Beobachtungsgabe nennt, aber, wie ich mir einbilde, die Fähigkeit zu einer Art von erotischem Blick. Plötzlich fällt mir etwas auf, was ich immer übersehen habe. Ich sehe es dann aber nicht nur, sondern kriege gleichzeitig auch ein Gefühl dafür. Das meine ich mit dem erotischen Blick. Was ich sehe, ist dann nicht mehr nur ein Objekt der Beobachtung, sondern auch ein ganz inniger Teil von mir selber. Früher hat man dazu, glaube ich, Wesensschau gesagt. Etwas Einzelnes wird zum Zeichen für das Ganze. Ich schreibe dann nicht etwas bloß Beobachtetes, wie die meisten das tun, sondern etwas Erlebtes. Deswegen will ich eben gerade Schriftsteller sein.«" (FB 58).

Sowohl für Wilhelm als auch für den Leser des Textes oder den Zuschauer des Films „Falsche Bewegung" dürfte als das „Einzelne", das als Zeichen für das Ganze zwar noch zu nehmen, aber nicht mehr zu verstehen ist, der Bericht des Laertes von seiner an einem Juden verübten Mordtat im Vordergrund stehen. Dieses Zeichen verweist hier weder Wilhelm noch in aller Regel den Rezipienten auf etwas Beobachtetes und ihm kann nur insofern etwas Erlebtes entsprechen, als das unvergeßliche und zugleich unvorstellbare Grauen der Shoah in seiner Unwiderruflichkeit den alltäglichen und gewöhnlichen Schrecken der Gegenwart mitbestimmt.

Der Begriff der „Wesensschau", von dem Wilhelm in seiner Erläuterung des erotischen Blicks spricht, hat auch in Husserls Phänomenologie einen zentralen Stellenwert. An dieser Stelle ließe sich, angefangen bei Platons Lehre von der vorgeburtlichen Wesensschau durch die Seele, von der im „Phaidon"[208] die Rede ist, auch noch auf diverse Stationen der Philosophiegeschichte eingehen, die einen von Platon bereits abweichenden Gebrauch dieser Vorstellung ausgebildet haben. Husserls Konzeption der Wesensschau wird aus dieser begriffsgeschichtlichen Tradition aus den

---

[207] Paul Celan: Todesfuge. In: Paul Celan: Gesammelte Werke. Erster Band. Frankfurt a.M. 1986. S.39-42. Im folgenden: *Tf.*

[208] Platon: Phaidon. In: Platon: Sämtliche Werke 3. Phaidon, Politeia. Aus dem Griechischen von Friedrich Schleiermacher. Hamburg 1958. S.27f. (21.Kap., 76a9-76d6).

bereits bekannten Gründen hervorgehoben, weil es gerade immer wieder Husserls Phänomenologie gewesen ist, die zur Folie der Interpretation von Handkes Texten herangezogen wurde. Nach Husserl hat vor allem Lévinas noch einmal den Gedanken der Wesensschau zur Fundierung einer moralischen Beziehung aufgegriffen und gewissermaßen ebenso metaontologisch (anti-platonisch) wie meta-phänomenologisch (anti-egologisch) umakzentuiert[209]. Beide positiv verstandenen Komponenten traditioneller Wesensschau-Konzeptionen – Ontologie und Phänomenologie – scheinen sich bei Lévinas gerade in ihrer Verbindung einander wechselweise aufzuheben:

> „Die moralische Beziehung vereint also zugleich das Selbstbewußtsein und das Bewußtsein von Gott. Die Ethik ist nicht die Folge der Gottesschau, sie ist diese Schau selbst. Die Ethik ist eine Optik, so daß alles, was ich von Gott weiß, und alles, was ich von Seinem Wort hören und ihm vernünftigerweise sagen kann, einen ethischen Ausdruck finden muß."[210]

Während die Abgrenzung, die Lévinas von Husserl unternimmt, moderat vorgenommen wird, kritisiert Adorno – dessen Denken für Handkes Ästhetik »nach Auschwitz« von Anbeginn an bedeutsam ist – Husserls Begriff der Wesensschau, der von Husserl auch als kategoriale Anschauung bezeichnet wird, auf das Schärfste:

> „Die kategoriale Anschauung ist kein »Sehen« von Wesenheiten, sondern ein blinder Fleck im Prozeß der Erkenntnis." (ZME 210).

Der erotische Blick mag für Wilhelm noch eine Art „Zauberformel der kategorialen Anschaulichkeit des Seins" bedeuten, wie Adorno auch Husserls Wesensschau bezeichnet (ZME 211); im Rahmen des gesamten Textes „Falsche Bewegung" ist jedoch auch dieses Schriftsteller-Ideal mehr als in Gefahr, zu einer falschen Bewegung zu werden. Zu einer Bewegung des Blicks nämlich, die den Anforderungen an eine Literatur »nach Auschwitz« nicht gerecht wird, wenn diese gerade die Aufgabe eines Eingedenkens zu lösen hat, ohne noch über „das wie immer geartete unmittelbar anschauliche Moment" zu verfügen, das bereits Adorno als ein Produkt eines raffinierten philosophischen Täuschungsmanövers ansieht. Dem Text Handkes fehlt jedoch die Vehemenz der Ablehnung, wie sie Adorno gegenüber Husserl zur Schau stellt.

Bachtin hat unter anderem eine Typologie des parodierenden Wortes aufgestellt, die mehrere Abstufungen kennt. Übergreifend spricht Bachtin davon, daß „in der Parodie die Verschmelzung zweier Stimmen unmöglich" (LuK 119) ist:

> „In der Parodie sind die Stimmen nicht nur abgesondert, nicht nur durch eine Distanz getrennt – sie stehen einander feindlich gegenüber. Deswegen muß die Empfindung des fremden Wortes in der Parodie besonders scharf konturiert sein. Die Intentionen des Autors müssen stärker individualisiert und inhaltlich voller sein. Parodieren läßt sich ein fremder Stil in verschiedenen Richtungen und mit verschiedener Akzentsetzung." (LuK 119).

In Wilhelms Äußerung wäre es nun durchaus möglich, eine Verschmelzung seiner Auffassung mit der zu erkennen, die man „früher" als „Wesensschau" bezeichnet hat; aber auch – allerdings nur mit Wohlwollen – ließe sich dieses „früher" in Wilhelms Rede als Ausgangspunkt für eine zumindest geringfügige Distanz gegenüber einem gegenwärtigen Zeitpunkt verstehen. Von einer besonders scharfen Konturierung des

---

[209] Jacques Derrida spricht von einem „Nicht-Ort – der Metaphysik als Meta-Theologie, Meta-Ontologie und Meta-Phänomenologie" (SD 131), der kennzeichnend ist für das Denken von Lévinas.

[210] Emmanuel Lévinas: Schwierige Freiheit. Versuch über das Judentum. Aus dem Französischen von Eva Moldenhauer. Frankfurt a.M. 1992. S.29. (Originaltitel: Emmanuel Lévinas: Difficile Liberté. Essai sur le Judaïsme. Paris 1963 et 1976).

fremden Wortes „Wesensschau" im Sinne Bachtins, von einem Wort, das sich gar in eine „Kampfarena zweier Stimmen" (LuK 119) verwandelt, kann aber keine Rede sein. Obwohl Bachtin verschiedene Formen des parodistischen Wortes kennt, betont er:

> „(...) in allen Spielarten des parodistischen Wortes bleibt das Verhältnis zwischen der fremden Intention und jener des Autors das gleiche. Diese beiden Intentionen sind verschieden gerichtet: im Gegensatz zur Gleichgerichtetheit in der Stilisation, in der Erzählung durch einen Erzähler und ähnlich gearteten Formen." (LuK 120).

Es ist aber bereits erkennbar geworden, daß Wilhelms offenbar unparodistischer Wortgebrauch nicht unbedingt der formalen Intention des Handke-Textes entspricht. Zunächst erscheint der Gebrauch der Vokabel „Wesensschau" nicht parodistisch zu sein, im Gesamtkontext des Filmtextes und seiner filmischen Realisation betrachtet, ließe sich aber von einem parodistischen Gebrauch zweiten Grades sprechen, was soviel meint, daß zumindest der durch das Autorsubjekt relativ bedingte Idealisierungsgrad einer phänomenologischen Wesensschau durch die angedeutete Thematisierung einer Frage nach den Bedingungen der Möglichkeit einer Ästhetik »nach Auschwitz« nicht überbewertet werden darf. Der hier anzuschließenden Frage nach einer „inneren Dialogisierung des parodistischen Wortes" (LuK 125), wie sie Bachtin aufwirft, sowie der Frage nach dem „Phänomen der versteckten Dialogizität" (LuK 124) wird im folgenden Kapitel am Beispiel weiterer nicht ausgewiesener etwa von Paul Celan stammender Zitate in Handkes Text „Die Lehre der Sainte-Victoire" nachgegangen.

Bachtins ambivalent gedachter Wortstatus korrespondiert in auffälliger Weise mit Benjamins Praxis des Zitierens. Zur Erkenntnis einer »falschen Bewegung« bedarf es nach Benjamin einer Unterbrechung, zu ihrer Veränderung bedarf es ihrer um so mehr. Das Zitat stellt in einem Text bereits eine solche Unterbrechung her. Die Schlußeinstellung des Films „Falsche Bewegung" somit als „Stillstellung des Geschehens" im Sinne Benjamins zu verstehen, im Sinne einer Chance für die unterdrückte Vergangenheit, liegt nahe. Der „Chock-Begriff" Benjamins, von dem Karl Heinz Bohrer zentralen Gebrauch bei der Analyse von Ernst Jüngers Ästhetik macht, spielt auch für die hier vorzunehmende Bestimmung von Handkes Ästhetik eine Rolle, wenn Benjamin zu bedenken gibt:

> „Zum Denken gehört nicht nur die Bewegung der Gedanken sondern ebenso ihre Stillstellung. Wo das Denken in einer von Spannungen gesättigten Konstellation plötzlich einhält, da erteilt es derselben einen Chock, durch den es sich als Monade kristallisiert. Der historische Materialist geht an einen geschichtlichen Gegenstand einzig und allein da heran, wo er ihm als Monade entgegentritt. In dieser Struktur erkennt er das Zeichen einer messianischen Stillstellung des Geschehens, anders gesagt, einer revolutionären Chance im Kampfe für die unterdrückte Vergangenheit." (GS.Bd.I/2. 702f.).

Benjamin geht es, wie später Barthes, „um die Subversion jeder Ideologie"[211]. Indem Handke und Wenders die Parodie als Form zur »falschen Bewegung« jeglicher auf Fortschritt bedachten Geschichtskonzeption in Beziehung setzten, werden durchaus postmoderne Züge in ihrem Gemeinschaftswerk erkennbar. Dennoch ist bei aller Tendenz zu einer sich abzeichnenden Auflösung der modernen Konzeptionen von Subjektivität und von Geschichte, die der Film anhand von Wilhelms scheiternder Karriere zur Geltung bringt, nicht zu erkennen, daß es dem Film um eine Befürwor-

---

[211] Roland Barthes: Die Lust am Text. Aus dem Französischen von Traugott König. Frankfurt a.M. 1974. S.49. (Originaltitel: Roland Barthes: Le Plaisir du Texte. Paris 1973).

tung derartiger Auflösungstendenzen geht, gar um einen Ausweg in die Beliebigkeit. Die Bilder des Films erlauben Assoziationen, die willkürlich erscheinen mögen, beliebig sind sie allein aufgrund ihrer formalen Struktur deshalb noch lange nicht. Der Film zeigt die »Falsche Bewegung« nicht nur eines gescheiterten Projekts der modernen Kunst, sondern deren Infragestellung bedeutet zugleich eine frühzeitige Bremsung oder gar Stillstellung und damit eine Begrenzung derjenigen »falschen Bewegung« der Postmoderne, die die Frage nach einem Verantwortungsbewußtsein der Kunst für überflüssig erachtet. Ein derartiges Verständnis der Postmoderne erfährt durch die Denkbilder des Films ebenso eine Dekonstruktion wie es auch den im Film zitierten Quellen der Moderne widerfährt.

Lyotard erfaßt als Denker des „postmodernen Wissens" ebenfalls das Dilemma desjenigen Freiraums, den auch der Film „Falsche Bewegung" abschließend gegenüber einer festgefahrenen und scheinbar heillosen Kulturentwicklung eröffnet, er bezeichnet ihn gar als „äußersten Widerstand", indem er einerseits zwar selbst lediglich narkotisierend zu wirken droht, andererseits trotzdem als letztes Mittel gegen den Gedächtnisschwund erscheint:

> „Aber diese industrielle Verwüstung des Intimen; die nach außen gestülpte, mediatisierte und überbenannte Sorge um Darstellung und Repräsentation; die (industrielle) Arbeit, unbewußte Energien mit Repräsentanten auszustatten, in denen sie stillgestellt sind; die Verkehrung von Traumarbeit und Symptom in „Kultur"-Arbeit – all das, diese Säuberung, die zur Folge hat, daß es altmodisch wurde und Verdacht erregt, „Probleme" zu haben, kann in Abstraktion und Minimalismus einen Widerhall finden. Sie lassen nicht ab, „nach Auschwitz" Zeugnis abzulegen von der Unmöglichkeit, in Kunst und Schrift vom Anderen Zeugnis abzulegen. Denn die Verlagerung der Aufgaben der sekundären Verdrängung auf die gesellschaftlichen und kulturellen Apparate, diese Objektivierung und Erniedrigung offenbaren in der Leere der Seele jenes „Unbehagen", von dem Freud voraussagte, daß es im Laufe der „Zivilisation" zunehmen werde. Eine „archaischere" Angst, die aufbegehrt gegen die Formationen der Repräsentation. Aus diesem äußersten Widerstand, einzig aus ihm, können das zeitgenössische Schreiben und die zeitgenössische Kunst ihren Widerstand gegen das „alles ist möglich" nähren. Anästhesie, um wider die Amnesie zu kämpfen." (HdJ 61f.).

Gegenüber dem emphatischen Akzent, den Benjamin immer wieder auf das Erwachen[212] legt, erscheint die Aussage Lyotards über eine kämpferische Anästhesie geradezu wie die Umkehrung des Benjaminschen Denkens und erreicht auf diese Weise

---

[212] „Dialektische Struktur des Erwachens: Erinnerung und Erwachen sind aufs engste verwandt. Erwachen ist nämlich die dialektische, kopernikanische Wendung des Eingedenkens. Es ist ein eminent durchkomponierter Umschlag der Welt des Träumers in die Welt des Wachen. Für den dialektischen Schematismus, der diesem physiologischen Vorgang zugrunde liegt, haben die Chinesen in ihrer Märchen- und Novellenliteratur den radikalsten Ausdruck gefunden. Die neue dialektische Methode der Historik lehrt mit der Schnelligkeit und Intensität von Träumen im Geiste das Gewesene durchzumachen, um so die Gegenwart als Wachwelt zu erfahren, auf die zuletzt sich jeder Traum bezieht." (PW 1058). Möglicherweise besteht eine Beziehung zwischen dieser Bemerkung Benjamins über die Struktur des Erwachens, für die die chinesische Literatur den radikalsten Ausdruck gefunden haben soll, und der Tatsache, daß Handkes Märchen „Die Abwesenheit" eingerahmt ist von zwei Zitaten aus der alten chinesischen Literatur, die auch in die Verfilmung „L'Absence" eingehen, nicht jedoch in die Fernsehfassung. Außer den den Text „Die Abwesenheit" einrahmenden Zitaten aus, wie es bei Handke heißt: – „Dschung Dsi, Das wahre Buch vom südlichen Blütenland" -, findet sich mindestens ein weiteres Zitat aus diesem alten chinesischen Text, das ungekennzeichnet in Handkes Text eingeflossen ist. Der Alte spricht den Satz:
„Der Name ist der Gast der Wirklichkeit!" (Abw 81).
Wörtlich findet sich dieser Satz bei Dschuang Dsi: Das wahre Buch vom südlichen Blütenland. Aus dem Chinesischen von Richard Wilhelm. München 7. Aufl. 1992. S.31.
In einem weiteren Text zitiert Handke ebenfalls diesen und weitere Sätze von Dschuang Dsi. Siehe: Peter Handke: Am Felsfenster, morgens. In: manuskripte. Zeitschrift für Literatur. 27.Jahrgang. Heft 97. Oktober 1987. S.3-9.

dennoch das zu evozieren, worum es bereits Benjamin geht: Einen Widerstand zu nähren gegen die „Objektivierung und Erniedigung" (HdJ 61) durch eine totalitarisierende Kulturarbeit. Dafür steht bei Benjamin nicht zuletzt die vielzitierte Passage aus den „geschichtsphilosophischen Thesen":

> „Es ist niemals ein Dokument der Kultur, ohne zugleich ein solches der Barbarei zu sein. Und wie es selbst nicht frei ist von Barbarei, so ist es auch der Prozeß der Überlieferung nicht, in der es von dem einen an den andern gefallen ist. Der historische Materialist rückt daher nach Maßgabe des Möglichen von ihr ab. Er betrachtet es als seine Aufgabe, die Geschichte gegen den Strich zu bürsten." (GS.Bd.I/2. 696f.).

Im Film „Falsche Bewegung" wird, angesichts der denkbar größten historischen Barbarei, unter anderem die Kunstgeschichte der Moderne gegen den Strich gebürstet, wenn zu Beginn auf einen surrealistischen Film, und am Ende auf ein Gemälde der romantischen Malerei angespielt wird. Der abschließende Blick Wilhelms ist damit Blick zurück auf die Möglichkeiten des surrealistischen Films und zugleich Blick nach vorn in eine noch ungewisse Zukunft der Künste insgesamt. Aus dieser doppelten Blickrichtung versucht damit der Film „Falsche Bewegung" die Dichotomie von Möglichkeit und Unmöglichkeit der Geschichtsschreibung »nach Auschwitz« im Medium des Kunstwerks zumindest als ein produktives Dilemma zu gestalten. In seinem Buch „Die versiegelte Zeit" beschreibt Andrej Tarkowskij sein Festhalten am Ideal der Schönheit als unabdinglich:

> „Es ist bereits zu einem fast vollständigen Verlust der so außerordentlich wichtigen Kategorie des Schönen in der Kunst gekommen, die für mich das Streben nach dem Idealen bedeutet. Jede Zeit steht im Zeichen der Wahrheitssuche. Und so schrecklich diese Wahrheit auch sein mag, sie kann durchaus zur Gesundung der Nation beitragen. Denn wenn man sich ihrer bewußt wird, dann stellt dies das Zeichen einer gesunden Zeit dar, und so etwas kann niemals in Widerspruch zum moralischen Ideal geraten." (VZ 174).

Dem „Widerspruch zum moralischen Ideal" gegenüber hat Jean-François Lyotard den Widerstreit moralischer „Ideale" sprachphilosophisch beschrieben. Ausgangspunkt seiner damit zu verbindenden theoretischen Überlegungen zu einer Ästhetik »nach Auschwitz« bildet nicht das idealiter synthetisierende ästhetische Phänomen des Schönen, sondern das eher disharmonisch angelegte Phänomen des Erhabenen. Für Lyotard läßt sich »nach Auschwitz« ein moralisches Ideal nicht länger im Medium des Schönen ausdrücken; eine ethische Dimension eröffnet sich für ihn allein durch eine Bezeugung des Widerstreits von Diskursen, dessen ästhetische Entsprechung bestenfalls noch aus dem Phänomen des Erhabenen zu gewinnen ist.

Bezogen auf die potientiellen anfänglichen und abschließenden kunsthistorischen Referenten des Filmes „Falsche Bewegung" läßt sich feststellen, daß weder im Verweis auf die surrealistischen Filmbilder Jean Cocteaus noch im Verweis auf die für die Darstellung erhabener Szenerien berühmten Bilder Caspar David Friedrichs eine unmittelbare Anknüpfung an eine klassische Ästhetik des Schönen zur Darstellung kommt. Es liegt daher nahe, in einem weiteren Filmtext der Frage nachzugehen, welche Ästhetik sich als die ausschlaggebendere für Handkes Schreibweisen herausstellen läßt, um einer schrecklichen Wahrheit, von der auch Tarkowskij spricht, begegnen zu können; insbesondere dort, wo es sich dabei um »Auschwitz« handelt, um den Tod, der ein Meister aus Deutschland ist.

„Stille wie früher
wird es nicht mehr geben
vom Flüstern zerfetzt
eines Lauts ohne Vergangnes zuletzt
zuviel gesagt, zu oft gehört,
so daß er nun nicht mehr Verschwiegenheit schwört"
Samuel Beckett/ Karl Krolow[213]

4. Kapitel: „Left Handed Women" und „L'Homme aux bras croisés" – Vom Ur-Sprung des Eingedenkens in Übersetzung und Zitat

Im *4. Kapitel* werden Lyotards Interpretation des Erhabenen, am Rande aber auch seine Gedanken zum Feminismus, im Zusammenhang mit Handkes Film-Erzählung „Die linkshändige Frau"[214] betrachtet. Die Frage wird aufgegriffen, ob nicht die Film-Erzählung „Die linkshändige Frau" gegenüber dem Filmtext „Falsche Bewegung" mit den Mitteln einer „weiblichen" Schreibweise sich in einer angemesseneren Form einer Ästhetik »nach Auschwitz« annähert. Lyotards Interpretation des Erhabenen wird sich – ausgehend von einer dazu einladenden Textstelle – mit Kristevas Konzeption von Weiblichkeit berühren: Sie ist im Sinne einer Dezentrierung des Logozentrismus zu verstehen, dessen ethischer Anspruch sich bei Lyotard ebenfalls mit feministischen Positionen in Verbindung bringen läßt. Aber auch die anti-narzißtische Komponente von Kristevas Dekonstruktion des Subjekts klingt in Lyotards Analyse des Erhabenen an, wenn er über den Zusammenhang von Ethik und Ästhetik bei Kant, speziell über das Gefühl der Achtung, nachdenkt:

> „Der Narzißmus muß zwangsläufig »niedergeschlagen«, niedergeworfen werden. Das Ich fühlt sich nur in dem Maße von der Verpflichtung (*saisi*), von der Achtung für das Gesetz affiziert und zu dessen Realisierung bekehrt, wie es sich enteignet (*dessaisi*) und seine »pathologische« Abhängigkeit aufgebrochen fühlt." (AdE 199).

Quintessenz von Lyotards Analyse des erhabenen Gefühls ist aber, daß es sich vom Gefühl der Achtung darin deutlich unterscheidet, daß es als ästhetische Empfindung nicht notwendig ein Interesse begründet, sondern interesselos geschieht. Gegenüber dem moralischen Gefühl der Achtung besteht beim ästhetischen Gefühl des Erhabenen „sogar eine Gefahr: die lustvolle Bewunderung der Tugend kann das Denken von dem Wunsch (*désir*) abbringen, sie zu praktizieren" (AdE 261):

> „Das Mixtum aus Furcht und Begeisterung, aus dem das erhabene Gefühl besteht, ist faktisch nicht in das moralische Gefühl auflösbar und nicht auf es reduzierbar." (AdE 145).[215]

---

[213] Der Text Becketts lautet:
   „silence tel que ce qui fut/ avant jamais ne sera plus/ par le murmure déchiré/ d'une parole sans passé/ d'avoir trop dit n'en pouvant plus/ jurant de ne se taire plus" (Fl 19).

[214] Peter Handke: Die linkshändige Frau. Frankfurt a.M. 1976. Im folgenden: *LF.*

[215] Damit formuliert Lyotard entschieden zurückhaltender als Deleuze in seinem Text über Kants Kritiken:
   „Der Sinn des Erhabenen wird in uns derart erzeugt, daß er eine höhere Zweckmäßigkeit vorbereitet und uns selbst auf den Machtantritt des moralischen Gesetzes vorbereitet."
Gilles Deleuze: Kants kritische Philosophie. Aus dem Französischen von Mira Köller. Berlin 1990. S.109. (Originaltitel: La philosophie critique de Kant. Paris 1963).

Erneut ist Benjamins dialektisches Bild zu diskutieren, ob es nicht auch ein ambivalentes Schema für Schreibweisen eröffnet, das von einer Differenzierung männlich/weiblich in einem nicht biologischen Sinn zu sprechen erlaubt.

Als Ergebnis der methodenpluralen Herangehensweise an die Frage nach der erkenntnistheoretischen Funktion des Subjekts in Handkes Texten ist implizit eine Dekonstruktion des Etiketts »Neue Subjektivität« angestrebt, das in bezug auf Handkes Ästhetik »nach Auschwitz« in die Irre leitet. Lyotard macht darauf aufmerksam, daß zwar der an die Empfindung des Schönen gebundene Geschmack „jedem das Glück einer erfüllten subjektiven Einheit" (AdE 36) verspricht, das Erhabene dagegen „konstruiert kein Subjekt" (AdE 36).

Wenn im Text „Die linkshändige Frau" die Protagonistin mit dem Gefühl des Erhabenen konfrontiert ist, geht es demnach nicht um die Erlangung einer neuen *Subjektivität,* sondern um eine radikale In-Frage-Stellung traditionell phallogozentrisch bestimmter Subjektivität: Es geht dabei nicht um Neukonstruktion, es geht um Dekonstruktion.

Die ethische Dimension von Handkes intertextueller Schreibweise wird explizit, wenn im Text „Die Lehre der Sainte-Victoire" in der Form eines anonymen Zitats von der „»fehlenden Entsühnung«" (LSV 92) gesprochen wird. Die Analyse dieses Textes steht unter dem Gesichtspunkt, wie Handke diesem Mangel entgegentritt. Dabei sind es in diesem Text vor allem die anonymen Zitate aus Texten Paul Celans, die unter anderem in Anlehnung an Bachtins „Ästhetik des Wortes"[216] verstanden werden können.

4.1 »Kreuzwegstationen« – »Ein Leben ohne Mann und ohne Gott«[217] oder: Gibt es eine ‚weibliche' Ästhetik »nach Auschwitz«?
[„Die linkshändige Frau"]

4.1.1 Jenseits von Gotteserkenntnis, jenseits von Selbsterkenntnis – Zur Dekonstruktion einer mystischen Kunsterfahrung der Moderne

In ihrem Buch „Mystik der Moderne" macht Martina Wagner-Egelhaaf selbst noch für die Literatur des 20.Jahrhunderts geltend, „daß die unio mystica immer eine Funktion des Wunsches nach Identität und somit Ausdruck erfahrener Nicht-Identität ist."[218]

Mit einer derart rationalen und aktualisierten Auffassung des Mystischen läßt sich auch Handkes Unverständnis gegenüber einer simplifizierenden Kritik bekräftigen,

---

[216] Michail M. Bachtin: Die Ästhetik des Wortes. Aus dem Russischen von Rainer Grübel und Sabine Reese. Frankfurt a.M. 1979. Im folgenden: *ÄW.*

[217] Julia Kristeva: Die Chinesin. Die Rolle der Frau in China. Aus dem Französischen von Annette Lallemand. Frankfurt a.M. – Berlin – Wien 1982. S.238. (Originaltitel: Julia Kristeva: Des Chinoises. Paris 1974):
„Wie läßt sich nicht nur ohne Gott, sondern auch ohne Mann leben?"

[218] Martina Wagner-Egelhaaf: Mystik der Moderne. Die visionäre Ästhetik der deutschen Literatur im 20. Jahrhundert. Stuttgart 1989. S.216. Dort heißt es weiter:
„Die zusammenfassende Skizze des mystischen Paradigmas macht deutlich, welche Anknüpfungspunkte die Mystik für die Literatur des zwanzigsten Jahrhunderts in ihrer spezifisch modernen Situation bietet (...). Grundlegend ist der häretische Aspekt der Mystik, der für ein modernes, aufgeklärtes Subjekt identifikationsbildend wirkt, erlaubt er doch eine Abstandnahme von der christlichen Religion und ihren Institutionen bei gleichzeitiger Wahrung metaphysisch-religiöser Bedürfnisse."

die ihm bezogen auf eine zentrale Passage seines Textes „Die Stunde der wahren Empfindung"[219], wie er selbst sagt, „eine Propagierung des Mystischen vorwarf."[220] Nachdem der Protagonist des Textes „Die Stunde der wahren Empfindung", Gregor Keuschnig, das Erlebnis eines magischen oder gar mystischen Zusammenhangs dreier bangloser Dinge hatte, das ihn zumindest vorübergehend von seinem Ekel vor der Welt befreit, fährt der Text mit einem Selbst-Zitat fort, mit einer Frage, die sich Keuschnig zuvor bereits (StwE 42) gestellt hat und die nun eine erste Antwort findet:

> „»Wer sagt denn, daß die Welt schon entdeckt ist?« – Sie war nur entdeckt, was die Geheimnistuereien betraf, mit denen die einen ihre Gewißheiten gegen andere verteidigten, und es gab jedenfalls keine künstlichen Geheimnisse mehr, mit denen er erpreßt werden konnte, weder ein Geheimnis der Heiligen Kommunion noch des Universums (...)" (StwE 81f.)[221]

Handkes Text selbst distanziert sich also unmittelbar im Anschluß an das beschriebene vermeintlich mystische Erlebnis Keuschnigs von der Einordnungsmöglichkeit in religiöse Kontexte. In einem Gespräch hat dies Handke eigens betont:

> „Ich habe die Mystik nicht verhimmelt, aber ich habe beschrieben, daß das vorkommt. Und der Schriftsteller muß doch einfach alles, was sich im Bewußtsein ereignet – wenn er schon diese Geschichte beschreibt von der Sinnlosigkeit – vorkommen lassen." (Arn 164).

Wenn Handke im Anschluß an diese Geschichte Gregor Keuschnigs die Geschichte einer Frau in der Erzählung „Die linkshändige Frau" fingiert, so gewiß auch, um den Schein des Biographischen abzuschütteln. Kurz vor dem Erscheinen dieser Erzählung äußert sich Handke zur Frage nach der Verbindlichkeit von Texten und zum Vorwurf der reinen Innerlichkeit mit Bezug auf den Text „Die Stunde der wahren Empfindung":

> „Das Mißverständnis ist natürlich möglich, weil immer mehr, vor allem auch wegen der vorhergehenden Bücher, das Subjekt des Schriftstellers, der ich bin, mit hineingezogen wird in die neuen Bücher. Das Ideal wäre natürlich, daß dieses Buch allein existieren würde. (...) Aber ich bin auch sicher, daß, wenn meine Biographie verschwindet, weil sie eben nicht geformt ist, weil ich eben nur lebe, wenn also dieser Schein zurückgeht, solche Bücher ohne diesen Schein viel verbindlicher werden, viel mehr auf andere ausgerichtet existieren können." (Arn 165).

Handkes Erzählung „Die linkshändige Frau" setzt als Geschichte einer Frau der Versuchung zumindest einen Widerstand entgegen, interpretatorisch einen Sinn über eine vermeintliche Identität von Protagonist und Autor zu stiften. Es ist eine Erzählung zunächst ohne den Schein des Autobiographischen, in der es abermals zu einer

---

[219] Peter Handke: Die Stunde der wahren Empfindung. Frankfurt a.M. 1975. Im folgenden: StwE.
Die entsprechende Passage findet sich auf S.81f.:
> „Dann hatte er ein Erlebnis – und noch während er es aufnahm, wünschte er, daß er es nie vergessen würde. Im Sand zu seinen Füßen erblickte er drei Dinge: ein Kastanienblatt; ein Stück von einem Taschenspiegel; eine Kinderzopfspange. Sie hatten schon die ganze Zeit so dagelegen, doch auf einmal rückten diese Gegenstände zusammen zu Wunderdingen. – »Wer sagt denn, daß die Welt schon entdeckt ist?« –"

[220] Peter Handke in: Heinz Ludwig Arnold: Schriftsteller im Gespräch II. Zürich 1990. S.163. Im folgenden: Arn.
Das Gespräch fand am 29. September 1975 in Paris statt.

[221] Im Text „Die Lehre der Sainte-Victoire" distanziert sich Handke sowohl von mystischen Wahrnehmungsweisen als auch von der philosophischen Wesensschau:
> „»Sich einträumen in die Dinge« war ja lange eine Maxime beim Schreiben gewesen: sich die zu erfassenden Gegenstände derart vorstellen, als ob ich sie im Traum sähe, in der Überzeugung, daß sie dort erst in ihrem Wesen erscheinen. Sie bildeten dann um den Schreibenden einen Hain, aus dem er freilich oft nur mit Not in ein Leben zurückfand. Zwar sah er immer wieder ein Wesen der Dinge, aber das ließ sich nicht weitergeben; und indem er es zum Trotz festhalten wollte, wurde er selber sich ungewiß. – Nein, die magischen Bilder (...) waren nicht die richtigen für mich." (LSV 26).

Art mystischen Erfahrung kommt, diesmal nicht auf einem Kinderspielplatz, sondern in einem Kunstmuseum. Die linkshändige Frau macht ihre mystische Erfahrung weder in einem unmittelbar religiösen noch in einem direkt mit dem Autor identifizierbaren Kontext.

Wie Kristevas Intertextualitätstheorie einen anti-narzißtischen, einen eingeschränkt feministisch zu nennenden und einen politischen Anspruch miteinander verbindet, so lassen sich aus der intertextuellen Struktur von Handkes Text eben diese Theorie-Elemente herausarbeiten und der Erwartung gegenüberstellen, es ginge in dem Museumserlebnis der Frau um ein reines Privatereignis.

Die literaturkritischen Urteile, die sich gegenüber Handkes Texten Mitte der siebziger Jahre herausgebildet haben, zeigen sich bis in die Gegenwart hinein als noch immer wirksam. Um einmal unter die Oberfläche der seither Geltung beanspruchenden Etikettierungen wie ‚mystisch' oder ‚innerlich' blicken zu können, gilt es einen intertextuellen Bezugspunkt von Handkes Text „Die linkshändige Frau" zur Analyse heranzuziehen, der den hohen Grad poetologischer Reflexion aufzeigt, durch den Handkes Literatur gerade die eben genannten Kategorien immanent längst dekonstruiert hat, bevor sie von der Kritik an seine Texte herangetragen wurden.

Die Bilder, von denen die linkshändige Frau ihrem Sohn erzählt, ohne den Maler zu nennen, lassen sich nach ihrer Identifizierung in einen historischen Kontext stellen, der mit einer unpolitischen Privatmystik eines Autorsubjekts nicht das Geringste gemein behält. Es handelt sich um Bilder mit dem Titel „STATIONS OF THE CROSS" des jüdischen Künstlers Barnett Newman[222], die »nach Auschwitz« einen erheblichen Einschnitt in eine Bildtradition christlich-abendländischer Kunstgeschichte markieren. Anstelle der Repräsentation der Leiden Jesu, wie sie dem Titel nach zu erwarten ist, reflektieren sie vielmehr auf die nach der Shoah nicht länger glaubhaft repräsentierbare Sinnhaftigkeit des Leidens, indem sich die Bilder der Darstellung leidender menschlicher Individuen verweigern[223]. Julian Heynen beschreibt Newmans Haltung:

---

[222] Abbildungen der Gemäldeserie Newmans mit dem Titel »Stations of the cross« finden sich in: Harold Rosenberg: Barnett Newman. New York 1978. S.150-163; sowie in: Thomas B. Hess: Barnett Newman. New York 1971. S.87-103. Das erste Gemälde der Serie findet sich inzwischen auch abgebildet auf dem Umschlag der Taschenbuchausgabe einer Vorlesung von Emmanuel Lévinas, die er zwischen November 1975 und Mai 1976 gehalten hat, also zufällig in dem Jahr, in dem Handkes Erzählung „Die linkshändige Frau" erschienen ist.
Emmanuel Lévinas: La Mort et le Temps. Paris 1991.

[223] Sarah Kofman schreibt in ihrem Buch „Erstickte Worte", aus dem Buch „Das Menschengeschlecht". München – Wien 1987. S.260f. von Robert Antelme zitierend:
„Die schöne Geschichte von Christus, diesem Übermenschen, ist mit allen schönen Geschichten „unter Tonnen von Auschwitzer Asche begraben" worden."
Sarah Kofman: Erstickte Worte. Aus dem Französischen von Birgit Wagner. Wien 1988. S.57. (Originaltitel: Sarah Kofman: Paroles suffoquées. Paris 1987).
Birgit R. Erdle charakterisiert Sarah Kofmans Denken als ein ethisches, das zeitweilig schwankt zwischen einer „écriture féminine" und einer „écriture du désastre", deren unwägbarer Maßstab „Auschwitz" darstellt. In Kofmans Text „Erstickte Worte", bemerkt Erdle:
„(...) geht es nicht um Codierungen des Weiblichen in Denkformen der abendländischen Kultur, sondern um ein traumatisches Geschehen, das nicht repräsentierbar ist, also nicht in konventionalisierte Sprachformen übertragen werden kann, welches aber als *man-made-disaster*, das es ist, ein geschichtliches Datum inmitten unserer Kultur markiert."
Birgit R. Erdle: Die ethische Wendung in Schriften von Sarah Kofman. In: Margret Brügmann, Maria Kublitz-Kremer (Hg.): Textdifferenzen und Engagement. Pfaffenweiler 1993. S.169.
Zumindest eine deutliche Affinität zwischen Handkes Erzählweise im Text „Die linkshändige Frau" und dem Denken Sarah Kofmans ist damit gegeben.

> „Newman empfindet das Thema der Passion als so überwältigend, daß er sich die Frage stellt, ob es überhaupt mit Malerei einzufangen sei. In der Beschränkung auf ungrundierte Leinwand und schwarze Farbe drückt sich ein moralischer Anspruch, Askese, aus".[224]

Barnett Newman hat am Ende des Aufsatzes „The Sublime is Now" seine Abwendung von einer nostalgischen Geschichtsauffassung unterstrichen:

> „The image we produce is the selfevident one of revelation, real and concrete, that can be understood by anyone who will look at it without the nostalgic glasses of history".[225]

Vorab ist zu bemerken, daß in Handkes Verfilmung seines Textes „Die linkshändige Frau" ausgerechnet die Episode, die von den Bildern Barnett Newmans berichtet, nicht vorkommt. Die anfängliche Analyse des Filmbeginns von Handkes Film „L'Absence" hat aber gezeigt, daß gerade aus derartigen Aussparungen ein Anstoß zu einem Sinngebungsprozeß zu gewinnen ist, wenn sich zumindest dessen konkrete intertextuelle Rahmenbedingungen aus den entsprechenden Theorien Kristevas oder Benjamins ableiten und erläutern lassen. Kurz vor Erscheinen des Textes „Die linkshändige Frau" hat Handke ein Ziel seines Schreibens in einer Frage formuliert:

> „Ich bin immer mehr dazu gekommen, wie kann ich andere dazu bringen – das klingt natürlich scharf nach Kalkül –, aber wie kann ich andere dazu bringen, daß sie in der tiefsten Seele getroffen sind oder mitbewegt sind bei dem, was ich mache." (Arn 154).

Nicht nur zeigt sich Handke also bemüht, im Dienste einer größeren Verbindlichkeit seiner Texte antinarzißtisch den Schein des Biographischen abzustreifen, er setzt darüber hinaus einen deutlichen Akzent auf die Absicht, „andere" in tiefster Seele zu bewegen.

Auf augenscheinliche Weise stellen Barnett Newmans Bilder eine ästhetische Beschäftigung mit dem alle intellektuellen Begriffe übersteigenden historischen Ereignis der Shoah dar. Bekannt ist auch Newmans theoretische Auseinandersetzung mit dem Erhabenen, nicht zuletzt durch das Interesse, das Jean-François Lyotard im Zuge seiner eigenen Überlegungen zum Erhabenen an der Malerei Barnett Newmans gezeigt hat. Keiner anderen Ästhetik als der des Erhabenen liegt es traditionell mehr in ihrem Verständnis, jenseits des bloß Begrifflichen, wie Handke es formuliert hat, in tiefster Seele bewegen zu wollen. Max Imdahl beschreibt die Intention Newmans im Zusammenhang mit dem Erhabenen:

> „Für Newman selbst wiederum schließt das im Erlebnis des Erhabenen enthaltene Erlebnis der Freiheit notwendig eine Kritik an allen solchen sozialen Mechanismen ein, welche die Freiheit unterdrücken. Auf diese politische Bedeutung seiner Bilder hat der Maler ausdrücklich und wiederholt hingewiesen. Newman hat gesprochen von seiner Kunst als von einer »Sicherung der Freiheit«, der »Verneinung dogmatischer Prinzipien«, der »Abweisung allen dogmatischen Lebens«." (Who 238).

---

[224] Julian Heynen: Barnett Newmans Texte zur Kunst. Hildesheim – New York 1979. S.114. Im folgenden: *BNT.*

[225] Barnett Newman: The Sublime is Now. In: Tiger's Eye 1. No.6 (Dec.1948). S.51-53. Hier: S.53.
Max Imdahl übersetzt diese Passage:
> „Das Bild, welches wir erschaffen, ist eine ganz und gar aus sich selbst evidente Offenbarung, die real und konkret und verständlich ist für jedermann, der das Bild anschauen will ohne den nostalgischen Blick auf die Historie."

Max Imdahl: Barnett Newman. Who's afraid of red, yellow and blue III. In: Christine Pries (Hg.): Das Erhabene. A.a.O. S.233-252. Hier: S.250. Im folgenden: *Who.*

Hat Handke diese Intention Newmans mit seiner Anspielung auf Newmans Bilder übernommen? Handkes intertextueller Bezug könnte somit als beeinflußt gedacht werden von einer Ästhetik des Erhabenen, die auch von Lyotard als denkbare Ästhetik »nach Auschwitz« erwogen wird, weil ihr Thema die Nichtdarstellbarkeit einer Idee ist. Dieses Thema ist für das „negative Geschichtszeichen" (Erh 331) »Auschwitz« damit von unmittelbarer Relevanz. Schon bei Kant kann das erhabene Gefühl so verstanden werden, daß es zumindest indirekt[226] einen moralischen Effekt zu erzielen erlaubt.

Lyotard trifft eine Feststellung, die sich auf Handkes intertextuelle Schreibpraxis beziehen läßt, insofern diese ebenfalls weniger auf eine ontologisch definierbare „Wirklichkeit" der Seele von potentiellen Rezipienten ausgerichtet ist, als vielmehr auf neue Wirkungen durch ausgewählte Intertexte, die selbst auf ein Jenseits von derartigen ideellen Bestimmungen der Seele gerichtet sind:

„(...) vor allem in der modernen Kunst kommt es nicht darauf an, daß die Wirkungen der Werke mit einer „Idee" oder einer „Wirklichkeit" (der Seele, des Gefühls, des Menschen, der gesellschaftlichen Kämpfe) übereinstimmen; wichtig ist, daß der Gehalt der Werke neue Wirkungen auslöst."[227]

Newmans Bilder sind zwar ein ästhetischer Reflex auf die Shoah, sie können jedoch einer klärenden theoretischen Reflexion kaum noch umfassend Vorschub leisten. Die Serie der Bilder wird – vergleichbar mit Benjamins dialektischen Bildern, die theoretisch die Funktion eines Schematismus der Bilderfahrung übernehmen – zu einem konkreten Reflexionsmedium, das seinen Gegenstand nicht mehr eindeutig zu identifizieren vermag und damit den herkömmlicherweise abschließbaren Erkenntnisprozeß eines Betrachters nahezu unmöglich macht.

Erzählen läßt sich von den Bildern Newmans zudem kaum anders als in der Weise der linkshändigen Frau. Wovon die Bilder nur schweigen können, davon schweigt auch die Frau. An diese Verhaltensweise der Frau gegenüber den Bildern, die nur implizit an »Auschwitz« erinnern, gilt es die Frage zu richten, ob sie einerseits ein Ausweichen der theoretisch anspruchsvollen Situation gegenüber darstellt, das andererseits aber immer noch als ein besonderes Eingehen des Textes auf dieselbe verstanden werden kann:

„»Vor vielen Jahren habe ich einmal Bilder von einem amerikanischen Maler gesehen, vierzehn in einer Reihe, die die Leidensstationen Jesu Christi darstellen sollten – du weißt, wie er Blut schwitzt auf dem Ölberg, wie er gegeißelt wird, undsoweiter ... Diese Bilder bestanden aber nur aus schwarzweißen Flächen, ein weißer Untergrund, über den längs und quer schwarze Streifen gingen. Die vorletzte Station – ›Jesus wird vom Kreuz genommen‹ – war fast schwarz zugemalt, und die Station danach, die letzte, wo Jesus ins Grab gelegt wird, auf einmal völlig weiß. Und jetzt das Seltsame: ich ging an dieser Reihe langsam vorbei, und wie ich vor dem letzten Bild stand, dem ganz weißen, habe ich plötzlich

---

[226] Lyotard macht jedoch nachdrücklich darauf aufmerksam, daß es für diese mögliche indirekte Wirkung des erhabenen Gefühls keinerlei Gewähr geben kann, er bemerkt diesbezüglich einschränkend über das erhabene Gefühl:

„Es ist eher eine Art Echo der Achtung in der ästhetischen Ordnung, das heißt in der Ordnung der Kontemplation und nicht der Praxis." (AdE 258).

[227] Jean-François Lyotard: Kleine Perspektivierung der Dekadenz und einiger minoritärer Gefechte, die hier zu führen sind. In: Das Patchwork der Minderheiten. Für eine herrenlose Politik. Aus dem Französischen von Clemens-Carl Haerle. Berlin 1977. S.21 (Originaltitel des Aufsatzes: Jean-François Lyotard: Petite mise en perspective de la décadence et de quelques combats minoritaires à y mener. In: Châtelet/ Derrida/ Foucault/ Lyotard/ Serres: Politiques de la philosophie. Paris 1976).

darauf das fast schwarze als flimmerndes Nachbild noch einmal gesehen, einige Augenblicke lang, und dann nur noch das Weiß."" (LF 106f.).[228]

Die Gemälde des amerikanischen Malers stehen außer in einem ästhetischen sowohl in einem religiösen und philosophischen als auch in einem historischen Kontext. Durch die Konfrontation der Frau mit diesen Bildern kommt es so im Rahmen einer ästhetischen Erfahrung zu einer konflikthaften intertextuellen Gegenüberstellung diverser Diskurse[229], wie sie schon Walter Benjamin in der Konzeption des dialektischen Bildes implizit vorstellt. Dort geht es bereits um die Problematik der Erfahrbarkeit von Identität und Nicht-Identität eines geschichtlichen Augenblicks unter der Bedingung eines Widerstreits der Diskurse in einem Reflexionsmedium sowie parallel dazu um die Identitätsproblematik des diesen Moment erlebenden Subjekts. Das diesem Widerstreit ausgesetzte Subjekt wird an diesem Prozeß beteiligt oder gar in ihn überführt: Es wird, mit Kristeva gesprochen, zum »Subjekt-im-Prozeß« einer dialektischen Bilderfahrung.

So kann konkret eine theoretisch vorstellbare Distanzierung der Bilder Barnett Newmans von einem ihnen zugrunde liegenden religiösen Thema den Eindruck erwecken, daß es in diesen Bildern um die philosophisch reflektierte Verabschiedung theologischer Konzepte geht: Diese Verabschiedung geschieht mittels einer Darstellungsweise, die, im Zusammenhang mit Newmans philosophisch fundierten Äußerungen zum Gefühl des Erhabenen stehend, einen theologischen Kontext nicht länger berücksichtigt. Dient in einem solchen Fall die philosophische Reflexion zur

---

[228] In Handkes Erzählung „Die Wiederholung" findet sich eine Passage, für die das Museumserlebnis der linkshändigen Frau nicht nur präfigurierend gewirkt haben mag, sondern von der es umgekehrt der Zeichenstatus der Newmanschen Bilder nachträglich Erläuterung finden kann. Es kommt am Ende des ersten Kapitels der Erzählung „Die Wiederholung" angesichts der Leerstelle eines blinden Fensters zur Beschreibung einer vielschichtigen Erinnerung des Protagonisten. Das kurz zuvor noch gelbe blinde Fenster verwandelt sich scheinbar durch die Erinnerung vorübergehend in ein weißes Erinnerungszeichen. Die Erzählung verleiht diesem Vorgang eine dezidiert unbestimmte Zeichenhaftigkeit, aus der einzig abzulesen sei, daß die „Kraft des Zeichens" sich allem Endzeitgerede widersetzt.
Dadurch, daß in der Erzählung „Die linkshändige Frau" nur anonym von Barnett Newmans Bildern berichtet wird, erhalten sie ebenfalls den Status einer zeichenhaften Leerstelle, deren Kraft als flimmerndes Nachbild, vergleichbar mit dem Schimmern des blinden Fensters, durch die Erinnerung gegen das Gerede vom „Ende der Geschichte" gewandt ist. Die Passage, die vom blinden Fenster berichtet, macht dies abschließend deutlich:
„Und als ich später, am Abend des folgenden Tages, in der Bahnhofsgaststätte von Jesenice, das Schimmern des blinden Fensters bedachte, übermittelte es doch noch eine klare Bedeutung – es bedeutete mir: »Freund, du hast Zeit!«" (W 97).

[229] Manfred Frank hat „die modisch gewordene Verwendung des Terms ›Diskurs‹" ausgehend von einer Bedeutungsverschiebung innerhalb des Foucaultschen Denkens in einer Weise bestimmt, an der sich auch die vorliegende Studie generell orientiert:
„»Diskurs« meint jetzt nicht mehr, wie in *Les mots et les choses*, die Wissensform der klassischen Zeit (»âge classique«) und des für sie charakteristischen Repräsentationsmodells, sondern jedes in der Geschichte hervorgetretene Aussagesystem (»système d'énoncés«), das die Menge der von ihm beherrschten Aussagen durch endlich viele Regeln zusammenhält und vor der Auflösung in ein anderes Aussagesystem schützt." (WiN 216).
Von diesem Diskurs-Begriff ist jedoch der Begriff des Diskurstyps bei Kristeva zu unterscheiden, da ihr Diskurstypen-Schema weniger allein die definitive Abgrenzung dieser Typen untereinander beabsichtigt, sondern gerade um die Dekonstruktionsmöglichkeit einzelner Typen bemüht ist. Und Lyotard erläutert zu seinem in Anlehnung an Wittgensteins Sprachspielkonzeption entwickelten Begriff „Diskursgenre":
„Die Heterogenität von Diskursgenres ist nicht dasselbe wie Differenzen zwischen Wissensformen. Das ist die deutsche Übersetzung. Mit Diskursgenres sind nicht nur Wissensformen gemeint." (FPG 110).

Ablösung von religiösen Vorstellungen, so kommt komplizierend hinzu, daß die Bilder als Reflex auf die Shoah anzusehen sind, wodurch ein historisches Ereignis nun auch die philosophisch-ästhetischen Konzepte des Erhabenen durchkreuzen und ihres traditionellen Verständnisses berauben dürfte. Lyotard beschreibt die in sich gespaltene und dennoch untrennbare Empfindung des Erhabenen:

> „Es handelt sich natürlich um den Schrecken, der mit dem Darstellbaren in Zusammenhang steht, und um die Begeisterung, die sich auf das Undarstellbare bezieht." (AdE 156).

Das Erhabene muß jedoch in einer Ästhetik »nach Auschwitz« innerhalb seiner bereits widersprüchlichen Empfindungspole eine weitere Inversion erfahren, denn der Schrecken ist nun undarstellbar geworden, und das Undarstellbare kann auch keine Begeisterung mehr hervorrufen. So gesehen macht es Sinn, von einem negativ Erhabenen zu sprechen, von einem deutlichen Bruch also mit der Tradition des Erhabenen.

Die Bilder Barnett Newmans stehen als Bilder weiterhin einer aktualisierbaren praktischen ästhetischen Erfahrung offen, die aber einen Widerstreit im Denkprozeß nicht in jedem Fall widerspiegeln muß, Lyotard ist sogar der Ansicht, daß die Erfahrung des Erhabenen keineswegs voraussetzungslos ist:

> „(...) man muß »Sinn«, die *»Fähigkeit«* (i.O.dt.) für das Heterogene, das Ungleichartige, besitzen, und für die Notwendigkeit, die die ungleichartigen Denkweisen zwingt, sich zu begegnen, ohne etwas von ihrem Widerstreit preiszugeben." (AdE 257).

Eine ästhetische Erfahrung, wie sie die linkshändige Frau vor Newmans Bildern hat, ist demnach vorstellbar als eine gleichzeitige Entgrenzung der Reflexionspole von Subjekt und Objekt. Der Text, der von dieser Erfahrung erzählt, medialisiert ein Eingedenken, das nur noch in solch extremer Subtilität möglich, aber immerhin doch möglich ist.

Einer auf diese Weise denkbaren Mystik der Moderne oder gar der Postmoderne müßte es also möglich sein, religiöse Erfahrungsformen aus ihren traditionellen Kontexten herauszulösen und einzufügen in aktuelle Erfahrungszusammenhänge, in denen sie zu einem Echo der Mystik werden können, das einer rein theologischen Rechtfertigung nicht länger bedarf.[230] Auf dem Spiel steht damit im gegebenen Kontext der Lektüren von Handkes Texten die Art des Umgangs mit den Traditionen und nicht ihre ohnehin unmögliche Verabschiedung.[231]

---

[230] In ihrer Studie zu intertextuellen Phänomenen in Handkes Text „Die Lehre der Sainte-Victoire" formuliert Ingeborg Hoesterey eine Umwertung des traditionell Mystischen, die bereits für den Text „Die linkshändige Frau" Geltung beanspruchen kann:
„Das Mystische als dialogisches Prinzip, ja als Umschreibung seiner traditionellen Bedeutung von Geheimnis in »etwas ganz Alltägliches« verspricht nicht einen religiösen oder anderen Wahrheitsgehalt. Als eine alltägliche Struktur gehört die ästhetische Epiphanie zu den unvorgesehenen, inkommensurablen Kräften, die die Arbeit des künstlerischen Bewußtseins vorantreiben – teuer bezahlte Glücksmomente der Schrift." (VS 121).

[231] Benjamin hat in seiner Dissertation „Der Begriff der Kunstkritik in der deutschen Romantik" von mystischen Termini gesprochen (GS.Bd.I/1. S.47ff.), ohne damit noch eine verbindliche Rückbindung der frühromantischen Ästhetikkonzeptionen an eine mittelalterliche Vorstellungswelt der Mystik leisten zu wollen. Vielmehr hat er die idealistische Konzeption der intellektuellen Anschauung mit einer Terminologie umschrieben, die bei genauerem Hinsehen erkennbar werden läßt, daß es nicht um die Verdeutlichung einer Verschiebung metaphysischer Standpunkte vom göttlichen zum menschlichen Subjekt unter Beibehaltung des systematischen Stellenwertes geht, wenn er von der „Voraussetzung eines stetigen medialen Zusammenhanges, eines Reflexionsmediums der Begriffe" (S.49) spricht, die für „die Theorie der mystischen Terminologie" (S.48) zu treffen ist. In Benjamins frühem Begriff des Reflexionsmediums – der selbst eher einem mystischen Terminus gleicht – findet eine von ihm vorgenommene Dislozierung metaphysisch orientierter Denkweisen wie der traditionell mystischen oder idealistischen statt, die sich als vorbildlich für seine spätere Konzeption dialektischer Bilder erweist.

Der Serientitel Newmanscher Bilder gewinnt dann in der Erzählung Handkes eine den religiösen Ursprungskontext einerseits sprengende, andererseits eingedenkende Bedeutung: Newmans »STATIONS OF THE CROSS« werden zu pluralischen Aussage»orten« im Sinne Kristevas, in deren Absicht es ebenfalls nicht liegt, einer theologischen Überhöhung menschlicher Leiderfahrungen länger beizupflichten.

Anders als bei einer unio mystica ist bei derartigen Ereignissen von Diskursüberlagerungen letztlich die Bestimmung einer neu entstehenden Pluralität entscheidend, die das Ziel der Verschmelzung mit dem Absoluten ablöst und für die keine andere transzendente Instanz länger mehr bürgend einsteht als die von Kristeva immanent kritisierte symbolische Ordnung. Auch für Benjamin ist der Ort dialektischer Bilder die Sprache, deren metaphysischen Charakter sie gerade unterlaufen. Das Denken in dialektischen Bildern findet damit nicht in einer es gewährleistenden geschlossenen metaphysischen Totalität statt, sondern führt aus ihr heraus. Anders als eine sich im gesicherten Glaubenskontext vollziehende unio mystica verfügt die dialektische Bilderfahrung nicht über eine lediglich einzulösende Erwartungsgewißheit. Die Identitätsfrage wird im dialektischen Bild daher nicht im Hinblick auf ein Absolutes, sondern mit Beziehung auf relative historische Daten und Ereignisse gestellt.

Der dem Text immanente Vorwurf, die linkshändige Frau sei eine Mystikerin (LF 35), der ihr von ihrem Mann nach der Trennung zuteil wird, indem er dabei eine mit der Frau befreundete Feministin zitiert, ist zunächst mehr als absurd. Das Verhalten der Frau, das sich eventuell doch noch als mystisch kennzeichnen läßt, zeigt sie weder gegenüber ihrem Mann noch gegenüber ihrer Freundin, sondern in einer Erzählsituation ihrem Kind gegenüber, in der es um die Bilder Newmans geht. Sie beziehen sich auf die inzwischen historisch zu reflektierende Abwesenheit Gottes mit Nachdruck und negieren somit deutlich das durch die unio mystica traditionell angestrebte Ziel. Es kann gar nicht mehr darum gehen, den Stellenwert der fraglichen Passage tatsächlich als mystisch zu begreifen, nachdem bereits Benjamins Begriff der „profanen Erleuchtung" Aufschluß darüber gibt, inwiefern eine ästhetische Erfahrung gerade zur Öffnung eines geschichtlichen Raumes führt. Benjamin schreibt in seinem Aufsatz „Der Sürrealismus":

„Die wahre, schöpferische Überwindung religiöser Erleuchtung (...) liegt in einer *profanen Erleuchtung*, einer materialistischen, anthropologischen Inspiration" (GS.Bd.II/1 297).

Es ist vermessen, angesichts der Unmöglichkeit, sich eine Vorstellung von der Katastrophe von »Auschwitz« zu bilden, ein dialektisches Bild als profane Erleuchtung konstruieren zu wollen, die sich diesem historischen Ereignis gewachsen zeigt. Andererseits ist es aber gerade die Konzeption des dialektischen Bildes, die nach neuen Möglichkeiten der Historiographie Ausschau hält. Das Dilemma besteht darin, daß gegenüber einem nicht definierbaren historischen Ereignis sich nicht ohne weiteres ein das Ereignis bestimmender Geschichtsschreiber zu konstituieren vermag.

Als antinarzißtischer Akzent läßt sich Handkes bewußte Lösung von männlichen Protagonisten ansehen. Dieser Akzent wird verstärkt in der historisch-politischen Standortsuche, die durch die versteckte Konfrontation mit Fragen nach einer Ästhetik »nach Auschwitz« zum Ausdruck kommt: Beides zusammen eröffnet aber auch die poetologische Frage nach einer weiblichen Perspektive in einer oder auf eine Ästhetik »nach Auschwitz«, für die sich die Frage nach dem biologischen Geschlecht des Autors als nebensächlich erweist.

Anders als zu Beginn der Erzählung, wo sie den Grund für die plötzliche Trennung von ihrem Mann eine „Erleuchtung" (LF 23) nennt, beschreibt die linkshändige Frau an späterer Stelle aus einer Kunsterfahrung heraus eine Art Erleuchtung, die nicht in bezug auf die persönliche Distanz der linkshändigen Frau gegenüber ihrem Mann oder zu Männern überhaupt von Interesse ist, sondern in bezug auf die Suche Handkes nach einem poetologischen Ausweg aus dem sogenannten Phallogozentrismus.[232] Das flimmernde Nachbild, von dem die Frau berichtet, als eine Art Erleuchtung zu betrachten, die sich als dialektische Bilderfahrung, als profane Erleuchtung werten läßt, kann einerseits gerade deutlich machen, daß dieser Bilderfahrung zwar eine generelle Erfahrung von Nicht-Identität zugrunde liegt, andererseits aber auch, daß die Bedingungen für die Erfüllung des Wunsches nach einer weiblichen Identität inzwischen gänzlich unerreichbar geworden sind, wenn es darum geht, sie terminologisch zu definieren. Julia Kristeva geht in ihrem Buch „Die neuen Leiden der Seele" auf diese Frage ein:

> „Was soll »Identität« oder gar »sexuelle Identität« in einem theoretischen und wissenschaftlichen Raum heißen, in dem der Begriff der Identität selbst wieder in Frage gestellt wird? Ich will nicht schlicht eine Bisexualität zu verstehen geben, die meistens das Streben nach Totalität, nach Auslöschung der Differenz verrät. Ich meine zunächst eine Entdramatisierung des »Kampfes auf Leben und Tod« zwischen beiden. Nicht im Namen ihrer Versöhnung – der Feminismus hat mindestens das Verdienst gehabt, offenzulegen, was im Gesellschaftsvertrag irreduzibel und sogar mörderisch ist. Sondern damit seine Gewalt mit maximaler Unnachgiebigkeit innerhalb der persönlichen und sexuellen Identität selbst und nicht als Zurückweisung des anderen wirkt."[233]

Dadurch aber, daß Handke eine Frau mit den sich im dialektischen Bild punktuell überlagernden Traditionen in Berührung bringt, entsteht unweigerlich die Frage nach der Möglichkeit oder auch Notwendigkeit einer weiblichen Beteiligung an den diversen phallogozentrischen Diskursen, die Kristeva unverhohlen „mörderisch" nennt. Handke wollte kurz vor Erscheinen der Erzählung „Die linkshändige Frau" nicht nur „(...) andere dazu bringen, daß sie in der tiefsten Seele getroffen und mitbewegt sind" (Arn 154), im selben Gespräch hat er betont, worüber er schreiben möchte:

> „(...) daß ich nämlich auch das schreiben will, was die Leute verdrängen, was sie wegtun." (Arn 170).

Es liegt nahe, in der erwähnten Museumsepisode den gesellschaftlichen Verdrängungsprozeß in bezug auf die Shoah behandelt zu finden; dieser Text läßt sich aber ebenso als gegen die Verdrängung gerichtet lesen, die die Unterdrückung der Frau durch den Phallogozentrismus darstellt. Denn, was der Frau gegenüber den Bildern Barnett Newmans gelingt, ist gerade das, worin der Protagonist des Filmtextes „Falsche Bewegung" als Mann gegenüber der männlich bestimmten Kunsttradition scheitert. Die linkshändige Frau findet gegenüber ihrem Sohn auf eine unbekümmerte Weise eine narrative Form der Überlieferung von Kunstwerken, die in einer Beziehung zu den Ereignissen der Shoah stehen, wobei sie jedoch weder Signifikanten noch Signifikat des zu überliefernden Ereignisses nennt. Für den Leser des Textes erscheint diese Diskrepanz erst dann in aller Deutlichkeit, wenn er die im Text angelegten Spuren verfolgt hat: Erst ein solcher Nachvollzug erlaubt ihm ein Nachdenken über eine gedoppelte Erzählweise, einmal über die verzerrend-diskontinuierliche der

---

[232] Jacques Derrida gebraucht den Ausdruck „Phallogozentrismus" in dem Aufsatz: „Sporen – Die Stile Nietzsches". Aus dem Französischen von Richard Schwaderer, überarbeitet von Werner Hamacher. In: Werner Hamacher (Hg.): Nietzsche aus Frankreich. Frankfurt a.M. – Berlin 1986. S.139. (Originaltitel des Aufsatzes: Jacques Derrida: Éperons. Le styles de Nietzsche. In: »Nietzsche aujourd'hui?« (10/18; Paris 1973).

[233] Julia Kristeva: Die neuen Leiden der Seele. Aus dem Französischen von Eva Groepler. Hamburg 1994. S.250. (Originaltitel: Julia Kristeva: Les nouvelles maladies de l'âme. Paris 1993). Im folgenden: *DLS*.

Frau auf der Darstellungsebene als auch über die Handkes auf der poetologisch reflektierten Ebene intertextueller Verfahrensweisen.

Gleich der erste Satz der Museumserinnerung Mariannes erlaubt nicht allein, Bezüge zum Werk des Malers Barnett Newman herzustellen und, damit verbunden und doch davon getrennt, zu den Erzählungen des Neuen Testaments, an die die Frau weitaus detaillierter erinnert, als die Bilder dies tun. Es ist auch ein deutlicher Anklang an einen Text Handkes zu erkennen, der sich explizit mit den Verbrechen der Nationalsozialisten auseinandersetzt. So beginnt eine andere Textstelle mit derselben Erinnerungs-Formel „Vor vielen Jahren", wie hier die Erzählung der linkshändigen Frau, um dann unverzüglich auszusprechen, worum es in der Erzählung der linkshändigen Frau zumindest vordergründig gar nicht geht. In Handkes Büchner-Preis-Rede heißt es:

> „Vor vielen Jahren schaute ich eines der schon üblich gewordenen KZ-Photos an: Jemand mit rasiertem Kopf, großäugig, mit hohlen Wangen, saß er da auf einem Erdhaufen im Vordergrund, wieder einmal, und ich betrachtete das Photo neugierig, aber schon ohne Erinnerung; dieser photographierte Mensch hatte sich zu einem austauschbaren Symbol verflüchtigt."[234]

Inwiefern die Bilder, von denen die linkshändige Frau ihrem Kind erzählt, bereits eine frühe Antwort auf das zuvor von Handke in seiner Büchner-Preis-Rede gestellte Problem des austauschbaren Symbols darstellen, ist keine unbedeutende Frage. Barnett Newman hat zahlreichen seiner Bilder, die dem abstrakten Expressionismus zugerechnet werden, biblische Titel verliehen:

> „Nehmen wir die Bilder vom „Beginn" (wo Newman Newman wird), die rasch auf *Onement I* folgen: Galaxy, Abraham, The Name I und Onement II (1949), Joshua, The Name II und Vir Heroicus Sublimis (1950-51) oder die Serie der fünf Untitled aus dem Jahre 1950, die mit The Wild endet und von denen jedes Werk ein bis zwei Meter hoch und vier bis fünfzehn Zentimeter breit ist: Wir werden sehen, daß diese Werke tatsächlich kein Ereignis „erzählen", daß sie sich nicht figurativ auf Szenen aus Erzählungen beziehen, die dem Betrachter bekannt sind oder von ihm nachvollzogen werden können. Sicher symbolisieren sie Ereignisse, wie ihre Titel vermuten lassen. Und die Unbetitelten lassen in gewissem Maß den hebraisierenden Kommentar von Hess zu, ebenso wie das bekannte Interesse Newmans für die Lektüre von Thora und Talmud. Allerdings räumt Hess selbst ein, daß „Newman sich nie seiner Malerei bedient hat, um dem Betrachter eine Botschaft zu übermitteln", und daß „er auch nie eine Idee illustriert oder eine Allegorie gemalt hat". Die Nicht-Bildlichkeit der Werke, auch der symbolischen, muß dem Kommentar als Ordnungsprinzip dienen."[235]

Newmans abstrakter Expressionismus läßt sich also als paradoxe Einhaltung des alttestamentarischen Bilderverbotes begreifen.[236] Während Generationen von Malern in der Geschichte des Abendlandes am Thema der Kreuzwegstationen ihre Kunst unter

---

[234] Peter Handke: Die Geborgenheit unter der Schädeldecke. In: Als das Wünschen noch geholfen hat. Frankfurt a.M. 1974. S.75f. Im folgenden: *AW.*

[235] Jean-François Lyotard: Der Augenblick, Newman. In: Das Inhumane. Plaudereien über die Zeit. Aus dem Französischen von Christine Pries. Wien 1989. S.148. (Originaltitel: Jean-François Lyotard: L'inhumain. Causeries sur le temps. Paris 1988). Im folgenden: *Au.*

[236] Gerschom Scholem schreibt in seinem Aufsatz „Farben und ihre Symbolik in der jüdischen Überlieferung und Mystik". In: Gerschom Scholem: Judaica 3. Frankfurt a.M. 1970. Im folgenden: FuS.:
> „Das Bildlose schließt aber die Welt der Bilder nicht aus, es ist nur ihr Zentrum und ihre Zuflucht; das Farblose negiert die Farben nicht, die es umfaßt." (FuS 95)
Das heißt auch für Benjamins dekonstruktivistische Konzeption des dialektischen Bildes, daß sie in der »jüdischen Tradition« des Bilderverbotes steht, aber dies meint deshalb auch bei Benjamin nicht, daß diese Tradition den Bereich der Bilder dogmatisch tabuisiert.

anderem darin zu beweisen suchten, indem sie eine eindringliche Darstellung der Leiden Jesu gegeben haben, findet sich von alledem in den Bildern Barnett Newmans nicht einmal eine Spur oder auch nur ein bekanntes Symbol des Leidens Jesu. Die Bilder Barnett Newmans thematisieren lediglich noch eine Spur der Nichtdarstellbarkeit eines Leidens: Die Shoah ist in ihrer Grausamkeit undarstellbar.

So gesehen läßt sich die Episode im Text „Die linkshändige Frau" als ein poetologischer Reflex auf Handkes Büchner-Preis-Rede verstehen. Dort hatte Handke sich explizit von der photographischen Repräsentation der Shoah abgewandt. Der intertextuelle Bezug zur Malerei Barnett Newmans bedeutet nun eine Hinwendung zu einer Darstellungsweise, die auf die Nichtdarstellbarkeit der Shoah Rücksicht nimmt. Lyotard beschreibt einmal den Wirkungsgrad der Bilder Barnett Newmans:

„Ein Gemälde von Newman setzt den Geschichten seine plastische Nacktheit entgegen. Alles ist da, Dimensionen, Farbe, Linien, ohne Anspielung. Das macht die Sache problematisch für den Kommentator. Was soll man sagen, was nicht schon vorgegeben ist? Die Beschreibung ist leicht, aber platt wie eine Paraphrase. Die beste Deutung ist die Frageform: Was soll man sagen? oder ein Ausruf: Ah! oder Überraschung: Na sowas! So viele Ausdrücke für ein Gefühl, das in der modernen ästhetischen Tradition (und im Werk Newmans) einen Namen hat: das Erhabene. Es ist das Gefühl des „da ist es". Es gibt also fast nichts zu „konsumieren" oder sonst irgendetwas. Man konsumiert nicht das Ereignis *(occurence)*, sondern nur seinen Sinn. Den Augenblick fühlt man nur einen Augenblick lang." (Au 144).

Eine Spur der Nichtdarstellbarkeit ergibt sich zunächst aus der Diskrepanz von Titel und der nicht vorhandenen Gegenständlichkeit der Darstellung, die eben dadurch ihren Darstellungscharakter, alle Anlehnung an traditionelle Formen von Mimesis und Repräsentation, so weit wie möglich aufgegeben hat. Auf welche Weise sich die Kunst noch verantwortlich den Greueltaten der Nationalsozialisten zu stellen vermag, ist für den Künstler eine nicht mehr eindeutig beantwortbare Frage, wenn nicht eine gänzlich unbeantwortbare Frage, der es sich nichtsdestotrotz zu stellen gilt. Analog zu den paradoxalen Versuchen, die etwa zur gleichen Zeit jüdische Schriftsteller und Philosophen wie Emmanuel Lévinas[237] und Edmund Jabès unternommen haben, die Nennung des Namen Gottes in Frage zu stellen, stellen die Bilder Barnett Newmans zweifellos einen Beitrag der bildenden Künste aus jüdischer Sicht zu diesem Thema dar. Im Zusammenhang mit Hinrichtungen, die unter Franco in Spanien vollzogen worden sind, sagt Handke:

„(...) man darf beides nicht machen: auf keinen Fall das, was passiert ist, vergessen, und andererseits daraus keine Ikonen machen." (Arn 167).

Im Falle des Museumserlebnisses der linkshändigen Frau setzt sich Handke einer textuellen Gratwanderung aus, die versucht, »Auschwitz« nicht zu vergessen, und zugleich dabei ausgerechnet das Erlebnis der Wahrnehmung der Bilder Barnett Newmans nicht als ein Erlebnis von Ikonen des Eingedenkens erscheinen zu lassen.

---

[237] Emmanuel Lévinas: Wenn Gott ins Denken einfällt. Diskurse über die Betroffenheit von Transzendenz. Aus dem Französischen von Thomas Wiemer. Freiburg i.Br. – München 1985. (Originaltitel: De Dieu qui vient à l'idée. Paris 1982).

4.1.2 Keine Parodie ohne Tradition – Über die Zitierbarkeit ‚weiblicher' Ästhetik und zum poetologischen Status des Übersetzens

Bereits der Titel der Erzählung „Die linkshändige Frau" ist ein Zitat, genauer: Die Übersetzung eines Zitats, die an dieser Stelle zur Charakterisierung einer Frau dient, deren Beruf Übersetzerin ist. Zitiert wird der Titel eines Blues-Songs, der von einem Mann stammt, von Jimmy Reed.[238] Den Titel als intertextuellen Ort hat Handke schon zuvor zu nutzen gewußt. Helmut Schmiedt macht in seinem Aufsatz „Peter Handke, Franz Beckenbauer, John Lennon und andere Künstler" auf eine vergleichbare Beziehung zwischen dem Handke-Titel „Die Innenwelt der Außenwelt der Innenwelt"[239] und der Textzeile aus dem Beatles-Song »Everybody's got something to hide except me and my monkey«aufmerksam[240], die lautet: „Your inside is out and your outside is in/ Your outside is in and your inside is out." Oder bezogen auf Handkes Text „Der kurze Brief zum langen Abschied"[241] beschreibt Manfred Durzak einen intertextuellen Zusammenhang, der sich bereits aus dem Titel ergibt:

> „Als erstes fällt auf, daß Handke seine Darstellung gegenüber dem öffnet, was sich als literarische Kodierungsebene des Kriminalromans lesen läßt. In der Erzählbewegung des *Kurzen Briefes* läßt sich als semantisches Muster Raymond Chandlers Roman *The Long Goodbye* (1953) erkennen. Nicht, daß Handke das Handlungsmuster von Chandlers Roman in irgendeiner Form übernimmt und gleichsam eine verdeckte Adaptationsvariante entwirft." (PZ 128).

Gewiß ist die Erzählung „Die linkshändige Frau" nicht das, was Durzak eine „verdeckte Adaptationsvariante" nennt, weder von einem Blues-Song noch von einem Chandler-Roman. Eine Äußerung Handkes zeigt jedoch, wie präsent für ihn tatsächlich Chandlers Romane beim Schreiben einiger seiner Texte gewesen sind, unter anderem gilt dies auch für „Die linkshändige Frau":

> „*Die linkshändige Frau* entstand aus dem Bild eines alleinstehenden Mannes. Eines Mannes, den man in bestimmten Geschichten antrifft, in bestimmten Erzählungen, und der am Ende ziemlich zufrieden ist: er füttert seine Katze, er spielt gegen sich selbst Schach, er öffnet eine Konservendose, er erinnert an den Helden von Chandler, Philip Marlowe. Wenn Marlowe ein Rätsel gelöst hat und eine große Erfahrung gemacht hat, fühlt er sich sehr mitgenommen und sehr müde, aber sobald er wieder zu Hause ist, findet er zurück zu einer ewigen Ruhe.
> Ich habe dieses Bild immer vor Augen gehabt, und ich habe eines Tages von einer Frau geträumt, die wie dieser Mann ist, die diese ewige Ruhe am Ende ihres Abenteuers erfährt. Und nicht verzweifelt ist. Da es die Regel ist, daß eine alleinstehende Frau verlassen ist, wollte ich mir eine Frau ausdenken, die, obwohl ermüdet und erschöpft, unantastbar wird, so wie Marlowe in den Romanen von Chandler."[242]

---

[238] Russell-E. Brown: The Left Handed Women of Peter Handke and Jimmy Reed. In: Modern-Fiction-Studies. West Lafayette. IN (MFS). 1990 Autumn. S.395-401.
Der in Handkes Text abgedruckte Liedtext (LF 101f.) hat außer dem Titel mit dem von Jimmy Reed nichts gemeinsam, außer daß in beiden Texten tatsächlich von einer linkshändigen Frau die Rede ist. Es handelt sich also nicht um eine Übersetzung des Liedtextes.

[239] Peter Handke: Die Innenwelt der Außenwelt der Innenwelt. Frankfurt a.M. 1969.

[240] Helmut Schmiedt: Peter Handke, Franz Beckenbauer, John Lennon und andere Künstler. In: Text und Kritik 24/24a. Peter Handke. München 1970. S.107.

[241] Peter Handke: Der kurze Brief zum langen Abschied. Frankfurt a.M. 1972.

[242] Peter Handke: »Durch eine mythische Tür eintreten, wo jegliche Gesetze verschwunden sind«. In: Raimund Fellinger (Hg.): Peter Handke. Frankfurt a.M. 1985. S.234. Im folgenden: *DmT*.
Noch im Film „Der Himmel über Berlin". (= *HüB*) wird Damiel, als er noch unantastbarer Engel ist, sich nach dieser von Handke beschriebenen anderen Unantastbarkeit sehnen, nämlich einmal:
> „... wie Philip Marlowe die Katze zu füttern." (HüB 20).

Die von Handke angestrebte Unantastbarkeit der linkshändigen Frau beginnt also mit dem Titel der Erzählung. Bis schließlich die linkshändige Frau im Verlauf der Erzählung mit dem Vornamen Marianne benannt wird, bleibt sie namenlos. Vor dem Hintergrund der bereits entfalteten Zusammenhänge ist dieser Vorname der Protagonistin besonders interessant: Als Zusammenziehung der Namen Maria und Anna zitiert er die weibliche Genealogie Jesu, wie sie lediglich in den Apokryphen oder aber in Darstellungen der bildenden Kunst erscheint.[243] Allein dadurch wirkt dieser Name kontrapunktisch zur männlichen Tradition, wie sie in der Bibel zum Ausdruck kommt. Während Handkes Erzählung auf einen religiösen Kontext der Bilder Newmans verweist, verschweigt sie dennoch deren Titel: Demgegenüber steht die Erzählung einer Frau, deren Name indirekt auf eine weibliche Traditionslinie aufmerksam macht, die zunächst von der Bibel verdrängt wurde, die aber nun, angesichts der Verdrängung des Biblischen durch die Bilder Barnett Newmans, erneut zum Vorschein kommen kann. Mit dem Zitat einer außerbiblischen weiblichen Genealogie erweist die intertextuelle Erzählminiatur Handkes eine Vielschichtigkeit, die ganz im Zeichen einer wechselseitigen Durchdringung von einem logozentrismuskritischen Semiotischen und einem phallogozentrischen Symbolischen steht.

Die in dem übersetzten Zitat „Die linkshändige Frau" gegebene Eigenschaft der Linkshändigkeit wird erst an späterer Stelle der Erzählung als eine Eigenschaft der Protagonistin erkennbar: Das Zitat dient somit als nicht mehr unmittelbar zu entlarvende Maske ihrer verborgenen Identität, als eine den Eigennamen, der innerhalb der Erzählung ebenfalls auf eine mehr oder weniger verborgen gebliebene Tradition verweist, nahezu ersetzende Bezeichnung.

Zu der fremdbestimmten Bezeichnung über den Titel eines Blues-Songs kommt hinzu, daß die linkshändige Frau innerhalb der Erzählung allein von Männern namentlich benannt wird. Die Profession, der sie sich zuwenden wird, ist innerhalb des phallogozentrischen Diskurses, mit dem sie beruflich umgeht, eine eher sekundäre, wenn sie nicht als Schriftstellerin, sondern als Übersetzerin arbeitet. Ihre Linkshändigkeit ist in diesem Zusammenhang ein weiteres Indiz für ihre Außenseiterposition gegenüber den herrschenden Normen: Ist ihr Schreiben aber aus der Sicht des poetologisch reflektierenden Autors Handke als Übersetzen vielleicht noch ein subversiver Versuch, die weibliche Ortlosigkeit innerhalb der Literatur doch noch zu positionieren, so wirkt ihre Tätigkeit auf den ersten Blick dennoch zunächst lediglich als Bestätigung dieser Ortlosigkeit.

Handkes Vorstellung, eine Frau zu beschreiben, die sich auf inhaltlicher Ebene mit dem Vorbild eines bestimmten männlichen Romanhelden berührt, wird durch zahlreiche weitere intertextuelle Anknüpfungspunkte innerhalb der Erzählung auf einer rein formalen Ebene unterstützt. Dabei erweitert sich das intertextuelle Bezugs-

---

[243] Julia Kristeva beschreibt in ihrem Buch „Die neuen Leiden der Seele" zwei Bilder von Leonardo da Vinci, die jeweils den Titel »Die Heilige Anna Selbdritt« tragen und die beide Anna, Maria und das Jesuskind als Gegenbild zur klassischen männlichen Dreieinigkeit zeigen. Zu dem im Louvre befindlichen Bild schreibt Kristeva:

„*Theologisch* gesehen hat da Vinci hier die unbefleckte Empfängnis und die Verkörperung verdichtet, nach dem schon vor ihm angenommenen Vorbild einer »dreifachen heiligen Anna« (das santa Anna Mettezera, heilige Anna Selbdritt). Dieses Thema setzt sich zwischen dem 13. und dem 15.Jahrhundert allmählich als Kehrseite und Gegengewicht zur klassischen Dreieinigkeit Vater-Sohn-Heiliger Geist durch." (DLS 177).

netz erheblich, und es stellt sich die Frage nach der Art der Berührung einer Erzählung von einer Frau mit der ‚männlichen' Tradition. Es lassen sich weitere vermeintliche literarische Vorbilder, neben dem Raymond Chandlers, für die Erzählung „Die linkshändige Frau" erwägen: Die möglichen Bezüge führen im folgenden immer wieder zu ‚männlichen' Künstlern, seien es Bluessänger wie Jimmy Reed oder Maler wie Barnett Newman, Literaturtheoretiker wie Walter Benjamin oder Dichter und Romanciers wie Johann Wolfgang von Goethe oder Honoré de Balzac. Im Film wird der Baudelaire-Text, den die linkshändige Frau im Buch übersetzt, durch einen Text von Flaubert („Un cœur simple") ersetzt, außerdem werden Filmzitate aus dem Werk des japanischen Regisseurs Ozu erkennbar. Dies heißt aber unter keinen Umständen, daß bereits eine derartige spezifisch ‚männliche' Intertextualitätsstruktur eine Absage an eine ‚weibliche' Ästhetik darstellt.

> „Die Geschichte der weiblichen Geschichtslosigkeit ernst zu nehmen, darf nicht heißen, sich dem Gegenstand in der Weise zu assimilieren, daß die Analyse selbst ahistorisch wird. Diese Analyse darf nicht ignorieren, daß es sich bei dem historischen Material, dessen wir habhaft werden können, um ein gefiltertes handelt: um Bilder, Zuschreibungen, Projektionen etc. Gleichwohl gilt es, dieses Material, das nahezu die gesamte Überlieferung ausmacht, in seine Teile zu zerlegen, auf seine Gehalte und seine diskursiven Einordnungen zu untersuchen und es in einen neuen Bezugsrahmen zu stellen, der sich selbst erst im Laufe dieser Analyse herausbilden muß." (DiW 265).

Was Silvia Bovenschen über den Umgang mit einer „Geschichte der weiblichen Geschichtslosigkeit" zu bedenken gibt, läßt sich insbesondere auf den Text des ‚männlichen' Autoren Handke beziehen, der unter Verwendung von zahlreichen Anspielungen auf ‚männliche' Traditionen, sich konkret mit der Frage nach einer ‚weiblichen' Geschichte beschäftigt. Immerhin kann sich Handkes Verfahrensweise als eine solche herausstellen, der es gerade im gesuchten Abstand gelingt, zu den ideologischen Formen des Feminismus eine Alternative zu entwickeln. Diese Alternative läßt sich vorab mit den Worten Judith Butlers beschreiben:

> „Vielleicht stellt sich paradoxerweise heraus, daß die Repräsentation als Ziel des Feminismus nur dann sinnvoll ist, wenn das Subjekt »Frau(en)« nirgendwo vorausgesetzt wird." (UG 22).

Ist es also in Handkes Text die Setzung ‚männlicher' Intertexte, die allererst ihre Über-Setzung im Sinne einer Dekonstruktion ermöglicht? Und erlaubt nicht dieser Umweg, von einer Frau zu erzählen, ohne sie im Sinne Judith Butlers als Subjekt vorauszusetzen? Liegt in Handkes Vorgehensweise eine fundamentale Kritik der Logik der Repräsentation und damit des Phallogozentrismus, die immerhin „paradoxerweise" (Butler) einem Feminismus nahekommt, der – und sei es allein im Moment des von der Konstruktion des Subjekts befreiten erhabenen Gefühls – selbst nicht ideologisch konzipiert ist? Und ist nicht Kristevas Intertextualitätskonzeption als eine Kritik am Phallogozentrismus aufzufassen, auf die sich auch eine Analyse von Handkes Erzählung berufen kann?[244]

---

[244] Eine solche bedingt feministische Schreibweise einem männlichen Autor absprechen zu wollen, hätte einen ähnlich absurden Charakter wie der Versuch George Steiners, für das Fehlen einer weiblichen Kunsttradition die Phallokratie gegenüber feministischen Argumenten gänzlich zu exkulpieren:
„Die schlicht banale Feststellung, daß Literatur, Kunst und vor allem Musik bisher in überwältigendem Maße männlicher Provenienz gewesen ist, provoziert eine verbitterte Diskussionsverweigerung. Die Konjektur (...), daß diese Tatsache auf andere Wurzeln als »phallokratische« Unterdrückung, gesellschaftliche Zwänge oder häuslichen Sklavendienst zurückzuführen sei, gilt als unzulässig. Schade drum." (VrG 271).

Nachdem sie sich von ihrem Mann getrennt hat, widerstrebt es der linkshändigen Frau, dem Angebot einer Freundin nachzukommen, sich einer feministischen Gruppierung anzuschließen. Der Abschluß der Erzählung zeigt die Frau schweigend, in einer allein durch die Bewegung des Schaukelstuhls, in dem sie sitzt, beunruhigten Ruhe:

> „Am hellen Tag saß sie auf der Terrasse im Schaukelstuhl. Die Fichtenkronen bewegten sich hinter ihr in der spiegelnden Fensterscheibe. Sie begann zu schaukeln; hob die Arme. Sie war leicht angezogen, ohne Decke auf den Knien." (LF 131).

Die linkshändige Frau bewahrt sich einen Platz, so weit wie möglich außerhalb der männlich bestimmten Gesellschaft, anscheinend allein im Schweigen. Auch, wenn es wohl denkbar gewesen wäre, sich als Übersetzerin sogar einen Namen zu machen, berichtet die Erzählung nichts von einem derartigen Erfolg der Frau. Den Annäherungsversuchen des sie bedrängenden Verlegers, der ihr dabei hätte hilfreich werden können, widersteht sie gelassen. Sie ist damit, in Klischees gesprochen, weder „Karrierefrau" noch „Feministin". Handkes Versuch, die linkshändige Frau als unantastbar erscheinen zu lassen, ist insofern gelungen, als ihre anfängliche Abhängigkeit von der Männerwelt sich zunehmend wandelt zu einer Unabhängigkeit, der selbst keine kämpferische ideologische Setzung vorausgeht. Handke versucht offensichtlich ein Frauenleben darzustellen, dem es auf unspektakuläre Weise gelingt, sich, so weit es geht, den männlichen Unterdrückungsmechanismen, nicht zuletzt einem männlich bestimmten Gebrauch der Sprache, zu entziehen. Dies gelingt der linkshändigen Frau unter anderem womöglich gerade dadurch, daß sie in einer vermeintlich sekundären Tätigkeit als Übersetzerin arbeitet.

Es ist zu fragen, ob die Funktion eines verborgenen Zitierens in Handkes Text, welches im Umgang ausgerechnet mit Quellen ‚männlichen' Ursprungs der „weiblichen Geschichtslosigkeit" zu begegnen trachtet, so zu bestimmen ist, daß das Verschweigen des ‚männlichen' Ursprungs der Eröffnung einer ‚weiblichen' Perspektive dienlich sein kann. Der erste Satz der Erzählung bietet bereits eine erste oberflächliche Assoziationsmöglichkeit im Hinblick auf Honoré de Balzacs Roman „La femme de trente ans":

> „Sie war dreißig Jahre alt und lebte in einer terrassenförmig angelegten Bungalowsiedlung am südlichen Abhang eines Mittelgebirges, gerade über dem Dunst einer großen Stadt." (LF 7).

Ein Vergleich der Beschreibung der Frau von Aiglemont als Frau von dreißig Jahren im Roman von Balzac mit derjenigen, die Handke von der linkshändigen Frau gibt, liegt oftmals nahe. So beispielsweise in Hinblick auf den bereits zitierten Schluß von Handkes Erzählung (LF 131) und folgender Passage bei Balzac:

> „A un certain âge seulement, certaines femmes choisies savent seules donner un langage à leur attitude. Est-ce le chagrin, est-ce le bonheur qui prête à la femme de trente ans, à la femme heureuse ou malheureuse, le secret de cette contenance éloquente? Ce sera toujours une vivante énigme que chacun interprète au gré de ses désirs, de ses espérances ou de son système. La manière dont la marquise tenait ses deux coudes appuyés sur les bras de son fauteuil, et joignait les extrémités des doigts de chaque main en ayant l'air de jouer; la courbure de son cou, le laissez-aller de son corps fatigué mais souple, qui paraissait élégamment brisé dans le fauteuil, l'abandon de ses jambes, l'insouciance de sa pose, ses mouvements pleins de lassitude, tout révélait une femme sans intérêt dans la vie, qui n'a point connu le plaisirs de l'amour, mais qui les a rêvés, et qui se courbe sous les fardeaux dont l'accable sa mémoire; une femme qui depuis longtemps a désespéré de l'avenir ou d'elle-même; une femme inoccupée qui prend le vide pour le néant."[245]

Gegenüber Balzac enthält sich Handke streng der psychologisierenden Erzählerkommentare, seine lakonische Art der Beschreibung zielt nicht auf eine zusätzliche Dramatisierung einer möglicherweise ebenfalls verzweifelten Lebenssituation. Mariannes Haltung wird beredt gerade dadurch, daß auf jeden weiteren Kommentar von seiten des Erzählers verzichtet wird. Die Erzählhaltung Handkes entspricht somit dem abschließenden Schweigen der Frau, die Frau erscheint als befreit von den quälenden Psychologisierungen, die sich auch als ein Produkt des immanent kritisierten Phallogozentrismus auffassen lassen.

Weitere vergleichbare Situationen in den Erzählungen von den beiden dreißigjährigen Frauen, wie nur zum Beispiel ihre bewußte Abkehr von den Männern, sind leicht auszumachen.246 Handke selbst bezeichnet den abschließenden Zustand der linkshändigen Frau als Zustand der Autonomie, womit er implizit eine Differenz gegenüber Balzacs unglücklich dahinsiechender Frau von dreißig Jahren deutlich macht:

> „Eine Autonomie, dank deren sie ihrer Rolle als Hausfrau, als Ehefrau, als Mutter, als Frau von dreißig Jahren, manchmal sogar als Matrone, entfliehen und heilig-mythisch, lächerlich und rätselhaft bleiben kann." (DmT 240).

So wie es der Protagonistin um eine gelassene Loslösung von männlichen Vereinnahmungen ihrer Existenz geht, so zielt der Text auf eine Unabhängigkeit von literarischen Vorlagen. Eventuelle Vorbilder werden, anders als im Text „Falsche Bewegung", gar nicht erst zum Zwecke gezielter Distanzierungsmaßnahmen aufgebaut.

Selbst wenn Goethe in den Texten „Falsche Bewegung" und „Die linkshändige Frau" als gemeinsamer Bezugspunkt gelten kann, so gilt es, sich davor zu hüten, als Rezipient blindlings in die offene Klassizismus-Falle247 zu tappen. Durch diese wie-

---

245 Honoré de Balzac: La femme de trente ans. Bordeaux 1948. S.100. (Dt.Übers.: Honoré de Balzac: Die Frau von dreißig Jahren. Aus dem Französischen von Erich Noether. Hamburg 5.Aufl. 1955. S.81:
„Nur in einem gewissen Alter vermögen gewisse auserwählte Frauen ihrer Haltung eine bestimmte Sprache zu geben. Ist es der Kummer, ist es das Glück, das der Frau von dreißig Jahren das Geheimnis dieser beredten Haltung verleiht? Das wird immer ein Rätsel bleiben, das jeder nach seinen Wünschen, seinen Hoffnungen oder nach seinem System zu lösen sucht. Die Art, wie die Marquise ihre beiden Ellenbogen auf die Armlehnen ihres Sessels stützte und mit den Fingerspitzen ihrer Hände spielte; die Biegung ihres Nackens, das Sich-gehen-lassen ihres müden und doch geschmeidigen Körpers, der in dem Sessel zusammengebrochen schien, und die ungezwungene Haltung ihrer Beine, die Lässigkeit ihrer Haltung, ihre Bewegungen voller Müdigkeit, alles das ließ sie als eine Frau erscheinen, die kein Interesse am Leben mehr hat, die die Freuden der Liebe nicht gekannt, sondern sie nur erträumt hat und die sich unter der Last beugt, mit der ihr Gedächtnis sie beschwert; eine Frau, die seit langem an der Zukunft oder an sich selbst verzweifelt, eine unbeschäftigte Frau, die die Leere für das Nichts hält.").

246 – Bei Balzac sagt die Frau a.a.O. auf S.64:
„(...) si je ne suis point à M. d'Aiglemont, je ne serai jamais à une autre."
(Dt.Übers. S.49:
„(...) so wie ich Herrn Aiglemont nicht gehören werde, so werde ich auch nie einem anderen gehören.").
– Bei Handke sagt die Frau:
„»Ich hatte auf einmal die Erleuchtung« – sie mußte auch über dieses Wort lachen -, »daß du von mir weggehst; daß du mich allein läßt. Ja, das ist es: Geh weg, Bruno. Laß mich allein." (LF 23).

247 Vgl. Peter Strasser: Der Freudenstoff. Zu Handke eine Philosophie. A.a.O. Der Klappentext dieses Buches macht bereits auf Handkes Poetik des Fallenstellens neugierig:
„Peter Handkes Vision des rechten Lebens blieb bis heute weithin unbegriffen, weil die >>Kritik<<, ob dankbar oder aggressiv gestimmt, regelmäßig in die Fallen tappt, welche der Autor selber auslegt: die Klassizismus-Falle, die Welterklärungs-Falle, die Antigesellschaftsmensch-Falle. Das vorliegende Buch unternimmt es, im nachdenklichen Widerspiel von Verführung und Umgehung, über Handkes Fallen-Schriftstellerei Rechenschaft abzulegen."

derholte Anspielung auf Goethe entsteht noch keine positive poetologische Bezugskonstante, die sich allein dadurch bestätigt, daß Goethe in zahlreichen noch folgenden Handke-Texten Erwähnung findet. Gegenüber dem Text „Falsche Bewegung", der immerhin einige zentrale Figuren aus „Wilhelm Meisters Lehrjahren" mit einer veränderten historischen Situation in einen unlösbaren Konflikt geraten läßt, zeigt sich die Beziehung des Textes „Die linkshändige Frau" in einer bereits deutlich abgeschwächten Abhängigkeit von einer Vorlage Goethes. Oder handelt es sich um eine Intensivierung oder Umakzentuierung der Beziehung von Handkes zu Goethes Texten, wenn allein am Ende des Textes sich ein Zitat aus Goethes Roman „Die Wahlverwandtschaften" findet, das für sich genommen über Distanz und Nähe zweier Texte zunächst nur wenig verrät?

Nicht nur der Titel und der erste Satz der Erzählung erweisen sich als Zitatanklänge, der Schlußsatz zeigt sich, wie erwähnt, ebenfalls einer Beschreibung von Balzacs „Frau von dreißig Jahren" verbunden, – und es folgt anschließend ein ausdrückliches Zitat aus Goethes Roman „Die Wahlverwandtschaften":

> „»So setzen alle zusammen, jeder auf seine Weise, das tägliche Leben fort, mit und ohne Nachdenken; alles scheint seinen gewöhnlichen Gang zu gehen, wie man auch in ungeheuren Fällen, wo alles auf dem Spiele steht, noch immer so fort lebt, als wenn von nichts die Rede wäre.«
> (Die Wahlverwandtschaften)"

Die Erzählung „Die linkshändige Frau" setzt sich, mit Roland Barthes gesprochen, aus Pluralem zusammen, dem einen eindeutigen Sinn zu verleihen, erneut die falsche Bewegung wäre[248]. Nachdem in der Analyse des Filmtextes „Falsche Bewegung" allein ein kritischer Umgang mit dem Logozentrismus in den Vordergrund getreten ist, erfährt der sich der Parodie entziehende Gipfelsturm des männlichen Hauptdarstellers Wilhelm zusätzlich ein deutliches Gegenbild in der linkshändigen Frau. Nicht länger wird allein der Logozentrismus einer poetologischen Kritik unterzogen, die ‚weibliche' Variante einer Auswegsuche aus der »falschen Bewegung« richtet sich gegen den sogenannten Phallogozentrismus. „Die linkshändige Frau" ist nach den Worten Handkes aus der Leitvorstellung eines Mannes wie Philip Marlowe entstanden, zu dem als ein weiteres männliches Vorbild nun der Schriftsteller Wilhelm hinzukommt, von dem sich die Übersetzerin Marianne deutlich absetzt. Die Art und Weise, wie sie sich angesichts der Bilder Barnett Newmans dem Problem eines Eingedenkens unvorstellbaren Leids stellt, ist bereits so unscheinbar, „als wenn von nichts die Rede wäre." (Goethe).

Handkes Texte „Falsche Bewegung" und „Die linkshändige Frau" gehen in der Tat mit „ungeheuren Fällen, in denen alles auf dem Spiele steht" (Goethe) um, allerdings „jeder auf seine Weise" (Goethe). Die Wahlverwandtschaften, die allein zwischen den Texten „Falsche Bewegung" und „Die linkshändige Frau" bestehen, sind verblüffend, wenn hypothetisch angenommen wird, daß aus den fiktiv entgegengesetzten Positio-

---

[248] Für die Analyse der Erzählung „Die linkshändige Frau" gilt, was schon für die des Textes „Falsche Bewegung" gegolten hat, und was Roland Barthes in „S/Z", einer Interpretation des Textes „Sarrasine" von Balzac, gleich zu Beginn deutlich macht:
 „Einen Text interpretieren heißt nicht, ihm einen (mehr oder weniger begründeten, mehr oder weniger freien) Sinn geben, heißt vielmehr abschätzen, aus welchem Pluralem er gebildet ist."
Roland Barthes: S/Z. Aus dem Französischen von Jürgen Hoch. Frankfurt a.M. 1987. S.9. (Originaltitel: Roland Barthes: S/Z. Paris 1970).

nen einer ‚männlichen' und einer ‚weiblichen' Ästhetik heraus nicht zuletzt eine Ästhetik »nach Auschwitz« „auf dem Spiele steht".

Wilhelm befindet sich am Schluß des Films auf einem Alpengipfel, an einem traditionellen Ort für die Erfahrbarkeit des Erhabenen. Mariannes Gefühl des Erhabenen hat sich bereits vom erhabenen Naturgegenstand so weit wie möglich entfernt, um an den Bildern Barnett Newmans vielleicht etwas besser als Wilhelm „(...) die undarstellbare »Präsenz« eines Gegenstandes im Denken (...), der anders ist als der Gegenstand der Erfahrung, der aber gefühlsmäßig nirgendwo anders als an diesem letzteren entzifferbar ist" (AdE 256), entziffern zu können.

Dadurch, daß Handke Goethes Text zitiert, ohne den Autor hervorzuheben, wie zuvor schon bei den Bildern Barnett Newmans, macht er auf den Text als Produkt und eben nicht auf die Person seines Produzenten aufmerksam. Darin ließe sich durchaus eine Anspielung auf den Entdecker des Zitats als geschichtsphilosophisch relevante Passage, auf Walter Benjamin und damit auf seine Lektüre von Goethes „Wahlverwandtschaften"[249] erkennen. Walter Benjamin macht an anderer Stelle darauf aufmerksam, daß es der Tätigkeit des Übersetzers obliegt, analog zur Erkenntnistheorie „die Unmöglichkeit einer Abbildtheorie zu erweisen".[250] So wie Benjamin zwischen dem Dichter und dem Übersetzer unterscheidet, läßt sich nun zwischen Wilhelm, dem Schriftsteller, und Marianne, der Übersetzerin, unterscheiden. Es scheint so, als sei „die Unmöglichkeit einer Abbildtheorie" für den Schriftsteller Wilhelm bereits der Hauptgrund des Scheiterns seiner Ästhetik »nach Auschwitz«, aber noch nicht der Grund des Scheiterns derjenigen Handkes, der in einem weiteren Versuch die gleiche Aufgabenstellung nach dem ‚männlichen' Schriftsteller nun zwar nicht direkt einer weiblichen Übersetzerin übertragen hat: Ihre Erzählung von Newmans Bildern in Handkes Erzählung stellt keine Thematisierung der Shoah dar, aber dennoch die Suche nach Formen des Eingedenkens.

Am Rande ist zu bemerken, daß eine ausführliche Untersuchung des Übersetzungswerkes von Peter Handke, die den Rahmen dieser Arbeit übersteigen müßte, im Hinblick auf die hier angedeuteten Zusammenhänge zu bemerkenswerten Ergebnissen führen könnte. Die Annahme einer ethischen Dimension des intertextuellen Unternehmens der Übersetzung von Werken von René Char, von Patrick Modiano, von Marguerite Duras, von Georges-Arthur Goldschmidt oder von Walker Percy, um nur einige zu nennen, die allesamt eine explizite Auseinandersetzung mit den Verbrechen des Nationalsozialismus in ihren Texten führen, liegt dabei keineswegs fern. Analog zu den verborgenen Zitierweisen Handkes fällt besonders auf, daß von einigen der genannten Autoren gerade die Werke nicht von Handke übersetzt worden sind, die sich besonders markant des Themas der Barbarei des Nationalsozialismus annehmen. Das gilt zum Beispiel für die von Handke übersetzten Romane von Wal-

---

[249] Walter Benjamin: Goethes Wahlverwandtschaften. In: GS.Bd.I/1. S.123-201. Benjamin thematisiert darin den letztlich geschichtsphilosophischen Stellenwert der Kategorien des Mythos, des Opfers, der Sühne und der Entsühnung ebenso wie den der Ehe und den der ästhetischen Kategorie der Schönheit. Diese Aspekte spielen auch für das Verständnis der Erzählung Handkes eine wichtige Rolle. Zur Sprache kommen sie in diesem Kapitel nicht in der Weise, daß im einzelnen auf die Benjaminsche Analyse des Goethe-Textes zurückgegriffen wird, vielmehr dient dieser Hinweis dazu, beim Auftauchen dieser Aspekte in der Analyse von Handkes Text darin ein bei Benjamin vorbereitetes Unterfangen literarisch aktualisiert wiedererkennen zu können.

[250] Walter Benjamin: Die Aufgabe des Übersetzers. In: GS.Bd.IV/1. S.12.

ker Percy[251]: „The Moviegoer/Der Kinogeher"[252] und „The Last Gentlemen/Der Idiot des Südens".[253] Während sich Percy in diesen Texten nicht unmittelbar mit dem Nationalsozialismus auseinandersetzt, tut er dies andeutungsweise in dem Text „The Second Coming"[254] und um so nachdrücklicher im Text „The Thanatos Syndrome".[255] Ohne dieser Auswahl der übersetzten Texte eine Intention Handkes unterstellen zu müssen, hat die so getroffene Auswahl den unübersehbaren Effekt, daß sie abermals nur indirekt und distanziert auf die nicht von Handke übersetzten Werke der von ihm übersetzten Autoren aufmerksam macht. Georges-Arthur Goldschmidt, Handkes jüdischer Schriftsteller-Freund und Übersetzer ins Französische, dessen Texte Handke – abgesehen von einer Ausnahme (Georges-Arthur Goldschmidt: Ein Gar-

---

[251] Innerhalb seines Vortrags: „Übersetzen ist ja eigentlich nur ein genaues Lesen ...". Peter Handke als Vermittler französischer Literatur, gehalten am 5.November 1993 während der Veranstaltung an der Universität Bonn: Internationales Colloquium; Übersetzen im Wandel der Zeit; Aspekte des deutsch-französischen Literaturaustauschs, sprach Wolfgang Pöckl am Rande von einem Mangel an Ironie, der Handkes Übersetzungen der Romane von Walker Percy und von Patrick Modiano kennzeichnet. Inzwischen sind die Beiträge des Colloquiums veröffentlicht: Willi Hirdt (Hrsg.): Übersetzen im Wandel der Zeit. Probleme und Perspektiven des deutsch-französischen Literaturaustausches. Tübingen 1995. Pöckls Beitrag findet sich auf den Seiten 125-137. Auf S.132 schreibt Pöckl:

„Klassisch in einem allgemeineren Sinn ist auch das mangelnde Interesse (Handkes; T.H.) für (scheinbar) nebensächliche Details und die Konzentration auf die große Linie. In den Walker-Percy-Übersetzungen sind dadurch viele kleine Pointen verlorengegangen. Auch für die sporadisch in Erscheinung tretende Ironie Modianos zeigt sich Handke wenig empfänglich (...)."

Es wäre interessant zu erfahren, inwieweit Handkes fehlende Ironie eine bewußt gewählte Haltung des Übersetzers darstellt, die dann mit Gérard Genette als „Transstilisierung" zu verstehen wäre, die sich um eine „stilistische Umarbeitung, eine Transposition, deren einzige Funktion eine Veränderung des Stils ist", bemüht.
Siehe: Gérard Genette: Palimpseste. Die Literatur auf zweiter Stufe. Aus dem Französischen von Wolfram Bayer und Dieter Hornig. Frankfurt a.M. 1993. S.309. (Originaltitel: Gérard Genette: La littérature au second degré. Paris 1982).
Kommt in einer solchen Transstilisierung damit Handkes womöglich größere Nähe zu den zumindest in dem von Handke übersetzten Buch Modianos am Rande beschriebenen Folgen des Nationalsozialismus zum Ausdruck? Siehe: Patrick Modiano: Eine Jugend. Aus dem Französischen von Peter Handke. Frankfurt a.M. 1985. (Originaltitel: Patrick Modiano: Une jeunesse. Paris 1981). Auf S.38 heißt es über Bellune, eine Romangestalt, die sich später das Leben nehmen wird:

„Mit dreiundzwanzig, als er noch in Österreich lebte, hatte er jene Operette komponiert, die zuerst in Wien, seiner Geburtsstadt, und dann in Berlin überaus erfolgreich war. Aber zu seinem Unglück traf dieses Karrieredebüt zusammen mit der Machtergreifung durch die Nazis. Ein paar Jahre später war er gezwungen, Österreich in Richtung Frankreich zu verlassen (...)."

[252] Walker Percy: Der Kinogeher. Aus dem Amerikanischen von Peter Handke. Frankfurt a.M. 1986. (Originaltitel: Walker Percy: The Moviegoer. New York 1960).
In diesem Text vergleicht sich zwar der Erzähler an einer Stelle ironisch mit der Distanziertheit und Korrektheit von einem „Nazi-Offizier im besetzten Paris" (S.70), jedoch steht dies in keinem erkennbar weiterreichenden Zusammenhang mit der übrigen Erzählung. Es sei denn, daß sich die Äußerungen des Erzählers über sein vorheriges Leben als Jude, von dem ihm eine Theosophin erzählt hat (S.91), über ihren unmittelbar ironischen Charakter hinaus mit dem zuvor beiläufig erwähnten „Nazi-Offiziers"-Vergleich verbinden lassen.

[253] Walker Percy: Der Idiot des Südens. Aus dem Amerikanischen von Peter Handke. Frankfurt a.M. 1988. (Originaltitel: Walker Percy: The Last Gentlemen. New York 1966).

[254] Walker Percy: The Second Coming. New York 1980. (Dt. Übers.: Walker Percy: Die Wiederkehr. Aus dem Amerikanischen von Sabine Hübner. Frankfurt a.M. 1991).

[255] Walker Percy: The Thanatos Syndrome. New York 1987. (Dt. Übers.: Walker Percy: Das Thanatos-Syndrom. Aus dem Amerikanischen von Bernd Samland. Frankfurt a.M. 1991).

ten in Deutschland. Zürich 1988), die Eugen Helmlé ins Deutsche übertrug – wiederum ins Deutsche übersetzt hat, macht in seinem Buch über Handke darauf aufmerksam, daß dieser ausschließlich Texte von solchen Autoren übersetzt hat, mit deren Sichtweisen er selbst sich in Übereinstimmung wähnt, was folglich dann auch für die Beziehung Goldschmidt-Handke gelten müßte.[256]

Für die Übersetzerin Marianne kann „die Unmöglichkeit einer Abbildtheorie" zur Herausforderung schlechthin an ihre Tätigkeit werden. Benjamin beschreibt das Verhältnis von Dichter und Übersetzer in einer Weise, die deutlich werden läßt, daß zumindest die Frage der Tradition sich mit der Frage der Geschichtsschreibung in der Tätigkeit des Übersetzers weitaus enger verknüpft, als dies notwendig für die Tätigkeit des Schriftstellers lange Zeit angenommen wurde:

„Es gibt eine Nachreife auch der festgelegten Worte." (GS.Bd.IV/1. 12).

Im Jahr 1966 – in dem Jahr, in dem auch Peter Handkes erster Roman „Die Hornissen" erschien (ein Text, der übrigens ebenfalls eine Bezugnahme zu einer Darstellung der Kreuzwegstationen enthält[257]) – notierte Barnett Newman zur Ausstellung seiner Serie von vierzehn Bildern mit dem Titel „THE STATIONS OF THE CROSS/lema sabachthani":

„Lema Sabachthani – why? Why did you forsake me? Why forsake me? To what purpose? Why? This is the Passion. This outcry of Jesus. Not the terrible walk up the Via Dolorosa, but the question that has no answer."[258]

Die Bilder Barnett Newmans stellen weniger eine Entsprechung zu dem letzten Ausruf Jesu dar, als vielmehr eine Entsprechung der Stille und Leere, in der seine Bilder nach dem Tode Gottes, und auch noch »nach Auschwitz«, einen Neuanfang jenseits

---

[256] „La traduction a joué un rôle très important dans le travail littéraire de Handke, et ses traductions du français, du slovène ou de l'américain sont parties intégrantes de son oeuvre littéraire, il n'a traduit que les auteurs qui ont enrichi sa propre vision des choses et il les a toujours choisis lui-même et imposés à ses éditeurs." (GPH 178).

[257] „Je k smerti obsojen: fing ich an meinem Standort die fremde Mundart zu lesen an; useme te krish na suoie rame: fuhr mein Bruder vor der zweiten Station zu sprechen fort; pade prauish pod Krisham: fuhr ich fort; srezha svoie shalostno mater: fuhr er fort; pomagh krish nositi: fuhr ich fort; poda petni pert: fuhr er fort; pade drugesh pod krisham? fragte ich; troshta te Jerusalemske shene? fragte er zurück; pade trekish pod krisham: war ich fortgefahren; po na krish perbit: fuhr ich fort; je pouishan inu umerie na krishu: fuhr er fort; je od krisha dou uset inu na roke Marie poloshen: fuhr ich fort; bo u grob poloshen, las er zu Ende. Hast du's gehört? fragte ich. Das ist jetzt vorbei, sagte er. Ich hab's gehört, sagte ich. Die kommen nicht bis hierher, sagte er. Die sparen sich für die größeren Städte. Ich hab's gehört, sagte ich." (Ho 112f.).
Die Art und Weise, wie Handkes Text hier mit einer Darstellung der Kreuzwegstationen vertraut macht, erscheint ebenso befremdlich wie diejenige Barnett Newmans. Der Text Handkes gibt keine Erläuterungen zu dieser Dialogsituation in einer so nicht mehr gesprochenen slowenischen Sprache, die selbst Slowenen befremdlich erscheinen müßte, an deren Ende dann auch noch die Angst vor den im Text immer wieder erwähnten Bombern anklingt, vor denen man sich am Ende des zweiten Weltkrieges auch in Kärnten, dem Ort der Erzählung, fürchtete. Diese innerhalb der fremdsprachlichen Verfremdung durch einen Rückgang auf eine vergangene Sprachstufe noch einmal zusätzliche sprachgeschichtliche Verfremdung könnte auch als Parallele zu der Praxis Barnett Newmans gesehen werden, zahlreichen Bildern hebräische Titel oder Untertitel zu geben. Eine bewußte Beziehung zwischen Handkes erstem Roman und den Bildern Barnett Newmans muß es 1966 nicht einmal gegeben haben. Selbst wenn es erst Handkes Text „Die linkshändige Frau" erlaubt, eine solche Beziehung herzustellen, so ist sie zumindest als formalästhetische Parallele bereits 1966 schon vorhanden.

[258] Harold Rosenberg: Barnett Newman. New York 1978. S.148.

einer verzweifelten Sprachlosigkeit versuchen. Es sind gewissermaßen Meditationsbilder, in die ein nicht mehr repräsentierbarer Schrecken eingeschrieben ist.

Hierin ließe sich eine Parallele zu der ebenfalls von Sprachlosigkeit bedrohten Tätigkeit der Übersetzerin Marianne sehen: Dabei handelt es sich in ihrem Fall auf den ersten Blick nicht gleich um den denkbar ungewöhnlichsten Schrecken, wenn innerhalb ihrer Übersetzungstätigkeit die Suche nach einem entsprechenden Ausdruck ins Leere zu gehen droht, und damit bereits an die Grenzen der Sprachlosigkeit führt. Dennoch müßte ein solcher Schrecken an der Grenze zur Sprachlosigkeit inzwischen bei jeglicher schriftstellerischen Tätigkeit, die vor der Aufgabe steht, eine Sprache zu finden, die dem durch »Auschwitz« entstandenen Bruch der Geschichte gerecht zu werden versucht, als »Der gewöhnliche Schrecken«[259] erscheinen. So kann etwa eine zur Aktualisierung neigende Übersetzung politischer Termini, die noch im vergangenen Jahrhundert von Bedeutung waren, wie sie die linkshändige Frau einmal vornimmt, zu einem Dilemma führen, aus dem, sollen umständliche Kommentare vermieden werden, so leicht kein Ausweg zu finden ist. Die Erzählung „Die linkshändige Frau" führt eine Protagonistin vor, die von ihrer feministischen Freundin, ironischerweise vermittelt durch ihren von ihr verlassenen Mann, den Vorwurf erntet, „ohne Bewußtsein von den historischen Bedingungen" (LF 35) ihrer Handlungsweisen in der Auseinandersetzung der Geschlechter zu sein. Die Annahme liegt nahe, es dürfte damit die linkshändige Frau, anders als Wilhelm im Filmtext „Falsche Bewegung", auch mit der politischen Vergangenheit des Nationalsozialismus in ganz anderer Weise umgehen. Die Textstelle, in der die Rede der linkshändigen Frau überhaupt einmal auf Politik kommt, ist eine Passage, die wenig zu dem Bild paßt, das der übrige Text von der linkshändigen Frau zeichnet. Dabei geht es um die zur Aktualisierung neigende Übersetzung politischer Termini, die noch bei Baudelaire von maßgeblicher Bedeutung waren, in eine heute unmittelbar verständliche Terminologie:

> „»In dem Buch, das ich gerade übersetze, kommt ein Baudelaire-Zitat vor: die einzige politische Handlung, die er verstehe, sei die Revolte. Dabei dachte ich plötzlich: die einzige politische Handlung, die ich verstehe, ist der Amoklauf.«
> Franziska: »Das kennt man doch sonst nur von Männern.«" (LF 83).[260]

Die anfänglich nur durch ein übersetztes Zitat gekennzeichnete Frau übersetzt selbst Zitate, die sie ausgerechnet mit einer traditionell männlichen Domäne, der Politik, in

---

[259] Im Jahr 1969 betätigt sich Peter Handke als Herausgeber einer Sammlung von Horrorgeschichten. Der Titel der Textsammlung lautet: Der gewöhnliche Schrecken. Horrorgeschichten. Herausgegeben von Peter Handke. Salzburg 1969. Dieser Titel erscheint vor dem Hintergrund seiner frühen poetologischen Äußerungen programmatisch: Im Vorwort zu dieser Textsammlung schreibt Handke den bemerkenswerten Satz:
„(...) jede Geschichte, die es ernst mit sich und ihren Gegenständen meine, müsse von vornherein eine Schreckensgeschichte sein (...)."

[260] Im Zusammenhang mit diesem Baudelaire-Zitat klingt im Namen Marianne ein weiteres denkbares Vorbild für Handkes Protagonistin an. „Meyers Großes Konversations-Lexikon" bemerkt zu diesem Namen:
„Marianne, eine geheime Gesellschaft mit sozialistisch-demokratischer Tendenz, die sich in Frankreich nach der Restauration gebildet hatte und über die volles Licht zu verbreiten der Polizei nie gelungen ist. Der Name wurde dann symbolisch: Marie Anna, das Weib aus dem Volke, die in der Junischlacht (1848) die Kämpfenden anfeuerte, die Verwundeten pflegte, wurde selbst auf der Bühne gefeiert. Jetzt (meist spöttische) Bezeichnung der französischen Republik."
Meyers Großes Konversations-Lexikon. Ein Nachschlagewerk des allgemeinen Wissens. Sechste, gänzlich neubearbeitete und vermehrte Auflage. Dreizehnter Band. Lyrik bis Mitterwurzer. Leipzig – Wien 1909. S.292.

Berührung bringt. Der Einwurf Franziskas stärkt jedenfalls zunächst dieses Klischee.[261] Bereits in ihrer Tätigkeit des Übersetzens von Zitaten liegt damit durchaus ein politischer, ja subversiver Keim, der als poetologische Subtilität dem brutalen ‚männlichen' Amoklauf gegenübersteht. Das Zitat jedenfalls, von dem die linkshändige Frau spricht, führt zu dem Schriftsteller, dessen Studium Benjamin seine geschichtsphilosophisch brisanten Chock-, Zitat- und Übersetzungs-Konzeptionen wesentlich mitverdankt. Es verdeutlicht damit die Probleme, die ein Zitat als „scheinbar brutale(r) Zugriff" (GS.Bd.I/2. 677) auf die Tradition mit sich bringt: Die »Rettung« des von Baudelaire thematisierten politischen Revolte-Gedankens erscheint der linkshändigen Frau offensichtlich als historisch und praktisch undurchführbar, worauf die Umdeutung und vermeintliche Aktualisierung des politischen Impulses in eine irrationale individuelle Gewalttat hindeutet. Die linkshändige Frau erweckt jedoch zu keinem Zeitpunkt den Eindruck, als ginge es ihr darum, einem solchen Impuls Folge zu leisten, sie zieht es offensichtlich vor, als Übersetzerin zu arbeiten, ihre Brutalität ist nur „scheinbar" und liegt im Sinne Benjamins eher in ihrem Zugriff auf Zitate. Auch Walter Benjamin bestimmt die Aufgabe des Übersetzers zunächst, wie es allerdings nur scheinen mag, gänzlich unpolitisch:

> „Wie nämlich die Übersetzung eine eigene Form ist, so läßt sich auch die Aufgabe des Übersetzers als eine eigene fassen und genau von der des Dichters unterscheiden.
> Sie besteht darin, diejenige Intention auf die Sprache, in die übersetzt wird, zu finden, von der aus in ihr das Echo des Originals erweckt wird." (GS.Bd.IV/1. 16).

Dieser Gedanke Benjamins von der Erweckung eines Echos des Originals durch die Übersetzung steht in auffälliger Berührung mit seiner Konzeption des Zitierens. So wie dem Zitat mehr eine reinigende und aktualisierende denn bewahrende Funktion zukommt, so auch hier der Übersetzung. Walter Benjamin hat nicht einfach von einer Intention des Übersetzers auf die Sprache gesprochen, sondern, daß es gelte, „diejenige Intention auf die Sprache, in die übersetzt wird, zu finden, von der aus in ihr das Echo des Originals erweckt wird." (GS.Bd.IV/1. 16). Damit verlangt Benjamin eine Art prozessuale Intentionalität vom Übersetzer, die mit der Husserls nicht zu verwechseln ist. Benjamins Übersetzer-Intentionalität geht es nicht um die Illusion eines ursprünglichen intentionalen Aktes im Sinne eines ersten Anfangs, sondern im Gegenteil um das Erwecken eines Echos, das per definitionem kein erster Anfang sein kann. Die Wahrheit, von der Benjamin sich nicht scheut zu sprechen, gilt es gleichwohl als ur-*sprünglich* zu denken, allerdings nicht wesenhaft fundiert in einer transzendentalen Übersetzer-Subjektivität, sondern jeweils aktuell heraus-*springend* aus der Konfrontation des Produktes eines herkömmlichen Originals mit dem Prozeß der Übersetzung. Diese Wahrheit wird aber nicht einfach von der Übersetzung gegeben, sondern sie ist laut Benjamin in ihr verborgen:

---

[261] Julia Kristeva macht dagegen in ihrem Buch „Die neuen Leiden der Seele" auf einen Hintergrund aufmerksam, der durchaus für Handkes Erzählung aus dem Jahre 1976 miteinzubeziehen ist. Ein Interview, das André Müller mit Handke zur Zeit der Verfilmung des Textes geführt hat, wird an späterer Stelle dazu herangezogen:
„Auf den hohen Anteil von Frauen in terroristischen Gruppen (palästinensische Kommandos, Baader-Meinhof-Gruppe, Rote Brigaden etc.) ist schon oft hingewiesen worden. Die Ausbeutung der Frauen ist weiterhin stark, und die traditionellen Vorurteile gegen sie sind zu heftig, als daß dieses Phänomen mit ausreichender Distanz beurteilt werden könnte. Daß es das Ergebnis der Verneinung des soziosymbolischen Vertrags und seiner Gegenbesetzung ist, kann man allerdings jetzt schon sagen." (DLS 243).

> „Wenn anders es aber eine Sprache der Wahrheit gibt, in welcher die letzten Geheimnisse, um die alles Denken sich müht, spannungslos und selbst schweigend aufbewahrt sind, so ist diese Sprache der Wahrheit – die wahre Sprache. Und eben diese, in deren Ahnung und Beschreibung die einzige Vollkommenheit liegt, welche der Philosoph sich erhoffen kann, sie ist intensiv in den Übersetzungen verborgen." (GS.Bd.IV/1. 16).

Übersetzung bedeutet demnach nicht einfach die Übertragung und Wahrung eines bereits festliegenden Sinns in eine andere Sprache, sondern Übersetzung stellt für Benjamin einen selbst originären Prozeß der Sinngebung dar, der sich mit Kristevas Begriff der Intertextualität vergleichen läßt.

Wenn Marianne von einem Baudelaire-Zitat spricht, das sie übersetzen will, dann berühren sich darin die beiden Konzeptionen Benjamins vom Zitieren und Übersetzen. Mariannes Tätigkeit des Übersetzens wird für sie nicht etwa zum Anstoß für einen gewaltsamen Amoklauf (der vielmehr für Wilhelms Mordversuch am Alten als Modell einer »falschen Bewegung« dient), sondern entwickelt sich auf subtile Weise geradezu zu einer Sensibilität, die sich als ein Gegenmodell zum in der Rede der Frau thematisierten Amoklauf begreifen läßt.

Diese Sensibilität kommt zum Vorschein in der Situation, in der die Frau von den Bildern Barnett Newmans erzählt. Hier werden von Handke auf unscheinbarste Weise Übersetzungsprobleme reflektiert, und damit wird die Erzählsituation vergleichbar mit der von Benjamin angesprochenen Intention des Übersetzers auf die reine Sprache. Handkes Erzählweise gelingt es an dieser Stelle, über die als unpolitisch wirkende Haltung Mariannes hinaus, doch noch eine zugleich ethische wie auch politische Dimension im Hinblick auf die Verbrechen des Nationalsozialismus in das damit keineswegs belanglose intertextuelle Spiel seines Textes einzubringen.

Indem die linkshändige Frau die Leidensgeschichte Jesu ihrem Kind erzählt, nimmt sie eine Ergänzung vor, die sich als Übersetzung der Bilder verstehen läßt. Die linkshändige Frau ist Übersetzerin auch für ihr Kind. Aber in welche Sprache? Macht sie nicht damit den komplizierten Loslösungsprozeß von der Sprache der Repräsentation rückgängig, den die Bilder Newmans leisten? Wird hier nicht mehr verloren als gewonnen?

> „Ethik läßt sich nur mit Verlust praktizieren: der Text stellt eines der vollendeten Beispiele für diese Praxis dar. Mallarmé schrieb: »Ich verehre Poes Überzeugung; keine Spur von Philosophie: Ethik bzw. Metaphysik ist nicht sichtbar; ich füge hinzu, es braucht sie, in der Anlage verborgen.«" (RpS 227f.).

Mit diesem Zitat Mallarmés schließt die gekürzte deutsche Übersetzung von Kristevas Buch „La révolution du langage poétique". Es ist gerade die unscheinbare intertextuelle Auseinandersetzung mit den Bildern Barnett Newmans, die den Text Handkes zu der Frage nach den Möglichkeiten des Eingedenkens jenseits der phallogozentrischen Repräsentation in ein Verhältnis setzt, wodurch die Erzählung Handkes sichtlich „in der Anlage verborgen", zu einem Beispiel ethischer Textpraxis im Sinne Kristevas wird.

Läßt sich bereits in den Bildern Barnett Newmans eine Abkehr vom Schrecken deutlich erkennen, die Handkes Erzählung jedoch nicht explizert, so stellt sich Handkes späterer Text „Die Lehre der Sainte-Victoire" auch einmal thematisch dieser Frage, wenn er von Cézannes Abwendung von seinen frühen Schreckensbildern (LSV 21) berichtet. Zum Abschluß des Textes „Die Lehre der Sainte-Victoire" wendet sich die Erzählung sogar von den Bildern Cézannes überhaupt ab und schildert unter anderem einen Weg, der an den Weg denken läßt, der schon von der linkshändigen Frau und ihrem Sohn zu ihrem Picknick beschritten wird:

> „Am Ende der Straße erweist sich die Kiefernreihe dort als der Eingang zu einem Friedhof. (...) Der Friedhof ist sehr groß, und mehrere parallele Wege führen durch ihn südwärts weiter, überragt von der Statue eines Gekreuzigten, der – wie noch auf keinem Gemälde – zuerst von der Seite erscheint." (LSV 124f.).

Der Weg der Frau und ihres Sohnes zu dem Ort des Picknicks – an dem die Frau vom Gekreuzigten in einer Weise erzählen wird, die deutlich macht, daß er so auch „noch auf keinem Gemälde" zu sehen war – führt ebenfalls über einen Friedhof, auf dem gewiß keine Statue eines Gekreuzigten zu sehen gewesen sein dürfte:

> „Vom Weg abbiegend, kletterten sie einen Hang hinauf, kamen an einem Fischteich vorbei, aus dem während des Winters das Wasser abgelassen war. Sie hielten vor einem Judenfriedhof mitten im Wald, wo die Steine halb in der Erde versunken waren. Weiter oben sirrte der Wind, in einem sehr hohen Ton, der fast den Ohren wehtat." (LF 103).

Das Motiv des beiläufig erwähnten Judenfriedhofs, auf dem Statuen des Gekreuzigten nicht zu sehen sind, korrespondiert mit der Erzählung von Bildern, die den Gekreuzigten ebenfalls nicht mehr darstellen. Der Judenfriedhof wird somit von der Erzählung nicht direkt als exemplarischer Ort des Eingedenkens präsentiert, vielmehr kommt er erst im Zusammenwirken mit der Erzählung von den Bildern Barnett Newmans zu dieser Geltung. Als Ort des Eingedenkens ist der Friedhof zunächst im Text „in der Anlage verborgen". Wenn Handke im Text „Die Lehre der Sainte-Victoire" den Weg über einen Christenfriedhof beschreibt, so fällt die Betonung einer neuen Perspektive auf den Gekreuzigten auf, wie sie noch auf sehr viel subtilere Weise im Text „Die linkshändige Frau" als eingedenkende Abkehr vom Schrecken gesucht wird.

Im Text „Die Lehre der Sainte-Victoire" ist damit ein Echo erkennbar, das von der Erzählung „Die linkshändige Frau" herrührt, so wie diese wiederum als Echo auf den Filmtext „Falsche Bewegung" zu verstehen ist: Die Thematisierung der Shoah wird von Handke in seiner Erzählung von der Übersetzerin Marianne im Sinne Benjamins in ein subtiles intertextuelles Echo übersetzt, das einen Ausweg aus der Gewalt nicht nur des Logozentrismus sucht.

4.1.3 Das Erhabene – Chock, Schrecken, Erleuchtung

> „In Deutschland ist keine Größe mehr möglich, weil keine Sühne stattgefunden hat nach den Verbrechen des Nationalsozialismus."[262]

Der Begriff „Größe", den Handke in seinem Gespräch mit André Müller im Jahre 1978 gebraucht, beinhaltet deutlich eine moralische Konnotation, wie sie im ästhetischen Diskurs vom Erhabenen ebenfalls anzutreffen ist.[263] Der Filmtext „Falsche

---

[262] André Müller im Gespräch mit Peter Handke. Weitra 1993. S.52. Im folgenden: *MPH*.

[263] Kant gibt in §25 der „Kritik der Urteilskraft" eine „NAMENERKLÄRUNG DES ERHABENEN":
„*Erhaben* nennen wir das, was *schlechthin* groß ist." (KU 169).
Lyotard (AdE 93f.) beschreibt die Funktion von Größe in Kants Bestimmung des erhabenen Gefühls:
„Beim Erhabenen spielt die Form (...) überhaupt keine Rolle. Sie würde die Reinheit des erhabenen Wohlgefallens eher behindern. Wenn es noch erlaubt ist, bei diesem Gefühl von Natur zu sprechen, dann insofern sie »rohe Natur« ist (B 89), »bloß sofern sie Größe enthält« (ebd.). Diese Größe ist aber nur deshalb roh und löst nur deshalb 'as erhabene Gefühl aus, weil sie sich der Form entzieht, »formlos oder ungestalt« ist (B 132)."

Bewegung" hat diese Unmöglichkeit von Größe, bei gleichzeitiger deutlicher Anspielung auf die ästhetische Tradition des Erhabenen – zu denken ist nur an die Schlußeinstellung – mit seiner in Deutschland spielenden Handlung sichtbar werden lassen. Im Filmtext „Die linkshändige Frau" werden andere Perspektiven eingenommen: Nicht nur die Sichtweise einer Frau tritt in den Vordergrund, sondern auch der Ort der Handlung zeigt sich deutlich verschoben. Beides zusammen könnte mit dazu beigetragen haben, daß Handke doch noch einmal die Frage nach einer möglichen Größe als Bedingung einer Subjektposition im Zusammenhang mit dem Erhabenen stellt, wenn er Marianne von den Bildern Barnett Newmans berichten läßt. Lyotard schreibt in seinem Aufsatz „Der Augenblick, Newman" unter der Überschrift *„Das Erhabene"*:

> „Das Werk Newmans gehört zur Ästhetik des Erhabenen, die Boileau durch seine Übersetzung des Longinus eingeführt hat und die in Europa seit dem Ende des 17. Jahrhunderts langsam ausgearbeitet worden ist, deren gewissenhafteste Deuter Kant und Burke waren und die der deutsche Idealismus, vor allem der Fichtes und Hegels, in das Prinzip eingeschlossen – und damit verkannt – hat, daß die Gesamtheit von Denken und Realität ein System bildet. Newman hatte Burke gelesen. Er fand ihn zu „surrealistisch" (in seinem Monolog: The Sublime is Now). Trotzdem prägte Burke auf seine Weise einen wesentlichen Teil des Newmanschen Projektes.
> Das *delight*, dieses negative Vergnügen, das widersprüchlich, fast neurotisch das erhabene Gefühl kennzeichnet, entsteht aus der Aussetzung eines drohenden Schmerzes. Diese Bedrohung, die in bestimmten „Objekten", bestimmten Situationen lauert und den Selbsterhaltungstrieb angreift, nennt Burke Schrecken *(terror):* Dunkelheit, Einsamkeit, Stille, das Herannahen des Todes können „schrecklich" sein, insofern sie ankündigen, daß der Blick, der Nächste, die Sprache, das Leben nicht mehr da sein werden. Man fühlt, daß es bald sein kann, daß nichts mehr geschieht. Das Erhabene ist, daß mitten in diesem drohenden Nahen des Nichts doch etwas geschieht, etwas „statt" findet (*avoir lieu*), das ankündigt, daß nicht alles zu Ende ist. Ein einfaches *hier*, das kleinste Vorkommnis ist dieser „Ort" (*lieu*)." (Au 150).

Wenn auch Lyotard im Zusammenhang mit dem Erhabenen nicht explizit von Newmans Ästhetik »nach Auschwitz« spricht, sondern vielmehr in einem eher gewöhnlichen Sinn von einem Schrecken, der noch aussteht, von einem drohenden Nahen des Nichts und des Todes, das oder der auch ohne »Auschwitz« zu befürchten wäre, so ist dennoch unzweifelbar dieser relativ gewöhnlichere Schrecken nicht zu denken, ohne die Signatur von »Auschwitz« als seine inzwischen unauslöschbare Vergangenheit, die es nur noch notwendiger macht, eine Ästhetik zu erarbeiten, die „ankündigt, daß nicht alles zu Ende ist".

Bei seinem Rückgriff auf Kants Theorie des Erhabenen geht es Lyotard nicht länger um die Erreichung einer widerspruchsfreien Totalität, sondern um die Herausarbeitung eines kritischen Standpunktes, gegebenenfalls auch jenseits der „Kritik der reinen Vernunft", um einen Standpunkt, der sich vielmehr aus dem pluralen Widerstreit der drei „Kritiken" Kants erst herauszubilden hätte. Die Theorie des Erhabenen wird dabei zum Hebel, der eine sich schließende, restriktive Totalität immer wieder zu verhindern hilft:

> „Die erhabene Gewalt ist wie ein Blitzschlag. Sie schließt das Denken mit sich selber kurz. Die Natur, oder was davon übrig bleibt, die Quantität, dient nur als der Wackelkontakt, von dem aus der Funke überspringt. Die teleologische Maschine explodiert. Die lange »Leitung«, die die Natur durch ihren Leitfaden zum Denken, das sich auf seine finale Erleuchtung zubewegt, legen sollte, muß am Ende ausfallen." (AdE 68).

So kritisiert Lyotard aus seiner Sicht folgerichtig eine unglücklich getroffene Formulierung Barnett Newmans, die den Zusammenhang zwischen „Ort", „Sinn" und „Persönlichkeit" betrifft und von einem „vollständigen Sinn" spricht:

„Nach Newman gäbe das Sein, wenn es sich im Augenblick offenbaren würde, der „Persönlichkeit" ihren „vollständigen Sinn". Der Ausdruck ist dreifach unglücklich. Im Vorkommnis sind weder die Bedeutung noch die Totalität noch die Person im Spiel. Diese Instanzen kommen zum Tragen, „nachdem" etwas stattgefunden hat, um sich dort zu situieren. *Makom* bedeutet Ort, aber dieser „Ort" ist zugleich auch der biblische Name des Herrn. Man muß ihn verstehen wie in dem französischen Ausdruck *avoir lieu*, das heißt sich ereignen." (Au 155).

Von dieser Erläuterung Lyotards ist es nur ein kleiner Schritt zur bereits erläuterten Konzeption des dialektischen Bildes von Walter Benjamin. Den Ort, an dem es sich ereignen soll, hat Benjamin als die Sprache benannt. Denkt man darüber hinaus an Benjamins komplexe Bestimmung des Geschichtsschreibers, der sich gemeinsam mit seinem Gegenstand im Augenblick einer revolutionären Chance für die Vergangenheit allererst und auch nur vorübergehend konstituiert, so steht das von Benjamin erwogene pluralistische politisch-ästhetische Programm einer dekonstruktivistischen Historiographie dem Werk Barnett Newmans nahe – bei aller von Lyotard zu Recht beklagten Mißverständlichkeit seiner *Äußerungen*.

Im Bereich einer Ästhetik des Films hat sich im vorausgegangenen Kapitel ein Versuch der Weiterentwicklung von Ansätzen Benjamins bei Deleuze gezeigt. Nun zeigt sich, wie der von Lyotard an der Malerei Barnett Newmans gewonnene negative Bild-Begriff nicht nur im Zusammenhang mit dem Erhabenen zu denken ist, sondern abermals Affinitäten zu Benjamins Bild-Begriff aufweist.

Der für Lyotards Konzeption des Erhabenen eindeutig gewichtigste Gewährsmann heißt Immanuel Kant, mit dessen Philosophemen er sich immer wieder auseinandersetzt[264], wobei sich diese Auseinandersetzung am Schluß seines Buches „Der Enthusiasmus – Kants Kritik der Geschichte" in einer Weise zuspitzt, daß deutlich wird, was Lyotard von Kants ursprünglichem Optimismus in seinen eigenen minimalistischen Moralvorstellungen noch beibehält:

„Vielleicht besteht die reflexive Verantwortlichkeit heute auch darin, die Inkommensurabilität der den heterogenen Satzfamilien eigenen transzendentalen Forderungen festzustellen und andere Sprachen für das zu finden, was sich in den existierenden Sprachen nicht ausdrücken läßt. Das würde eine gewisse Art und Weise bedeuten, der Kantischen Idee von »Kultur« – verstanden als eine Spur von Freiheit in der Wirklichkeit – treu zu sein: Sie ist, schreibt Kant (...), die »Tauglichkeit, sich selbst überhaupt Zwecke zu setzen«." (Ent 115).

Während Lyotard einerseits den Diskurs des Erhabenen gewissermaßen als Bedingung von Heterogenität von Diskursgattungen auffaßt, die einen ihrer philosophiehistorischen Ausgangspunkte in dem sich nicht schließenwollenden Systemganzen der Kantischen

---

[264] Das gilt für Lyotards bereits zitierte Bücher „Der Widerstreit" und „Postmoderne für Kinder" ebenso wie für die „Kant-Lektionen" unter dem Titel „Die Analytik des Erhabenen", es gilt aber auch für den Text „Der Enthusiasmus – Kants Kritik der Geschichte". Aus dem Französischen von Christine Pries. Wien 1988. (Originaltitel: Jean-François Lyotard: L'enthousiasme. La critique kantienne de l'histoire. Paris 1986). Im folgenden: *Ent*.
In diesem Text wird nicht nur Lyotards eher positive Deutung der Heterogenität der Kantischen Kritiken deutlich, aus einer Formulierung wird auch ersichtlich, wie wenig Lyotard auf Übergänge zwischen den heterogenen Diskursen setzt. Lyotard beschreibt das von Wittgenstein übernommene Erbe Kants sowie Kants noch vorhandenen Optimismus hinsichtlich einer allgemeinverbindlichen Interaktion zwischen den heterogenen Diskursen, den Lyotard nicht mehr teilt:
„Das Zerbersten der Sprache in Familien von heteronomen Sprachspielen ist das Thema, das Wittgenstein, wissenschaftlich oder nicht, von Kant erbt und soweit wie möglich in Richtung auf eine strenge Beschreibung verfolgt. Beim Kantischen Richter genügt es nicht zu entscheiden. Man muß der Koexistenz der heteronomen Satzfamilien Gerechtigkeit widerfahren lassen. Die Verpflichtung zu vergleichen, Vergleiche vorzunehmen setzt trotz oder wegen der Heteronomie der Satzfamilien eine Anziehungskraft oder eine allgemeine Interaktion zwischen ihnen voraus." (Ent 112f.).

Philosophie findet, und während er andererseits „die Kämpfe der Frauen" gerne in einem »Patchwork der Minderheiten« münden sehen würde, innerhalb dessen eine Heterogenität der Positionen selbst als positiv bewertet werden müßte, bleibt letzlich in seinem Denken ein möglicher Zusammenhang beider Fragestellungen offen. Ohne theoretisierende Absicht bietet Handkes Text eine Gelegenheit, über einen solchen Zusammenhang nachzudenken. Walter Benjamins Konzeption des dialektischen Bildes erscheint dabei erneut als Schema möglicher Reflexionsmedien für einen solchen Versuch.

Verschiedene Autorinnen haben aus unterschiedlichen Perspektiven Studien zu Benjamins Konzeption des dialektischen Bildes erarbeitet. So hat Vera Bresemann in Benjamins unausgesprochener Ästhetik des Erhabenen ein Bindeglied entdeckt zwischen den Konzeptionen von Kant und Lyotard. Diese implizite Ästhetik des Erhabenen ist für Bresemann in der Konzeption des dialektischen Bildes gegeben. Sie führt aus, daß Benjamin das Kantische Charakteristikum des Erhabenen, die „Darstellung des Undarstellbaren" schon früh als „Nicht-Synthesis" gedacht hat:

> „Es ist Benjamins Suche nach Orten der „Nicht-Synthesis", die seinen Blick auf das „Bruchstückhafte", auf die „Ruinen" einer ehemals denkbaren heilen „Synthesis" lenkt. Nur die Konzeption einer Erkenntnis im Bild, das sich der Wahrnehmung in einem Augenblick ganz gibt und als Eindruck sofort in die Erinnerung absinkt, erlaubt es Benjamin, die Erkenntnis der Wahrheit der Welt in ihrer Totalität und die Erkenntnis ihrer Wirklichkeit – so wie sie der Augenblick konstituiert – zusammenzudenken. Im „Chock" der Wahrnehmung des „dialektischen Bildes" wird „Nicht-Synthesis" zum Augenblick, der an das sprachliche Material gebunden ist – im Unterschied zum dialektischen Dreischritt, der die Erkenntnis in einen Fortschritt treibt, der, losgelöst von der Sprache des Philosophen, das Wort als Begriff mit mathematischen Zeichen verwechselt."[265]

Während Vera Bresemann also bei Benjamin schon eine politisch motivierte Ästhetik des Erhabenen als implizit gegeben annimmt, die Lyotard in der Folge als Affront gegen jedweden Totalitarismus nur noch zu explizieren hat, haben Autorinnen wie Christine Buci-Glucksmann[266] und später auch Sigrid Weigel in Benjamins Konzeption des dialektischen Bildes eine Möglichkeit entdeckt, feministische Ansätze zu entwickeln. Weigel macht in ihrem Buch „Topographien der Geschlechter" auf bemerkenswerte Beziehungen zwischen den Sprachkonzeptionen Benjamins und Kristevas aufmerksam, die einander ergänzen sollen. Nach Weigels Auffassung von Benjamins dialektischem Bild schafft Benjamins Geschichtsphilosophie:

> „(...) Voraussetzungen für eine Darstellung und Betrachtung weiblicher Subjektgeschichte jenseits der Illusionsbildungen von Emanzipationsdiskurs und Geschichtsverweigerung. Sie bieten eine wichtige Ergänzung zu den Möglichkeiten der Theorie Kristevas überall dort, wo die Problemstellungen vom psychoanalytischen Feld in ein historisches überführt werden müssen."[267]

In Handkes Text „Die linkshändige Frau" ereignet sich also ein solches „Vorkommnis" (Au 155), wie Lyotard es nennt, demzufolge aufgrund einer ästhetischen Betroffenheit durch das Erhabene sowohl die Subjektposition der Frau als auch ein subtiles historisches Eingedenken der Opfer der Shoah gerade dadurch jeweils thematisiert werden können, daß beide Aspekte einer in ihrer Pluralität erst noch zu denkenden

---

[265] Vera Bresemann: Ist die Moderne ein Trauerspiel? In: Das Erhabene. Hg. v. Christine Pries. A.a.O. S.177.

[266] Christine Buci-Glucksmann: Walter Benjamin und die Utopie des Weiblichen. Aus dem Französischen von Horst Arenz, Rolf Löper und Renate Petzinger. Hamburg 1984. (Originaltitel: Christine Buci-Glucksmann: »Feminité et modernité: Walter Benjamin et l'utopie du Feminin«. Paris 1984).

[267] Sigrid Weigel: Topographien der Geschlechter. Reinbek bei Hamburg 1990. S.39. Im folgenden: *TdG*.

ethischen Dimension des Textes an dieser Stelle *(noch) nicht* thematisiert erscheinen. Das „Vorkommnis" schafft erst die Voraussetzung zu einer solchen doppelten Thematisierungsmöglichkeit: Die intertextuellen Bezüge eröffnen den Sinngebungsprozeß, den zu leisten dem Rezipienten obliegt. Diesen sich eröffnenden Thematisierungsmöglichkeiten entspricht Kristevas vorthetische Chora, aus der heraus im Sinngebungsprozeß das Semiotische immer wieder in Widerstreit mit dem Symbolischen gerät.

Das Ereignis, von dem die linkshändige Frau berichtet, erscheint als eine Konfrontation mit dem Erhabenen, dem das traditionell unabdingbare Schreckensmoment paradoxerweise fehlt. Dennoch kommt es zu einer Beschreibung von einer Irritation, die die Identität nicht nur des Wahrnehmungsgegenstands in Frage stellt. Der beschriebene Wahrnehmungsmoment ist verknüpft mit einer komplexen Anspielungsstruktur innerhalb der Erzählung. Das »flimmernde Nachbild«, von dem die Frau erzählt, läßt sich als dialektisches Bild lesen, das eine Wiederaufnahme der anfänglichen Rede Mariannes von Jesus bedeutet und zugleich eine Überführung von dieser unbewußten Äußerung Mariannes, die sie nach der Trennung von ihrem Mann einsam vor dem Spiegel ausspricht (LF 24), in einen Kontext der nurmehr allein ästhetischen Mitteilbarkeit. Aber auch mit der anfänglich vollzogenen Trennung von ihrem Mann korrespondiert die Erzählung vom flimmernden dialektischen Bild, da es mit einer Art Erleuchtung zu vergleichen ist, die für die Frau der Ausgangspunkt für ihre Trennung ist.

So wie die Rede von Jesus im Zusammenhang mit der Erzählung der Kunsterfahrung in den Kontext eines intertextuellen Sinngebungsprozesses überführt wird, dem implizit eine deutlich historisch-politische Bedeutung beizumessen ist, so erscheint die für die Frau zunächst nur belustigende „Erleuchtung", die sich rasch zu einer Bedingung der Selbsterfahrungsmöglichkeit jenseits des Ehealltags herauskristallisiert, ebenfalls noch einmal als Reflex in der Erinnerung an die Bilder Barnett Newmans. Es ist durchaus vorstellbar, daß dieser Reflex ein zumindest doppelt zu belichtender ist. Die von der Frau erzählte Kunstwahrnehmung erinnert zugleich an zwei Zeitpunkte aus der Geschichte der Frau, zum einen an den Moment der Wahrnehmung der Bilder im Museum („Vor vielen Jahren ..."), zum anderen an den Korrespondenz-Moment der „Erleuchtung", der der Ausgangspunkt für die Neuorientierung der Frau wurde. Von zusätzlicher prospektiver Bedeutung ist aber auch der Akt der Erinnerung selbst, der es dem Leser an dieser Stelle erlaubt, das Privatschicksal der linkshändigen Frau nicht länger als das Primäre der Erzählung aufzufassen.

Im Kontext der Erzählung läßt sich nicht mit Gewißheit klären, ob überhaupt ein Zusammenhang zwischen den beschriebenen Erleuchtungen besteht. Selbst wenn er bestünde, ist nicht klar, ob die frühere Museumserfahrung die Entscheidung zur Trennung beeinträchtigt hat, oder ob umgekehrt die Trennungs-Erleuchtung die Erinnerung an das Museumserlebnis erst möglich gemacht hat. Damit wird ein Zusammenhang zwischen zwei kritischen Standpunkten denkbar, aber noch nicht bestimmend gedacht: Der Zusammenhang zwischen einer immanenten Kritik des Phallogozentrismus und der intertextuell vermittelten Kritik am Logozentrismus angesichts der Shoah.

Benjamin hat wie Lyotard bereits genauso akzentuiert um den Augenblick der Unterbrechung gerungen, der bei beiden Denkern implizit oder explizit mit dem ästhetischen Phänomen des Erhabenen in Verbindung steht. Lyotard verfolgt unausgesprochen die Ansätze Benjamins, wenn er schreibt:

„Der Augenblick ist gekommen, um den Terror in der Theorie zu unterbrechen. Für einen längeren Augenblick werden wir alle Hände voll zu tun haben. Der Wunsch nach Wahrem, allerorts ein Nährboden für Terrorismus, schreibt sich in den unkontrollierbaren Gebrauch unserer Sprache ein, so sehr, daß jede Rede *(discours)*, die Anmaßung das Wahre zu sagen in einer Art unverbesserlicher Grobheit zu entfalten scheint. Das heißt aber, daß der Augenblick gekommen ist, um gegen diese Grobheit anzugehen, um in den ideologischen oder philosophischen Diskurs *(discours)* die gleiche Feinheit, die Kraft der Leichtigkeit einzuführen, die sich in den Werken der Malerei, der Musik, des sogenannten experimentellen Kinos und natürlich auch den Wissenschaften abzeichnet (...)".[268]

Der Text „Die linkshändige Frau" vermittelt einen Umgang mit dem ästhetischen Phänomen des Erhabenen, der, ganz im Sinne Lyotards und Benjamins, jeglicher Form von Totalität eines vorherrschenden Diskurses entgegenarbeitet. An die Stelle der Herrschaft eines solchen Diskurses tritt die Pluralität von intertextuellen Bezügen, deren Entdeckung zum Anstoß eines ethisch sensiblen Sinngebungsprozesses führen kann. Für die Lektüre der »Kreuzwegstationen«-Episode bietet sich Benjamins Konzeption des dialektischen Bildes als ein intertextueller Versammlungsort an, der geradezu wie geschaffen ist, auch in bezug auf eine historische Zäsur wie »Auschwitz«, zur Darstellung gebracht zu werden. Wohlgemerkt, Benjamins Konzeption ermöglicht als bloßes Schema keineswegs die Darstellung des geschichtlichen Grauens von »Auschwitz«: Was sie vermag, ist einem ethisch motivierten Eingedenken die Tür einen Spalt weit offen zu halten. Benjamins Konzeption des Eingedenkens, die mit seinen Vorstellungen vom Zitieren und vom Chock untrennbar zusammenhängt und somit seine implizite Konzeption von Intertextualität avant la lettre bestimmt, begegnet in ihrer Subtilität den späteren Vorbehalten Lyotards, einem allein aufklärerisch motivierten Eingedenken könnte eine Gewaltsamkeit innewohnen, die nur zur erneuten, noch tieferen Verdrängung des Geschehenen führt. Das Erhabene bei Benjamin bildet sich als Effekt im dialektischen Bild aus einer Konstellation, in der sich der historische Schrecken mit dem durch ein Zitat vermittelten aktuellen Chock und der profanen Erleuchtung verbindet. Einer solchen Konstellation begegnet auch der Leser des Handke-Textes „Die linkshändige Frau". Benjamins Konzeption des dialektischen Bildes erlaubt, ästhetische, theologische, historische, philosophische und politische Kategorien im Denken miteinander in Berührung zu bringen. Über Walter Benjamins dialektische Bilder schreibt Susan Buck-Morss in diesem Zusammenhang:

„Ohne Theologie (die Achse der Transzendenz) gleitet der Marxismus in den Positivismus ab; ohne den Marxismus (die Achse der empirischen Geschichte) versinkt die Theologie in Magie. Es ist zwar richtig, daß dialektische Bilder am »Kreuzweg von Magie und Positivismus« zum Vorschein kommen, doch an diesem Nullpunkt werden beide »Wege« negiert — zu ein und derselben Zeit dialektisch überwunden.
Das Problem liegt, wie Benjamin selbst einsieht, in der Konstruktion: Soll die Substanz der dialektischen Bilder in Alltagsgegenständen und profanen Texten gefunden werden, dann fragt es sich, in welcher Weise ihnen ein Kontext zugeordnet werden kann, daß ihre theologische (also philosophisch-politische) Bedeutung erkennbar wird." (DdS 304).

Gleich in mehrfacher Hinsicht steht also die Erzählung Mariannes von den »Kreuzwegstationen« Barnett Newmans am »Kreuzweg von Magie und Positivismus«. Die Konstruktion der Text-Passage in Handkes Erzählung erweist sich als pluralischer Aussage»ort« im Sinne Benjamins wie auch im Sinne Kristevas, an dem die Dinge zu packen sind, wo sie am paradoxesten sind.

---

[268] Jean-François Lyotard: Apathie in der Theorie. Aus dem Französischen von Clemens-Carl Haerle und Lothar Kurzawa. Berlin 1979. S.73. (Originaltitel: Jean-François Lyotard: Apathie dans la théorie. In: Rudiments païens. Paris 1977).

4.1.4 Pluralismus und Feminismus – Peter Handkes Schreibweisen und Julia Kristevas Diskurstypen

Eng verbunden mit Kristevas Kritik an den theologischen und metaphysischen Grundlagen des Logozentrismus ist die Kritik am Phallogozentrismus, die auch Lyotard teilt. Ein »Patchwork der Minderheiten«, wie es im deutschen Titel eines Buches von Lyotard benannt wird, ist als ein gesellschaftliches Gebilde vorstellbar, in dem die sehr wohl zu differenzierenden Positionen seiner Teilhaber nicht durch einen universellen Diskurs präskriptiv hierarchisiert werden. Auch Jean-François Lyotard beschreibt die Unterdrückung der Frauen in der Form einer Anklage der Phallokratie, die an Kristevas Kritik der symbolischen Ordnung erinnert:

„Die Grenze, die zwischen den Geschlechtern verläuft, trennt nicht zwei Teile ein und desselben gesellschaftlichen Ganzen, sie ist nicht nur jener Rand, wo das IMPERIUM auf die Barbarei stößt, sondern sie ist die Bruchlinie zwischen einem empirisch Gegebenen, den Frauen, dem großen X, und der transzendenten oder transzendentalen Ordnung, die sich ihm appliziert, um zu versuchen, ihm einen Sinn zu geben. Hierin ist das stillschweigende Einverständnis von politischer Phallokratie und philosophischer Metasprache zu suchen: die Aktivität, die sich die Männer *de facto* vorbehalten, setzt sich als *Recht*, den Sinn zu geben."[269]

Handkes Erzählung von der linkshändigen Frau kritisiert implizit dieses phallokratische Vorrecht, indem sie textuelle Strategien verfolgt, die eine Narration ermöglichen, welche vergleichbar mit Kristevas Akt theoretischer Subversion des Diskurstyps der Erzählung[270] – den sie als Verwirklichung der letzten Stufe ihres Diskurstypenschemas „Textpraxis" nennt – den Sinn weniger vorgibt und beherrscht als offenhält. Kristeva beschreibt den Dekonstruktionsprozeß, der innerhalb des Textes der Form der Erzählung widerfahren soll:

„Wer eine solche Praxis erschließen will, muß in das Zeichen eindringen, es auflösen, analysieren – einschließlich seiner Seme – und den Schleier der Repräsentation zerreißen; nur so wird er auf den materiellen Prozeß der Sinngebung stoßen.
Dieser Prozeß läßt sich nicht in die Erzählung, noch weniger in die Metasprache oder eine theoretische Ableitung binden. Nur der Text kann ihn vollenden: Zerstörung des Zeichens und der Repräsentation und, infolgedessen, der Erzählung, der Metasprache und des seriösen Derivats. Doch um dahin zu gelangen, muß der Text sich in sie einschleichen, um sie schließlich im stürmischen Rhythmus alternierenden Verwerfens und Einrichtens zerspringen zu lassen.
Diese Praxis läßt sich nur dann verstehen, wenn man sie verwirklicht, und ihre Verwirklichung verlangt vom Subjekt die Aufgabe der »Meta«-Position, der ganzen Maskenserie bzw. des semantischen Films, verlangt die Vollendung der komplexen Sinngebungsbahn." (RpS 111).

Die Art und Weise, wie die Erzählung der linkshändigen Frau den „Schleier der Repräsentation" zerreißt, wird deutlich an der Tatsache, daß die Frau gegenüber der Gestalt der Bilder Newmans in ihrer Beschreibung zu deutlichen und deutungsbedürftigen Abweichungen kommt. Peter Pütz hat sie bereits hervorgehoben:

„Während die Bilder Newmans nur Längsstreifen enthalten, variiert der Erzähler die Komposition zu längs *und* quer verlaufenden Bahnen." (PHN 76).

---

[269] Jean-François Lyotard: Ein Einsatz in den Kämpfen der Frauen. In: Das Patchwork der Minderheiten. A.a.O. S.67. (Originaltitel des Aufsatzes: Jean-François Lyotard: Un enjeu des luttes des femmes, italienisch in: Annuario 1975 – Eventi del 1976, La Biennale di Venezia, Archivo Storico delle arti contemporanee).

[270] Kristeva differenziert im Anschluß an Lacan zwischen vier Diskurstypen, die sie auch signifikante Praktiken nennt:
„Wir unterscheiden folgende signifikante Praktiken: die Erzählung, die Metasprache, die Kontemplation und die Textpraxis." (RpS 97).

Handke läßt die linkshändige Frau nur scheinbar erzählen, was tatsächlich auf den Bildern zu sehen ist. Eine Bemerkung Max Imdahls unterstreicht die von der Erzählung Handkes vorgenommene Abweichung:

> „Niemals hat Newman (...) sich durchkreuzende Linien, oder was dasselbe bedeutet, Schnittpunkte gemalt (...)" (Who 244).

Das Sichtbare wird in einer Weise verfremdet, daß der zunächst hergestellte Abstand zur Erzählung der Leiden Jesu teilweise wieder zurückgenommen erscheinen kann. Das geschieht durch die Vorstellung von einander kreuzenden Linien, die nahtlos in die Fortsetzung der Erzählung der Leidensgeschichte überleitet, ausgerechnet, als die linkshändige Frau von der Kreuzabnahme berichtet:

> „Diese Bilder bestanden aber nur aus schwarzweißen Flächen, ein weißer Untergrund, über den längs und quer schwarze Streifen gingen. Die vorletzte Station – ›Jesus wird vom Kreuz genommen‹ – war fast schwarz zugemalt, und die Station danach, die letzte, wo Jesus ins Grab gelegt wird, auf einmal völlig weiß." (LF 107).

Von Handkes Rekonstruktion des Kreuzsymbols in den Bildern Barnett Newmans, die dieses Symbol selbst destruieren, läßt sich nicht behaupten, daß ihr damit bereits ein eindeutiger Sinn zufällt. Auffällig ist allerdings, daß Handkes Text den Bildern in der Erzählung hinzufügt, was sie selbst zu repräsentieren vermeiden. Der Text interpretiert die Bilder damit nicht nur, sondern zeigt gleichzeitig an, daß es sich bei den Bildern um die Interpretation eines Textes handelt, von dem sie sich zu lösen bemühen. So wie auf diese Weise Texte und Bilder zu wechselseitigen Subtexten werden, die abwechselnd die Rollen des Semiotischen und des Symbolischen übernehmen, entsteht eine ›bisexuelle‹, weder maskuline noch feminine Schreibweise, wie sie Eagleton für Kristevas Theorie der Intertextualität als charakteristisch ansieht.[271]

Handkes Umgang mit den Bildern Barnett Newmans konstatiert nicht deren Sinn, sondern eröffnet die Möglichkeit, sie aus einer verfremdeten Differenz heraus neu zu sehen. Das Semiotische ist für die linkshändige Frau das, was hervortritt, ohne zu erscheinen, es ist gerade kein Phänomen, das sich zeigt. „Das Semiotische", so Eagleton, „ist fließend und vielfältig, eine Art lustvolles, kreatives Überschreiten der gesellschaftsüblichen Bedeutungen, und es findet in der Zerstörung oder Negierung solcher Zeichen ein sadistisches Vergnügen." (EL 181).

Wenn überhaupt im Museumserlebnis der linkshändigen Frau von einem Ereignis des Erhabenen die Rede sein kann, so dient es demnach im Text Handkes gerade nicht der Stärkung der phallokratischen Ordnung, sondern ihrer Unterwanderung im Sinne Kristevas, da die einmal stattgefundene Transzendierung des weiblichen Erfahrungssubjektes nicht wieder zurück übersetzt werden kann in logo- oder phallogozentrische Dis-

---

[271] „Das Semiotische ist fließend und vielfältig, eine Art lustvolles, kreatives Überschreiten der gesellschaftsüblichen Bedeutungen, und es findet in der Zerstörung oder Negierung solcher Zeichen ein sadistisches Vergnügen. Es steht allen festgelegten, transzendentalen Bedeutungen konträr gegenüber; und da die Ideologien der modernen männerbeherrschten Klassengesellschaft in ihrer Macht von solchen festen Zeichen (Gott, Vater, Staat, Ordnung, Eigentum) abhängig sind, wird diese Literatur im Bereich der Sprache zu einer Art Entsprechung zur Revolution in der politischen Sphäre. Der Leser/die Leserin solcher Texte wird durch diese sprachliche Kraft gleichermaßen gespalten oder ›dezentriert‹, in einen Widerspruch gestürzt, unfähig, irgendeine einfache ›Subjektposition‹ in Bezug auf diese polymorphen Werke einzunehmen. Das Semiotische bringt jede scharfe Trennung zwischen dem Maskulinen und dem Femininen durcheinander – es ist eine ›bisexuelle‹ Art des Schreibens – und bietet die Möglichkeit der Dekonstruktion aller fein säuberlich binären Oppositionen – richtig/falsch, Norm/Abweichung, vernünftig/verrückt, mein/dein, Autorität/Gehorsam –, kraft derer Gesellschaften wie die unseren überleben." (EL 181).

kurse. Damit erhält das von der linkshändigen Frau beschriebene flimmernde Nachbild zwar keine eindeutige Bedeutung, aber eine um so deutlichere subversive Funktion.

Lyotard hat sich an einer Stelle über Handkes Film-Erzählung „Die linkshändige Frau" in einer Weise geäußert, die diese wenig „Selbst-bezogene" Qualität von Handkes Text übersieht:

> „Peter Handke schrieb (in seinem Drehbuch für den Film *Die linkshändige Frau*) etwa folgendes: Bedenke, daß es keinen Platz auf dieser Welt gibt und daß jeder seinen eigenen Platz mitbringen muß. Das ist mir noch zu Selbst-bezogen, und mir wäre es lieber, wenn er geschrieben hätte: im allgemeinen gibt es keinen Platz, und alles bringt seinen Platz mit sich; eine Stätte findet (von) selbst statt/ihre Stätte (*a place takes place by itself*)."[272]

Lyotard, der sich an dieser Stelle auf den Nachspann des Films bezieht, hat offenbar nicht bemerkt, daß der Text Handkes, den er aber auch nicht unbedingt kennen muß, eine versteckte Auseinandersetzung mit den Bildern Barnett Newmans führt und anbietet: Es wäre ihm dann gewiß nicht entgangen, daß gerade in dieser intertextuellen Auseinandersetzung nicht nur jegliche „Selbst-Bezogenheit" zur Disposition gestellt wird, sondern daß sich in ihr ereignet, was Lyotard bei Handke vermißt, bei Newman jedoch immer wieder gefunden hat: „eine Stätte findet (von) selbst statt". Dies geschieht in einem Ereignis des ästhetisch Erhabenen, das keinen Rückweg zu definitiven Bedeutungen der „Selbst-Bezogenheit" mehr zuläßt; es bleibt einzig und allein der Ausweg oder Umweg über eine mehr oder weniger ausweichende Narration. Die Bilder Barnett Newmans werden in Handkes Erzählung zu einer Stätte, die die Grenzen der Selbst-Bezogenheit zu sprengen vermag.

Für die Erzählung Mariannes gegenüber ihrem Sohn heißt dies, daß diese einen komplexen intertextuellen Übersetzungsakt leistet, in dem nicht nur bemerkenswerte Übergänge von Literatur und Malerei stattfinden. Der Blick der Frau auf die Bilder Barnett Newmans wird im erinnernden Akt der Erzählung zu einen intertextuellen Übersetzungsverfahren, das nicht eine Einheit präsentiert, sondern eine Vielheit produziert, die nicht jenseits der Geschichte angesiedelt werden kann. Der erotische Blick Mariannes krankt damit nicht am metaphysischen Einheits-Wesen, wie noch derjenige Wilhelms, er versucht vielmehr an einer Vielheit zu gesunden, deren komplexe Wahrheit es historisch immer wieder neu zu entbergen gilt. Diese Aufgabe schreibt Benjamin zu Beginn seines Wahlverwandtschaften-Aufsatzes der Kritik zu.[273]

Die Kunsterfahrung Mariannes als dialektisches Bild zu lesen, hat auf zwei „Varianten einer Opferstruktur im selben Repräsentationssystem" (TdG 65) aufmerksam gemacht. Die Konzeption des dialektischen Bildes stellt bereits die Herrschaft der

---

[272] Jean-François Lyotard: Streifzüge. Gesetz, Form, Ereignis. Aus dem Englischen von Hans Walter-Schmidt. Wien 1989. S.22. (Originaltitel: Jean-François Lyotard: Peregrinations. Law, form, event. New York 1988).

[273] Benjamin schreibt in: Goethes Wahlverwandtschaften. GS.Bd.I/1. S.125:
„Die Kritik sucht den Wahrheitsgehalt eines Kunstwerks, der Kommentar seinen Sachgehalt. Das Verhältnis der beiden bestimmt jenes Grundgesetz des Schrifttums, demzufolge der Wahrheitsgehalt eines Werkes, je bedeutender es ist, desto unscheinbarer und inniger an seinen Sachgehalt gebunden ist. Wenn sich demnach als die dauernden gerade jene Werke erweisen, deren Wahrheit am tiefsten ihrem Sachgehalt eingesenkt ist, so stehen im Verlaufe dieser Dauer die Realien dem Betrachtenden im Werk desto deutlicher vor Augen, je mehr sie in der Welt absterben. Damit aber tritt der Erscheinung nach Sachgehalt und Wahrheitsgehalt, in der Frühzeit des Werkes geeint, auseinander mit seiner Dauer, weil der letzte immer gleich verborgen sich hält, wenn der erste hervordringt."
Benjamin stellt damit heraus, daß sich der Wahrheitsgehalt wesentlich in der Rezeptionsgeschichte eines Werkes zu zeigen beginnt, und innerhalb dieser keineswegs als unwandelbar zu gelten hat.

Repräsentation in Frage. Im Anschluß an Benjamin haben Kristeva und Lyotard pluralische Konzeptionen der Erzählung entwickelt, die sich vor allem in der Bewertung der Stellung des Subjekts innerhalb dieser Konzeptionen unterscheiden. Während gegenüber Kristeva von feministischer Seite immer wieder Vorwürfe laut werden, daß ihr Ansatz, Subjektivität prozessual und von einer weiblich fundierten Semiotik bestimmt zu denken, nicht radikal genug oder sogar überhaupt nicht mit dem Phallogozentrismus bricht, lautet die Kritik an Lyotard aus hermeneutischer Sicht, daß er das Subjekt aus dem Verstehensprozeß ganz entfernt habe; Manfred Frank spricht von „Desanthropozentrierung" (GV 100). Der Schritt von der Heterogenität der Triebe bei Kristeva zur Heterogenität der Diskurse bei Lyotard ist derjenige, bei dem die Frage nach der Subjektivität die entscheidende Rolle spielt. Bereits Kristeva erkennt eine Pluralität von Diskursen, zwischen denen allerdings ein »Subjekt-im-Prozeß« bedingt noch zu unterscheiden und zu wählen vermag. Bedingt, jedoch nicht im logischen Verständnis, deshalb, weil es selbst durchkreuzt zu denken ist von der besagten Heterogenität der Triebe. Der Übergang vom Semiotischen zum Symbolischen vollzieht sich nicht nur immer wieder im Subjekt des Verstehens, sondern ebenso in einem differenzierten Verstehen des Subjekts, das sich auf unterschiedliche Diskurstypen einzustellen hat. Die Einteilung der Diskurstypen stellt eine bewußte Anlehnung an ein Schema Lacans dar, aber auch dessen Umakzentuierung. Sie ist nach den möglichen Verhältnissen entwickelt, die Semiotisches und Symbolisches zueinander einnehmen können. Mit Kristeva gesprochen bevorzugt die Übersetzerin Marianne gegenüber dem Schriftsteller Wilhelm einen anderen Diskurstyp als den der metasprachlichen Rechtfertigung, der sich im Falle Wilhelms noch ansatzweise philosophischer Begriffe bedient:

> „Lacan hat vier Diskurstypen definiert, die sich auf unsere Gesellschaft verteilen: den Diskurs des Hysterikers, den des Wissens, den Diskurs des Herrn und Meisters und den des Analytikers. Wir nehmen gemäß unserem Konzept eine andere Differenzierung vor, die sich in bestimmten Punkten mit den vier Typen bei Lacan deckt oder sie ergänzt. Wir unterscheiden folgende signifikante Praktiken: die Erzählung, die Metasprache, die Kontemplation und die Textpraxis." (RpS 97).[274]

Der Diskurstyp, dessen sich die linkshändige Frau gegenüber ihrem Sohn zunächst bedient, ist der der Erzählung. Die Frage stellt sich, ob die von Handke in einer Art poetologischem Imperativ aufgestellte Identitäsformel »Die Erzählung, das Erzählen, ist die Moral«[275] bereits mit einem solchen Diskurstyp eine Erklärung findet, wie ihn Kristeva als Erzählung begreift. An der beschriebenen Erzählsituation der linkshändigen Frau läßt sich eher die Doppelwertigkeit des Erzählens beobachten, die für den dekonstruktiven Sinngebungsprozeß in der Theorie Kristevas unumgänglich ist.

---

[274] Zu den erwähnten vier Diskurstypen Lacans finden sich Erläuterungen bei Walter Seitter: Jacques Lacan und. Berlin 1984. S.50, 61, 68ff.; und bei Thanos Lipowatz: Die vier Diskurse. In: Dieter Hombach (Hg.): Mit Lacan. Berlin 1982. S.137ff.
„Zu einer Typologie der Diskurse" heißt aber auch ein Abschnitt aus Kristevas Aufsatz „Bachtin, das Wort, der Dialog und der Roman" (BWDR 360), in dem sie angelehnt an Bachtin zu einer Variation dieser Unterscheidung und Bezeichnung der Diskurstypen kommt.

[275] In dem Text „Phantasien der Wiederholung" beschreibt Handke seinen poetologischen Bruch mit einer Moralphilosophie, die, wie die Kantische, ihre Maximen in Imperative zum Ausdruck bringt, die das Handlungssubjekt vor allem zu einem allgemeingültigen, hierarchisierenden Logos in Beziehung setzen, indem er demgegenüber die Erzählung zur Moral erhebt:
„Die Erzählung, das Erzählen, ist die Moral: handle so, daß du dir deine Handlung als Erzählung vorstellen kannst (handle so, daß deine Handlungen sich zu einer Erzählung fügen [könnten])" (PdW 74).

Zunächst ist unter Erzählung ein Diskurstyp zu verstehen, der alles andere als die Sprache revolutionierend erscheint:

> „Die *Sprachstrukturen im eigentlichen Sinne* (der Phänotext) bleiben in der Erzählung normativ. Sie gehorchen den Regeln der Grammatikalität, die kaum zuläßt, daß die Triebladung das Thetische, das Sprache herbeiführt, durchbricht. Vielmehr wird die Triebladung schon vorher aufgegriffen und in Rahmungen eingeebnet, die von voraufgehenden Schichten strukturiert werden: dort erhält sie Sinn, wird sie Zeichen; umgekehrt ersetzt das Zeichen die Triebladung. Auf diese Weise kann die Sprache funktionieren, ohne daß der Triebkern von neuem in sie eingeführt werden muß; er würde sie nur zersetzen, vervielfältigen und mit Un-Sinn belagern. Begrenzte Triebladungen gehen jetzt durch dieses Netz hindurch und schaffen eine *mimesis*, die die *Bedeutung* als Denotation, nicht aber *Bedeutung* als Aussagen in Frage stellt. Der semiotische Triebstrom wird den gewichtigen Kraftlinien des Erzählens untergeordnet und zeugt bloß noch zaghaft vom Prozeß der Sinngebung." (RpS 99f.).

Die linkshändige Frau, indem sie von den Bildern Barnett Newmanns erzählt, verbleibt damit zunächst eindeutig innerhalb normativer Sprachstrukturen. Daß diese Erzählung aber in einem weiteren Schritt als Einleitung eines demgegenüber dennoch subversiven Prozesses lesbar ist, das ist genau die Annahme, von der abhängt, ob Erzählung auch bei Handke als ein Diskurstyp gelten kann, dem im Sinne Kristevas eine ethische Dimension zukommt. Jedenfalls sind bereits auf unterschiedlichen Ebenen markante Eingriffe Handkes deutlich geworden, die es nicht gerade auf eine *objektive* Repräsentation von Kunstwerken im Text abgesehen haben.

Das Verschweigen des Malers läßt sich als Verschiebung, die Erzählungen von dem auf den Bildern nicht dargestellten Jesus lassen sich als Verdichtung in der Erinnerung der Frau beschreiben. Beide Prozesse kommen einer Kunstwahrnehmung entgegen, für die die Bedeutung der traditionellen Begriffe sowohl des Produzenten als auch des Produkts der Kunst als konstitutive Stützen der Repräsentation nicht länger maßgeblich sind. Die Erzählung thematisiert sich selbst, indem sie ihren Gegenstand so erklärt, daß sie ihn zugleich auch verklärt. Die Identität der beschriebenen Bilder ist allein aus der verfremdenden Beschreibung zu gewinnen. Mehr noch, sie ist ebenso in Frage zu stellen, wie die Bilder ihren vermeintlichen Gegenstand mitsamt ihrem Betrachter in Frage stellen. Das abschließend in der Erzählung der Frau Erzählte, der Wahrnehmungsprozeß einer Verdunkelung des Hellen und einer Erhellung des Dunkeln, ist nicht nur verfremdete Darstellung eines Gegenstandes der Erzählung, sondern betrifft die Funktion des Gegenstands der Erzählung als Erzählung selbst, sobald sie sich mit dem Diskurstyp Text verbindet. Kristeva bezeichnet als Text einen Diskurstyp, der für sie die Praxis darstellt, in der es letztlich um die Verneinung des Narzißmus geht und damit um eine ethische Dimension, der die Dekonstruktion des Subjekts vorauszugehen hat.

Bildet die Erzählung der linkshändigen Frau also einerseits die Ausgangsbasis, die sich auf normative Sprachstrukturen stützt, so gilt sie andererseits als der Prozeß, in dem das Symbolische vom Semiotischen durchdrungen wird, also als der Prozeß, der

---

Die Erzählung könnte damit als pluralischer Aussage»ort« hervortreten, innerhalb dessen sich die Restriktionen eines verbindlichen Moraldiskurses nur noch ad absurdum führen lassen. Kristevas Konzeption von Intertextualität wie auch Lyotards miteinander verbindbare Theorien des Widerstreits und des Erhabenen bieten hier Ansätze zur Diskussion. Lyotard beschließt sein Buch „Die Analytik des Erhabenen" mit Bemerkungen, die ein Denken evozieren, das nicht länger präskriptiv zu sein nötig hat, aber ebensowenig beliebig wäre, wenn es sich dem Widerstreit letztlich von Ästhetik und Ethik aussetzt:

> „Weder moralische Allgemeinheit noch ästhetische Universalisierung, vielmehr eher die Zerstörung der einen durch die andere in der Gewaltsamkeit ihres Widerstreits, den das erhabene Gefühl bildet. Der Widerstreit selbst kann, auch subjektiv betrachtet, nicht fordern, von jedem Denken geteilt zu werden." (AdE 263)

innerhalb dieser Erzählung den Schleier der Repräsentation zerreißt[276]. Butler (UG 130ff.) hat jedoch mit ihrer Kritik an Kristeva darauf hingewiesen, daß Kristeva an dieser Stelle mehr verspricht als sie vollends, selbst gebunden an die Mittel der Repräsentation, zu halten vermag. Dennoch, was Kristeva „die Aufgabe der »Meta«-Position" im Prozeß des Textes nennt, kann auf die Erzählung bezogen heißen, daß sie, um eine ethische Dimension zu gewinnen, sich von ihrer Bindung an normative Sprachstrukturen zwar niemals ganz verabschieden kann, wenn sie weiterhin als Erzählung verstanden werden soll, aber daß sie sich unter keinen Umständen mehr auf eine Verquickung mit dem Diskurstyp der Metasprache einzulassen hat, von dem Kristeva schreibt:

> „Die *Metasprache* zeichnet aus, daß sie den Prozeß der Sinngebung zusammenschweißt: sie entfernt die negative Ladung, ordnet die Negativität der Bejahung unter und *reduziert die Triebdyade auf Positivität*. Nachdem die negative Ladung an der Konstituierung des realen Gegenstandes als solchem, also am Symbolismus teilgenommen hat, sieht es so aus, als ziehe sie sich in diesen Symbolismus zurück, als würde sie unter die *Bejahung,* von der Freud spricht, subsumiert. Der Gegenstand ist nur dann als realer gesetzt, wenn er auf immer von der Positivität getrennt bleibt, die ihn im Auge behält, den Blick über ihn schweifen läßt: *meta-*; die über ihn hinausragt, ihn in die Höhe hebt gleich einer Meta-Physik, einem Meta-Körper, einer Meta-Logik – Meta-Sprache." (RpS 102).

Was Kristeva im Diskurstyp Text als „Aufgabe der »Meta«-Position" zu verwirklichen strebt, läßt sich demnach vergleichen mit der Distanzierung, die Lyotard in der Postmoderne von den Meta-Erzählungen, die so etwas wie die Verbindung der ersten beiden Diskurstypen Kristevas darstellen, als inzwischen gegeben ansieht.

Die linkshändige Frau bringt in Handkes Text das Semiotische Kristevas zur Geltung, indem sie von Bildern erzählt, die implizit bereits eine grundsätzliche Infragestellung des Logozentrismus thematisieren. Die Erzählung selbst unternimmt dabei keinerlei Versuch, ihren Gegenstand zu objektivieren, sondern konstruiert vielmehr eine Vielschichtigkeit von Bezugsebenen, die einander wechselseitig in Frage stellen. Die Frage nach einer ‚weiblichen' Schreibweise verbindet sich so unscheinbar mit der Frage nach einer Ästhetik »nach Auschwitz«. Eine psychoanalytisch-semiotische Fragestellung erweist sich damit zugleich als eine ästhetisch-geschichtsphilosophische Fragestellung. Es erscheint als lohnende Aufgabe, den Impuls, den Sigrid Weigel mit dem Hinweis auf einen Zusammenhang der Theorien Benjamins und Kristevas zu setzen begonnen hat, in Hinblick auf die Lektüre der Texte Handkes weiterzuverfolgen.[277]

---

[276] Kristeva beschreibt lange vor Lyotard einen dekonstruktivistischen Aushöhlungsprozeß des Diskurstyps Erzählung, dem gleichzeitig der Diskurstyp Metasprache unterzogen wird. Zu Beginn seines Textes „Das postmoderne Wissen" schreibt Lyotard von „Transformationen", die er in seiner Untersuchung „im Verhältnis zur Krise der Erzählungen" (DpW 13) betrachten möchte. Manfred Frank faßt das „Drei-Stufen-Schema" Lyotards zusammen:

> „Am Anfang – in der Prämodernität – haben sich die europäischen Kulturen und Zivilisationen durch Erzählungen – »récits« – (z.B. mythische Erzählungen) gerechtfertigt. Diese Möglichkeit sei abgelöst worden durch den universellen – nicht mehr narrativ-mythischen, sondern rationalen – Rechtfertigungszwang der wissenschaftlichen Rede. Aber der Universalitätsanspruch des wissenschaftlichen »discours de légitimation« habe sich heute als brüchig erwiesen, weil er eine selbst nicht zu rechtfertigende Unterstellung ins Spiel bringe, nämlich die: es gebe einen philosophischen »métadiscours«, der alle einzelnen Sprachspiele überbiete und zur Einheit zusammenfasse." (WiN 106).

[277] Jedoch ist die von Weigel vorgenommene Polarisierung, eine psychoanalytische Perspektive bei Kristeva und eine historische Perspektive bei Benjamin anzunehmen, lediglich selbst schon wieder eine der Unterscheidungen, denen so schwer zu entkommen ist, und die, wenn man sie anwendet, leicht zu kritisieren sind. Als kompetente Leserin von Benjamin und Kristeva wird das niemand besser wissen als Sigrid Weigel, die mit

Was die Frage nach einer »Utopie des Weiblichen« betrifft, die Christine Buci-Glucksmann aus Benjamins Konzeption des dialektischen Bildes zu gewinnen hofft, besteht weder in bezug auf Benjamins Konzeption des dialektischen Bildes noch in bezug auf Kristevas Konzeption des Semiotischen Anlaß zur Euphorie, eine solche Utopie von diesen Ansätzen her mit klar definierbaren Inhalten so versehen zu können, daß damit ihre Verwirklichung zügig voranzutreiben möglich wird. Beiden Konzeptionen geht es im wesentlichen nicht um eine äußerliche Positionsverhärtung im Diskurs oder in den Diskursen der Geschlechter, sondern um eine radikale Aufklärung der Bedingungen der Möglichkeit derartiger Positionen, bei gleichzeitiger Infragestellung eines vorauszusetzenden Subjektivitätstheorems. Eine »Utopie des Weiblichen« ist daher nicht ein ableitbares Produkt dieser Konzeptionen, dem ein unmittelbarer Schlagwortcharakter zukommen kann. Sie ist in den Perspektiven Benjamins und Kristevas nicht so sehr auf einer thetischen Ebene der Repräsentation anzutreffen, als vielmehr in den Bruchstellen der Logik der Repräsentation zu suchen, im Diskontinuierlichen, in einem Prozeß, dessen Zielpunkt ebensowenig definitiv teleologisch bestimmbar ist, wie auch dessen Ursprung nicht ausfindig zu machen ist. Die »Utopie des Weiblichen« ist weder eigentlicher Ursprung noch angestrebtes Ziel der Theorien Benjamins und Kristevas, denn das Weibliche hat seinen immanenten Ort in diesen Theorien, scheinbar unauffindbar und dadurch subversiv gegenüber dem, der -, aber auch gegenüber der, die es zu ergreifen trachtet. Handkes Erzählung stellt zwar die isolierbare Geschichte einer sich emanzipierenden Frau vor, dennoch ist es keineswegs primär die isoliert zu betrachtende Geschichte einer Frauenemanzipation, auf die der Text aufmerksam macht. In einer ästhetischen Erfahrung dieser Frau kristallisiert sich nicht nur die Frage nach ihrem Verhältnis zu einer bisher phallogozentrisch bestimmten Geschichte heraus. Bemerkenswert ist vielmehr, daß die Frage nach weiblicher Identität zwar vorstellbar ist vor dem Hintergrund historisch schwindender männlicher Identifikationsmöglichkeiten, jedoch findet sie als solche zumindest nicht explizit ihren Ort in Handkes Text. Dieser bezieht keine noch so vorläufige ideologisch-feministische Position, sondern fragt demgegenüber nach den Bedingungen der Möglichkeit einer post-ideologischen weiblichen Ästhetik, wobei er sie zugleich zu realisieren bemüht ist. Während Sigmund Freud sich noch durch die „psychische Starrheit und Unveränderlichkeit" einer Frau von dreißig Jahren „erschreckt" zeigen konnte, geht es in Handkes Text gerade um die Veränderung der psychischen Starrheit, die derartigen Polarisierungen zugrunde liegt, wie sie auch Freud noch unternimmt, wenn er schreibt:

> „Ein Mann um die Dreißig erscheint als ein jugendliches, eher unfertiges Individuum, von dem wir erwarten, daß es die Möglichkeiten der Entwicklung, die ihm die Analyse eröffnet, kräftig ausnützen wird. Eine Frau um die gleiche Lebenszeit aber erschreckt uns häufig durch ihre psychische Starrheit und Unveränderlichkeit."[278]

---

ihrer Akzentsetzung auch nur schwer zu widerlegen sein dürfte. Allein, da es in den vorliegenden Lektüren der Texte Handkes tatsächlich immer wieder um die Hervorhebung der Zusammenhänge zwischen den Theorien Benjamins und Kristevas geht, sei hier wiederholt, daß Benjamin in seinem polyperspektivistischen Denken sehr wohl eine psychoanalytische Perspektive mitbedacht hat und daß umgekehrt Kristeva ihren methodenpluralen Ansatz nicht unter Aussparung einer historischen Sichtweise begründet hat.

[278] Sigmund Freud: Die Weiblichkeit. In: Sigmund Freud: Neue Folge der Vorlesungen zur Einführung in die Psychoanalyse. Frankfurt a.M. 1978. S.110.

4.2 Der dialektische Bildersturm –
Peter Handkes »Lehre« vom »Bild der Bilder«
[„Die Lehre der Sainte-Victoire"]

4.2.1 Von der »fehlenden Entsühnung«
in den Texten „Die linkshändige Frau" und „Die Lehre der Sainte-Victoire"

In einem 1993 mit großer Verspätung erschienenen Interview, das André Müller kurz nach dem Kinostart des Filmes „Die linkshändige Frau" im Jahre 1978 mit Peter Handke geführt hat, sind Äußerungen Handkes enthalten, die sich auf die Thematisierung des Amoklaufs in seinen Texten, beispielsweise durch die linkshändige Frau, beziehen lassen. Aber das Interview enthält ebenfalls Äußerungen, die nur als völlige Entgleisungen bezeichnet werden können, da es sich im Kontext einer Poetologie des Eingedenkens um absolut nicht nachvollziehbare Erklärungen des Autors Handkes handelt, einmal zur rechtsextremen Gewalt, von der es Handke zufolge nichtideologische Erscheinungsformen geben soll, und zum anderen zur Person Hitlers, der als Mensch sogar sympathisch gewesen sein soll. Hat Handke diese unzulänglichen Äußerungen als Kontrast zur linksextremen Gewalt gedacht, von der er sich in dem Gespräch entsetzt abwendet, oder auch als Provokation? Wenn zuvor noch in Handkes Erzählung „Die Stunde der wahren Empfindung" dem Protagonisten Gregor Keuschnig an einer Stelle der „leere, pompöse Ernst eines Faschisten" (S.69) ins Gesicht geschrieben erscheint, so liegt darin bereits eine hinreichende Möglichkeit, auf das Problem der Identifikation mit der faschistischen Vätergeneration zu reflektieren (Siehe Anm. 280). Durch eine persönliche Interviewäußerung Handkes, die eine Identifikation mit Hitler in Erwägung zieht, entsteht jedoch eine indiskutable Form, und mit ihrem unsäglichen Inhalt erklärt sie nur das verspätete Erscheinen des Interviews. André Müller beschreibt seine gescheiterten Versuche, das Interview in einer Zeitung zu veröffentlichen:

> „Ich habe es mehreren deutschen Wochenzeitungen angeboten, aber keine wollte es haben. Das bemerkenswerteste Argument kam von der Wochenzeitung DIE ZEIT aus Hamburg, wo man mir sagte, man finde das zwar sehr interessant, fühle sich aber verpflichtet, einen so verehrten Dichter wie Handke vor sich selber zu schützen." (MPH 49).

Das von der linkshändigen Frau überraschend geäußerte Verständnis für den Amoklauf, das sie in Kontrastierung zu einem Baudelaire-Zitat zum Ausdruck bringt, gewinnt seinen Nachdruck zunächst allein durch die Distanz zu einem noch von Baudelaire geforderten Akt kollektiver Revolte. Was aber nicht nur die Übersetzerin inzwischen maßgeblich von den politischen Begriffen Baudelaires trennt, ist der historische Bruch, der durch die Shoah entstanden ist und der im Text nur versteckt durch die Museumsepisode markiert wird. Der angesprochene Amoklauf wird also nur bei näherem Hinsehen gegenüber diesem im Text kaum nur angedeuteten Bruch mit einem rational geleiteten Geschichtsverständnis als ohnmächtiges Echo auf ein unentsühnbares Verbrechen verständlich. Die in ihrem Ausmaß nicht begreifbare Shoah wäre zweifellos anstelle des Revolte-Gedankens Baudelaires zumindest verständlich darin, daß sie weit eher zum Auslöser für ein individuell ebenfalls irrationales Verhalten werden kann. Handkes Texte lassen zwar lediglich auf unscheinbare Weise, dabei aber dennoch entschieden keinen Zweifel daran, daß die Verbrechen des Nationalsozialismus und deren fehlende Entsühnung die Herausforderung darstellen, der es poetologisch gerecht zu werden gilt. Handke bemerkt dies auch zunächst gegenüber André Müller:

> „In Deutschland ist keine Größe mehr möglich, weil keine Sühne stattgefunden hat nach den Verbrechen des Nationalsozialismus. Es fehlt die metaphysische Entsühnung. Wenn ich dort auf der Straße gehe, stelle ich mir vor, die Passanten, die haben das und das gemacht, das ist eine Geschichte, die ich nicht denken kann. Nach so viel ungesühnter Gewalttätigkeit, da ist es ganz klar, daß eine Baader-Meinhof-Gruppe entsteht. Das hängt zusammen. Hätte ich nicht meinen Fanatismus der Sprache, ich wäre auch ein Amokläufer geworden. Für mich ist die Sprache die Heimat. Was ich an den Baader-Meinhof-Leuten verachte, ist, daß sie diese Anstrengung der Sprache nicht machen." (MPH 52).

Der Amoklauf Handkes bleibt ebenso aus, wie der der linkshändigen Frau. Er wird in beiden Fällen demnach in einen „Fanatismus der Sprache" verlagert, der sich jedoch gegenüber der im Text „Falsche Bewegung" beschriebenen gescheiterten Mordtat Wilhelms kaum subtiler gestalten läßt als in der Übersetzungstätigkeit der linkshändigen Frau. Im Text „Die Lehre der Sainte-Victoire" spricht der Erzähler Handke ebenfalls über seine Erfahrungen in der Bundesrepublik Deutschland:

> „Damals verstand ich die Gewalt. Diese in »Zweckformen« funktionierende, bis auf die letzten Dinge beschriftete und zugleich völlig sprach- und stimmlose Welt hatte nicht recht. Vielleicht war es woanders ähnlich, doch hier traf es mich nackt, und ich wollte jemand Beliebigen niederschlagen. Ich empfand Haß auf das Land, so enthusiastisch, wie ich ihn einst für den Stiefvater empfunden hatte, den in meiner Vorstellung oft ein Beilhieb traf. Auch in den Staatsmännern dort (wie in all den staatsmännischen »Künstlern«) sah ich nur noch schlechte Schauspieler – keine Äußerung, die aus einer Mitte kam –, und mein einziger Gedanke war der von der »fehlenden Entsühnung«." (LSV 91f.).

Gegenüber der von Handke bei den Baader-Meinhof-Leuten vermißten Anstrengung der Sprache deutet die Übersetzungstätigkeit der linkshändigen Frau in eine Richtung, die paradoxerweise ausgerechnet im Moment der Evozierung des Amoklaufs gerade in dessen Gegenteil umschlägt, wenn Marianne sich stattdessen ihrer Übersetzungstätigkeit widmet. Die intertextuelle Tätigkeit des Übersetzens impliziert nach Benjamin eine geschichtsphilosophische Reflexion, deren Ergebnis nicht in einem politisch nur wenig versprechenden Ausbruch individueller Gewalt bestehen kann. Vielversprechender erscheint demgegenüber Mariannes Übersetzungstätigkeit zwar auch nicht, sie ist aber nicht nur gewaltfrei, sondern zugleich ein Affront gegen die Logik der Gewalt.

Nicht um Handkes peinliche Äußerungen zu entschuldigen, aber, um seine Intentionen vor dem gröbsten, durch diese Äußerungen möglichen Mißverständnis zu bewahren, sei auf einen Text Handkes mit dem programmatischen Titel „Versuch des Exorzismus der einen Geschichte durch eine andere"[279] verwiesen. Handke beschreibt darin zunächst einige Blicke aus einem Hotelfenster in Lyon, am Morgen des Sonntags, dem 23. Juli 1989, dann aber heißt es:

> „Jetzt erst kam dem Betrachter zu Bewußtsein, daß das »Hotel Terminus«, in dem er die Nacht zugebracht hatte, im Krieg das Folterhaus des Klaus Barbie gewesen war." (NT 26).

Der kurze Text wird mit weiteren Beschreibungen von Blicken aus dem Fenster fortgesetzt und endet mit der Bemerkung:

> „(...) und die Kinder von Izieux schrien zum Himmel, fast ein halbes Jahrhundert nach ihrem Abtransport, jetzt erst recht." (NT 26).

Handkes Texte sprechen selten diese deutliche Sprache, allein diese Stelle zeigt, daß Handkes einstige Entgleisung in keiner Weise ein Verständnis für die Verbrechen des Nationalsozialismus bedeutet, was auch aus der von Handke in dem fragwürdigen Gespräch beklagten »fehlenden Entsühnung« ablesbar ist, zu denen seine fragwürdigen Bemerkungen bereits unmittelbar in einen unversöhnlichen Gegensatz treten.

---
[279] Peter Handke: Noch einmal für Thukydides. Salzburg – Wien 1990. S.25f. Im folgenden: *NT*.

Das von der linkshändigen Frau erwähnte Baudelaire-Zitat, welches sie übersetzt und aktualisierend zu interpretieren beginnt, führt beiläufig zu der Frage nach der Rechtfertigung von politischer Gewalt. Die bedenklichen Interviewäußerungen Handkes, die zwar als generell ideologiekritisch erkennbar sind, dabei aber linksterroristische Gewalt auf unverständliche Weise mehr verurteilen als rechtsterroristische, lassen zumindest den zur Zeit der Erstellung des Textes „Die linkshändige Frau" aktuellen Zusammenhang mit der politischen Herausforderung durch den Terrorismus erkennen. Die Übersetzerin ist gewiß keine linksterroristische, sondern eine linkshändige Frau, deren Übersetzungstätigkeit in den zuvor entfalteten Kontexten von Theorien des Übersetzens und Zitierens durchaus als eine unterschwellige Arbeit an einer politischen Schreckensgeschichte verstanden werden kann. Aus dem Kontext des zitierten Interviews heraus fungiert die linkshändige Frau auch als Gegenbild zu einer linksterroristischen Person, indem sie sich, anders als jene, der notwendigen Anstrengung der Sprache unterzieht, wenn sie in einer belanglos anmutenden Weise ihrem Kind gegenüber von Bildern erzählt, die sich implizit mit den Verbrechen der Nationalsozialisten auseinandersetzen. Mariannes Erzählung bringt jedoch dabei alles andere als die von Handke in dem Interview so benannte „perverse Sympathie für die faschistische Gewalt, die aus der Verzweiflung kommt" (MPH 52) zum Vorschein. Erarbeitet wird im Text „Die linkshändige Frau" vielmehr eine Form des Eingedenkens, die Modellcharakter gewinnt für nachfolgende Texte, die sich mit dem Problem der »fehlenden Entsühnung« weiter auseinandersetzen. Handke schreibt nur zwei Jahre nach seinen indiskutablen Interview-Äußerungen einen Text, in dem das Motiv der »fehlenden Entsühnung« (LSV 92) erneut erscheint und in dem er außerdem anonym Texte Paul Celans zitiert. Dieser intertextuelle Bezugspunkt zu Celans Texten widerspricht für sich genommen noch nicht der These Cornelia Blasbergs[280], daß Handkes Texte mit Blick auf die nationalsozialistischen Verbrechen über ihren immanenten Werkanspruch hinaus nicht zu mehr als „zum Zeichen der stellvertretenden Sühne" (NS 519) taugen. Dazu könnten sie sich sogar durch den Celan-Bezug, auf den Blasbergs lesenswerter Aufsatz nicht eingeht, gerade besonders auszeichnen. Blasberg, die sich im wesentlichen auf den Text „Die Stunde der wahren Empfindung" konzentriert, sieht jedoch dort in Handkes intertextueller Schreibweise allein einen literarischen Verdrängungsprozeß der semantischen Energien von Prätexten im Zusammenhang mit Handkes Abwehr seiner schuldverstrickten Vätergeneration. So erscheint zwar auch für eine intertextuelle Beziehung zwischen Texten Handkes und Celans Blasbergs Kriterium einer „negierten Dialogizität" (NS 516) als Beschreibungsgrundlage keinesfalls als völlig unzutreffend, es reicht aber bei weitem nicht aus, um dieses Verhältnis im Sinne einer letztlich einseitigen Verdrängungsfunktion der Texte Celans, die sogar durch Handkes Zitieren deutlich werden müßte, zu erfassen. Im folgenden wird sich zeigen, daß Handkes Texte in ihrer Beziehung zu Celans Texten der faschistischen Gewalt einen ebenso unscheinbaren wie bemerkenswerten poetologischen Widerstand entgegensetzen, indem sie gegenüber der Zurückweisung durch Verdrängung ein Eingedenken ermöglichen. So können Handkes Texte tatsächlich zu einem Zeichen stellvertretender Sühne werden, das es dem Leser infolge seiner Lektüre wiederum stellvertretend für den Text ermöglicht, sich verantwortlich als Subjekt-im-

---

[280] Cornelia Blasberg: „Niemandes Sohn"? Literarische Spuren in Peter Handkes Erzählung „Die Stunde der wahren Empfindung". In: Poetica. Zeitschrift für Sprach- und Literaturwissenschaft. 23.Bd. (1991). S.513-535. Im folgenden: NS.

Prozeß dem intertextuell Erinnerten zu stellen. Dies ist auch dann denkbar, wenn Celan aus psychoanalytischer Sicht zu Handkes Vaterersatz avancieren sollte, da er zum Gegenbild zur von Handke abgewehrten faschistischen Vätergeneration nur zu gut geeignet ist.

Die von André Müller nachgeholte Veröffentlichung eines Interviews zeigt sich als mögliche Quelle eines anonymen Selbst-Zitats. Dieses denkbare Selbst-Zitat, in dem von der »fehlenden Entsühnung« die Rede ist, wirkt gegenüber einer im Resultat unsäglichen Provokation wie ein Rückbezug, dem deutlich an einer baldigen und entschiedenen Revokation der inzwischen auch veröffentlichten Entgleisung gelegen scheint.

4.2.2 »Der Meridian« – oder: Wann und wo beginnt „Die Lehre der Sainte-Victoire"?

Peter Handkes Text „Die Lehre der Sainte-Victoire" beginnt, wenn man so will, mit einem Motto von Goethe, das speziell dem Märchen eine außerordentliche mnemotechnische Leistung beimißt:

> „»Diesen Abend verspreche ich Ihnen ein Märchen, durch das Sie an nichts und an alles erinnert werden sollen.«
> (*Goethe, Das Märchen*)" (LSV 7).

Die besondere Problematik der Repräsentation, wie sie mit dem Medium der Schrift im Sinne Derridas zusammenhängt, äußert sich darin, daß ein eindeutiges Verhältnis innerhalb des Zeichens zwischen Signifikant und Signifikat durch die Infragestellung einer maßgeblichen Beziehungsmöglichkeit zu einem transzendentalen Signifikat unmöglich erscheint. Das von de Saussure als eindeutig bestimmbar gedachte Verhältnis wird daher aufgelöst in einer Logik der Supplementarität, derzufolge Schrift als prozessuale Spur oder „différance"[281] neu zu denken ist. Jacques Derrida fragt in seiner „Grammatologie":

> „»Was ist die Schrift?« meint »Wo und wann beginnt die Schrift?« Im allgemeinen sind die Antworten sehr rasch bei der Hand." (Gr 51).

Mit dem Motto aus Goethes „Märchen" wiederholt Handke im Text „Die Lehre der Sainte-Victoire" den programmatischen Spagat, der bereits für den Filmtext „Falsche Bewegung" ausschlaggebend und für den Filmtext „Die linkshändige Frau" nicht ohne Bedeutung war: Eine prospektive Rückwendung zu Texten Goethes, die nun, in neue Kontexte gestellt, eine kritische mnemotechnische Funktion gewinnen. Der

---

[281] Derrida beschreibt in Abgrenzung zu Heidegger zugleich auch den philosophischen Herkunftsort seines Denkens:
„Zu der Erkenntnis gelangen, daß nicht etwa diesseits, sondern am Horizont der Heideggerschen Wege und noch auf ihnen der Sinn von Sein kein transzendentales oder transepochales Signifikat (auch wenn es innerhalb der Epoche immer verstellt bleibt), sondern je schon in einem eigentlich unerhörten Sinn eine determinierte signifikante Spur ist, heißt bestätigen, daß im entscheidenden Begriff der ontisch-ontologischen Differenz nicht alles *in einem Zug zu denken ist*. Seiend und Sein, ontisch und ontologisch, »ontisch-ontologisch« wären im Hinblick auf die Differenz in originaler Weise *abgeleitet;* abgeleitet auch in bezug auf das, was wir später die *Differenz (différance) nennen werden." (Gr 43f.).

Inhalt des Goethe-Mottos stellt einen absolut zu nennenden mnemotechnischen Anspruch dar – „an nichts *und* an alles" zu erinnern -, der auf dem Niveau poststrukturalistischer Reflexion in einem verifizierbaren Sinn tatsächlich nur noch auf märchenhafte Weise einlösbar wäre. Gleich zu Beginn des Textes übernimmt ein Motto eine Signalfunktion, die im Text „Die linkshändige Frau" in ähnlicher Weise durch die Bilder Barnett Newmans wahrgenommen wird, die ebenfalls zugleich „an nichts *und* an alles" denken lassen.

Die implizite Thematisierung der Frage nach einem notwendigen Haltepunkt für die mnemotechnische Bewegung der Schrift stellt sich im Motto des Textes angesichts der von Goethe geäußerten logisch unmöglichen Vorstellung, zugleich „an nichts und an alles" zu erinnern. Ein Haltepunkt ist nötig, wenn in einer unabschließbaren Bewegung der Schrift überhaupt an etwas erinnert werden soll. Je nachdem aber, welche programmatische Lesart dem Motto zugesprochen wird, bildet das Zitat selbst bereits einen solchen der Orientierung dienlichen Haltepunkt, obwohl es doch zugleich dessen logische Unmöglichkeit thematisiert. Das Goethe-Zitat stellt das erste Nunc stans im Text Handkes dar, bevor dieser jenen Moment des Stillstands fast unmittelbar darauf selbst thematisiert (LSV 9). Damit gilt bereits für das Motto, was Ingeborg Hoesterey bezogen auf eine „mystische Komponente" in Handkes Umgang mit Cézanne treffend formuliert hat:

„Denn strukturalistisch gesehen ist die Symbiose mit »dem Anderen« der *unio mystica* durchaus vergleichbar: Glücksgefühl, Inspiration, gesteigertes Bewußtsein. Doch das Nunc stans der *Lehre* ist eigentlich kein solipsistischer Augenblick der Phantasie, sondern ein dialogischer, ja ein intertextueller. (VS 120)".

Das Motto stellt als Zitat einen intertextuellen Rückgriff auf eine literarische Tradition dar, von der aus und gleichzeitig zu der hin der Text „Die Lehre der Sainte-Victoire" zu lesen ist. Es spricht von einem paradoxen Akt der Erinnerung, im Sinne von einer logisch-systematischen Unmöglichkeit, alles und nichts miteinander zu verknüpfen, die zu ergänzen ist durch eine historiographische Problematik, zugleich in der Zeit vorwärtsgewandte und rückwärtsgewandte Perspektiven einnehmen zu wollen. Michail M. Bachtin beschreibt, vergleichbar mit Benjamins Geschichtskonzeption, am Beispiel Gogols, wie „die primitive Vorstellung einer gradlinigen Vorwärtsentwicklung, wie sie in normativen Konzepten aufscheint, außer Kraft gesetzt" werden kann:

„Es wird deutlich, daß jeder wirklich wichtige Schritt vorwärts mit einer Rückkehr zum Anfang (»Ursprünglichkeit«) genauer gesagt, zur Erneuerung des Anfangs, einhergeht. Vorwärtsgehen kann nur die Erinnerung, nicht das Vergessen. Die Erinnerung kehrt zum Anfang zurück und erneuert ihn. Natürlich verlieren die Termini »vorwärts« und »rückwärts« in diesem Verständnis ihre geschlossene Absolutheit, sie erschließen durch ihre Wechselwirkung eher die paradoxe Natur der Bewegung, die in der Philosophie (von den Eleaten bis hin zu Bergson) erforscht und unterschiedlich gedeutet worden ist. Auf die Sprache angewandt, bezeichnet eine solche Rückkehr die Wiederherstellung eines agierenden, akkumulierten Gedächtnisses in seinem vollen Bedeutungsumfang." (ÄW 345).

Der Text Handkes selbst unterstreicht diese letzte These Bachtins mit einer Bemerkung des Erzählers an einer Stelle, die direkt anschließt an die Rede von den Hinrichtungsstätten der Nationalsozialisten in Paris:

„Am Abend schaute ich dann von einer Straßenbrücke am Stadtrand auf die Peripherie-Autobahn hinunter, die sich in beweglichen Goldfarben zeigte; und es kommt mir auch hier noch vernünftig vor, was ich damals dachte: daß jemand wie Goethe mich beneiden müßte, weil ich jetzt, am Ende des 20. Jahrhunderts, lebte." (LSV 86f.).

Diese Äußerung löst angesichts des vorangehenden Kontextes ein gewisses Befremden aus, jedoch fällt auf, daß diese Bezugnahme auf eine Distanzierung hinausläuft, die in ähnlicher Weise, wie schon der Text „Falsche Bewegung", deutlich darauf aufmerksam macht, daß mit einer Rückwendung zu einer klassischen Poetik sich die poetologischen Fragen der Jetztzeit nicht beantworten lassen. Eine solche Rückwendung Handkes hin zu Goethe hat zugleich einen prospektiven Charakter; unterstrichen wird damit auch die mnemotechnische Funktion des Goethe-Mottos. Worauf machen Handkes Texte aufmerksam, wenn sie zum Beispiel Goethe zitieren? Daß das Ziel derartiger Zitate nicht unbedingt immer Identifikation mit dem Zitierten bedeuten muß, sondern Ausgangspunkt einer ambivalenten historisierend-aktualisierenden Relektüre darstellen kann, darauf macht auch Kristeva, in Ahnlehnung an Bachtin, aufmerksam:

> „Der Mitsprecher des Schriftstellers ist also der Schriftsteller selbst als Leser eines anderen Textes. Derjenige der schreibt, ist auch derjenige, der liest. Da sein Mitsprecher ein Text ist, ist er selbst nur ein Text, der sich aufs neue liest, indem er sich wieder schreibt. Die dialogische Struktur tritt somit allein im Lichte eines sich in Bezug auf einen anderen Text als Ambivalenz aufbauenden Textes auf." (BWDR 372).

Das von Handke seinem Text vorangestellte Motto stellt bereits eine Übertragung einer scheinbar harmlosen Äußerung Goethes in einen historischen Kontext dar, in dem es nun »nach Auschwitz« einen für Goethe seinerzeit sicher nicht abzusehenden poetologischen Stellenwert im Hinblick auf die aktuell zu findenden Formen des Eingedenkens entfalten kann. Die Passage Goethes berührt sich gewissermaßen mit der dekonstruktivistischen Preis-Gabe eines transzendentalen Signifikats: Was sie auf paradoxe Weise allererst ermöglichen dürfte, ist gleichermaßen „an nichts und an alles" zu erinnern. Dies stellt nicht unbedingt nur einen Verlust dar, läßt aber eben auch keinen eindeutig verifizierbaren Bedeutungsgewinn mehr zu. Das ist einer der Gründe für die innerhalb der Dekonstruktion in den Vordergrund getretene Beschäftigung mit dem Phänomen der Verräumlichung der Schrift jenseits von verifizierbaren Bedeutungen, von der Derrida sagt:

> „Was sich nicht repräsentieren läßt, ist das Verhältnis der Repräsentation zur ursprünglich genannten Präsenz. Die Re-Präsentation ist zugleich eine De-Präsentation. Sie ist an das Werk der Verräumlichung gebunden. Die Verräumlichung führt in die Präsenz ein Intervall ein, das nicht nur die verschiedenen Zeitmaße der Stimme und des Gesangs, sondern auch das Repräsentierte vom Repräsentanten trennt." (Gr 348).

Das textuelle Phänomen der Verräumlichung hat auch Handke im Zusammenhang mit Goethe beschäftigt, dem dieses so noch unbekannt gewesen sein muß. In den „Phantasien der Wiederholung" notiert Handke:

> „Goethe stand der Raum, in den er hineinschreiben konnte, im großen und ganzen frei da; einer wie ich muß diesen Raum erst schreibend schaffen (wiederholen); daher ist das was ich tue, vielleicht lächerlich? Nein" (PdW 75).

Ein Goethe-Zitat als eine Spur des Raumes, der Goethe „im großen und ganzen frei da" stand, bildet die Schwelle zum Text „Die Lehre der Sainte-Victoire". Das Zitat selbst wird zur schöpferischen Wiederholung dadurch, daß es neue Zusammenhänge eröffnet. Der erste Satz des Textes lautet dann, an die vorangegangene Erzählung „Langsame Heimkehr" anknüpfend:

> „Nach Europa zurückgekehrt, brauchte ich die tägliche Schrift und las vieles neu." (LSV 9).

Das diesem ersten Satz vorangestellte und damit frisch und neu gelesene Goethe-Zitat deutet weniger den Verlust eines Naturraumes als vielmehr den Verlust eines poetischen Raumes an, in den Goethe noch „hineinschreiben konnte": Das Märchen.

Die Frage „Wo und wann beginnt die Schrift?" spielt für den Text „Die Lehre der Sainte-Victoire" eine weitreichende Rolle, wenn es darum geht, wie sich innerhalb des Schriftmediums eine solche Weitergabe von „Sein im Frieden" (LSV 21) erreichen läßt, die ein angemessenes Eingedenken nicht-repräsentierbarer historischer Schrecken ermöglicht. Für Derrida ist Schrift als „différance" zu verstehen, aus der, wenn überhaupt, allererst Sein oder Seiendes abzuleiten wäre. Eine Weitergabe von „Sein im Frieden" im Medium der Schrift in einem ontologischen Sinn ist aus der Perspektive der Dekonstruktion völlig undenkbar. Derrida beschreibt die Grundlagen von dem von Handke zur Sprache gebrachten letztlich auch zeichentheoretisch beschreibbaren Problem der Tradierbarkeit von Erfahrung:

> „Die unerhörte Differenz zwischen dem Erscheinenden und dem Erscheinen (zwischen der »Welt« und dem »Erlebten«) ist die Bedingung für alle anderen Differenzen, alle anderen Spuren, *sie ist selbst schon eine Spur.*" (Gr 113).

Eine spätere Stelle im Text „Die Lehre der Sainte-Victoire" verknüpft das „Märchen"-Motto mit dem Schrift- und Spurmotiv; Handke sieht sich dort selbst einer „entstofflichten und doch materiellen Sprache auf der Spur" (LSV 73). Dies ist eine Formulierung, in der das „Märchen, durch das Sie an nichts (im Sinne einer „entstofflichten Sprache"; T.H.) und an alles (im Sinne einer „materiellen Sprache"; T.H.) erinnert werden sollen" geradezu durchscheint. Umschrieben wird von Handke damit gewissermaßen auch ein Ausspruch Paul Celans, der sich am Schluß seiner Meridian-Rede findet:

> „Ich finde etwas – wie die Sprache – Immaterielles, aber Irdisches, Terristisches, etwas Kreisförmiges, über die beiden Pole in sich selbst Zurückkehrendes und dabei – heitererweise – sogar die Tropen Durchkreuzendes –: ich finde ... einen *Meridian.*"[282]

Die poetologische Vereinnahmung eines geographischen Begriffs durch Celan läßt diesen nicht gleich zu einem literaturtheoretischen Begriff werden, sondern zu einer Metapher, die als sprachliche Trope „- heitererweise -" als von sich selbst durchkreuzt zu denken ist. Leicht ist der Witz aber an dieser Metapher des Meridians nicht zu verstehen.

Weil sich in ihr bereits die Durchkreuzung der Poetologien Handkes und Celans andeutet und zugleich in einer Weise realisiert ist, wie sie auch im Zentrum des Textes „Die Lehre der Sainte-Victoire" steht, wird zunächst die den Übergang zum Text „Die Lehre der Sainte-Victoire" bildende und damit also den Text „Langsame Heimkehr" abschließende Episode kurz erwähnt. Die Frage „Wann und wo beginnt „Die Lehre der Sainte-Victoire"?" führt damit weiter zurück vor den Beginn des Textes als bloß bis zu seinem Motto, zu einem Text vor dem Text in einem zunächst schlicht chronologischen Sinn. Weiterführen wird sie aber – ausgehend von diesem Textbeispiel – nicht nur noch zu weiteren Texten vor dem Text, sondern zur Frage nach einer

---

[282] Paul Celan: Der Meridian. Rede anläßlich der Verleihung des Georg-Büchner-Preises. Darmstadt, am 22.Oktober 1960. In: Paul Celan: Gesammelte Werke. Dritter Band. Frankfurt a.M. 1986. S.202. Im folgenden: *M.*

„Schrift vor dem Buchstaben" (Gr 9ff.), wie sie Derrida in seiner „Grammatologie" vorstellt.

Sorger, der Protagonist der Erzählung „Langsame Heimkehr", steht abschließend vor dem Scheitern seines Projekts, eine Abhandlung »Über Räume« zu verfassen. Als Geologe steht er vor einem ähnlichen, eigentlich poetologischen Problem, wie es Paul Celan in seiner Meridian-Rede aufgeworfen hat, das die Grenzen seiner Wissenschaft übersteigt. Ähnlich wie im Text „Die linkshändige Frau" ist es ein Museumsbesuch Sorgers, der in dem Text „Langsame Heimkehr" kurz vor Ende der Erzählung als intertextueller Kreuzungspunkt zu betrachten ist – oder als textueller Meridian – der nach seiner Definition mit Kreuzungspunkten durchsetzt ist:

> „Das letzte Bild von dem anderen Kontinent erlebte Sorger in einem Museum. Noch von den Werken bestärkt, vor denen er sich, als vor strengen (und auch frech knisternden) Beispielen, allmählich aufgerichtet hatte, stand er oben auf der monumentalen steinernen Innentreppe und erfaßte, gleichsam in einem einzigen machtvollen Herzsprung, die von den unten Kopf an Kopf drängenden Leuten schwärzliche Halle, und mit den Leuten drinnen zugleich, durch die haushohen Glastore, die gesamte Tiefe der auf das Gebäude (das am Parksaum lag) zuführenden felsengrauen 82.Straße, und ganz am Ende der von mehreren dichtbefahrenen Avenuen geschnittenen Straße einen graublauen Schimmer von dem die Insel Manhatten begrenzenden schmalen Meeresarm, der East River heißt, und über dem Wasserstreifen einen stetig hin und her flatternden weißlichen Vogelschwarm, der jeweils im Moment des Umkehrens durchsichtig wurde.
> Es fing neu zu schneien an. Kinder drehten sich draußen unter den Flocken und streckten in dem Schnee die Zungen heraus; die Brezelstände rauchten; und dann kam schon wieder die Dämmerung.- In solch zivilbevölkertem, heiter bewegtem Bereich, wo es von den Marmorstufen des Innenraum-Vordergrunds bis zu dem Meeresarm hinten am Horizont keine Entfernung mehr war, rollten und kurvten die Autos, standen und gingen die Passanten und wetzten und spurteten die Läufer dichtauf in alle Richtungen, als eine nach und nach sich in den Abend bewegende liebreiche Ordnung, der Sorger, ergriffen von der Einsicht, allein mit seinem durch die eigene Vorgeschichte so vertieften, zur gemessenen Raumdurchdringung fähigen und jetzt und hier ihm glückenden Blick an der Friedensschönheit dieser Gegenwart und dem dunklen Paradies dieses Abends mitzuwirken, sich sehnsüchtig anschließen wollte.
> »O langsame Welt!«" (LH 196ff.).

Ob dieser hymnische Ausruf – der ziemlich genau in der Mitte der Episode der hier noch nicht vollständig zitierten Museumserfahrung eine Zäsur bedeutet – vom Erzähler oder von der Erzählfigur Sorger stammt, ist zunächst nicht klar ersichtlich, vor allem nicht aufgrund der Markierungen, die bei Handke immer wieder auch Zitate signalisieren. Als Zitat versinkt der Ausruf in eine vorläufige Anonymität, denn die Quelle des vermeintlichen Zitats bleibt verborgen. Letztlich wären es dann die die Identität des Sprechers verklärenden Markierungen, die hier sprechen. Sie erlauben ein anonymes Sprechen, das auf diese Weise die ganze Kraft der beschriebenen Erfahrung auf ihrem Höhepunkt in einer allgemeingültigen Form versammelt.

Worum es nun aber in Handkes Text an dieser Stelle nicht geht, das ist die bloße Formulierung von Heilserwartung in Beschwörungsformeln, die für sich genommen schon das Heil der Welt bedeuten. In einem Museum erlebt der Geologe Sorger den „glückenden Blick" der „Raumdurchdringung", der jedoch unmittelbar im Anschluß daran auf seine Kehrseite trifft, die sich nicht nur den Begriffen des Geologen entzieht: Aus einem kurz zuvor noch „heiter bewegtem Bereich" wird schlagartig „die Leere eines erdumspannenden Todesstreifens" (LH 198), ausgelöst „von einem bleichen, lautlosen Blitzstrahl" (LH 198).

Wie der in dem „glückenden Blick" beschriebene „Vogelschwarm, der jeweils im Moment des Umkehrens durchsichtig wurde", wird nun die Museumserfahrung insgesamt zu einem Ereignis, das in seiner Beschreibung auf ein blitzartig eingetretenes Unsagbares verweist, dessen es eingedenk: Dadurch wird der Glücksmoment in sich verkehrt und zugleich durchsichtig für ein scheinbar allgegenwärtiges Grauen. Das glückliche Bild wird von einem absoluten Gegenbild durchkreuzt, von der „Leere eines erdumspannenden Todesstreifens", der hier, im Gegensatz zur von Paul Celan geäußerten Vorstellung eines Meridians, die Tropen keineswegs „heitererweise" durchquert.

Dennoch, was Sorger im Museum gewahrt, entspricht dem von Celan gegebenen Bild eines Meridians nahezu so exakt, daß von hier aus eher umgekehrt die Rückfrage an Celans Text zu stellen wäre, wie heiter tatsächlich das Bild des Meridians bei Celan gefaßt ist.

In einem Gedicht aus dem „Atemwende"- Zyklus spricht Celan von „der wortdurchschwommenen/ Bildbahn, Blutbahn"[283], also von einem Vexierbild, das dem Bild des Meridians nicht fern steht, dem sich in Handkes Text Sorger gegenüber findet. Celan macht in seiner »Meridian«- Rede unmittelbar zuvor deutlich, daß es ihm um unauffindbare Orte in seinem Schreiben geht, die in seinem Werk doch so häufig auch mit Orten eines unvorstellbaren Schreckens gleichzusetzen sind:

> „Keiner dieser Orte ist zu finden, es gibt sie nicht, aber ich weiß, wo es sie, zumal jetzt, geben müßte, und ... ich finde etwas!" (M 202).

Der Hymnus auf die langsame Welt endet in Handkes Text mit einem stimmhaften Ausruf. Celan spricht in seiner Meridian-Rede über:

> „Wege, auf denen die Sprache stimmhaft wird, es sind Begegnungen, Wege einer Stimme zu einem wahrnehmenden Du, kreatürliche Wege, Daseinsentwürfe vielleicht, ein Sichvorausschicken zu sich selbst, auf der Suche nach sich selbst ... Eine Art Heimkehr." (M 201).

Wenn Celan sich deutlich einer existenzphilosophischen Sprache bedient, um eine Art „Heimkehr" zu umschreiben, die nicht übersehbar auch der Namensgebung des Protagonisten aus Handkes Text „Langsame Heimkehr" Pate gestanden hat[284], so gibt es doch bei beiden Schriftstellern auch deutliche Umakzentuierungen gegenüber der diese Sprache prägenden Philosophie Heideggers: So bei Celan etwa die „Suche nach sich selbst", an der Heidegger von Anfang bis Ende philosophisch kein Interesse gezeigt hat; so bei Handke die gegenüber ebenfalls bestehenden Heidegger-Einflüssen als Korrektiv zu verstehende vielseitige Orientierung gerade auch an solchen Denkern wie anfänglich Adorno, Benjamin oder Barthes, denen nicht nachzusagen ist, mit Heidegger konform gedacht zu haben. Die den beiden Schriftstellern, Celan und Handke, gemeinsame Beschäftigung mit Heidegger erscheint als ein Umweg, um

---

[283] Paul Celan: Atemwende. In: Gesammelte Werke. Zweiter Band. Frankfurt a.M. 1986. Im folgenden: *A.*: „HELLIGKEITSHUNGER – mit ihm/ ging ich die Brot-/ stufe hinauf,/ unter die Blinden-/ glocke:// sie, die wasser-/ klare,/ stülpt sich über/ die mitgestiegene, mit-/ versiegte Freiheit, an der/ einer der Himmel sich sattfraß,/ den ich sich wölben ließ über/ der wortdurchschwommenen/ Bildbahn, Blutbahn." (A 40).

[284] Rolf Günther Renner schreibt in seinem Buch: Peter Handke. Stuttgart 1985. S.119:
„Sein Name scheint überdies eine Beziehung zu Heidegger herzustellen, der in >>Sein und Zeit<< die Sorge als eine existenzialen Ort des »Unzuhause« bestimmt, zudem werden zentrale Begriffe aus Heideggers Werk, wie »Anwesenheit«, »Offenheit«, »Räumlichkeit« in der »rein philosophische(n) Erzählung« variiert."

selbst einen Weg zur Sprache zu finden.²⁸⁵ Celan spricht in seiner Meridian-Rede selbst über Um-Wege und Umwege, wenn er von Gedichten als einer Art Heimkehr berichtet:

„Sind diese Wege nur Um-Wege, Umwege von dir zu dir?" (M 201).

Auch Sorgers Daseinsentwurf erscheint als einer solcher „Um-Wege, Umwege von dir zu dir", spätestens dann, wenn im Text „Die Lehre der Sainte-Victoire" der Erzähler (Handke) sich den Protagonisten der vorausgegangenen Erzählung explizit wieder „einverwandelt" (LSV 102).²⁸⁶

Dem voraus geht eine von Sorger gemachte Erfahrung, kurz vor seiner Heimkehr nach Europa, ein Museumserlebnis, das ihm eine Heimkehr zu sich selbst offenbar verwehrt und so die folgende Einverwandlung notwendig macht, um auf diese Art und Weise doch noch Wege der Überlieferung für das Unsagbare erkunden zu können.

Im Text „Die Lehre der Sainte-Victoire" wird aber neben der Rückverwandlung Sorgers in das Erzähler- und Schriftsteller-Ich auch eine erneute Gefährdung dieses dadurch frisch erstarkten Wahrnehmungssubjekts beschrieben. Damit wird eine Dialektik im Hinblick auf die Subjektkonstituierung angesichts der erfahrenen Bilder deutlich: Die Bilder Cézannes werden in der Erzählung immer wieder zu vielseitigen Reflexionsmedien für ein Wahrnehmungssubjekt, das dadurch die unterschiedlichsten Zustände und Erkenntnismöglichkeiten erfährt. Inwiefern diese für Handkes Ästhetik »nach Auschwitz« relevant sind, zeigt sich bei der Konfrontation der unterschiedlichen Wahrnehmungssituationen in Handkes Text mit der Konzeption des Eingedenkens, die Benjamins dialektischen Bildern innewohnt. Nach dem Hymnus auf die Langsamkeit heißt es jedoch zunächst bei Handke im Text „Langsame Heimkehr" weiter:

„Aber warum wurde gerade seine aus dem innersten Selbst bis hin zur äußersten Welt sich aufschwingende Sehnsuchtskraft, indem sie ihn Einzelnen und das Weltganze ein für alle Male zusammenhalten

---

²⁸⁵ Innerhalb der Handke-Forschung und -Rezeption finden sich in dieser Frage widersprüchliche Auffassungen. Klaus Bonn schreibt Heideggers Denkwegen keinen größeren Einfluß auf Handkes Schreibweise zu:

„Handkes der Intuition verpflichtetes Schreiben ist nicht mit philosophischer Systematik, erst gar nicht mit der vertrackten Diktion aus Heideggers Spätwerk beizukommen." (IW 16).

Ganz anderer Ansicht ist Alfred Kolleritsch, der Handkes Schreibweise in großer programmatischer Nähe von derjenigen Heideggers sieht:

„Unsere These ist, daß sich Handkes Kehre aus dem, was wir hier als die Kehre innerhalb des phänomenologischen Weges Heideggers gezeigt haben, erläutern und verstehen läßt."

Alfred Kolleritsch: Die Welt, die sich öffnet. Einige Bemerkungen zu Handke und Heidegger. In: Gerhard Melzer und Jale Tükel (Hg.) Peter Handke. Die Arbeit am Glück. A.a.O. S.117.

²⁸⁶ Im Gespräch mit Herbert Gamper hat Handke den für die Erzählung „Langsame Heimkehr" so wesentlichen Zusammenhang von Zeitbewußtsein und Raumbewußtsein – von Zeit und Umwegen – hervorgehoben:

„Fast einer der für mich bezeichnendsten Sätze in *Langsame Heimkehr* ist ja der, der in New York stattfindet, bevor er den Unbekannten trifft und wo dann steht: »Er hatte Zeit und machte Umwege.« Ich war schon so froh, daß ich so einen kurzen Satz hab einmal schreiben können. *(Lacht).* Aber den find ich sehr bezeichnend, auch die Verknüpfung: »Er hatte Zeit« – ein anderer hätte vielleicht, um das zu verdeutlichen, geschrieben: ›und deswegen machte er Umwege‹. Ich fand das sehr schön: »Er hatte Zeit und machte Umwege« Punkt. Ich hab schon geschaut, daß ich nichts begründe, sondern daß jeder Satz, auch wenn er noch so reflektierend ist, den sinnlichen Schwung in sich hat."

Peter Handke im Gespräch mit Herbert Gamper: Aber ich lebe nur von den Zwischenräumen. Zürich 1987. S.58. Im folgenden: *Zw.*

wollte, sofort gefolgt von einem bleichen, lautlosen Blitzstrahl, in welchem das so stark Ersehnte leicht, fast sanft wiederum von ihm weggrückte und dabei vor sich die Leere eines erdumspannenden Todesstreifens zeitigte, der ihn schwächte und jäh in sich selbst zurücktaumeln ließ? Von jedem Eigennutz doch zu nichts als Geistesgegenwärtigkeit geläutert und nur noch heiß vor Weltergänzungslust (»Ich will dich haben und ich will dein Teil sein!«), wurde er da erst getroffen von der Erkenntnis eines unheilbaren Mangels, der weder in ihm persönlich gründete noch auf diese historische Epoche des in jedem Fall geliebten irdischen Planeten verwiesen werden konnte. Er wünschte sich ja in keine andere Zeit mehr – aber was er in der Jetztzeit, auch mit der reinsten, inständigsten Leidenschaftlichkeit, von der Welt erreichte und einzirkelte, war immer noch *viel zu wenig*." (LH 198).

In dieser Passage wird in Klammern bereits vorsichtig und noch etwas zurückhaltend eine Stimme laut, die als ein „Ich" spricht. Sorgers „er als ein Ich" (M 194): Diese Verwandlung, von der auch Celan in seiner Meridian-Rede spricht, vollzieht sich am Übergang von der Erzählung „Langsame Heimkehr" zum Text „Die Lehre der Sainte-Victoire". In der Erzählung „Langsame Heimkehr" bildet Sorgers Museumsbesuch einen Abschluß, der zugleich schon auf den Anfang des Folgetextes hindeutet, und zwar als poetologische Aufgabenstellung. Die Episode bildet bereits eine Art Anspruchsniveau für das methodologische Experiment: Auf welche Weise literarisch mit der „Erkenntnis eines unheilbaren Mangels" (LH 198) umzugehen ist, wie sie sich angesichts der „Leere eines erdumspannenden Todesstreifens" (LH 198) auftut.

Wenn sich Handkes Umgang mit dem visuellen Intertext der Bilder Cézannes im Text „Die Lehre der Sainte-Victoire" durchaus in Verbindung etwa mit Petrarcas Besteigung des Mont Ventoux im April 1335 bringen läßt, bei der es Petrarca darum ging, „in unmittelbarer Anschauung der Landschaft diese zum Medium der Reflexion zu machen" (Hoesterey: VS 122), so ist es weniger der als traditionell beschreibbare Zusammenhang des Mont Ventoux – den Handke tatsächlich einmal beiläufig erwähnt (LSV 66) – mit der Montagne Sainte-Victoire, der in Handkes Text zur poetologischen Herausforderung wird, als vielmehr der Übergang von der Montagne Sainte-Victoire zum Mont Valérien, auf dem sich eine Hinrichtungsstätte der Nationalsozialisten befand. Es geht dabei um die Suche nach einem Übergang zu einer Sprache jenseits des traditionell klar und deutlich Beschreibbaren. Landschaft ist zwar auch in Handkes Text Reflexionsmedium, allerdings versehen mit einem eindeutigen historischen Index, der mit dem „erdumspannenden Todesstreifen" aus dem Text „Langsame Heimkehr" in enger Verbindung steht.

> „Aber gab es überhaupt eine Terminologie für die vorbeischlüpfenden, der Erinnerung kaum Worte und Bilder lassenden Einmaligkeiten?" (LH 189f.).

Dies fragt sich der Geologe Sorger in der Erzählung „Langsame Heimkehr", noch im Zweifel darüber, ob es ihm wohl möglich sei, seine geplante wissenschaftliche Abhandlung „Über Räume" auch tatsächlich zu verfassen, und er fragt weiter:

> „Wie aber könnte es gelingen, von Räumen, die ja an sich kein »nach und nach« kannten, zu »erzählen«?" (LH 190).

Tritt Sorger mit der letztgenannten Frage insgeheim von seiner Absicht zurück, seine Abhandlung in einer wissenschaftlichen Terminologie zu verfassen, wenn er bereits Räume „zu »erzählen«" beabsichtigt? Ist dieses Zurücktreten ein Grund dafür, daß von ihm wenig später im Museum dann ein „»nach und nach« der Räume wenigstens erlebbar wird, das er dort als „eine nach und nach sich in den Abend bewegende liebreiche Ordnung" wahrnimmt? Was als „nach und nach" nicht nur für den Geologen, sondern auch für den Schriftsteller »nach Auschwitz« terminologisch nicht mehr zu fassen ist, findet in Handkes Texten seine Thematisierung in einer Poetik des Nach-Bildes, die statt in wissenschaftlichen Abhandlungen in Museumserfahrungen beschrieben und „erzählt" wird. Diese Erzählungen von Nach-Bildern in Handkes Texten geschehen nicht länger nach dem Vor-Bild der traditionellen Form von Erzählung, die auch Kristeva in der von ihr beschriebenen Textpraxis aufgehoben wissen will. Diese aufzuhebende Erzählform bezeichnet Kristeva als „epischen Monologismus":

> „Wir finden in dem epischen Monologismus das »transzendentale Signifikat« und die »Anwesenheit für sich«, von denen J. Derrida spricht." (BWDR 361).

Handkes Erzählungen von Nach-Bildern sind Beispiele einer intertextuellen Textpraxis, die sich dem durch logozentrische Begriffe Unfaßbaren zu nähern versuchen, indem sie mit dem „epischen Monologismus" brechen.

Sorgers erstgenannte Frage nach der Terminologie berührt das sprachliche Ereignis der Wiederholung nicht nur in den Texten Handkes, es ist die zeichentheoretische Frage nach der Darstellbarkeit des Einmaligen in einem System von Zeichen, dessen allgemeine Verständlichkeit laut Derrida allein durch die Wiederholbarkeit der einzelnen Signifikanten gewährleistet wird.[287] Die Frage des Geologen Sorger gräbt damit – wie Derrida es nennt – an der „Wurzel der Wissenschaftlichkeit" (Gr 50), aber zugleich auch nach derjenigen der Poesie, die im Medium der Schrift einerseits der sukzessiven Verräumlichung und dem Gesetz der Wiederholung unterliegt, andererseits aber vor der Aufgabe steht, auch dem Einmaligen zum Ausdruck zu verhelfen. In der Konfrontation mit dem ästhetischen Gegenstand als einem Anderen entsteht bereits im Text „Langsame Heimkehr" die Bedingung für ein Erzählen, das dem psychologisch Verdrängten und historisch Unterdrückten mittels einer Logik der Supplementarität durch ein Eingedenken begegnet, das der Text „Die Lehre der Sainte-Victoire" methodisch noch stärker hervorkehrt. Es handelt sich um jene Supplementarität, von der Derrida sagt, daß sie *„nichts, weder Präsenz noch Absenz ist"*, und weil das so sei,

> „(...) kann sie auch weder eine Substanz noch eine Essenz des Menschen sein. Sie ist just das Spiel von Präsenz und Absenz, die Eröffnung dieses Spiels, das kein Begriff der Metaphysik oder der Ontologie zu erfassen vermag." (Gr 420).

Um die Evokation aber gerade dieses unfaßbaren Spiels von Präsenz und Absenz dürfte es Handke bereits bei der Einsetzung des Goethe-Mottos in seinen Text gegangen sein, um einen umfassenden paradoxalen Erinnerungsspielraum, der alles und nichts miteinander verbindet. Die von Handke erzählten ästhetischen Erfahrungen erscheinen somit als dasjenige Andere, von dem auch Celan spricht, auf das ein Text sich zuzusprechen hat, um seiner texttheoretischen Haltlosigkeit zu begegnen. Celan spricht auch von einem „Geheimnis der Begegnung" und führt aus:

---

[287] „Ein Signifikant ist von Anfang an die Möglichkeit seiner Wiederholung, seines eigenen Abbildes oder seiner Ähnlichkeit mit sich selbst. Das ist die Bedingung seiner Idealität." (Gr 165).
Bezogen auf Paul Celans Poetik des Eingedenkens wird Derridas Bestimmung des Signifikanten für ihn selbst zum Dilemma:
„Wie aber soll man etwas datieren, das sich auch auf irgendeine Form der Wiederkehr beruft, wenn sie durch die Möglichkeit, eine Wiederholung herauszulesen, Erinnerung auslöst? Wie aber soll man etwas Anderes als das, was sich wiederholt, datieren?"
Jacques Derrida: Schibboleth. Für Paul Celan. Aus dem Französischen von Wolfgang Sebastian Baur. Graz – Wien 1986. S.11. (Originaltitel: Jacques Derrida: Schibboleth. Pour Paul Celan. Paris 1986). Im folgenden: *Sch*.

> „Das Gedicht will zu einem Andern, es braucht dieses Andere, es braucht ein Gegenüber. Es sucht es auf, es spricht sich ihm zu.
> Jedes Ding, jeder Mensch ist dem Gedicht, das auf das Andere zuhält, eine Gestalt dieses Anderen.
> Die Aufmerksamkeit, die das Gedicht allem ihm Begegnenden zu widmen versucht, sein schärfster Sinn für das Detail, für Umriß, für Struktur, für Farbe, aber auch für die »Zuckungen« und die »Andeutungen«, das alles ist, glaube ich, keine Errungenschaft des mit den täglich perfekteren Apparaten wetteifernden (oder miteifernden) Auges, es ist vielmehr eine aller unserer Daten eingedenk bleibende Konzentration." (M 198).

Die poetische Sprache kann demnach erst durch die Begegnung mit dem Anderen zu einem Ort des Eingedenkens werden, oder mit Benjamin gesprochen, den Celan direkt im Anschluß zitiert (um auf ein *Zitat* bei Benjamin aufmerksam zu machen!), die Sprache wird zu einem Ort des Erwachens, zu einem Ort dialektischer Bilder, die sich ebenfalls aus der Begegnung mit einem Anderen auch im Zitat konstituieren können. Benjamins ungeschriebene Lehre des Zitierens klingt an, wenn Celan schreibt:

> „»Aufmerksamkeit« – erlauben Sie mir hier, nach dem Kafka-Essay Walter Benjamins, ein Wort von Malebranche zu zitieren -,
> »Aufmerksamkeit ist das natürliche Gebet der Seele.«" (M 198).[288]

Nach Derrida kann die Begegnung mit dem Anderen für den Menschen nur dadurch konstitutiv sein, wenn das Andere aus dem Spiel der Supplementarität ausgeschlossen bleibt:

> „Der Mensch kann *sich* Mensch nur *nennen,* indem er Grenzen zieht, die sein Anderes: die Reinheit der Natur, der Animalität, der Ursprünglichkeit, der Kindheit, des Wahnsinns, der Göttlichkeit aus dem Spiel der Supplementarität ausschließen. Die Annäherung an diese Grenzen wird als eine tödliche Bedrohung gefürchtet und zugleich als Zugang zum Leben ohne Aufschub (*Differenz) begehrt. Die Geschichte des *sich* Mensch *nennenden* Menschen ist die Verknüpfung *aller* dieser Grenzen untereinander." (Gr 420).

Das mag bereits vor Derrida ein Grund für Celan gewesen sein, von einem „Geheimnis der Begegnung" zu sprechen, und für Handke, dasjenige Andere, um dessen Eingedenken es ihm geht, mittels einer Poeto-Logik der Supplementarität zwar zu evozieren, aber keineswegs zu repräsentieren. Die nur am äußersten Rande auf ein Eingedenken unvorstellbaren Leidens schließen lassenden Museumsepisoden der Texte „Die linkshändige Frau" und „Langsame Heimkehr" stehen genau dafür ein: Sie erinnern an eine „tödliche Bedrohung", die zu repräsentieren ihnen jedoch verwehrt ist.

Wenn es dann im Text „Die Lehre der Sainte-Victoire" heißt, daß der Erzähler (Handke) sich Sorger wieder „einverwandelt" (LSV 102) hat, entsteht dadurch notwendig der angesichts von Handkes Texten oft so umstrittene autobiograhische oder gar narzißtische Raum? Oder zeigt sich im Text „Die Lehre der Sainte-Victoire" doch noch ein Erzähler, der dann nicht mehr notwendig scheitern muß an der „Erkenntnis eines unheilbaren Mangels", wie zuvor noch Sorger, obwohl er bereits von „jedem Eigennutz doch zu nichts als Geistesgegenwärtigkeit geläutert" (LH 198) sich wähnte? Noch zu Beginn der Erzählung „Langsame Heimkehr" wird von Sorger berichtet:

---

[288] Winfried Menninghaus hat darauf aufmerksam gemacht, daß es in einzelnen Gedichten Celans Wendungen gibt, denen „ihr Durchgang durch Benjamin" anzumerken sei – zu ergänzen ist: bei einzelnen Reden ist dies ebenfalls der Fall. Winfried Menninghaus: Paul Celan. Magie der Form. Frankfurt a.M. 1980. S.97.

> „Das Gefühl einer unsühnbaren Schuld spielte mehr mit ihm, als daß es ihn ergriff, und da er es nur ahnte, konnte er nicht einmal bereuen, und nichts wiedergutmachen." (LH 37).

Dieses Gefühl stellt sich zu diesem Zeitpunkt bei Sorger keineswegs schon angesichts einer „Leere eines erdumspannenden Todesstreifens" ein. „Das Gefühl einer unsühnbaren Schuld" ereilt ihn nicht mittels einer fast nur noch mystisch zu nennenden Endzeitvision, sondern mitten im profanen Geologenalltag und bleibt zunächst gänzlich unbestimmt. Zu dieser Passage bemerkt Irene Kann:

> „Sorgers Schuldgefühl angesichts des ungeöffneten Briefes, einer zunächst banalen und schnell nachzuholenden Alltäglichkeit, öffnet den Blick in einen Abgrund von Versäumnissen. Hinter diesem Schuldgefühl steckt die Schuld des Daseins selbst, daher auch das Gefühl der Unsühnbarkeit und Unwiderruflichkeit. Wenn Sorger endlich den Brief liest, wird er vielleicht unterdessen wieder etwas versäumen ... und so fort." (SuZ 210).

Am Ende der Erzählung verbinden sich Sorgers unbestimmte alltägliche Schuldgefühle in dem Bild vom „erdumspannenden Todesstreifen" zu einer poetologischen Aufgabenstellung, die nach einer Transposition (RpS 69) im Sinne Kristevas verlangt. Bei Handkes poetologischem Bemühen um ein Ausloten möglicher Nähe oder auch Distanz zu nicht wiedereinholbaren Ereignissen geht es nicht mehr allein um die Behandlung von Fragen, was ein Protagonist versäumen könnte, wenn er dies oder jenes tut. Es geht mit der Verwandlung von einem „Er", von dem im Text „Langsame Heimkehr" erzählt wird, in ein „Ich", mit dem der Text „Die Lehre der Sainte-Victoire" einsetzt, einerseits gewiß um die Schaffung eines die Distanz der Er-Erzählung überwindenden Identifikationspols, anderseits steht aber nicht ein unbestimmtes Schuldgefühl des Erzählers im Vordergrund, sondern die Frage nach möglichen Versäumnissen gegenüber der Geschichte, die im Akt des schriftlichen Aufzeichnens ihre Ursache haben. Wie für das Märchen „Die Abwesenheit" herausgestellt werden konnte, daß in seinem Zentrum ein ortloser Ort zu beobachten sein müßte – wenn er nur sichtbar wäre -, so steht im Zentrum des Textes „Die Lehre der Sainte-Victoire" die Frage nach dem Ort der Schrift jenseits der Schrift.

4.2.3 Vom »Lichtzwang« zur »Atemwende« – »hinüberdunkeln«: Intertextualität des Eingedenkens bei Peter Handke und Paul Celan

Am Ende des Kapitels „Das kalte Feld" findet sich im Text „Die Lehre der Sainte-Victoire" unter anderem die Erwähnung des bekannten Gedichtzyklus »Atemwende« von Paul Celan, ohne daß der Dichter allerdings namentlich genannt wird.

Über die Intention dieses Zitats gegenüber weiteren nicht ausgewiesenen Zitaten ist im gegebenen Zusammenhang gewiß anders zu sprechen, als dies Luc Ferry und Alain Renaut polemisch gegenüber den „französischen Meisterphilosophen" tun, denen sie eine „»verschwiegene Arbeit der Kursivschrift und der Anführungszeichen«" (Derrida) zum Vorwurf machen:

> „Wenn man es nämlich der »verschwiegenen Arbeit der Kursivschrift und der Anführungszeichen« überläßt zu markieren, daß es, wenn man aus der *différance* eine »gemeinsame Wurzel« der Differenten macht, trotzdem nur per Analogie (oder metaphorisch) geht und daß genaugenommen die *différance* eine Wurzel ist, die keine ist, bleibt nach wie vor die Schwierigkeit, die Natur der Beziehung zwischen der *différance* und den Differenten in seiner Besonderheit anzugeben. Durch die Kursivschrift und die Anführungszeichen wird vielmehr bewirkt, daß diese Beziehung, die nichts anderes als die Entfaltung der *différance* ist, sich weiterhin dem Diskurs entzieht." (ADM 152).

Nur wenn man davon absieht, daß Derrida aus seiner Sicht heraus nicht länger mehr metaphysisch von einer „*Natur* der Beziehung zwischen der *différance* und den Differenten" sprechen würde, zu der hier Ferry und Renaut offenbar zurückkehren möchten, wenn auch »nur per Analogie (oder metaphorisch)«, um den Ausdruck auch einmal gegen ihre Autoren zu wenden, nur dann hat der Einwand gegen die Schreibweise Derridas sogesehen durchaus seine Berechtigung. Aber Derridas Schreibweise läßt sich so nicht erfassen, indem man ihr das Verfehlen eines Maßstabes vorhält, den sie explizit zu dekonstruieren beabsichtigt. Hans Jonas schreibt unter der Überschrift „Absurdität eines betrügerischen Seins":

> „Wer der Natur das Absurde andichtet, um sich ihrem Rätsel zu entziehen, hat sich und nicht ihr das Urteil gesprochen."[289]

Läßt sich aber derart bereits die „Absurdität einer theorievernichtenden Theorie", zu deren Problematik Jonas mit diesem Satz überleitet, tatsächlich bannen, oder gilt es nicht besser, über diese Absurditäten allererst aufzuklären, wie es die Dekonstruktion zu tun beabsichtigt?

Die zeichentheoretische und methodologische Konzeption der différance erlaubt jedenfalls das, was sich dem metaphysischen Diskurs entzieht, im Status einer Fragwürdigkeit zu halten, der zwar tatsächlich nicht mit abschließenden Antworten aufzulösen ist[290], aber deshalb auch nicht gleich einem verdrängenden Schweigen anheimfallen muß, das als solches eine allerdings nur scheinbar endgültige Antwort zu bewirken vermag. So ist auch der lakonische Abschluß von Handkes „Epopöe vom Verschwinden der Wege oder Eine andere Lehre der Sainte-Victoire" zu verstehen:

> „Mit Fragen enden." (NT 38).

Dieser kurze Text Handkes „vom Verschwinden der Wege" läßt sich im Anschluß an den Text „Die „Lehre der Sainte-Victoire" als fortgeführte Auseinandersetzung mit „Celans Poetik der Ortlosigkeit"[291] verstehen. Für den Fall der in Handkes Texten anonym zitierten Passagen aus Texten Paul Celans läßt sich konkret bemerken, daß die durch Anführungszeichen voneinander geschiedenen Textauszüge zwar die Differenten darstellen mögen, wohingegen aber die Anführungszeichen in diesem zunächst anonymen Akt des Zitierens eine Schreibweise signalisieren, in der es gerade auf eine

---

[289] Hans Jonas: Macht oder Ohnmacht der Subjektivität? Das Leib-Seele-Problem im Vorfeld des Prinzips Verantwortung. Frankfurt a.M. 1987. S.62.

[290] Derrida kennzeichnet die Fragwürdigkeit des Zeichens in Hinblick auf seine Zitierbarkeit in Form von Fragen:
> „Was wäre ein Zeichen *(marque)*, das man nicht zitieren könnte? Und dessen Ursprung nicht unterwegs verlorengehen könnte?" (RP 304).

[291] Thomas Sparr: Celans Poetik des hermetischen Gedichts. Heidelberg 1989. S.153. Im folgenden: *CP.* Sparr schreibt kurz zuvor:
> „*Nirgends* wird zum prägnanten Raumtopos der Gedichtzyklen, die auf *Atemwende* folgen. Dabei bilden sich ganz komplementäre Zeitrelationen aus. *Niemals* und *Nie* werden zu zeitlichen Kehrseiten einer Poetik, die – im wörtlichen Sinn – keinen Raum mehr läßt" (CP 152).

Handke stellt an den Schluß seiner Textsammlung „Noch einmal für Thukydides" die „Epopöe vom Verschwinden der Wege", nachdem in einem Text zuvor innerhalb der selben Textsammlung noch auf Celans Gedichtzyklus „Die Niemandsrose" angespielt wurde: also auf einen solchen Zyklus nach „Atemwende", der Ausdruck für „Celans Poetik der Ortlosigkeit" (CP 153) sein müßte. Während also der Text „Die Lehre der Sainte-Victoire" noch den Zyklus „Atemwende" zitiert, spielt „Eine andere Lehre der Sainte-Victoire" bereits auf den Zyklus „Die Niemandsrose" an.

différance ankommt, die mit einer „Natur der Beziehung zwischen der *différance* und den Differenten" nicht das geringste zu tun hat, weil hier das Eingedenken der Opfer von unaussprechlicher Gewalt gerade nicht in logozentrische Begriffe übersetzt werden soll. Die anonyme Überlieferung von Textpassagen aus Celans Texten bezeugt gerade nicht die Fortsetzbarkeit einer vernunftgeleiteten Tradition, die keine Probleme hat, den Begriff der Natur sogar in der Zeichentheorie beizubehalten. Das anonym präsentierte und dennoch wiedererkennbare Celan-Zitat in Handkes Text macht demgegenüber auf den Bruch zwischen *différance* und Differenten aufmerksam. Eine gemeinsame »Natur« von beiden hat in einer poetologisch reflektierenden Ästhetik »nach Auschwitz« keinen Platz mehr. Die Celan-Zitate in Handkes Texten unterstreichen gerade die Thematik der »fehlenden Entsühnung«, indem sie nicht nur anonym vorgenommen werden, sondern damit eng verknüpft dieses Thema nicht zum Gegenstand logozentrischer Argumentationsweisen machen.

In der Erzählminiatur „Kleine Fabel der Esche von München" hat Handke zuletzt Paul Celans Gedichtzyklus »Niemandsrose« in einer Weise anonym zitiert, die keinen Zweifel darüber läßt, mit welchen Intentionen diese intertextuellen Bezüge hergestellt werden, beziehungsweise, wo es Grenzen der Intentionalität gibt, die mittels Intertextualität doch noch überschreitbar erscheinen:

> „Es war der Allerseelentag, 2.November 1989, und ich versuchte an die Massen der Toten, der Ermordeten, zu denken, aber es gelang mir nicht; nur ein Wort, das sich in dem weiten Garten dann einstellte: »Niemandsrose«." (NT 33).

In einem Vorwort zu einer Auswahl von Gedichten von Alfred Kolleritsch mit dem Titel „Wer spricht in den Gedichten von Alfred Kolleritsch? Oder: Kleiner Versuch über den Dritten" wird Paul Celan auch einmal namentlich von Handke erwähnt. Handke spricht von einem ausgeschlossenen Dritten in den Gedichten von Kolleritsch, das deren Sprechweise bestimmt und den Leser mitzunehmen und zu verwandeln vermag. Plötzlich zitiert er Paul Celan, der für ihn „ein anderer »Dritter«" ist, aus „einer früheren Lese-Zeit".[292] Mit den vier Seiten umfassenden Vorwort zu den ausgewählten Gedichten von Alfred Kolleritsch, die 1978 zum ersten Mal erschienen, ist Handkes „Kleiner Versuch über den Dritten", der den Namen Paul Celan trägt, keineswegs abgeschlossen. Ohne Namensnennung wird dieser Versuch von Handke weiter fortgesetzt als ein Versuch über den ausgeschlossenen aber einverwandelten Dritten, dessen Poetologie des Eingedenkens damit nicht nur formale Nachahmung findet. Handkes intertextuelle Schreibweise gedenkt der Celans und setzt sie zugleich fort mit der Autorität des Dritten,[293] die in diesem Fall eine „Autorität ohne Autor". (KVD 9) ist.

---

[292] Peter Handke: Wer spricht in den Gedichten von Alfred Kolleritsch? Oder: Kleiner Versuch über den Dritten. In: Alfred Kolleritsch. Gedichte. Ausgewählt und mit einem Vorwort versehen von Peter Handke. Frankfurt a.M. 1988. S.7. Im folgenden: KVD.

[293] „Läßt sich demnach sagen, was das Wesen jenes Dritten ist? Nein (denn es ist für sich schon ein Wesen, ein Eigenwesen: das »Gedichtwesen« – im Sinn des »Wesens der Azurblauen Höhle« oder des »Wesens der Gelben Schlucht« das Wesen des Gedichts). Aber vielleicht läßt es sich umschreiben oder apostrophieren, zum Beispiel so wie in Platons Atlantis-Text *Kritias* als »der Gott, welcher in Wirklichkeit schon längst, in der Rede dagegen soeben erst entstand ...«, oder es läßt sich einfach hören aus dem Gedicht selbst, aus dem »Wenn das Denken die Pfingst-/ schneise herabkommt, endlich ...« (Paul Celan) ebenso wie aus dem »Wir können nicht zum Schweigen bringen,/ wer wir sind« (Alfred Kolleritsch)." (KVD 10).

Zunächst lassen sich Stationen in Handkes Texten nachzeichnen, die auf markante Verknüpfungen von Intertexten im Zusammenhang mit der Frage nach einer Ästhetik »nach Auschwitz« vorbereiten. Der Text „Falsche Bewegung" ist, wie gesehen, mit Sicherheit eine solche Station. Peter Handke hat diesen Text im Jahre 1973 geschrieben, im selben Jahr hat er auch den Büchner-Preis verliehen bekommen. Seine Büchner-Preis-Rede mit dem Titel „Die Geborgenheit unter der Schädeldecke" ist ebenfalls eine wichtige Verbindungsstation zwischen Handkes frühen poetologischen Äußerungen und seiner späteren vermeintlichen poetologischen Kehrtwendung, die die einstige explizit-ablehnende Haltung gegenüber der sogenannten >engagierten< Literatur in einer nun selbst immanent-engagierten intertextuellen Schreibweise fast vergessen läßt. In seiner Büchner-Preis-Rede, die nicht zuletzt in der Folge derjenigen Celans zu lesen ist, umschreibt Handke eindringlich an einem Beispiel, wie wichtig es ihm ist, dem Verlust der Aura, dem Verlust der Authentizität durch technische Reproduktion mit einem gezielten Blick, mit der schon von Celan gewünschten „Aufmerksamkeit" zu begegnen:

> „Vor vielen Jahren schaute ich eines der schon üblich gewordenen KZ-Photos an: Jemand mit rasiertem Kopf, großäugig, mit hohlen Wangen, wieder einmal, und ich betrachtete das Photo neugierig, aber schon ohne Erinnerung; dieser photographierte Mensch hatte sich zu einem austauschbaren Symbol verflüchtigt. Plötzlich bemerkte ich seine Füße: Sie waren mit den Spitzen aneinandergestellt, wie manchmal bei Kindern, und jetzt wurde das Bild tief, und ich fühlte beim Anblick dieser Füße die schwere Müdigkeit, die eine Erscheinungsform der Angst ist. Ist das ein politisches Erlebnis? Jedenfalls belebt der Anblick dieser aufeinander zeigenden Füße über die Jahre hinweg meinen Abscheu und meine Wut bis in die Träume hinein und aus den Träumen wieder heraus und macht mich auch zu Wahrnehmungen fähig, für die ich durch die üblichen Begriffe, die immer die Welt der Erscheinungen auf einen Endpunkt bringen wollen, blind geblieben wäre. Ich bin überzeugt von der begriffsauflösenden und damit zukunftsmächtigen Kraft des poetischen Denkens." (AW 75f.).

Handkes Appell für eine poetische Sprache ist in erster Linie als ein Aufruf zum Widerstand gegen den ausschließlichen Gebrauch einer Sprachlogik zu verstehen, die selbst wenn sie kritisch ist, auf verhängnisvolle Weise inflationär zu werden vermag. Was diese Sprachlogik nicht ausdrücken kann, überantwortet sie letztlich durch ständig repetierende Erinnerungsarbeit dem Vergessen. Die von Handke beschriebene Wahrnehmung des „KZ-Photos" korrespondiert auffällig mit der Wahrnehmungsweise, die er im Filmbuch „Falsche Bewegung" als erotischen Blick beschrieben hat: Zunächst entdeckt Handke plötzlich auf dem Photo etwas, was er bis dahin immer übersehen hat, dann bekommt er ein Gefühl, und schließlich evoziert er ausgehend von beidem das nicht mehr nur Beobachtbare. Gegenüber aller vervielfältigenden und damit verbergenden Reproduktion von Bildern des Grauens obliegt es dieser von Handke sprachlich exponierten Sichtweise auf paradoxe Weise, authentischer zu blicken als zu sprechen. Eine poetische Sprache zu entwickeln, die dieser Blickweise entspricht, ist von nun an das zentrale poetologische Problem der Schreibpraxis Peter Handkes. Eine potentielle Quelle der zukunftsmächtigen Kraft des poetischen Denkens, die es vermeidet, sich in austauschbaren Symbolen zu ergehen und die sich die üblichen Begriffe verbietet, beschreibt Handke kurz zuvor in seiner Rede:

> „Ein dialektischer Sprung wäre nötig, dann würde ich zwischen Opfern und Opfern unterscheiden können. Ich sehe, daß dieser Sprung »vernünftig« ist, und in jedem Gespräch vollziehe ich ihn auch, aber sobald die Opfer leibhaftig werden, mache ich ihn rückgängig. Das ist der Grund, daß ich unfähig bin, eine in jeder Einzelheit politische Existenz zu führen. Es gibt eine Dialektik, die nichts anderes als weltvergessene Routine ist." (AW 74).

Dieser dialektische Sprung, der von weltvergessener Routine-Dialektik strikt zu unterscheiden ist, steht dem sprunghaften dialektischen Bild nahe, das Walter Benjamin zur Zerschlagung der Vorstellung einer Geschichtsschreibung evoziert hat, die ewig nur die der Sieger, nie die der Opfer war. Damit ist bei Benjamin etwas gedacht, was Handkes erotischen Blick als einen gegenüber dem politischen Geschehen keineswegs gleichgültigen erscheinen läßt, setzt man ihn nur nicht voreilig mit der Husserlschen Wesensschau gleich. Im dialektischen Bild Benjamins geschieht eine Sprengung des Kontinuums der Zeitvorstellung der seinerzeit herrschenden Geschichtsauffassung und zugleich Individuation eines Zeitpunktes des Erwachens, in dem sich das Versprengte bildhaft konzentriert.[294] Nicht aber die Bezeichnung des dialektischen Sprunges als Bild oder Blick ist entscheidend, sondern die gemeinsame Absicht Handkes und Benjamins, zu einer Sprache vorzustoßen, die „zwischen Opfern und Opfern unterscheiden" kann. Handke äußert sich negativ zu einer „Dialektik, die nichts anderes als weltvergessene Routine ist". Benjamin hatte ebenfalls die von ihm nicht nur affirmierte, sondern auch kritisierte marxistische Dialektik mit dem ihr eigenen Fortschrittsglauben vor Augen, wenn er von einer Vorstellung eines Kontinuums spricht, aus der es zu erwachen gilt. Das Kontinuum gilt es mit einem Sprung zu unterbrechen, im Sinne „einer revolutionären Chance im Kampfe für die unterdrückte Vergangenheit" (GS.Bd.I/2 703).[295]

Das Schlußbild des Kapitels „Das kalte Feld" erzählt im Text „Die Lehre der Sainte-Victoire" von einem Blick Handkes auf „ein anderes Deutschland", im Modus eines Denkbildes à la Benjamin, das von jenseits der Historie in ihr Diesseits überzuspringen versucht:

> „Danach erblickte ich einmal ein anderes Deutschland: nicht die Bundesrepublik und ihre Länder, und auch nicht das grausige Reich, oder das Fachwerk der Kleinstaaten. Es war erdbraun und regennaß; es lag auf einem Hügel; es waren Fenster, es war städtisch, menschenleer und festlich; ich sah es aus einem Zug; es waren die Häuser jenseits des Flusses; es lag, Ausdruck von Hermann Lenz, gleich »nebendraußen«; es schwieg humorvoll und hieß Mittelsinn; es war »das schweigende Leben der regelmäßigen Formen in der Stille«; es war »schöne Mitte« und »Atemwende«; es war ein Rätsel; es kehrte wieder und war wirklich. Und der es sah, kam sich schlau vor wie der Inspektor Columbo bei der Lösung eines Falls; und wußte doch, daß es nie ein endgültiges Aufatmen geben konnte." (LSV 98).

Die Frage ist, ob es aber ein solcher Blick doch noch einmal erlaubt, eine einheitliche Vision eines anderen Deutschlands zu entwerfen, wie es Handke scheinbar an dieser

---

[294] Diese Auffassung des dialektischen Bildes ist in gewisser Hinsicht das Herzstück des Benjaminschen Denkens. Sie konstituiert gleichermaßen seine späten Gedanken zur Geschichtsphilosophie wie auch zur Ästhetik. Das dialektische Bild beabsichtigt gerade die Ordnung der Repräsentation der Herrschaft oder einfacher: die Herrschaft der Repräsentation blitzhaft zu sprengen.

[295] Daß im Zweifelsfall auch die sogenannte nationalsozialistische Revolution nachträglich als ein solcher Sprung zur Unterbrechung des Geschichtskontinuums zu werten ist, verleiht der Benjaminschen Konzeption einen bedingt ambivalenten Charakter, obwohl sie als deutlich antitotalitaristisch anzusehen ist. Georges-Arthur Goldschmidts Interpretation der Episode „Der Sprung des Wolfs" im Text „Die Lehre der Sainte-Victoire" assoziiert mit dem von Handke darin geschilderten blutrünstigen Sprung einer Dogge die Gefahren des Nationalsozialismus:
„Ce chien est le prolongement de l'univers concentrationnaire nazi: il se trouve là sur le chemin du retour et c'est, tout à coup, la réalité politique, la zone officielle du pouvoir marquée sur le béton par de petits tas de crotte desséchés." (GPH 130).
Vor dem Hintergrund dieser Interpretation wirkt ein Satz Handkes aus diesem Kapitel wie auf den von Goldschmidt angespielten Kontext bezogen:
„Undenkbar, vor solch bewußtlosem Willen zum Bösen, ein gutes Zureden (überhaupt jedes Reden); (...)" (LSV 59)
Folgt man Goldschmidts Interpretation an dieser Stelle, so müßte dann auch der „Sprung des Wolfs" als Gegenbild zu demjenigen „dialektischen Sprung" zu verstehen sein, den Handke in seiner Büchner-Preis-Rede beschreibt, um ein Eingedenken der Opfer zu ermöglichen.

Stelle gleich einem Coup, der aufs Ganze zielt, wagt;[296] oder ob diese Vision nicht aus ganz anderen literaturtheoretischen Voraussetzungen, wie aus denen einer pluralistischen Intertextualität, zu verstehen ist, wenn das Bild eines anderen Deutschlands mittels einer gehörigen Anzahl von Zitaten erwogen wird.

Diese mit gekennzeichneten und nicht gekennzeichneten Zitaten angefüllte Passage aus dem Text „Die Lehre der Sainte-Victoire" wiederholt auf engstem Raum die formale Struktur, die bereits für das Filmbuch „Falsche Bewegung" insgesamt als Charakteristikum gelten kann. Wie dort Goethe, Eichendorff und Flaubert genannt, Cocteau, Friedrich und womöglich noch viele andere einbezogen, aber nicht genannt werden, erscheinen hier zwar der Name von Hermann Lenz[297] und der Name des Fernsehserienhelden Inspektor Columbo, jedoch alle weiteren markierten Zitate bleiben anonym. Ein erotischer Blick, wie derjenige Wilhelms, läßt sich aufgrund einer unübersehbaren pluralen Schreibweise nicht länger mehr allein auf den Autor Handke rückprojezieren, obwohl im Text „Die Lehre der Sainte-Victoire" doch sogar eine ausdrückliche Einverwandlung des Protagonisten Sorger in den Erzähler Handke beschrieben wird. Der vermeintlich autobiographische Text deprivatisiert sich in zahlreichen bestimmten und unbestimmten intertextuellen Akten, die den autobiographischen Erzählfluß immer wieder stillstellen.[298]

„Die Lehre der Sainte-Victoire" ist der erste Text Handkes, in dem Texte von Paul Celan anonym zitiert werden. Das Wort „Atemwende", das in diesem Abschnitt zitiert wird, ist im Werk Celans nicht nur der Titel eines Gedichtzyklus, sondern hat darüber hinaus einen bedeutenden poetologischen Stellenwert in der Büchner-Preis-Rede Celans, die den Titel „Der Meridian" trägt. In Celans Rede, auf die sich schon das Museumserlebnis Sorgers beziehen dürfte, heißt es:

> „Dichtung: das kann eine Atemwende bedeuten. Wer weiß, vielleicht legt die Dichtung den Weg – auch den Weg der Kunst – um einer solchen Atemwende willen zurück?" (M 195).

Das Zitat des Wortes „Atemwende" innerhalb der Vision von einem anderen Deutschland dient gewiß nicht dazu, ein Bild Deutschlands zu imaginieren, das in keinem Kontakt mehr zu seiner Vergangenheit steht, andererseits sagt es als Zitat mehr über eine bestehende poetologische Problematik als über deren Lösung aus.[299]

---

[296] „Ich würde den Coup wagen und aufs Ganze gehen!" (LSV 115).

[297] Das von Handke zitierte Wort »nebendraußen« findet sich in: Hermann Lenz: Andere Tage. Frankfurt a.M. 1978. S.94 und S.228.

[298] Hoesterey bemerkt ebenfalls diese „Arretierung des Erzählflusses" (VS 107), jedoch rückt sie an keiner Stelle die damit verbundene Möglichkeit eines Eingedenkens in den Vordergrund, wenn sie von intertextuell bedingten „Nunc Stans-Vorkommen" in Handkes Text spricht. Von den Erkenntnissen Hoestereys ist nur ein kleiner Schritt nötig, auch zum dem ethischen Potential des Handkeschen Textes vorzudringen:
> „Das fiktive Selbst im Zentrum der autobiographischen Erzählung *Die Lehre der Sainte-Victoire* beschäftigt sich nicht mit der Frage, wie die Wirklichkeit zu deuten sei, sondern wie eine der Realität parallele Wirklichkeit eine neuartige Präsenz des literarischen Objekts zu *erwirklichen* wäre." (VS 106f.).

[299] Thomas Sparr macht auf das allgemeine zeichentheoretische Problem aufmerksam, das für die Funktion des „Atemwende"-Zitats in Handkes Text bereits ausschlaggebend dafür ist, wenn dort für eine verbindliche Bedeutungsbestimmung dieses Zitats das Fehlen von Argumenten sichtbar werden muß: weil ein Zitat im Text repräsentiert wird, das selbst nichts repräsentiert:
> „Mit dem Zyklus *Atemwende* hat Celans Lyrik die Gewißheit, das sprachliche Zeichen repräsentiere anderes, verloren, eine Gewißheit, die das Frühwerk noch teilt und die im Laufe der Entwicklung seines Werks mehr und mehr schwindet." (CP 65).

Das Verhältnis, das hier zwischen Texten Handkes und Celans zum Ausdruck kommt, läßt sich auch mit Worten Bachtins beschreiben:

> „Das eigene Wort und die eigene Stimme, die aus dem fremden Wort geboren oder von ihm dialogisch stimuliert worden sind, beginnen sich früher oder später aus der Macht dieses fremden Wortes zu befreien. Dies wird dadurch erschwert, daß verschiedene fremde Stimmen im Bewußtsein des Individuums um Einfluß rivalisieren (ebenso wie sie in der sozialen Wirklichkeit miteinander rivalisieren). Dies alles bereitet der erprobenden Objektivierung des fremden Wortes den Boden. Der Dialog mit einem solchen innerlich überzeugenden Wort, das seiner Hüllen entkleidet wird, geht weiter, aber er nimmt einen anderen Charakter an: man befragt es und stellt es in eine neue Situation, um seine schwachen Stellen auszumachen, seine Grenzen zu ertasten, seine Objektqualität zu erspüren." (ÄW 234).

Kristeva hat betont, daß „der bachtinsche Dialogismus die Schreibweise zugleich als Subjektivität und als Kommunikativität, oder besser gesagt, als *Intertextualität*" (BWDR 351) bezeichnet. Die „Objektqualität" des Wortes, von der Bachtin auch spricht, berücksichtigt Kristeva bei der „Klassifikation der Wörter in der Erzählung" (BWDR 356), in der sie nach Bachtin das direkte Wort, das objekthafte Wort und das ambivalente Wort unterscheidet. Wenn Kristeva in ihrem Buch „Die Revolution der poetischen Sprache" den Begriff der „Transposition" (RpS 69) ins Zentrum ihrer Überlegungen rückt, der das intertextuelle Verhältnis zweier oder mehrerer Zeichensysteme beschreibt, so verdankt dieser Begriff seine Bedeutung den Reflexionen Bachtins über das ambivalente Wort, die Kristeva resümiert:

> „Der Autor kann sich aber des fremden Wortes bedienen, um diesem einen neuen Sinn zu geben, wobei er dessen ursprünglichen Sinn bewahrt. Daraus folgt, daß das Wort zwei Bedeutungen erhält, daß es *ambivalent* wird. Dieses ambivalente Wort ist also das Resultat der Verknüpfung zweier Zeichensysteme. (...) Die Verknüpfung zweier Zeichensysteme relativiert den Text. (...) Diese Kategorie von ambivalenten Wörtern wird dadurch gekennzeichnet, daß der Autor die Rede des Anderen für seine eigenen Zwecke ausnutzt, ohne aber gegen deren Gedanken zu verstoßen; er verfolgt deren Weg, wobei er sie zugleich relativiert." (BWDR 356f.).

Bei den Celan-Zitaten in Handkes Texten handelt es sich gewiß um solche relativierende ambivalente Wörter, und nicht um einen der beiden weiteren Typen des ambivalenten Wortes, die entweder parodistisch oder versteckt polemisch aufzufassen sind. Denn Parodie und Polemik setzen einen Sinn voraus, gegen den sich noch gewandt werden kann. Der Dialog aber, den Handkes Texte mit denen Celans führen, ist demgegenüber in der Frage nach einer Ästhetik »nach Auschwitz« als voraussetzungslos zu betrachten. Es sind eher die „Objektqualitäten" des Wortes vor dem Hintergrund von Auschwitz hervorgehoben als subjektive Sinnstiftungen: Die anonyme Zitierweise zeigt dies bereits deutlich an: Weniger ein Dialog zwischen Autoren findet statt als einer zwischen Texten, die einander wechselseitig relativieren. Die genannten Typen des direkten und des objekthaften Wortes sind ebenfalls zu sehr an den bezeichneten Gegenstand oder den Autor gebunden, als daß sie für die Beschreibung des intertextuellen Verhältnisses der Texte Handkes und Celans noch in Frage kommen. Thomas Sparr kommt anhand Celans Gedicht „LICHTENBERGS ZWÖLF" aus dem „Atemwende"- Zyklus zu einem Ergebnis, das sich mühelos auf zahlreiche weitere Gedichte Celans übertragen läßt:

> „Prekär ist die Stellung des lyrischen Subjekts in Celans Gedicht, das nur gebrochen in der letzten Strophe Worte findet und seinen Einspruch sogleich abbricht. Doch mit dem Subjekt ist auch dessen Vermögen Bedeutungen zu konstituieren preisgegeben." (CP 148).

Die Zitate Celans geschehen in Handkes Texten im Modus eines Zitierens, das nicht zitiert. Die Bewegung des Handkeschen Textes geschieht dadurch im Namen Celans, jedoch nicht unter diesem Namen. Das Zitat des Wortes »Atemwende« läßt sich als Befragung eines fremden Wortes im Sinne Bachtins verstehen, bei dem dessen Tragfähigkeit in einem neuen Kontext auf die Probe gestellt wird. Es kann aber zugleich als ein Akt des Eingedenkens einer Poetologie des Eingedenkens verstanden werden und somit als eine geradezu metapoetologische Textpraxis.

Bereits die erwähnte Erfahrung Sorgers einer „Leere eines erdumspannenden Todesstreifens" bezieht sich damit fast schon belegbar auf die für Celans Poetik so bedeutenden Termini „Meridian" und auch „Schibboleth".300 Sorgers Erlebnis verbindet das Erdumspannende des „Meridian" mit dem Charakter der Todesverheißung, den bei Celan das Wort „Schibboleth" in sich birgt.301 Jacques Derrida schreibt in seinem Text „Schibboleth. Für Paul Celan", bezogen auf Celans Poetik des Eingedenkens:

> „Die Spur muß ihr Geheimnis offenbaren, sie muß dessen Verlust riskieren, um es zu behalten. Sie muß, beständig hinüber- und herüberwechselnd, die Grenze zwischen Lesbarkeit und Unlesbarkeit verwischen." (Sch 86).

Dieser Kommentar trifft ebenfalls auf Handkes Vorgehensweise zu, der in dem Text „Die Lehre der Sainte-Victoire" Celan ein weiteres Mal nur mit einem Wort zitiert, ohne zu zitieren: Dieses erneut anonym zitierte Wort lautet „(Wort des Dichters) »hinüberdunkeln«" (LSV 35), so als ginge es Handke um ein Hinüberdunkeln zu Celans Spuren-Poetik des Eingedenkens, wie sie Derrida bei Celan auf der „Grenze zwischen Lesbarkeit und Unlesbarkeit" realisiert sieht. Das Gedicht Celans, dem das „Wort des Dichters" entnommen ist, entstammt dem Zyklus „Lichtzwang":

> „WIR LAGEN
> schon tief in der Macchia, als du
> endlich herankrochst.
> Doch konnten wir nicht
> hinüberdunkeln zu dir:
> es herrschte
> Lichtzwang."302

Selbst nach der Verfolgung dieser Spur Celans in Handkes Text findet sich der Leser „tief in der Macchia" wieder, wenn es ihm daran gelegen ist, den Schlüssel der Bedeutung Celans für Handkes Schreiben endgültig entdecken zu wollen. Noch einmal läßt sich Derrida zitieren, dessen Bemerkungen zum kryptischen Charakter des Signalwortes „Schibboleth" in Celans Dichtung nun auch für das Wort „hinüberdunkeln" Geltung beanspruchen können:

> „Genau das jedenfalls – so könnte man sagen – ist die eigentliche *Bedeutung* des Wortes oder des Titels *Schibboleth*. Nicht mehr dies oder das gemäß der ursprünglichen Bedeutungen, also Fluß, Kornähre, Ölzweig, und auch nicht die Bedeutungen, die es im Gedicht annimmt. Es bedeutet: es gibt hier ein

---

300 Siehe das Gedicht „IN EINS" in: Paul Celan: Die Niemandsrose. In: Gesammelte Werke. Erster Band. Frankfurt a.M. 1986. S.270.

301 Derrida greift diesen todesverheißenden Charakter des bei Celan zitierten Wortes „Schibboleth" im Rahmen eines Katalogtextes erneut auf, ohne sich dabei jedoch auf Celan zu berufen: Jacques Derrida: Mémoires d'aveugle. L'autoportrait et autres ruines. Paris 1990. S.58f.:
„*L'expérience* du dessin de l'expérience, son nom l'indique, consiste toujours à voyager par-delà les limites) traverse et institue en même temps ces frontières, elle invente le *Shibboleth* de ces passages (le choeur *Samson Agonistes* rapelle ce qui lie le *Shibboleth*, cette circoncision de la langue, à la sentence de mort: « ... *when so many died/ Without reprieve adjudged to death,/ For want of well pronouncing Shibboleth* »."

302 Paul Celan: Lichtzwang. In: Gesammelte Werke. Zweiter Band. Frankfurt a.M. 1986. S.239.

> *Schibboleth*, es gibt hier etwas *Kryptisches*, dieses ist unauslotbar, es verbirgt nicht ein einziges bestimmtes Geheimnis, keinen semantisch festmachbaren Inhalt, der darauf wartete, von einem hinter ihrer Tür stehenden Schlüsselträger aufgedeckt zu werden." (Sch 72).

Das von Handke zitierte Celan-Wort „hinüberdunkeln" hat ebenfalls die Eigenschaften eines solchen Geheimnisses und verweist, wenn überhaupt auf eine Tür, so bestenfalls auf eine „Drehtür" (LSV 83), mit der Handke den „Tabernakel" verglichen hat, als das zweite „Bild der Bilder", auf das weiter unten noch kurz eingegangen wird. Nach dessen Beschreibung unterstreicht Handke, wie Derrida für das Schibboleth, einen unumgänglichen und zugleich unzugänglichen Geheimnischarakter nicht nur des Tabernakels, sondern auch der Bilder Cézannes:

> „Und so sehe ich jetzt auch Cézannes »Verwirklichungen« (nur daß ich mich davor aufrichte, statt niederzuknien): Verwandlung und Bergung der Dinge in Gefahr – nicht in einer religiösen Zeremonie, sondern in der Glaubensform, die des Malers Geheimnis war." (LSV 84).

Aber so wie Derrida in bezug auf Celans Gebrauch des Wortes „Schibboleth" von einem „Geheimnis ohne Hermetismus" (Sch 58) spricht, so liegt bei Handke der Akzent weniger auf dem Wort „Geheimnis" als vielmehr auf dem Akt der „»Verwirklichungen«", die trotz „Geheimnis" möglich und nötig sind. Während es bei Celan auch einmal heißt: „(...) Soviel/ Geheimnis/ bot ich noch auf, trotz allem" (A 48), geht es Handke inzwischen zwar notwendigerweise noch immer um die Beibehaltung Celanscher Geheimnisse, wie sie sich etwa im Wort „»hinüberdunkeln«" andeuten, mehr noch aber geht es ihm, wie übrigens auch Celans Texten, um die diesen Geheimnissen abzuringenden „»Verwirklichungen«", um den Akt der Realisation eines derart geheimnisvollen Hinüberdunkelns, um ein Eingedenken jenseits des Logozentrismus, jenseits der Herrschaft der Repräsentation: Das ist es, was Handkes Schreibweise mit der Celans verbindet.

In der Museumserfahrung der linkshändigen Frau ist ebenfalls eine Verdunkelung, ein Hinüberdunkeln beschrieben, kurz bevor dann nur noch ein helles Weiß zu sehen ist. Auch dies ist eher die Beschreibung einer „réalisation" denn eines „Geheimnisses". In den Bildern Barnett Newmans eine „Glaubensform" entdecken zu wollen, die nicht „des Malers Geheimnis" sein soll, erscheint zwar einerseits kaum möglich, andererseits liegt es auch bei seinen Bildern nahe, von einer „Verwandlung und Bergung der Dinge in Gefahr" zu sprechen: Das Nichtdarstellbare wird verwandelt in eine diese Nichtdarstellbarkeit reflektierende Darstellung und darin geborgen als letzte Möglichkeit eines Eingedenkens. Barnett Newmans Bilder stellen damit in Handkes Text jenes „Geheimnis ohne Hermetismus" dar, das Derrida in Celans Texten ausfindig gemacht hat. Thomas Sparr schreibt in seinem Buch „Celans Poetik des hermetischen Gedichts":

> „Gerade weil Celans Gedichte zahlreiche Anspielungen entfalten, muß dieses assoziative Verstehen durch die referentielle Lesart begrenzt werden, um nicht in bloße Meinung und willkürliche Auslegung auszuufern. – Es ist eine Eigentümlichkeit von Celans Lyrik, den Blick des Lesers auf historische Realien zu lenken, die seiner Gegenwart weitgehend fremd blieben, ob es Rosa Luxemburg, der Februaraufstand österreichischer Arbeiter von 1934, die Wannseekonferenz oder das *Dänenschiff* ist." (CP 118f.).

Derartige „Realien" sind zunächst nicht unbedingt geheimnisvoll zu nennen, sie können aber zu „Geheimnissen ohne Hermetismus" dann werden, wenn es um ihre Überlieferung durch einen Geschichtsschreiber geht, der selbst nicht Geschichtszeuge gewesen ist. Allein aus diesem Grund ist »Auschwitz« für Celan und für Handke bereits ein solches geradezu paradigmatisches „Geheimnis ohne Hermetismus", an dem es keinen Zweifel geben kann, dessen Überlieferung aber das Problem ist, dem sich beide Autoren stellen. Handkes textuelle Bewegungsrichtung zeigt sich mehr und mehr als ein Unterwegs zur Sprache des ethischen Eingedenkens.

So führt das Kapitel „Das Bild der Bilder" zunächst zu einem von Handke so bezeichneten Bild Cézannes. Handke beschreibt die Erkenntnis mittels eines Nähegefühls fast wie eine Möglichkeit zu einer Zeitreise in das Jahr der Entstehung des Bildes, zumindest aber als ein Geschehen, das die Entstehung in einer Wieder-Entstehung erneut lebendig werden läßt:

> „Im Pariser Jeu de Paume hängt ein Bild von Cézanne, vor dem ich dann zu verstehen glaubte, worum es geht, nicht nur ihm, dem Maler, und nicht nur jetzt mir einem Schriftsteller. (...) Schwer zu sagen, was ich da verstand. Damals hatte ich vor allem das Gefühl »Nähe«. (...) Ja, das Nähegefühl war auch eine Erkenntnis: es war das im Jahr 1904, zur Zeit der Entstehung des Bildes, etwas Unwiderrufliches geschehen, als Weltgeschehen; und das Weltgeschehen war dieses Bild selber." (LSV 75ff.).

So wie dieser Kunsterfahrung von Handke diesmal offensichtlich ein Datum eingeschrieben wird, das lange vor der Geburt des Betrachters liegt, aber das als Weltgeschehen, an das dieses Bild immer wieder neu erinnert, nicht mehr ungeschehen zu machen ist, so gilt es, sich auch die Bilderfahrung der linkshändigen Frau in einem Rahmen vorzustellen, der es unscheinbar erlaubt, eines Datums auf ambivalente Weise einzugedenken, da, wie Derrida es ausdrückt, „das Datum sich zu jeglicher interpretativen Summierung heterogen verhält" (Sch 58).

Die Bilderfahrungen in Handkes Texten weisen durch ihre Verknüpfungsmöglichkeit mit historischen Daten die Struktur des antimetaphysischen Schematismus dialektischer Bilder auf. Die gleiche Struktur liegt aber auch dem Umgang mit Zitaten aus der Literatur zugrunde. Wenn Handke anonym aus Texten Paul Celans zitiert, so ist dies mit Bezug auf »Auschwitz« formal nicht zu unterscheiden von der anonymen Erwähnung der Bilder Barnett Newmans im Text „Die linkshändige Frau", und noch allgemeiner ist es als dekonstruktivistisch-historiographisches Verfahren nicht zu trennen von der Beschreibung eines Bildes von Cézanne durch Handke.

Der Text „Die Lehre der Sainte-Victoire" verbindet an einer Stelle die Beschreibung von Bildern Cézannes mit einem Zitat aus einem Text von Celan auf eine Weise, die an die wechselseitige Durchkreuzung von Text und Bildern im Text „Die linkshändige Frau" erinnert:

> „Es waren die Arbeiten seines letzten Jahrzehnts, wo er dann so nah an dem erstrebten »Verwirklichen« seines jeweiligen Gegenstands war, daß die Farben und Formen diesen schon feiern können. (»Unter Wirklichkeit und Vollkommenheit verstehe ich ein und dasselbe«, schrieb der Philosoph.) Und trotzdem scheint auf den Bildern kein zusätzliches Licht. Die gefeierten Gegenstände wirken in ihren Eigenfarben, und selbst die helleren Landschaften bilden eine dunkelnde Einheit. Die namenlosen Landleute der Provence des späten 19. Jahrhunderts, die Helden der Porträts, sind ganz vorn und groß da, und thronen zugleich, ohne besondere Insignien, in einem erdfarbenen Grund, den sie als ihr Land besitzen.
> Dunkelheit, Bahnen, Konstruktion, Stärkung, Zug, sich verdunkelnde Augen; ja es war die Erschütterung. Und nach zwei Jahren »Studierens« findet sich auch ein entsprechender Satz zusammen: das Schweigen der Bilder wirkte hier so vollkommen, weil die Dunkelbahnen einer Konstruktion einen Allgemein-Zug verstärkten, zu dem ich (Wort des Dichters) »hinüberdunkeln« konnte: Erlebnis des Sprungs, mit dem zwei Augenpaare, in der Zeit auseinander, auf einer Bildfläche zusammenkamen. »Das Bild fängt zu zittern an«, schrieb ich mir damals auf." (LSV 35f.).

Das Erlebnis des hier beschriebenen Sprunges läßt sich als das Erlebnis eines dialektischen Sprunges verstehen, den Handke Jahre zuvor in seiner Büchner-Preis-Rede für nötig befunden hat, um „zwischen Opfern und Opfern unterscheiden"[303] zu können. Zwar wird hier explizit nicht einmal eine Erwähnung von Opfern vorgenommen, worum es aber doch geht, ist die Suche nach einer literarischen Form des Eingedenkens der Opfer des Nationalsozialismus, selbst wenn von ihnen an dieser Stelle noch nicht die Rede ist. Der Text geht im Kapitel „Das kalte Feld" deutlich auf die Hinrichtungsstätten der Nazis in Paris ein, so daß das am Ende des Kapitels zu findende Zitat des Celan-Wortes „Atemwende" schwerlich in einem anderen Kontext zu verstehen ist als in dem ebenfalls in diesem Kapitel angesprochenen Problem der »fehlenden Entsühnung«.

Wirklich bemerkenswert erscheint bei dem Zitat „»hinüberdunkeln«" der teilweise überraschend feierliche bis heitere Kontext der Bildbeschreibung, so als würden sich hier zwei Tropen tatsächlich einmal, wie Celan es benannt hat, „heitererweise" durchkreuzen. Neben der Wechselbeziehung zwischen den Bildern Cézannes und einem Text von Celan wird in dieser Passage auch noch zum wiederholten Male im Text auf einen Philosophen angespielt, bei dem es sich um Baruch de Spinoza handelt.[304] Die Tatsache, daß Handke den jüdischen Philosophen in seinem Text verborgen zitiert, ist nicht zuletzt vor dem Hintergrund interessant, den Lyotard zu bedenken gibt:

> „Man kann die Ethik von Spinoza heute nicht noch einmal schreiben. Zumindest würde das niemanden interessieren und es wäre sogar verrückt, gefährlich und monströs. Aber man kann die Geschichte von der Unmöglichkeit von Spinozas Ethik erzählen." (Erh 335).

Spinoza wird von Handke dort, wo er ihn zitiert, wie Celan oder Benjamin, namentlich nicht genannt, immerhin deutlich verweisend heißt es aber an einer Stelle des Textes:

> „Das Werk des Philosophen war ja eine Ethik gewesen." (LSV 52).

Handkes Text zitiert Spinoza gewiß nicht verborgenerweise, um damit eine Identität seiner ethischen Überzeugungen mit denen Spinozas klar und deutlich zum Ausdruck zu bringen. Aber „die Geschichte von der Unmöglichkeit von Spinozas Ethik erzählen" zu wollen, scheidet bei einer derartigen Präsentation zumindest auf einer

---

[303] Zwischen Opfern und Opfern unterscheidet auch der jüdische Philosoph Emmanuel Lévinas, wenn er einerseits sein Buch „Jenseits des Seins oder anders als Sein geschieht" den Opfern des Antisemitismus zwar widmet, im Text selbst jedoch die Kategorie eines Gewaltopfers nicht weiter expliziert. Das Opfer, von dem in seiner Philosophie die Rede ist, ist demgegenüber ein immer wieder neu zu erbringendes gewaltloses und verantwortungsvolles Opfer, um verantwortungslose Opfer der Gewalt verhindern zu können. Wolfgang N. Krewani erläutert diese Opferstruktur, die bei Lévinas zugleich Struktur der Subjektivität ist, von ihm selbst jedoch als „Sühne" (Siehe: 5.Kapitel) bezeichnet wird:
> „Der Andere, für den das Subjekt verantwortlich ist, ergreift Besitz von ihm, entfremdet es von sich. In der Verantwortung übernimmt das Subjekt den Anderen, nimmt ihn bei sich auf (l'autre dans le même), oder opfert sich für den Anderen (l'un-pour-l'autre). Die Verantwortung für den Anderen spaltet das Subjekt in sich selbst. Wir verstehen diese Formeln nicht so, als würden Subjekt und Anderer miteinander verschmelzen."

Wolfgang N. Krewani: Emmanuel Lévinas. Denker des Anderen. Freiburg – München 1992. S.236. Im folgenden: *LDA*.

[304] Handke dürfte es bei seinen anonymen Spinoza-Zitaten nicht gerade um den aktuellen Stellenwert eines vermeintlichen Systems Spinozas gehen, wenn er ihn in der gleichen Weise zitiert wie er Celan zitiert, sondern dies dient eher der Hervorkehrung einer intertextuellen Lektüreweise, die selbst dekonstruktivistisch ist und deren entdeckender Charakter weit über das hinaus reicht, als das, wozu der übliche und bloß positivistische Nachweis der von Handke insgeheim zitierten Textstellen Spinozas an Erkenntnis beitragen kann. Dennoch sind Informationen, wie sie etwa Volker Graf in bezug auf die Quellensituation hinsichtlich des „Philosophen" gegeben hat, notwendige Voraussetzung für einen interpretierenden Bestimmungsversuch dieser Zitate in Handkes Text. Siehe: Volker Graf: »Verwandlung und Bergung der Dinge in Gefahr«. Peter Handkes Kunstutopie. In: Raimund Fellinger (Hrsg.): Peter Handke. A.a.O. S. 276 ff.

thematischen Ebene genauso aus. Gilles Deleuze hat in seinem Buch „Spinoza und das Problem des Ausdrucks in der Philosophie" dargelegt, wie Spinozas Ethik gänzlich unmetaphysisch gelesen werden kann. Im Kapitel „Eine ethische Sicht der Welt" gibt Deleuze Hinweise, die auch für den konkreten, soeben zitierten Zusammenhang von der heiteren Bildwelt Cézannes und der düsteren Dichtung Celans von Belang sind, in dem sich ausgerechnet ein Spinoza-Zitat findet:

> „Wenn der Mensch vernünftig, stark und frei wird, tut er alles in seiner Macht Stehende, um freudige Leidenschaften zu empfinden. Er strengt sich also an, sich von den zufälligen Aufeinandertreffen und der Verkettung trauriger Leidenschaften loszureißen und gute Aufeinandertreffen zu organisieren, er strengt sich an, seinen Zusammenhang mit anderen Zusammenhängen zusammenzusetzen, die sich direkt mit seinem kombinieren, und das mit sich zu vereinen, was naturgemäß mit ihm übereinstimmt, also die vernünftige Assoziation zwischen den Menschen zu bilden; all dies, um mit Freude affiziert zu werden. In der *Ethik* identifiziert die Beschreibung des freien und vernünftigen Menschen in Buch IV die Anstrengung der Vernunft mit dieser Art, Aufeinandertreffen zu organisieren, oder eine *Totalität* von sich zusammensetzenden Zusammenhängen zu bilden."[305]

Handke beschreibt ausgehend von einem Grillparzer-Zitat die „Anstrengung der Vernunft", die Deleuze von Spinoza gefordert sieht, als eine solche der Phantasie, aus dem freien vernünftigen Menschen Spinozas ist bei Handke ein freiphantasierender geworden:

> „In Grillparzers *Armem Spielmann* las ich dann: »Ich zittere vor Begierde nach dem Zusammenhange.« Und so kam wieder die Lust auf das Eine in Allem. Ich wußte ja: Der Zusammenhang ist möglich. Jeder einzelne Augenblick meines Lebens geht mit jedem anderen zusammen – ohne Hilfsglieder. Es existiert eine unmittelbare Verbindung; ich muß sie nur freiphantasieren. Und zugleich kam die wohlbekannte Beengung: denn ich wußte auch, daß die Analogien sich nicht leichthin ergeben durften; sie waren Gegenteil von dem täglichen Durcheinander im Kopf, nach heißen Erschütterungen die goldenen Früchte der Phantasie, standen da als *die wahren Vergleiche*, und bildeten so erst, nach dem Wort des Dichters, »des Werkes weithin strahlende Stirn«." (LSV 100).

Finden also Cézannes heitere Bilder und Celans düstere Texte in einem derartigen „wahren Vergleich" zusammen, der einen Zusammenhang à la Spinoza zu stiften vermag, dem es gelingt, eingedenk des Traurigen aus der Verkettung trauriger Leidenschaften dennoch herauszutreten und demgegenüber zu einer Stärkung der freudigen Leidenschaften beizutragen?

So jedenfalls läßt sich die ambivalente Konfrontation von scheinbar entgegengesetzten Intertexten bei Handke mit Deleuze verstehen als ein im Sinne Spinozas ethisches Bemühen um das Gute, was nichts anderes als eine Steigerung des Tätigkeitsvermögens meint:

> „Wir kommen unserem Tätigkeitsvermögen näher, sobald wir von Freude affiziert sind: Die ethische Frage findet sich bei Spinoza also verdoppelt: *Wie erreichen wir es, aktive Affektionen hervorzubringen?* Zunächst aber: *Wie erreichen wir es, ein Maximum an freudigen Leidenschaften zu empfinden?*" (SPAP 217).[306]

---

[305] Gilles Deleuze: Spinoza und das Problem des Ausdrucks in der Philosophie. Aus dem Französischen von Ulrich Johannes Schneider. München 1993. S.231f. (Originaltitel: Gilles Deleuze: Spinoza et le problème de l'expression. Paris 1968). Im folgenden: *SPAP.*

[306] Nach dem bisher Gesagten auch über Benjamins Programm, das Kontinuitätsdenken in der Geschichtsschreibung in Zweifel zu ziehen, ist es eine Bemerkung von Gilles Deleuze in einem weiteren Text über Spinoza, die deutlich macht, daß Spinozas Ethik sich ebenfalls in einer diskontinuierlichen Weise verstehen läßt, die nicht allein auf ein abgeschlossenes und damit inzwischen unzeitgemäßes ethisches System hinauslaufen muß:

> „Die *Ethik* ist ein gleichzeitig zweimal geschriebenes Buch: einmal im kontinuierlichen Strom der Definitionen, Propositionen, Demonstrationen und Korolarien, die die großen spekulativen Themen mit der gesamten Strenge des Verstandes entwickeln, ein weiteres Mal in der gebrochenen Kette der

Im Text „Die Geschichte des Bleistifts" äußert sich Handke ganz im Sinne dieses zu erreichenden Maximums freudiger Leidenschaften explizit zu Spinoza:

> „Erst wenn mein Körper *ganz* sein kann – »ganz ausgedehnt«, Spinoza -, spüre ich meinen Geist (empfinde ich mich als Geist); der weitet mich dann und entspannt mich, spürbar"[307]

Schon in der Beschreibung von Sorgers Museumserfahrung im Text „Langsame Heimkehr" ist zunächst das Umkippen der Erfahrung eines „heiter bewegten Bereichs" in eine solche „eines erdumspannenden Todesstreifens" drastisch hervorgetreten. Sorgers Erlebnis hat nicht nur in der Museumserfahrung der linkshändigen Frau einen Vorläufer, es wird nun selbst zum Modell des Eingedenkens für eine weitere von Handke beschriebene Museumserfahrung. Es liegt nahe, die in Handkes Texten verstreut auftretenden Museumserlebnisse als miteinander korrespondierend zu betrachten.

Wem gehören jedoch die beiden Augenpaare, von denen Handke hier im Text „Die Lehre der Sainte-Victoire" spricht? Geht es um die konkrete Begegnung Handkes mit Cézanne oder vielleicht auch mit Celan, oder indirekt um eine von Celan evozierte Begegnungsmöglichkeit mit den Opfern des Nationalsozialismus, zu denen sich durch die Zeit absolut getrennt nur noch »hinüberdunkeln« läßt? Ist es hier nicht die Einschreibung eines Celan-Zitates, die einem oberflächlich feierlichen Moment eine Ambivalenz verleiht, die zunächst ebenso verborgen bleibt wie die Quelle des Zitats? Handke betont in seiner Bildbeschreibung, daß kein zusätzliches Licht den Bildern Cézannes anzumerken sei. Heißt das, daß für die Bilder Cézannes bereits kein „»Lichtzwang" (Celan) mehr besteht, sie aber gerade deshalb ein Hinüberdunkeln, ein nicht metaphysisches Eingedenken erlauben?

Nach der Museumsepisode im Text „Die linkshändige Frau" ist es auch hier eine unscheinbare Bildbeschreibung, die mit dem Zittern des Bildes in den Augen des Betrachters schließt, so als ginge es dabei um nichts Bestimmtes. Es geht aber um etwas Bestimmtes, das jedoch nicht bestimmbar ist, wenn hier an den Grenzen des Sagbaren eine Form des Eingedenkens erwogen wird, für die es letzlich ein Medium geben muß: sei es nun die Literatur, die Malerei oder der Film.

In seiner »Meridian«-Rede sprach Paul Celan bereits von mit diesem Zittern vergleichbaren „»Zuckungen"" und „Andeutungen", die ausgehend vom Gedicht „eine aller unserer Daten eingedenk bleibende Konzentration" (M 198) bewirken mögen. Die einzelnen Kunstmedien vermögen direkt nicht an »Auschwitz« zu erinnern, jedoch sind es intertextuelle Verfahrensweisen Handkes, die in dialektischen Bildern und Sprüngen ein Eingedenken offenhalten und damit dem Vergessen einen Widerstand bereiten.

Im Text Handkes sind es gewiß ebensoviele Schriftdaten, die als Spuren miteinander verwoben sind wie es für Cézanne „Sehdaten" („sensations colorantes")[308]

Scholien, der gärenden diskontinuierlichen Linie einer zweiten Fassung unter der ersten, die die ganzen Zornesausbrüche des Herzens enthält und die praktischen Thesen der Anklage und der Befreiung aufstellt. Der gesamte Weg der *Ethik* verläuft in der Immanenz; die Immanenz aber ist das Unbewußte selbst und die Eroberung des Unbewußten. Die ethische *Lust* ist das Korrelat der spekulativen *Bejahung.* "
Gilles Deleuze: Spinoza. Praktische Philosophie. Aus dem Französischen von Hedwig Linden. Berlin 1988. S.41. (Originaltitel: Gilles Deleuze: Spinoza – Philosophie pratique. Paris 1981).

[307] Peter Handke: Die Geschichte des Bleistifts. Salzburg – Wien 1982. S.218. Im folgenden: *GdB*.

[308] Gottfried Boehm: Paul Cézanne. Montagne Sainte-Victoire. Frankfurt a.M. 1988. S.27. Im folgenden: *MSV.*

waren, die etwa der malerischen Übersetzung in sein Bild „Rochers près des grottes au-dessus de Chateau-Noir" zugrunde liegen. Es ist dies das Bild, welches Handke als „Bild der Bilder" bezeichnet. Gottfried Boehm beschreibt Cézannes Vorgehensweise:

> „Die Übersetzung der Dinge in Äquivalente, die letztlich identisch sind mit den Mitteln der Malerei, macht aus der Summe sichtbarer *Sachverhalte* eine Textur, ja: einen Text, etwas Lesbares. Wir verstehen Cézannes Bilder erst, wenn unser *Sehen* auch zum *Lesen* wird, die abstrakten Elemente in ihrer Vieldeutigkeit zu einem Sinn zusammengelesen werden – im etymologischen Sinne von Lesen (gr. legein) als Sammeln. Der Maler verwandelt die äußere Wirklichkeit in die Logik eines Farbtextes. Nicht jedes Bild der Malerei ist in diesem Sinne auch Text. Dazu bedarf es eines klaren Bewußtseins der Elemente und der Syntax der bildlichen »Sprache« und ihrer »Logik«, und es bedarf eines künstlerischen Verfahrens, welches diese Struktur wiederzuerkennen erlaubt. Alle Wahrnehmung der Montagne (als Berg) ist immer und zugleich auch Wahrnehmung, d.h. Lektüre eines Gewebes von Farbflecken." (MSV 60).

Handkes Logik des Erzähltextes versammelt ebenso zahlreiche Daten seiner Lektüre der täglichen Schrift, wie Cézannes Logik des Farbtextes es hinsichtlich seiner Sehdaten unternommen hat. Handkes episches Eingedenken sucht dabei die Möglichkeit, Unsagbares auch ungesagt zur Sprache zu bringen.

> „Konnte ich damals im Jeu de Paume nicht spüren, daß Cézannes gewaltiger, in der Menschheitsgeschichte nur einmal möglicher Ding-Bild-Schrift-Strich-Tanz unsereinem machtvoll und dauernd das Reich der Welt offenhält? Habe ich die Kiefern und Felsen nicht als das Bild der Bilder erlebt, vor dem sich immer noch »das gute Ich« aufrichten konnte?" (LSV 79f.).

Auch von Sorger heißt es im Text „Langsame Heimkehr", daß er sich vor „den Werken (...) allmählich aufgerichtet hatte" (LH 196). Ist „»das gute Ich«", von dem Handke in Anführungszeichen spricht, also indirekter Rückbezug auf den Protagonisten Sorger aus dem Text „Langsame Heimkehr"? Ist es Selbst-Bezug oder Selbst-Zitat, Selbst-Bestätigung oder Selbst-Zurücknahme? An späterer Stelle schreibt Handke „vom »guten Ich« Goethes als dem inneren Licht der Erzählung" (LSV 102). Diese Formulierung unterstreicht die vorausgegangenen Überlegungen zum Goethe-Motto, das somit den Text Handkes mit einer Quelle konfrontiert, die vorab „dem inneren Licht der Erzählung" zuträglich zu denken ist; das heißt nach allem bisher Herausgestellten, zuträglich der Möglichkeit einer Stärkung des Tätigkeitsvermögens eines »guten Ichs«, bei gleichzeitiger Befähigung zum Eingedenken. Die intertextuelle Struktur der Schreibweise Handkes macht deutlich, daß der vermeintliche Narziß an mehr als nur an sich denkt, auch oder gerade wenn er „»das gute Ich«" ins Spiel bringt. Als Zitat ist „»das gute Ich«" zwar von Goethe entlehnt, wodurch zunächst ein deutlicher Abstand zum Schriftsteller-Ich Handkes gegeben ist: Diesen Abstand jedoch andererseits auch wieder aufzuheben, ist Gegenstand immer neuer Realisationen. Das Schriftsteller-Ich konstituiert sich offensichtlich erst in der Auseinandersetzung mit Kunstwerken, die nicht zu narzißtischer Selbstbeschränkung, sondern zur Öffnung des Blickes auf die Welt führen sollen. Öffnung des Blickes auf die Welt bedeutet im gegebenen Zusammenhang Offenheit auch für das Vergangene: Möglichkeit des Eingedenkens, allerdings verbunden mit dem Versuch, lähmende Traurigkeit zu überwinden, um zu einer Freude zu finden, die nicht auf Vergessen beruht.

Zum Abschluß des Kapitels „Das Bild der Bilder" beschreibt Handke ein zweites Bild der Bilder! Eine vermeintliche Absolutsetzung des ebenfalls als „Bild der Bilder" bezeichneten Cézanne-Bildes gelangt damit an eine deutliche Grenze. Handke verherrlicht keineswegs die Bilder Cézannes, wie dies Peter Strasser (Fr 33) bemerkt. Vielmehr ist es eine Wahrnehmungsweise, die Handke an diesen Bildern erfährt und erprobt. Entweder dienen sie ihm unmittelbar als dialektische Bildfläche, als materialer Ausgangspunkt, der Formen des Eingedenkens eröffnet, oder aber sie finden auch einmal eine zunächst irritierende Benennung, wenn Handke ein Bild Cézannes als „Bild der Bilder" bezeichnet. „Das Bild der Bilder", als dialektisches Bild verstanden, ist aber lediglich einem Schematismus zu vergleichen; es ist damit immer auch das Bild, das als entzogenes dem Hervortreten der Bilder allererst dient; durch seine bloße Benennung jedenfalls ist noch nicht gewonnen, worum es Benjamin bei seinen dekonstruktivistischen Bild-Begriff geht, und wofür schon Cézanne die von Handke zitierten Worte fand: eine „Verwandlung und Bergung der Dinge in Gefahr", die sich von jeglicher Objektivierung in der Sprache oder in der bildenden Kunst fernhält. Handkes Lehre vom Bild der Bilder läßt sich somit paradoxerweise mit einem Ikonoklasmus vergleichen, der sich jedoch in einem weiteren Paradox, anstatt in Verboten zu äußern, in Spuren preiszugeben bemüht.

Für den Text „Die Lehre der Sainte-Victoire" zeigt sich, daß das „Märchen, (...) das (...) an nichts und an alles" erinnern soll, neben dem Schriftbegriff Handkes auch seinen Bildbegriff in einer spannungsreichen Weise umfaßt. In Beschreibung des zweiten vermeintlichen Bildes der Bilder gibt es einen Raum, der mit Heidegger gesprochen als Ort der Lichtung und Verbergung[309] eines Geheimnisses fungiert. Letztlich geht Derridas Rede vom Celanschen „Geheimnis ohne Hermetismus" ebenso auf diese Denkfigur Heideggers zurück wie auch die Schreibweisen Handkes und Celans sich von ihr beeinflußt zeigen:

> „Ich hätte mich nie als gläubig bezeichnen können, das Kind von einst noch weniger als mich jetzt: aber hatte es nicht schon ganz früh ein Bild der Bilder für mich gegeben?
> Ich will es beschreiben, denn es gehört hierher. Dieses Bild war ein Ding, in einem bestimmten Behältnis, in einem großen Raum. Der Raum war die Pfarrkirche, das Ding war der Kelch mit den weißen Oblaten, die geweiht Hostien heißen, und sein Behältnis war der in den Altar eingelassene, wie eine Drehtür zu öffnende und zu schließende vergoldete Tabernakel.- Dieses sogenannte »Allerheiligste« war mir seinerzeit das *Allerwirklichste*. Das Wirkliche hatte auch seinen wiederkehrenden Augenblick: sooft nämlich die durch die Worte der Wandlung sozusagen Gottes Leib gewordenen Brotpartikel mitsamt ihrem Kelch im Tabernakel geborgen wurden. Der Tabernakel drehte sich auf, das Ding, der Kelch, wurde, schon unter Tüchern, in die Farbenpracht seiner Stoffhöhle gestellt; der Tabernakel drehte sich wieder zu – und jetzt der strahlende Goldglanz der verschlossenen konkaven Wölbung." (LSV 83f.).

In seiner Studie „Der erzählte Raum" schreibt Norbert Reichel im Kapitel „Der Erzähler im Allerheiligsten" gleich zu Beginn:

> „Das Erlebnis einer auf den ersten Blick unüberwindbar erscheinenden Spannung zwischen einem Raum, der in seiner Unüberschaubarkeit Unproduktivität assoziiert, und einem Ort, der alle Wünsche zu erfüllen vorgibt, läßt alle Versuche, die Geschichte des Raumes zu erzählen, dessen Endpunkt besagter Ort ist, in das Nichts der Unsagbarkeit abstürzen, die nie mehr gestattet als das Aufflackern lyrischer Begriffsgluten, die die Absicht des Erzählenden noch ein letztes Mal reflektieren."[310]

---

[309] Vgl. Martin Heidegger: Der Ursprung des Kunstwerkes. In: Martin Heidegger: Holzwege. Frankfurt a.M. 6.Aufl. 1980. Auf S.39 schreibt Heidegger:
„Seiendes versagt sich uns bis auf jenes Eine und dem Anschein nach Geringste, das wir am ehesten treffen, wenn wir vom Seienden nur noch sagen können, daß es sei. Die Verbergung als Versagen ist nicht erst und nur die jedesmalige Grenze der Erkenntnis, sondern der Anfang der Lichtung des Gelichteten."

[310] Norbert Reichel: Der erzählte Raum. Zur Verflechtung von sozialem und poetischem Raum in erzählender Literatur. Darmstadt 1987. S. 202.

Was Reichel an dieser Stelle ohne jeden Bezug auf Handke konstatiert, trifft auch nicht auf den Weg des Erzählers Handke zum bei ihm nur vermeintlich Allerheiligsten zu. Handkes Weg des Eingedenkens ist zwar beständig in der Gefahr, „in das Nichts der Unsagbarkeit" abzustürzen, aber an die Stelle von einem „Aufflackern lyrischer Begriffsgluten" setzt Handke in der Regel seine Methode der intertextuellen Verzeichnung von Spuren derartiger sprachlicher Phänomene. Diese intertextuelle Schreibweise führt nicht etwa zum Allerheiligsten als viel mehr zu der allerwirklichsten Notwendigkeit des Eingedenkens. Bei genauerer Betrachtung dieser Tatsache gilt es, vor dem Hintergrund der zuvor explizierten Intertextualitätstheorien Kristevas und Benjamins, das hartnäckig aufrechterhaltene Vorurteil gegenüber Handkes Schreibweise zu überprüfen, wie sehr narzißtisch diese tatsächlich zu begreifen ist.

4.2.4 Der Mann mit den verschränkten Armen – Vom Vor-Bild zum Nach-Bild

Unmittelbar im Anschluß an die Beschreibung von einem Bild Cézannes, die insgeheim unter Zuhilfenahme einer von Paul Celan entlehnten Vokabel geschieht, in der also nicht nur von „Dunkelheit", sondern auch von „»hinüberdunkeln«" die Rede war, beschreibt Handke ein Bild von Cézanne, das einen Mann mit verschränkten Armen zeigt:

> „Ein Porträt ergriff mich besonders, weil es den Helden meiner noch zu schreibenden Geschichte darstellte. Es hieß *Der Mann mit den verschränkten Armen*: ein Mensch, unter dessen Bild nie ein Eigenname stehen würde (trotzdem nicht irgendwer), gesehen im Winkel eines ziemlich leeren Raums, den nur die Bodenleisten markierten; dasitzend im Dunkel der Erdfarben, die auch ihn selber modulierten; in einem, so schien es mir, »idealen Alter: schon Festigkeit, aber noch Sehnsucht«. (Als ich seine Haltung nachstellte, befremdete freilich die unter den Arm weggestreckte Hand, und es brauchte geradezu einen Willen, sich aus der Verschränkung wieder zu lösen.)- Die Augen des Mannes blickten schräg aufwärts, erwartungslos. Der eine Mundwinkel durch eine dickere Schattenbahn leicht verzogen: »bescheidene Trauer«. Das Helle an ihm, außer dem offenen weißen Hemd, war die große gerundete Stirn unter den tiefschwarzen Haaren; in ihrer Nacktheit das Ungeschützte, nicht als einen Bruder; vielmehr als einen Komplizen, der jetzt, da ich mit seiner Geschichte zu Ende bin, wieder der unberührbare *Homme aux bras croisés* ist und ein kleines Schweigelächeln ausstrahlt." (LSV 36f.).

Wie in der Erzählung „Die linkshändige Frau" ein Blues-Song mit dem Titel „The left handed women" als intertextuelle Anregung zur Bezeichnung einer Protagonistin dient, ist es hier also ein Bild Cézannes, dem die Geburtsstunde des Protagonisten Sorger zu verdanken ist. So wie unter Cézannes Bild „nie ein Eigenname stehen würde", so ist auch der Name „Sorger" eher als eine Bezeichnung des namenlosen Daseins zu verstehen. Miteinander konfrontiert finden sich in diesem Zusammentreffen von Erzähler, Protagonisten und „L'Homme aux bras croisés" „»bescheidene Trauer«" und „ein kleines Schweigelächeln", also jener Widerstreit von Traurigkeit und Freude, aus dem sich auch nach Spinoza eine ethisch zu verstehende Kräftigung des Tätigkeitsvermögens allererst entwickeln muß.

Die beschriebene Verwandlung Sorgers in Handke wird stillgestellt in Handkes Bericht von Cézannes vermeintlichem Vor-Bild für die Erzählfigur Sorger; für einen Moment bilden Handke und Sorger parallel zur „entstofflichten und doch materiellen Sprache" (LSV 73) gemeinsam und komplizenhaft einen „entstofflichten und doch materiellen" Erzähler. Ein derart polarisierter Erzähler ist der Effekt einer

Kunsterfahrung, die nach der Konzeption des dialektischen Bildes Walter Benjamins die Bedingungen der Möglichkeit von Geschichtsschreibung im Medium der Kunst schaffen soll. Deutlich wird die Funktion der Kunstwahrnehmung für die Konstitution eines Erzählers, der eine Geschichte von der »fehlenden Entsühnung« nicht anders zu autorisieren vermag, als über eine Medialisierung von Kunsterfahrungen, die in intertextuellen Akten einerseits Formen des Eingedenkens zu stiften erlaubt, andererseits aber auch eine Stärkung des »guten Ichs«.

Nach der Deutung von Deleuze ist bei Spinoza unter dem Guten in einem gänzlich außermoralischen Sinn lediglich die Steigerung des Tätigkeitsvermögens zu verstehen, der nicht etwa das metaphysisch Böse, sondern das Schlechte als eine Lähmung desselben gegenübersteht. Damit nimmt Spinoza, folgt man Deleuze, spätere Standpunkte Nietzsches vorweg in Hinblick auf eine Moral jenseits von Gut und Böse.[311] „Undenkbar" nennt Handke in seinem Text „überhaupt jedes Reden" gegenüber dem bewußtlosen „Willen zum Bösen" (LSV 59); dennoch bleibt die Möglichkeit bestehen, das eigene Tätigkeitsvermögen nicht völlig der „schlechten" Ohnmacht auszuliefern, sondern immer wieder zu bestärken durch die »das gute Ich« (LSV 80) aufrichtende Kraft der Bilder. Anders aber als in der Erzählung „Die linkshändige Frau", wo eine dialektische Bildwahrnehmung auf engstem Raum zur Dislozierung gleich mehrerer Wahrnehmungspole geführt hat, wird im Text „Die Lehre der Sainte-Victoire" zunächst in unterschiedlichen Situationen eine Irritation jeweils bezüglich des Wahrnehmungsgegenstands oder des Aktes der Signifikation oder aber des Wahrnehmungssubjekts mehr oder weniger getrennt voneinander vorgenommen.

Es gibt im Text das Beispiel einer Bildwahrnehmung, die den Wahrnehmungsgegenstand, das Bild Cézannes mit dem Titel „Rochers près des grottes au-dessus de Château-Noir" (LSV 76), in eine dialektische Bildfläche verwandelt, die es erlaubt, eine historische Erkenntnis durch den materialen Gegenstand bedingt zu erfahren. Daneben kommt es anhand des gleichen Bild-Beispiels, das als „Bild der Bilder" bezeichnet wird, zur Irritation auf der Ebene der Signifikation dadurch, daß es für Handke derer gleich mehrere gibt. Neben die materiale Bedingung des vermeintlichen Bildes der Bilder tritt dadurch der ideelle Entzug oder zumindest die Subversion des transzendentalen Signifikats „Bild der Bilder". Handkes textuelle Nach-Bilder sind ethisch als spinozistisch immanent-bejahende, und nicht ontologisch als platonisch transzendent-bedingte aufzufassen.

Das Beispiel, das im Text zuvor schon gezielt den Akzent auf die Position des Wahrnehmungssubjekts, auf die Position des Betrachters des dialektischen Bildes innerhalb der Bilderfahrung legt, ist die Beschreibung der Verschränkung von Wahrnehmenden und Wahrgenommenen anhand des Bildes „L'Homme aux bras croisés" (LSV 37).

Der Text entfaltet somit eine Typologie von dialektischen Bildwahrnehmungsvarianten, die in der Erzählung der linkshändigen Frau noch ineins sind. Während in

---

[311] „Daß es weder Gutes noch Böses gibt, heißt aber nicht, daß jede Differenz verschwände. Es gibt weder gut noch böse in der Natur, für jeden existierenden Modus aber gibt es Gutes und Schlechtes. Die moralische Entgegensetzung von Gut und Böse verschwindet, aber dieses Verschwinden macht nicht alle Dinge gleich, auch nicht alle Seienden. Wie Nietzsche sagen wird, »*Jenseits von Gut und Böse* ... dies heißt zum Mindesten nicht, *Jenseits von Gut und Schlecht*«. Es gibt Vergrößerungen des Tätigkeitsvermögens und Verminderungen des Tätigkeitsvermögens. Die Unterscheidung des Guten und Schlechten wird zu einer wahrhaft ethischen Differenz zum Prinzip dienen, welche die falsche moralische Entgegensetzung ersetzen wird." (SPAP 223f.).

der Museumserfahrung der linkshändigen Frau eine Distanzierung vom Autorsubjekt nicht zu übersehen ist, verwundert zunächst die erneute Betonung des Autobiographischen im Text „Die Lehre der Sainte-Victoire". Aber selbst die vielschichtig entfaltete Aufrichtung »des guten Ichs«, die fernab von aller Metaphysik des Subjekts geschieht, bricht der Text noch einmal radikal mit seinem methodischen Vorgehen. Dies geschieht in der Beschreibung einer letzten Bildwahrnehmung, deren Gegenstand weder ein Bild Cézannes ist, noch geht es darin in irgend einer Weise um ein Subjekt der Wahrnehmung. Der letzte Satz vor Beginn des Kapitels „Der große Wald" lautet:

> „»Der Übergang muß für mich klar trennend und ineinander sein.«" (LSV 119).

Nachdem der Text anhand des Bildes „L'Homme aux bras croisés" ein Ineinander verschiedener Erzählinstanzen vorgeführt hat, trennt sich nun Handkes Erzählung nicht nur von den Bildern Cézannes, indem er ein Bild von Jakob van Ruisdael beschreibt, sondern ebenso abgetrennt wird durch diesen Übergang die thematische Beschäftigung mit Fragen nach dem Subjekt des Erzählers. In der Beschreibung des Bildes mit dem Titel „Der große Wald" fallen erneut die für die dialektische Bildkonzeption typischen Wahrnehmungsparadoxa auf, wenn es am Schluß der Beschreibung heißt:

> „Spürbar stehen und wachsen die Bäume, und mit ihnen wächst eine allgemeine, ruhige Dämmerung. Sogar die zwei haltenden Reiter: sie stehen und wachsen.
> Einen derartigen Wald gibt es in der Nähe von Salzburg (...)" (LSV 121).

Die paradoxale Zusammenschau von „stehen und wachsen" stiftet hier den Übergang von einer Bilderfahrung zur Wahrnehmungsbeschreibung von einem Wald in der Nähe von Salzburg: Es ist abermals eine dialektische Bilderfahrung, die einen Übergang schafft, der „trennend *und* ineinander" ist. Hoesterey bemerkt zu Handkes Vorgehensweise:

> „Das wahrgenommene Kuriosum, daß das Bild ja eigentlich keinen großen Wald, sondern nur ein kleines Stück davon darstellt, reizt den Schriftsteller, das aus dem Gemälde Verdrängte zu »realisieren« – er schreibt die Malerei fort." (VS 119).

Tatsächlich läßt die folgende Beschreibung des Morzger Waldes das Bild Jakob van Ruisdaels mehr und mehr vergessen: Die Beschreibung des aus dem Gemälde Verdrängten verdrängt selbst das Gemälde, schreibt es doppelsinnig fort. Obwohl sich diese abschließende Passage völlig von den zuvor beschriebenen Gegenständen gelöst hat, rekapituliert sie den gesamten Text noch einmal auf einer nichtthematischen Ebene. Die in diesem Kapitel auffallend häufig wiederkehrende Vokabel „Lichtbraun" (LSV 132, 133, 136) zieht beispielsweise in einem Wort zusammen, was in der Beschreibung von Cézannes Bildern noch in der Weise getrennt ist, daß immer wieder die Farbe Braun in seinen Bildern zwar erwähnt, daneben jedoch ein zusätzliches Licht auf seinen Bildern negiert wird (LSV 35). In dem Wort „Lichtbraun" berühren sich die Gegensätze, stehen einander nicht länger mehr unversöhnlich gegenüber: Das Wort berührt sich aber auch mit dem „(Wort des Dichters) »hinüberdunkeln«". Handke erzählt kurz vor Ende des Textes von dem Weg zu einem Weiher:

> „Auf dem bewußt langsamen Gang dahin sind die Reste eines Bohlenwegs unter den Sohlen eine andere unbestimmte Erinnerung." (LSV 137).

Die unbestimmten Schuldgefühle, die den Protagonisten Sorger noch im Text „Langsame Heimkehr" quälten, haben ebenso, wie Sorger inzwischen Handke weichen mußte, an dieser Stelle unbestimmten Erinnerungen Platz gemacht. Wenn in dem Kapitel „Der große Wald" auch einmal von potentiellen Schußspuren in der Rinde von Bäumen die Rede ist (LSV 135), so sind dies ebenfalls unbestimmte Erinnerungen an die Schußspuren in den Baumrinden auf dem Mont des Fusillés (LSV 86), die zuvor das Kapitel „Das kalte Feld" beschreibt. Aus der Beschreibung des aus dem Bild Jakob van Ruisdaels „Verdrängten" wird damit zugleich eine unbestimmte Erinnerung an das zunächst durch diese Beschreibung verdrängte historische Unrecht, was zuvor bereits nur auf subtile Weise thematisiert ist. Dadurch bleibt zwar „»fehlende Entsühnung«" (LSV 92) auch weiterhin „»fehlende Entsühnung«"; Handkes intertextuelle Schreibweise zeigt sich aber in ihrem Bemühen, sich der Verantwortung gegenüber der Geschichte mittels Formen des Eingedenkens zu stellen, die dem Individuum auch weiterhin die Möglichkeit offen halten, von der Last der Vergangenheit nicht gelähmt zu werden, sondern verantwortungsvoll mit ihr umzugehen, ohne sie je abschütteln zu können. Im von Handke beschriebenen großen Wald hallt das Echo des kalten Feldes wider: Auch dies ist eine Form der Intertextualität, auf die sich eine Erläuterung Krewanis von der Auffassung des ethischen Sprechens, die Lévinas in seinem Buch „Jenseits des Seins oder anders als Sein geschieht" (bei Krewani nach dem französischen Titel mit AQ abgekürzt) beziehen läßt:

> „Die Sprache des Subjekts ist nicht das Werk seiner Subjektivität, sondern ist „auch *Vernehmen* und Hören, die im Gesprochenen aufgehen: Gehorchen mitten im Wollen ... Vor aller Rezeptivität exponiert ein Schon-Gesagtes, das den Sprachen vorausgeht, die Erfahrung." (AQ 46) Unter der Voraussetzung dieses Apriori ist das menschliche Sprechen, als das sich das Verstehen des Seienden artikuliert, immer nur ein Entsprechen. Das wahre Reden ist nicht so sehr ein aktives Tun als vielmehr ein Hörensagen oder ein Vernehmen. Daher ist es nicht der Mensch, sondern die Sprache, die spricht. Es gibt eine Sprache, „die vor (avant) dem Menschen spricht und die das esse ipsum birgt" (AQ 172). Diese Sprache artikuliert sich im Kunstwerk." (LDA 216).

In Handkes Text geschieht aber nicht nur ein Vernehmen etwa der Texte Paul Celans, einmal vernimmt der Erzähler sogar scheinbar „alle Sprachen in einer", so als gäbe es tatsächlich für einen Moment lang die Sprache, „die vor dem Menschen spricht":

> „Der Dialekt der dort unten Gehenden hört sich von weitem wie alle Sprachen in einer an." (LSV 134).

Eine weitere Stelle des abschließenden Kapitels berichtet vom „Baumbestand (...), dessen Einzelteile – und damit das Ganze – sich gleich zu drehen anfangen werden." (LSV 127). Unbestimmt erinnert wird damit an das Kapitel „Der Hügel der Kreisel", das von einer vergleichbaren Erfahrung erzählt:

> „Erst jetzt, im nachhinein, fiel mir wieder der Punkt ein, um den die Phantasie so lange gekreist hatte. Ich schaute zu dem Bergrücken hinauf und suchte die Bruchstelle. Sie war mit freiem Auge nicht sichtbar; aber ich wußte, daß sie gekennzeichnet wurde von einem Stromleitungsmast, der da auf der Kuppe stand. (...)
> Etwas verlangsamte sich. Je länger ich meinen Ausschnitt sah, desto sicherer wurde ich – einer Lösung? einer Erkenntnis? einer Entdeckung? eines Schlusses? einer Endgültigkeit? Allmählich stand die Bruchstelle auf dem fernen Kamm in mir und wurde wirksam als *Drehpunkt*.
> Zuerst war das die Todesangst – als würde ich selber gerade zwischen den beiden Gesteinsschichten zerdrückt –; dann war es, wenn je bei mir, *die Offenheit*: wenn je *der Eine Atem* (und konnte auch schon wieder vergessen werden). –" (LSV 114).

Was anderes als eine „Atemwende" im Medium einer dialektischen Bilderfahrung wird hier beschrieben, wenn der Umschlagpunkt von einer bedrohlichen Todesangst zu einem erleichternden Aufatmen für den Moment der Befreiung aus einer gefährlichen Konstellation gelten kann, wie sie für das dialektische Bild maßgeblich ist. Es kommt weder zu einer endgültigen Subjekt- noch zu einer Gegenstandskonstitution.

Vergleicht man die erwähnten „Gesteinsschichten" mit den den Text konstituierenden Zitatschichten, dann wird dabei abermals deutlich, worum es Handke in seiner intertextuellen Schreibweise geht: Um die Ambivalenz von Eingedenken und Befreiung von der Angst durch „die begütigende Abfolge der Erzählung":

> „Es stand nun fest, daß ich von dem Berg Cézannes etwas weiterzugeben hatte. Aber was war das Gesetz meines Gegenstands – seine selbstverständliche, verbindliche Form? (Denn ich wollte mit dem Schreiben natürlich etwas bewirken.)
> Meine Sache konnte nicht die rein im Sachgebiet die Bezüge suchende Abhandlung sein – mein Ideal waren seit je der sanfte Nachdruck und die begütigende Abfolge der Erzählung." (LSV 98f.).

Der Erzählung wird als Medium dialektischer Bilder eine ethische Dimension des Eingedenkens zuteil, die sie nachweislich oftmals scheinbar nur formal realisiert.[312] Nach der dargestellten Distanzierung vom autobiographischen Schreiben Handkes im Text „Die linkshändige Frau", nach der vermeintlichen Rückkehr Handkes zum autobiographischen Schreiben im Text „Die Lehre der Sainte-Victoire", verläßt in seinem Schlußkapitel gerade der letztgenannte Text völlig die Dimension eines überhaupt subjektzentrierten Schreibens. Der Text entfaltet sich als ein Raum für intertextuelle Echos, jenseits der naiv gestellten Frage nach männlicher oder weiblicher Schreibweise. Die Bruchstellen in diesem Text werden zu Bruchstellen in den geschlechtsspezifischen Textverständnissen. Der durch das intertextuelle Verfahren gewonnene Abstand von der subjektzentrierten Schreibweise ist auch der von Kristeva geforderte Abstand von narzißtischer Selbstbespiegelung. Dieser Abstand ist eine der Bedingungen einer ethischen Schreibweise, die sich nach Kristeva ebenfalls als wechselseitige Grenzen respektierende >bisexuelle< Schreibweise bezeichnen läßt.

Damit wird in dem Text „Die Lehre der Sainte-Victoire", ausgehend von Kristevas Konzeption von Intertextualität und in Anlehnung an Benjamins Konzeption dialektischer Bilder, der ästhetischen Erfahrung eine historiographische Dimension zuteil, die im Film „Der Himmel über Berlin" vollends zu einer Darstellung findet, die das bisher herausgestellte Bemühen von Peter Handkes Texten, aber auch der Filme von Wim Wenders, um ein verantwortungsbewußtes intertextuelles Zusammenspiel von Kunst und Historiographie abschließend unterstreicht. Die Analyse des Films „Der Himmel über Berlin" macht erneut die Problematik der »fehlenden Entsühnung« nun mit Bezug auf den Sühne-Begriff von Lévinas sichtbar.

---

[312] Im Zusammenhang mit den vorausgegangenen Überlegungen zu Handkes Verhältnis zur Phänomenologie ist auf Anregungen von Ferdinand Fellmann hinzuweisen, der Husserls Phänomenologie zu einer ästhetischen Theorie erweitert wissen möchte. Fellmanns Ansatz gibt eine Perspektive frei auf die Möglichkeit, wenigstens das für Handkes Literatur ebenfalls bereits gefundene Etikett »Neues Sehen« abzulösen von einem damit traditionell verbundenen hermeneutisch-phänomenologischen Konzept. Fellmanns Konzeption einer „narrativen Repräsentation" wäre kritisch daraufhin zu befragen, inwieweit darin ein Modell für Handkes Ästhetik »nach Auschwitz« gesehen werden kann.
Ferdinand Fellmann: Phänomenologie als ästhetische Theorie. Freiburg i.Br. – München 1989.

„Wahrhaftig: Es schwankt nun die Erde, in
Der Tat, nicht im Wort, und daneben
Erbrüllt aus der Tiefe das Donnerecho.
Es flackern hervor die feurigen, feurigen Kreise
Des Raumauges (...)"
Aischylos/Handke[313]

5. Kapitel: Es war einmal ... – Ein Fortsetzungs-Märchen
[„Der Himmel über Berlin"]

Im *5. Kapitel* bringt die Analyse intertextueller Beziehungen im Film „Der Himmel über Berlin"[314] nicht nur erneut nachdrücklich mit Benjamin in Berührung, sondern darüber hinaus bietet die Philosophie von Emmanuel Lévinas Anlaß für vielfältige Anknüpfungspunkte. Der jüdische Philosoph Lévinas unternimmt innerhalb des poststrukturalistischen Denkens den Versuch, eine Ethik zu entwerfen. Sein Denken ist implizit immer auch Eingedenken der Shoah. Elisabeth Weber hat den Zusammenhang von philosophischer Methode und der Verpflichtung gegenüber den Opfern der Shoah in der Philosophie von Lévinas überzeugend dargestellt und dazu bemerkt: „(...) das Andenken, die Wehr gegen das Vergessen muß nicht das Namenlose der Shoah, ihr Unvorstellbares thematisieren und kann doch davon zeugen."[315] In seinem Buch „Jenseits des Seins oder anders als Sein geschieht" gibt Lévinas der von ihm weder rein transzendental-phänomenologisch noch rein onto-theologisch gedachten Subjektivität des Subjekts paradoxerweise einen Namen, der in der jüdisch-theologischen Tradition steht, der aber in dieser Paradoxität allererst den Vorteil gewinnt, bezüglich des darin ausgedrückten Bruches unmißverständlich zu sein. Die Subjektivität des Subjekts wird von Lévinas als „Sühne"[316] bezeichnet. Diese Bezeichnung von Lévinas steht ein für jenen unstillbaren Mangel, der auch von Handke als »fehlende Entsühnung« benannt wird. Sterblich geworden, aus dem Schneidersitz aufschauend zu zwei hinzukommenden Kindern, bezeichnet der nun ehemalige Engel Damiel im Film „Der Himmel über Berlin" seinen neuen menschlichen Zustand als „Mangel" (HüB 146). Zu zeigen ist, daß sich hinter diesem „Mangel"- Empfinden nicht nur sein Begehren der Zirkusartistin Marion (Vgl. Marianne: Die linkshändige Frau und Maria: Die Frau Antonios im Film „L'Absence") verbirgt, sondern daß es sich ebenso berührt mit Sorgers „Erkenntnis eines unheilbaren Mangels" (LH 198), die am Übergang vom Text „Langsame Heimkehr" zum Text „Die Lehre der Sainte-Victoire" eine zentrale Funktion ausübt im Hinblick auf Handkes Schreibweise des Eingedenkens.

---

313 Aischylos: Prometheus, gefesselt. Übertragen von Peter Handke. Frankfurt a.M. 1986. S.67.

314 Wim Wenders und Peter Handke: Der Himmel über Berlin. Ein Filmbuch. Frankfurt a.M. 1987. Im folgenden: *HüB*.

315 Elisabeth Weber: Verfolgung und Trauma. Zu Emmanuel Lévinas' Autrement qu'être ou au-delà de l'essence. Wien 1990. S.192.

316 Emmanuel Lévinas: Jenseits des Seins oder anders als Sein geschieht. Aus dem Französischen von Thomas Wiemer. Freiburg i.Br. – München 1992. S.50. (Originaltitel: Emmanuel Lévinas: Autrement qu'être ou au-delà de l'essence. Den Haag 1978). Im folgenden: *JdS*.
Der Titel dieses Buches von Lévinas bringt deutlich seine Abkehr von der Ontologie zum Ausdruck, im Interesse einer Ethik als Erster Philosophie.

5.1 Das Auge der Geschichte – Subjektlose Blicke

> „Mit der Photographie war die Hand im Prozeß bildlicher Reproduktion zum ersten Mal von den wichtigsten künstlerischen Obliegenheiten entlastet, welche nunmehr dem ins Objektiv blickenden Auge allein zufielen. Da das Auge schneller erfaßt, als die Hand zeichnet, so wurde der Prozeß bildlicher Reproduktion so ungeheuer beschleunigt, daß er mit dem Sprechen Schritt halten konnte." (GS.Bd.I/2 474f.).

Die Filmerzählung „Der Himmel über Berlin" von Wim Wenders und Peter Handke thematisiert das von Benjamin in seinem Aufsatz „Das Kunstwerk im Zeitalter seiner technischen Reproduzierbarkeit" Gesagte gleich zu Beginn, wobei von einer Dissoziierung des Filmanfangs gesprochen werden muß, markiert durch die differenzierte Erscheinungsfolge einer Hand, einer Stimme sowie eines Auges. Zunächst gewahrt der Kinobesucher eine ins Überdimensionale projezierte Hand, die einen Text schreibt, der immer wieder auch von einer Stimme gesprochen, leicht variiert, den Film leitmotivisch durchläuft. Dann spricht die den Text nicht immer synchron verlesende Stimme für einen kurzen Moment noch zum inzwischen ablaufenden Text der Titelsequenz, so daß Stimme und Textbild teilweise nicht nur zeitlich versetzt erscheinen, sondern sich vollkommen voneinander lösen, bevor sich dann, präsentiert in Überblendungstechnik, ein Auge über der Stadt Berlin öffnet.

Die ersten Bilder des Films haben keine Vorgeschichte, zunächst ist völlig unbekannt, wer hier spricht und wer hier schreibt. Für den Zuschauer läßt sich bei der ersten Betrachtung des Films allein über den Klang der Stimme, an den sich zu diesem Zweck zu erinnern ist, an späterer Stelle erkennen, daß es wohl Damiel ist, der am Anfang spricht. Damiel kann aber als Engel den Text weder geschrieben noch laut gesprochen haben, denn in der Staatsbibliothek wird er zu sehen sein (HüB 28f.), wie er im Stillen bedauert, ein Schreibgerät in Wirklichkeit nicht führen zu können. Die Schrift der Anfangsbilder muß wohl eine nur dem Kinobesucher sichtbare Engelsschrift sein, und die zu Anfang vernommene Stimme Damiels kann aufgrund seiner Körperlosigkeit nur seine dem Zuschauer des Films hörbar gemachte Gedankenstimme gewesen sein.

Die Begleitung der Handschrift durch Damiels Stimme verläuft sowohl synchron als auch asynchron. Es ist ein Text, der sich in einigen Passagen wiederholt, der in den ersten Bildern des Films zur Geltung kommt: Dadurch ist die anfängliche Synchronie von Stimme und Schrift möglich, die sich dann wieder verliert, um sich an einer Stelle der Wiederholung im Text wiedereinfinden zu können. – Dann wiederum wird der Text der Schrift von der Stimme wieder verlassen, um nun, wenn auch nur für einen Augenblick, aus dem der Titelsequenz vorausgehenden Dunkel, aus dem Off jenseits eines vorbeihuschenden Schwarzbildes auch einmal völlig autonom erklingen zu können.[317]

---

[317] In Chris. Markers Film „SANS SOLEIL" von 1982 kommt ebenfalls ein Schwarzbild zur Erscheinung, dazu der Text:
„»Er schrieb mir: Ich werde es eines Tages ganz allein an den Anfang eines Films setzen und lange nur schwarzes Startband darauf folgen lassen. Wenn man nicht das Glück in dem Bild gesehen hat, wird man wenigstens das Schwarz sehen.«"
Zitiert nach Wolfgang Beilenhoff: Licht – Bild – Gedächtnis. In: Gedächtniskunst. Raum – Bild – Schrift. Studien zur Mnemotechnik. Herausgegeben von Anselm Haverkamp und Renate Lachmann. Frankfurt a.M. 1991. S.453.
Wenigstens das Schwarz als flimmerndes Nachbild hatte auch die linkshändige Frau bei ihrem Museumserlebnis gesehen. Auch auf dieses schwarze flimmernde Nachbild, das ein Wahrnehmungsprodukt ange-

Stimme und Schrift erscheinen auf diese Weise gleichsam different wie indifferent in ihrem Verhältnis zueinander. Damit ist neben der Dissoziierung von manuellem Schrift-Bild und technisch reproduziertem Film-Bild im Sinne Benjamins zugleich implizit auch die Dekonstruktion des abendländischen Phonozentrismus im Stile Derridas Thema dieses Filmanfangs.

„Als das Kind Kind war" lautet der erste Vers des Textes im Film, wobei Schrift und Stimme noch übereinstimmen. Leitmotivisch finden im Film, immer wieder ausgehend von diesem Vers, Variationen seines Themas statt, die nach der ersten Rezitation jedoch nicht mehr mit Bildern einer gleichzeitig entstehenden Handschrift versehen werden, sondern nach der eingangs erwähnten Zäsur mit Bildern von einem Zimmer, einer Zirkusvorstellung, der schlafenden Marion oder des durch die Straßen spazierenden Damiels, und einmal erklingt auch statt Damiels Stimme diejenige Marions.[318]

Im Zyklus dieser leitmotivischen Variationen findet sich in dem Text, der im Filmbuch als einziger mit „Gedicht" (HüB 14f.) überschrieben ist, eine bemerkenswerte Spur. Die Spur führt zur Dichtung Rainer Maria Rilkes, der sich wie Walter Benjamin mit dem Engelsmotiv eindringlich beschäftigt hat. Im XXVII.Sonett des zweiten Teils der „Sonette an Orpheus" heißt es gleich zu Beginn:

„Gibt es wirklich die Zeit, die zerstörende?"[319]

„Gibt es tatsächlich das Böse
und Leute, die wirklich die Bösen sind?" (HüB 15).

So lautet dagegen eine der Fragen des Films. Es scheint so, als hätten nicht nur Rilkes Themen hier Anklang gefunden, sondern auch seine jeden eindeutigen Sinn verdrehende Syntax, die zyklische Anlage seiner Gedichte als Ganzheiten, die dennoch immer nur Teil bleiben, als auch deren Nähe zum Gesang des Orpheus, die durch diese die herkömmliche Logik fast übersteigende Schreibweise nicht erst im Falle ihrer Intonation hervortritt. Im Film fällt in diesem Zusammenhang die tatsächlich in Gesang übergehende Stimme Damiels auf, in dem Moment nämlich, wo sie wieder die Schrift des ersten Textes verlassen hat, und für einen kurzen Moment aus dem Dunkel – hier der Unterwelt der Kinobilder – erklingt.[320] Handkes leitmotivische

---

sichts der Bilder Barnett Newmans darstellt, läßt sich beziehen, was Beilenhoff angelehnt an Markers Film an gleicher Stelle weiter ausführt, zumal in Handkes Erzählung dann sogar das die „Katastrophe aller Bilder" beendende Licht einfällt:
„Das SCHWARZE QUADRAT als Metabild und tabula rasa, Katastrophe aller Bilder, auch des auf Bilder angewiesenen Gedächtnisses. Indem dieses fotochemische Gedächtnis zu einem Negativ-Bild wird, wird die Leinwand aus einem instrumentell untergeordneten zu einem autonomen Ort, zur eigentlichen Tafel, auf der etwas eingetragen werden kann, oder zum Schwarzen Loch, das alle Bilder in sich aufnimmt. Für einige Sekunden wird der Zuschauerraum noch einmal zur Camera obscura, die darauf wartet, daß Licht einfällt." (S.453).

318 Indem Marion im Traum Passagen der zweiten Variation Damiels wörtlich wiederholt, entfaltet sich die Schrift des Anfangs in einem Marion und Damiel gemeinsamen Traumraum, in dem Marion zum ersten Mal mit Damiel sprechen wird. Was sie sich dabei wünscht, wird sich am Ende erfüllt haben.

319 Rainer Maria Rilke: Werke in drei Bänden. Ausgewählt und herausgegeben vom Insel Verlag. Bd.1. Frankfurt a.M. 1966. S.522. Im folgenden: *RMR*.

320 Der Film bezieht sich darüber hinaus auf weitere moderne Bearbeitungen des Orpheusmythos durch den Film und indirekt über den Umweg über einen Film Cocteaus sogar auf eine Bearbeitung durch die Malerei (Siehe: 5.3. Metaphysische Plätze in Filmen von Wenders und Cocteau – In weiter Ferne, so nah!).

Anfangsverse gehen weiterhin einer Frage aus Rilkes Sonett nach; wieder einmal wird hier zitiert, ohne zu zitieren:

> „Ist die Kindheit, die tiefe, versprechliche,
> in den Wurzeln – später – still?" (RMR 522).

Während der Filmanfang zunächst den traditionellen Schriftraum präsentiert, markiert nach der Zäsur der Titelsequenz allein die Raumschrift der Kinobilder einen zweiten gegenläufigen Beginn. Das Auge über der Stadt kann ebenso das moderne Auge der Kamera bedeuten wie auch ein mythisches Raumauge, das bereits zu Zeiten des Aischylos, wörtlich zumindest nach Handkes Übertragung (Siehe das Motto zu diesem Kapitel), bekannt gewesen ist. Jürgen Manthey macht auf die Bedeutungsvielfalt visueller Vorgänge zu Zeiten Homers aufmerksam:

> „Es sind die Verben, die für ein affektives, nicht zweckgerichtetes Sehen stehen, ein Sehen, das nicht so sehr eine Funktion des Auges, sondern das »Strahlen des Auges, das ein anderer wahrnimmt«, bedeutet. Der sehnsüchtige Blick hinaus aufs Meer; das Sehen analog zu der durchdringenden Kraft der Sonnenstrahlen; die durch die optische Wahrnehmung von bestimmten Gegenständen ausgelöste innere Bewegung, die dabei zugleich *sichtbar* wird; das ins Weite Hinaus-Schauen; das angstvoll ahnungsvolle Voraus-Sehen – das Visuelle stellt bis dahin stets Gefühlsbezüge dar, verschiedene » >Gesten< des Sehens«."[321]

Um die Gewinnung solcher Vielfalt in der Geste des Sehens, um eine Dialektik dieser Gesten im Stillstand des Kameraauges geht es auch dem Film von Wenders. Diese Gewinnung läßt sich allerdings deswegen nicht als Rückgewinnung bezeichnen, weil sie sich technischer Mittel bedienen muß, die zu Zeiten Homers nicht nur unbekannt, sondern geradezu überflüssig waren. Eine solche Intention des Filmes läßt sich nicht nur bestätigen durch das leibhaftige Auftreten eines Schauspielers, der im Film den Namen Homer trägt, sondern wird ebenso ersichtlich, wenn der Verlauf des Filmes bei einer wiederholten Betrachtung berücksichtigt wird. Dann nämlich erweist sich der Anfang der als gegenläufig gekennzeichneten Filmbewegung als ein Ablauf dialektischer Bilder. Das Auge, das in diesem Moment aktuell einem intakten Straßenzug Berlins überblendet erscheint, wird – als ein frei nach Benjamin so interpretiertes (Kamera-)Auge der Geschichte – die sich zwar erst später im Film ereignende, aber realgeschichtlich längst vergangene Bombardierung der Stadt ebenfalls erblickt haben. Was dem ersten Sehen dieser Sequenz noch entgeht, weil es eigentlich darin nicht vorkommt, wird der zweiten Filmlektüre schon sichtbar. Für diesen Filmanfang gilt offensichtlich, was Sarah Kofman in ihrem Buch „Derrida lesen" im Kapitel „Graphematik und Psychoanalyse" schreibt:

> „Niemals gibt es eine reine Präsenz ohne Differenz im Sinne von Abstand, von Unterschiedenheit, aber auch von Umweg, von Aufschub, von Reserve. Ursprünglich ist das Double. Ursprüngliche Wiederholung, die die Imagination, den Tod bezeichnet, die immer schon dem Leben und dem „Realen" eingeschrieben sind. Das Leben ist immer schon durch eine Kastration versehrt, die eine Mimesis ohne ursprüngliches Modell nach sich zieht."[322]

Dieser Kamerablick auf einen Berliner Hinterhof wiederholt ebenso einen zentralen Ort, den Walter Benjamin in seinem Buch „Berliner Kindheit um Neunzehnhundert" (GS.Bd.IV/1 235-304) immer wieder hervorhebt, so daß die Anfangsworte des Films

---

[321] Jürgen Manthey: Wenn Blicke zeugen könnten. München – Wien 1983. S.93.

[322] Sarah Kofman: Derrida lesen. Aus dem Französischen von Monika Buchgeister und Hans-Walter Schmidt. Wien 1988. S.54. (Originaltitel: Sarah Kofman: Lectures de Derrida. Paris 1984).

„Als das Kind Kind war" (HüB 4) eine weitere ›Geste‹ des Sehens anklingen lassen und damit einen weiteren Bezugspunkt erhalten.

> „Die Erfahrungen des bürgerlichen Wohnens und die Entwürfe des neuen Bauens mit ihren ästhetisch-anthropologischen Erwartungen einer neuen lebenspraktischen Transparenz, Geborgenheit und Gewohnheit ebenso wie Vereinzelung und unversehrte Kommunikation mit der Stadt-Natur sind eingegangen in die Wahrnehmungskonstellationen, die die Denkbilder der Berliner Kindheit erinnernd aufspüren und zugleich so auf den Horizont der individuellen Lebensgeschichte ihres Autors projizieren, daß die Erfahrung einer Generation, geschichtliche Erfahrung in ihnen erscheint."[323]

Was Heinz Brüggemann in seinem Buch „Das andere Fenster: Einblicke in Häuser und Menschen" hinsichtlich der besagten Schrift Benjamins konstatiert, das versuchen auch Handke und Wenders für ihre Generation aktuell zur Erscheinung zu bringen als „Erfahrung einer Generation", die allerdings der Erfahrung der Generation Benjamins offensichtlich eingedenk bleibt. Es sind immer wieder andere Fenster, die das Kameraauge gleich zu Beginn des Films durchschaut. Auf diese Weise verschafft es sich und den Rezipienten „Einblicke in Häuser und Menschen". Der Blick der einen Kamera macht nicht nur zahlreiche unterschiedliche Räume transparent, sondern auch die verschiedensten „›Gesten‹ des Sehens" ihrer Bewohner scheinen durch. Das Objektiv überwindet scheinbar das Subjektive der Wahrnehmung in der Addition unterschiedlicher Perspektiven. Durch die Technik der Verlautbarung der Gedankenstimmen der dargestellten Personen wird dieser polyperspektivische Eindruck im Film noch verstärkt: Das Kameraobjektiv produziert von den Anfängen an (der eine Anfang wurde bereits dekonstruiert) keine objektive Zentralperspektive.

Auf die immer noch verbleibende, durch die Kamera gegebene, perspektivische Künstlichkeit derartiger Situationen macht aber bereits im Film der Blick in einen Bunker aufmerksam, in dem ein Film im Film gedreht wird. Der Schein von Objektivität, den die Kamera bisher hat erwecken können, wird als gewollter und zugleich unvermeidlicher Schein dadurch entlarvt, daß in dieser Szene eine Kamera selbst ins Bild kommt. Was Henri Pierre Jeudy in seinem Text „Die Welt als Museum" im Kapitel „Erinnerungen an den Tod" bemerkt, wirft ein weiteres Licht auf museale Perspektiven im Werk Handkes: Der Ort des Museums ist offensichtlich nicht immer an die üblicherweise die Bezeichnung ›Museum‹ tragenden Orte gebunden:

> „Die riesigen Luftschutzbunker, die inmitten einiger deutscher Städte errichtet worden sind, überstehen als unzerstörbare Objekte alle Versuche ihrer Beseitigung. Sie trotzen der zeitlichen Ordnung und dem Sinn der Geschichte. Sie sollten nur die Zeit eines Krieges überdauern und sind doch – eine böse Erinnerung wachrufend – immer noch da. Es ist unmöglich, sie zum Einsturz zu bringen, ihr Abriß durch Sprengung würde Teile der umliegenden Wohnviertel mit in die Luft jagen. Als Monumentalbauten, deren Monumentalität keiner ideellen kulturellen Zweckbestimmung entspricht, konnten sie lediglich zu Kunstobjekten umgewandelt werden."[324]

Der Bunker als Drehort des Films im Film „Der Himmel über Berlin" wird aber nicht nur „lediglich" zu einem Kunstobjekt „umgewandelt": In der Ruine eines Bunkers aus dem zweiten Weltkrieg wird ein Film im Film gedreht, der die Judenverfolgung im Dritten Reich andeutet. Bereits die Wahl des ruinierten Drehortes erscheint paradox, denn im Dritten Reich dürften die inzwischen eingerissenen Zwischendecken des Bunkers noch intakt gewesen sein. Der damit bereits nur vermeintlichen historischen

---

[323] Heinz Brüggemann: Das andere Fenster. Einblicke in Häuser und Menschen. Frankfurt a.M. 1989. S. 238.

[324] Henri Pierre Jeudy: Die Welt als Museum. Aus dem Französischen von Peter Geble. Berlin 1987. S.32. (Originaltitel: Henri Pierre Jeudy: Parodies de l'autodestruction. Paris 1985).

Entfernung der Ereignisse entspricht aber in diesen Szenen eine formale Abstraktion, die in anderen Szenen, die das Dritte Reich betreffen, auf ganz andere Weise realisiert wird. An mehreren Stellen sind im Film Dokumentaraufnahmen zitiert, die sowohl die Bombardierung Berlins wie die Opfer derselben sowie den Zustand der Stadt nach einem Bombenangriff vor Augen führen. Wenn dann Homer und Cassiel über den trostlos erscheinenden Potsdamer Platz in der (inzwischen längst wieder vergangenen) Jetztzeit spazieren oder wenn Peter Falk am zerstörten Anhalter Bahnhof (von wo aus im Dritten Reich Deportationen in die Konzentrationslager stattfanden) vorübergeht, so gehen diese Bilder untereinander eine unmittelbare Verbindung ein.

> „Peter Falk geht auf dem Gelände des Anhalter Bahnhofs spazieren, seinen Zeichenblock unter dem Arm. Er bleibt für eine Weile stehen und betrachtet die Ruine der alten Bahnhofsfront. Dann geht er vergnügt weiter." (HüB 121).

An dieser Stelle des Films kommt gewiß nicht Peter Falks „Vergnügen an tragischen Gegenständen" zum Ausdruck, wie es noch Friedrich Schiller in seinem Aufsatz „Über den Grund des Vergnügens an tragischen Gegenständen"[325] expliziert, denn die Trümmer, denen Peter Falk sich gegenüber befindet, sind nicht im entferntesten etwa auf „eine geistreiche Bosheit" (ÜGV 27) zurückzuführen, die über Umwege noch „den Genuß der moralischen Zweckmäßigkeit zu verschaffen" (ÜGV 27) erlaubt: Angesichts der Verbrechen des Nationalsozialismus und deren Folgen ist es der Kunst noch unmöglicher geworden, den bereits von Schiller beschriebenen ihr immanenten Widerstreit von ästhetischer und sittlicher Wirkung (ÜGV 16) noch einmal aufzulösen in Richtung auf eine moralische Zweckmäßigkeit oder gar auf einen Genuß. Adornos „Negative Dialektik" belegt »nach Auschwitz« implizit auch Schillers Bemühungen um eine Dialektik innerhalb der ästhetischen Begriffe Kants, aber auch seinen damit verbundenen Versuch, ästhetische mit sittlichen Begriffen zu versöhnen, mit eindringlich dilemmatischen Bemerkungen:

> „Alle Kultur nach Auschwitz, samt der dringlichen Kritik daran ist Müll. (...) Wer für Erhaltung der radikal schuldigen und schäbigen Kultur plädiert, macht sich zum Helfershelfer, während, wer der Kultur sich verweigert, unmittelbar die Barbarei befördert, als welche die Kultur sich enthüllte." (ND 359f.).

Aus einer ehemals gesuchten Nähe von Ethik und Ästhetik ist anscheinend eine unüberbrückbare Entfernung geworden: es zeigt sich somit erneut die gleiche Diskrepanz zwischen einer klassisch orientierten Ästhetik und einer Ästhetik »nach Auschwitz«, wie sie bereits bei der vorausgegangenen Lektüre des Textes „Die Lehre der Sainte-Victoire" gezeigt hat. Es ist nicht mehr möglich, Peter Falks Vergnügtheit angesichts der Ruine des Anhalter Bahnhofs noch uneingeschränkt mit Schiller als eingebunden in eine Dialektik von Sittlichkeit und Vergnügen zu verstehen:

> „Ebenso, wie ein vergnügter Geist das gewisse Los eines sittlich vortrefflichen Menschen ist, so ist sittliche Vortrefflichkeit gern die Begleiterin eines vergnügten Gemüts. Die Kunst wirkt also nicht deswegen allein sittlich, weil sie durch sittliche Mittel ergötzt, sondern auch deswegen, weil das Vergnügen selbst, das die Kunst gewährt, ein Mittel zur Sittlichkeit wird." (ÜGV 16).

Das von Peter Falk im Film dargestellte Vergnügen entspringt aber zunächst auch gar nicht dem tragischen Gegenstand einer Kriegsruine, sondern einem Wortspiel, das sich mit dem Anhalter Bahnhof beschäftigt. Peter Falks Sprachwitz ist an dieser Stelle

---

[325] Friedrich Schiller: Über den Grund des Vergnügens an tragischen Gegenständen. In: Friedrich Schiller: Vom Pathetischen und Erhabenen. Ausgewählte Schriften zur Dramentheorie. Stuttgart 1970. S.14-29. Im folgenden: *ÜGV.*

eher als der Humor zu verstehen, den Jean Paul „das umgekehrte Erhabene"[326] genannt hat, wenn er sich angesichts der Ruine des Berliner Anhalter Bahnhofs erinnert:

> „This must be the station they told me about with the funny name. Not the station where the trains stopped, but the station, where the station stops." (HüB 121).

Das Wortspiel vom Bahnhof, an dem nicht die Züge, sondern der Bahnhof selbst zum Stehen kommt, wird damit zum Modell eines Bildes für den Film, in dem nicht die Bilder, dafür aber der Film selbst zum Stehen kommt. Während von dem Bahnhofsgebäude nur noch Trümmer geblieben sind, wird nun der noch unbeschädigte Name auf witzige Weise zum Ausgangspunkt eines Bild-Denkens umfunktioniert, das von Benjamin geradezu als Modell gegen das totalitäre Denken entwickelt worden ist, welches letztlich das unbeschreibliche Leid der Shoah und des zweiten Weltkrieges bewirkt hat. Der Film „Der Himmel über Berlin" erinnert, wie zu zeigen ist, an Bilder wie beispielsweise Paul Klees „Angelus Novus", ohne sie direkt zu zeigen. Diese Bilder erscheinen auf derartig paradoxe Weise als Originale des Films, ohne daß die Filmkopien auch nur im entferntesten Kopien dieser Originale sind. Die in den Filmen von Wim Wenders als solche hervortretenden Bilder Caspar David Friedrichs (Siehe: Das Kapitel zum Film „Falsche Bewegung") und Paul Klees sind somit absolute Filmnegative, die sich einerseits der Reproduktion durch den Film entziehen, andererseits aber doch in Spuren zeigen: Das Gemälde Friedrichs und die Tuschfederzeichnung Klees werden in diesen Filmen zu Kunstwerken im Zeitalter der technischen Reproduzierbarkeit, die als Denkbilder danach trachten, aus einem Jenseits der technischen Reproduzierbarkeit heraus zu wirken. In ihnen verbirgt sich Identität und Originalität der Kunst und diese kann gerade dadurch auch erscheinen – als bewahrt im Verborgenen. Ausgerechnet im Massenmedium Film geschieht also, was Handke gemeinsam mit Cézanne „Verwandlung und Bergung der Dinge in Gefahr" genannt hat. Mit der Einmaligkeit dieser Bilder erhalten beide Filme, „Falsche Bewegung" und „Der Himmel über Berlin", ein in sich ruhendes Zentrum der bewegten Bilder, das sie selbst nicht bewegen und gerade dadurch erhalten, als wäre es ihre unsterbliche Seele, indem sie dieses unbewegte bewegende Zentrum gar nicht erst thematisieren. Es ist schwer zu sagen, ob sich die Filme über diese Bilder der Malerei immer nur hinweg bewegen, oder ob sie sich in ihnen bewegen oder aus ihnen heraus. Stellen die gemalten Bilder überhaupt einen Anhaltspunkt dar für die Bewegung der Kinobilder? Oder sind sie der Anhalter Bahnhof, in dem die Züge nicht halten?[327]

Peter Falk wird im Film immer wieder von außen mit seiner Rolle als Inspektor Colombo identifiziert, allein, er selbst spielt diese Rolle nicht für einen Moment. Zwar spielt Peter Falk im Film „Der Himmel über Berlin" nicht nur sich selbst, son-

---

[326] Jean Paul: Vorschule der Ästhetik. In: Werke in zwölf Bänden. Hrsg. v. Norbert Miller. München 1975. Bd. 9. S.125.

[327] Als Dialektiker des Stillstands hat Benjamin einmal einen Gedanken gefaßt, mit dem das Denkbild des Films vom Anhalter Bahnhof korrespondiert:
> „Marx sagt, die Revolutionen sind die Lokomotive der Weltgeschichte. Aber vielleicht ist dem gänzlich anders. Vielleicht sind die Revolutionen der Griff des in diesem Zuge reisenden Menschengeschlechts nach der Notbremse." (GS.Bd.I/3 1232).

Filmästhetisch gewendet ist es damit die Notwendigkeit eines Eingedenkens, die bei aller semiotischen Revolutionierung der Bestimmung von Bedeutung durch Wenders und Handke in einer Reihe von Denkbildern gewahrt wird.

dern darüber hinaus auch noch eine Detektiv-Rolle in einem Film im Film, von dem immer nur die Dreharbeiten sichtbar werden. Diese Dreharbeiten machen jedoch deutlich, daß es sich bei diesem Film keineswegs um eine Folge der Fernsehserie „Inspektor Colombo" handelt, auf die Handke bereits im Text „Die Lehre der Sainte-Victoire" anspielt (LSV 98). Dennoch ist die Folie der Parodie dieser Fernsehserie im Film sichtlich vorhanden, aber sie wird gleichzeitig auch negiert: Die Peter Falk immer wieder begegnenden Colombo-Identifikationen innerhalb des Films[328] können noch immer den Zuschauer verführen, dem ganzen Film die Form der Parodie, die demnach dem Schema einer Detektivgeschichte folgt, zu unterlegen. Ist nicht aber das durchlässige Incognito des Meisterdetektivs vielmehr angelegt, um das Parodie-Immunsystem des Rezipienten zu stärken?

Auch in der Szene, in der Peter Falk vor dem Anhalter Bahnhof zu sehen ist, werden die realen Auswirkungen der grausamen Geschichte dieses Jahrhunderts in einer Weise filmisch sichtbar, die zugleich Geschichte und Gattungen des Films mitreflektiert. Indem zeitgeschichtliche Dokumentation Bestandteil des fiktionalen Films wird, ergibt sich hier eine Wechselwirkung beider Gattungen, die insbesondere dann eine neue Gattung hervorbringt, ohne sie hervorzubringen, wenn das augenblicklich erscheinende Genre in seiner Anwesenheit von der Abwesenheit des jeweils anderen affiziert wird, wie dies im Film häufig beim Wechsel zwischen Dokumentation und Fiktion der Fall ist. Die Grenze zwischen Dokumentation und Fiktion erscheint dadurch überschreitbar. Claude Lanzmann hat in Abgrenzug zu Stephen Spielberg bemerkt:

> „Die Frage ist: Erfindet man, um Zeugnis abzulegen, eine neue Form, oder versucht man zu rekonstruieren? Ich glaube, eine neue Form gefunden zu haben. Spielberg hat sich für die Rekonstruktion entschieden." (EgSL).

Der Film von Wenders und Handke erfindet weder eine neue Form, wie Lanzmann sie für sich beansprucht, noch wählt er den Weg der Rekonstruktion wie Spielberg: „Der Himmel über Berlin" weist die Rekonstruktion einer Darstellung von Ereignissen aus der Shoah als Rekonstruktion aus und verweigert sich ihr zugleich, indem er lediglich die Filmaufnahmen evoziert, die zu einer Rekonstruktion führen würden. Wim Wenders schrieb im August 1977 eine Filmkritik mit dem Titel „That's Entertainment: Hitler", in der seine ablehnende Haltung gegenüber unreflektiert verwandtem Dokumentarfilmmaterial deutlich wird:

> „Die »Karriere«, die Fest und Herrendoerfer ergründen wollten, war nicht zuletzt deshalb möglich, weil es eine totale Kontrolle über alles Filmmaterial gab, weil alle Bilder, die es von diesem Mann und seinen Ideen gab, raffiniert gemacht, geschickt ausgesucht und gezielt eingesetzt wurden. Wegen dieses durch und durch demagogischen Umgangs mit Bildern haben alle, die in Deutschland verantwortungsvoll und auch kompetent mit der Herstellung von Filmbildern zu tun hatten, dieses Land verlassen. Fest und Herrendoerfer können sich also bis auf wenige Ausnahmen für ihre »umfassende Dokumentation« nur auf Bilder von Mitläufern berufen, auf den Blick von Mittätern, auf Propagandamaterial eben, auf die schweinischsten Meter Zelluloid, die je belichtet worden sind."[329]

---

[328] „TRUPP VON JUGENDLICHEN ARBEITERN:
– Heh, wat denn, is det Colombo, äh?
– Nee, glaub'ich nicht.
– Nee, doch nich'mit dem schäbigen Mantel!
– Ja, das stimmt!
– Der rennt doch hier nicht durch die Pampe, bist du verrückt?" (HüB 121).

[329] Wim Wenders: Emotion Pictures. Essays und Filmkritiken 1968-1984. Frankfurt a.M. 1986. S.115.

Im Film „Der Himmel über Berlin" wirken die lediglich fiktiven Bilder des Filmes im Film, die die Judenverfolgung andeuten, gegenüber den direkten Dokumenten des Unheils des zweiten Weltkriegs, die der Film gleichfalls zitiert, zunächst harmlos, weil jederzeit der bloße Spielcharakter einer allerdings immer nur evozierten Handlung bewußt ist. Dieser so inszenierten emotionalen Distanz wirkt aber die Verlautbarung der Gedankenstimmen einiger Darsteller entgegen: Äußerungen, die zeigen, daß die Zeit, als nur anscheinend vergangene, sich nach wie vor in den Gedanken der Menschen zu manifestieren vermag, etwa als Faszination für Uniformen der NS-Zeit[330] oder als unvermindert tiefverwurzelter Rassenwahn. In ihrer aktualisierten Darstellungsweise erscheinen diese als Gedankenstimmen einerseits tabuisierten, andererseits durch Verlautbarung entblößten Äußerungen als Spuren des Vergangenen, als offene Wunden der Zeit selbst. Der Film im Film stellt ein ästhetisches Problem dar, das auch Adorno einmal beschreibt:

> „Was an der Kunst ohne idealistischen Muff Ernst heißen kann, ist das Pathos der Objektivität, die dem kontingenten Individuum vor Augen stellt, was mehr und anders ist als es in seiner geschichtlich notwendigen Unzulänglichkeit. Das Risiko der Kunstwerke hat daran teil, Bild des Todes in ihrem Bereich. Jener Ernst wird relativiert dadurch, daß ästhetische Autonomie außerhalb jenes Leidens verharrt, dessen Bild sie ist und von dem sie den Ernst empfängt. Nicht nur ist sie Echo des Leidens sondern verkleinert es; Form, Organon ihres Ernstes, ist auch das von Neutralisierung des Leidens. Damit gerät sie in eine unschlichtbare Verlegenheit. Die Forderung vollständiger Verantwortung der Kunstwerke vergrößert die Last ihrer Schuld; darum ist sie zu kontrapunktieren mit der antithetischen nach Unverantwortlichkeit. Diese erinnert ans Ingridiens von Spiel, ohne das Kunst so wenig kann gedacht werden wie Theorie. Als Spiel sucht Kunst ihren Schein zu entsühnen."[331]

Die Spielhandlung des Films im Film steht im Zeichen einer Ethik der Nichtrepräsentation und damit im Zeichen der von Adorno so benannten Problematik der „Neutralisierung des Leidens". Die Spielhandlung stellt aber auch allererst das sensibel zu handhabende ethische Problem heraus. Läßt sich aber mit einer notwendig immer nur scheinbar bleibenden Entsühnung durch die Kunst gegenüber der auch von Handke realiter vermißten „fehlenden Entsühnung" der nationalsozialistischen Verbrechen mehr erreichen als das Bewußtsein eines dauerhaften Fehlens? Der Ästhetik der Nichtrepräsentation des Filmes „Der Himmel über Berlin" entspricht somit immerhin weniger der Gedanke der Verdrängung der Ereignisse als vielmehr der Ruf in die Verantwortung. Es dürften also für Handke und Wenders derartig bedingte und dennoch unbedingte ethische und nicht allein technische Gründe gewesen sein, die gerade zu der nur angedeuteten Darstellung der Judenverfolgung geführt haben, die sich gezielt der Vorführung von Dokumentaraufnahmen aus den Vernichtungslagern enthält. Der Schein scheint um seiner Überwindung willen gewollt. Dokumentaraufnahmen von im Bombenkrieg getöteten Kindern bezeichnen demgegenüber nicht gleich eine deutliche moralische Differenz, sondern legen womöglich auch die Frage nahe, ob es sich bei ihnen nicht um ebenso unschuldige Opfer handelt, wie es die Opfer der Shoah waren und zugleich erschüttern diese Bilder die von Handke in der „Lehre der Sainte-Victoire" einmal so bezeichnete „gespensterlose Gegenwart" (LSV 86). Es ist aber in diesem Film zunächst gewiß die erschütternde Wirkung die-

---

[330] Während Lanzmann dem Film „Schindlers Liste" von Spielberg zum Vorwurf macht und machen kann, daß die dargestellten SS-Leute in einigen Szenen „in ihren schmucken Uniformen doch gar nicht unsympathisch" (EgSL) wirken, reflektiert der Film von Wenders diese Problematik anders als Spielberg, aber auch anders als Lanzmann.

[331] Theodor W. Adorno: Ästhetische Theorie. Frankfurt a.M. 1973. S.64. Im folgenden: ÄT.

ser Bilder, die konkret auf eine umfassende Verantwortung gegenüber der Vergangenheit verweist, und nicht umgekehrt zuerst das fragwürdige theoretische Vergleichen von Opfern, das etwa in Form eines unglückseligen Historikerstreits eher in eine gegenteilige Richtung führt, wenn Relativierung historischer Ereignisse Erschütterung zu dämpfen und die Zurückweisung von Verantwortung nach sich zu ziehen droht.

Historiographie im Medium des Films bedeutet für Handke und Wenders mehr als nur Dokumentation der Ereignisse. Spielhandlung und Dokumentation ergänzen vielmehr einander auch in ihrer Schockwirkung, die sie nicht unbedingt jeweils unmittelbar entfalten, sondern die sich im Film erst im einerseits historisch verzögerten, andererseits dennoch plötzlichen Aufeinandertreffen an der Schnittstelle von Dokument und Fiktion einstellt.

Der Film „Der Himmel über Berlin" bedient sich einerseits wie zuletzt Stephen Spielbergs Film „Schindlers Liste" der Fiktion, um einen filmästhetischen Umgang mit der Frage nach einem verantwortungsbewußten Eingedenken der Opfer der Shoah zu gestalten. Anders als in Spielbergs Film versagt sich aber der Film von Wenders ein illusteres Spiel mit dem Nichtdarstellbaren. So fingiert etwa Spielbergs Film den Gang nackter Frauen zum Duschen im Vernichtungslager, als ob es der Gang in die Gaskammern wäre. Damit zeigt Spielberg zwar ebenfalls nicht das Undarstellbare, allein das Spiel mit der Erwartungshaltung des Publikums ist in dieser Szene derart berechnend, daß ein solches geschauspielertes Täuschungsmanöver nicht viel mehr als Darstellung einer bedenklichen Mimikry sein kann, die dank eines vermeintlich genialen Regieeinfalls zum für den Zuschauer unerwarteten vorläufigen Überleben eigentlich zum Tode bestimmter Opfer führt.[332] Es kann damit leicht zu einem falschen Aufatmen kommen, für das in diesem Fall die Verantwortung nicht allein beim Zuschauer verbleibt: Wenn auch Spielbergs Film insgesamt den Eindruck eher verstärken wird, „daß es nie ein endgültiges Aufatmen" (Handke; LSV 98) geben kann, so sind doch derartige Szenen zumindest problematisch zu nennen. Der Film von Wenders und Handke verwirklicht demgegenüber eine Ethik der Nichtrepräsentation, wie sie allerdings ohne den Einsatz von schauspielerischen Inszenierungen zuvor auch Claude Lanzmanns Film „Shoah" realisiert hat. Lanzmanns Film ist gewiß nicht frei von Inszenierung bei seiner Suche nach verbliebenen Spuren des unsäglichen Schreckens:[333] Wenn jedoch ein Authentizitätsanspruch von diesem Film auszugehen vermag, so kommt er von diesen Spuren, die in Gesten und Reaktionen von Opfern wie Tätern und auch Zeugen der Shoah ausgeht, die sie auf die Fragen Lanzmanns äußern und zeigen. Das Erschreckende an Lanzmanns Film ist nicht eine vermeintlich authentische Darstellung der Shoah, sondern das sich beim Zuschauer durch den Film nur verschärfende Bewußtsein der immensen Gefahr, dieses Verbrechen aufgrund der sich verlierenden Spuren eines Tages vergessen zu können. Gertrud Koch bemerkt über Lanzmanns Film:

> „Die Diskrepanz zwischen Nicht-Vergessen-Können und eben darum erinnerungslos im Terror der Faktizität eingeschlossen zu sein und der ästhetischen Transformation in einen Diskurs mimetischer

---

[332] Lanzmann bemerkt dazu:
„Das Problem ist, daß es in dem Film nur so wimmelt von zweideutigen, manchmal gefährlichen Szenen, die man mit viel Fingerspitzengefühl hätte handhaben müssen." (EgSL).

[333] Lanzmann kennzeichnet seinen Film selbst als Inszenierung. In: Eine befreiende Wirkung. Gespräch mit Claude Lanzmann von Heike Hurst. In: Claude Lanzmann: Shoah. A.a.O. S.275.

Aneignung appelliert an Alterität: die Betrachter von *Shoah* eignen sich die Faktizität als Erinnerungsmaterial an, deren traumatische Reflexe wie eine somatische Spur zur black box führen, an die sie gar keine Erinnerungen haben können."334

Bernard Caspers Erläuterung des Gedankens der Spur, wie Lévinas ihn denkt, zeigt deutlich nicht nur die Schwierigkeit, mit der sich auch Lanzmanns Filmprojekt auseinandersetzen muß, sondern auch die Nähe zweier Projekte des Eingedenkens:

„Levinas möchte die Spur aber so verstanden wissen wie die Spur, die derjenige, der das perfekte Verbrechen begehen wollte, unabsichtlich dadurch hinterläßt, daß er die Spuren, die er machte, zu verwischen suchte."335

Wie läßt sich aber das Verhältnis der nationalsozialistischen Politik der Verwischung der Spuren der Judenvernichtung zu einer Ästhetik der Hinterlassung und gleichzeitigen Verwischung von Spuren der »jüdischen Tradition« im Werk Peter Handkes anders beschreiben als ein Projekt des Eingedenkens, das jenseits von nicht mehr einzuhaltenden Grenzen der Repräsentation zu wirken versucht? – Thomas Wiemer kennzeichnet die Herkunft eines anderen Bedeutens im Denken von Lévinas ebenfalls mit dem Begriff der Spur:

„Das andere, vom explizit Thematisierten verschiedene Bedeuten, um das es dagegen dem philosophisch-ethischen Diskurs geht, resultiert nicht aus dem Beziehungsspiel, das die Elemente dieses Diskurses in ihrer wie auch immer gearteten Zuordnung zueinander und Trennung voneinander unterhalten. Die Herkunft seines anderen Bedeutens liegt außerhalb des Textes, obschon es erst durch den Text und seine spezifische Textur sich bemerkbar macht. Bemerkbar macht es sich allein spurhaft, indem es den Diskurs auseinanderreißt, seine Termini überspannt, in paradoxen Steigerungen zerspringen läßt, seine Syntax zusehends auflöst. Die Spuren aber haben die Funktion eines Appells, und zwar, das ist entscheidend, eines ethisch qualifizierten Appells. Sie suchen die alle logische und chronologische Ordnung störende Bedingung oder Unbedingtheit zu übersetzen, in der das menschliche Subjekt dem anderen Menschen ausgesetzt und, aller Freiheit und Unfreiheit zuvor, von ihm und für ihn beansprucht ist. Die mir auferlegte Passion für den Anderen, die das Leiden an ihm und durch ihn impliziert, mein Zitiertsein von jeher zu grenzloser Verantwortung – sie konkretisieren den unerschöpflichen „Inhalt" jenes anderen Bedeutens, den der ethische Diskurs als den leisesten, aber alle Thematisierung und Artikulation tragenden Ton oder Klang menschlicher Sprache in Erinnerung ruft." 336

Im Film von Wenders und Handke dienen die Porträtzeichnungen, die Peter Falk in den Drehpausen des Films im Film von Darstellern von Juden anfertigt, gegenüber den zumeist erschütternden Porträts, die Lanzmann mit seinen oftmals auch unsanf-

---

334 Gertrud Koch: Die Einstellung ist die Einstellung. Frankfurt a.M. 1992. S.169.

335 Bernard Casper: Illéité. Zu einem Schlüssel„begriff" im Werk von Emmanuel Levinas. In: Philosophisches Jahrbuch 93 (1986). S.273-288. Hier: S.277.
In einem Gespräch mit Michael Jakob sagte Lévinas:
„Ich sage, daß man Mensch ist, wenn man für den Anderen Verantwortung trägt, Punkt. Der Dialog bringt eine ganz andere Dimension mit sich: daß man auf den Anderen hören muß, daß man antworten muß usw.; er entbindet einen gerade einer bestimmten Verantwortung."
Michael Jakob: Aussichten des Denkens. München 1994. S.52. Im folgenden: *AdD*.
So wie Lévinas seine ethische Konzeption einer Epiphanie des Antlitzes nicht länger als Dialogsituation, als Begegnung zweier gleichgestellter Individuen begreift, so spricht sich auch Lanzmann gegenüber Spielbergs Film „Schindlers Liste" für eine Ethik der Nicht-Begegnung aus:
„Verzerrt Schindlers Liste das Gesamtbild, die historische Wahrheit? Ja, insofern als in diesem Film alle miteinander reden, die Juden mit den Deutschen – die ganze Zeit. „Shoah" dagegen ist ein Film, in dem niemand niemandem begegnet; das war für mich eine Frage der Ethik." (EgSL).

336 Thomas Wiemer: Die Passion des Sagens. Zur Deutung der Sprache bei Emmanuel Levinas und ihrer Realisierung im philosophischen Diskurs. Freiburg i.Br. – München 1988. S.304. Im folgenden: *PdS*.

ten Fragemethoden zeichnet, als weitaus beiläufigere Markierungen für einen notwendigen Akt des Eingedenkens. Im Zeichen der Porträts wahrt Peter Falk nicht nur ein alogisches Verhältnis von Distanz und Nähe zu seinem Modell, sondern seine kurzen und zugleich scheinbar unbekümmerten Assoziationen über den gelben Stern, das nationalsozialistische Symbol der Judenverfolgung, führen ihn darüber hinaus in Gedanken zu einem Bild van Goghs:

> „Yellow star means death. Why did they pick yellow? Sunflowers. Van Gogh killed himself. This drawing stinks. So what? No one sees it." (HüB 73).[337]

Wie zuvor im Text „Die Lehre der Sainte-Victoire" kommt auch hier erneut der Kunst eine Funktion des Eingedenkens der Opfer der Shoah zu, die in vergleichbarer Weise weder im Film Spielbergs noch im Film Lanzmanns eine Rolle spielt. Damit berührt sich der Film „Der Himmel über Berlin" mit der Fragestellung von Lévinas, inwiefern ein Eingedenken im Kunstwerk zu vermitteln sei, wobei der Film diese Frage offener hält, als dies Lévinas zumindest in seinen anfänglichen Äußerungen zu dieser Frage tut.[338] Thomas Wiemer beschreibt die anfängliche Haltung von Lévinas:

> „Der Kunst wird vorgeworfen, daß sie Transzendenz im erläuterten – ethisch-zeitlichen – Sinne leugne, indem sie durch ihr bildgestaltendes Wesen die Zeit anhalte. Darin würde sie dem identifizierenden, seinen Gegenstand fixierenden Logos gleichen." (PdS 314).

---

[337] In dieser scheinbar freien Assoziation, die in die Nachbarschaft Van Goghs führt, ist möglicherweise eine Hommage an René Char verborgen. René Char, der im zweiten Weltkrieg der Résistance angehörte, schrieb 1985, also vor Abschluß der Dreharbeiten zum Film „Der Himmel über Berlin" einen Text mit dem Titel „Les voisinages de Van Gogh", worin es heißt:
> „Sublimes dessins! Longtemps après, ma vie serrée ente les barreaux de plusieurs malheurs me traquait dans une nature semblable! Je la distinguais et en tentais l'échange au fond des yeux de Vincent alors que ces derniers enrichissaient de leur vérité, de leurs fleurs nouvelles, les miens, mes yeux meurtris par la neige fondante non rejouée."

Peter Handkes Übersetzung dieses Textes von René Char ist 1990 erschienen. Zuvor hatte Handke schon einen Gedichtband René Chars übersetzt: René Char: Rückkehr stromauf. München 1984. (Originaltitel: René Char: Le Nu Perdu et autres poèmes, 1964-1975. Paris 1978). Der Band mit dem Titel „Die Nachbarschaften Van Goghs" enthält den Originaltext Chars auf den Seiten 51ff. Handke übersetzt die zitierte Passage:
> „Sublime Zeichnungen! Lange danach trieb mich mein zwischen die Schranken mehrerer Unglücke gezwängtes Leben in eine ähnliche Natur! Ich unterschied sie und versuchte an ihr den Austausch, in der Tiefe der Augen Vincents, während diese, mit ihrer Wahrhaftigkeit, ihren frischen Blumen, die meinigen anreicherten, meine von dem schmelzenden ausgespielten Schnee wundgewordenen Augen."

René Char: Die Nachbarschaften Van Goghs. Aus dem Französischen von Peter Handke. München 1990. S.55. (Originaltitel: René Char: Les voisinages de Van Gogh. Paris 1985).
Christine Pries bemerkt zur französischen Vokabel „sublime", die auch René Char hier gebraucht:
> „Das französische Wort *sublime* steht dem kritischen Sinn des Erhabenen sehr viel näher als das deutsche ‚erhaben'. Man verbindet damit nicht automatisch die Vorstellung einer Erhebung oder Überhebung, sondern denkt viel eher an *Subtilität* oder *Feinsinnigkeit*, an die „Kultur" (und Kultivierung), die schon bei Kant unabdingbare Voraussetzung des Erhabenen war." (Erh 29).

In Georges-Arthur Goldschmidts Buch „Peter Handke" ist a.a.O. auf den Seiten 193f. ein kurzer in französischer Sprache verfaßter Text Handkes mit dem Titel „Nager dans la Sorgue" aus dem Jahre 1986 wiederabgedruckt, der Handkes Verehrung gegenüber René Char deutlich zum Ausdruck bringt.
Mit seinen Übersetzungen der Texte René Chars begibt sich Handke erneut auch in die Nachbarschaft Paul Celans, der ebenfalls dessen Texte übersetzte.

[338] Wiemer widmet dem Kunstverständnis von Lévinas den zweiten Teil seiner Dissertation: Die Passion des Sagens. Zur Deutung der Sprache bei Emmanuel Levinas und ihrer Realisierung im philosophischen Diskurs. A.a.O.

Peter Falk ist im Film von Wenders gerade nicht in der Rolle des Detektivs zu sehen. Er ist dargestellt in der Rolle des Künstlers: Er ist zu sehen als selbst sehend. Damit steht aber nicht der für ihn üblicherweise charakteristische identifizierende Logos im Vordergrund, sondern gerade in Differenz dazu geht es dem Film in dieser Szene darum, paradoxerweise durch fixierendes Zeichnen eine bewegtere Logik des Bildes zu entwerfen als sie Lévinas in seinen frühen Texten vorstellt. Die Detektivgeschichte als literarische oder filmische Form erweist sich erneut als unzureichend im Umgang mit der Frage nach den aktuellen Bedingungen der Möglichkeit der Geschichtsschreibung im Medium der Kunst, nachdem bereits die linkshändige Frau aus dem Vorbild Philip Marlowes nicht nur dadurch herausgetreten ist, daß sie eine Frau ist, sondern vielmehr durch ihre subtile Suche nach Formen des Eingedenkens, jenseits eines identifizierenden Logos.

Zu Beginn des Films „Der Himmel über Berlin", eigentlich noch bevor das „Kontinuum der Geschichte" dieses Films einsetzt, ist es vermutlich Damiel, der in einem aus dem Kontinuum herausgesprengten Moment „für seine Person Geschichte schreibt", noch bevor dies dann der Film mit der Öffnung des „Raumauges" nicht nur für Damiels Person beginnt. Damit markieren die bereits unterschiedenen Filmanfänge unterschiedliche Subjekte der Geschichte. Deren Schreibung individuell wie kollektiv zur Geltung zu bringen, erscheint damit als nicht geringe Zielsetzung dieses Films, die sich an Gedanken Walter Benjamins zu orientieren scheint:

> „Auf den Begriff einer Gegenwart, die nicht Übergang ist sondern in der Zeit einsteht und zum Stillstand gekommen ist, kann der historische Materialist nicht verzichten. Denn dieser Begriff definiert eben die Gegenwart, in der er für seine Person Geschichte schreibt. Der Historismus stellt das ›ewige‹ Bild der Vergangenheit, der historische Materialist eine Erfahrung mit ihr, die einzig dasteht. Er überläßt es andern, bei der Hure ›Es war einmal‹ im Bordell des Historismus sich auszugeben. Er bleibt seiner Kräfte Herr: Manns genug, das Kontinuum der Geschichte aufzusprengen." (GS.Bd.I/2 702).

Wenn der Film „Der Himmel über Berlin" auch ein Märchen zu sein beansprucht, so ist doch sein Verhältnis zum Kontinuum der Geschichte gerade nicht das des bereits von Benjamin abgelehnten ›Es war einmal‹-Historismus. Selbst wenn im Film tatsächlich auch einmal die Formel „Es war einmal" (HüB 167) erklingt, ist damit nicht „das ›ewige‹ Bild der Vergangenheit" des Historismus gemeint, sondern eine einzigartige und lebensbestimmende Erfahrung, die nicht etwa bloß als ein Faktum, sondern, wie es im dritten Teil dieses Kapitels weiter ausgeführt wird, allein eingebettet in einer komplexen Zeit- und Bildstruktur zur Sprache kommen kann.

5.2   Angelus Novus – Der Engel der Erzählung

Gegen Ende des ersten Aktes, des laut Filmbuch in sieben Akte unterteilten Films „Der Himmel über Berlin" läßt sich unter anderen folgende Gedankenstimme einer von zahlreichen Lesenden in der Staatsbibliothek Berlin vernehmen:

> „Walter Benjamin kaufte 1921 Paul Klees Aquarell »Angelus Novus«." (HüB 23).

Gegenüber dem Film, der nur diesen einen kurzen Satz preisgibt, führt das Filmbuch fort:

> „Bis zu seiner Flucht aus Paris im Juni 1940 hing es in seinen wechselnden Arbeitszimmern. In seiner letzten Schrift, Über den Begriff der Geschichte (1940), interpretierte er das Bild als Allegorie des Rückblicks auf die Geschichte." (HüB 23).

Paul Klees Aquarell, genauer: seine Tuschfederzeichnung, scheint im Film kaum der Rede wert zu sein. Das Filmbuch erweist sich an dieser Stelle bereits als äußerst wichtige Ergänzung zum Film. Allein bei Benjamin findet sich eine Beschreibung des Bildes im IX. Abschnitt seiner oben genannten Schrift:

> „Es gibt ein Bild von Klee, das Angelus Novus heißt. Ein Engel ist darauf dargestellt, der aussieht, als wäre er im Begriff, sich von etwas zu entfernen, worauf er starrt. Seine Augen sind aufgerissen, sein Mund steht offen und seine Flügel sind ausgespannt. Der Engel der Geschichte muß so aussehen." (GS.Bd.I/2 697).

Daß Wenders diese Sätze verschweigt, heißt jedoch keineswegs, daß er das darin beschriebene Bild dem Zuschauer völlig vorenthält. Es gibt ein Bild von Wenders, das „Damiel folgt ganz gebannt der Darbietung" (HüB 80f.) heißt. Ein Engel ist darauf dargestellt, der aussieht, als wäre er nun allerdings im Begriff, sich auf etwas zuzubewegen, worauf er starrt. Seine Augen sind aufgerissen, sein Mund ist leicht geöffnet. Der Engel des Films muß so aussehen. Bei Benjamin heißt es weiter:

> „Er hat das Antlitz der Vergangenheit zugewendet. Wo eine Kette von Begebenheiten vor uns erscheint, da sieht *er* eine einzige Katastrophe, die unablässig Trümmer auf Trümmer häuft und sie ihm vor die Füße schleudert. Er möchte wohl verweilen, die Toten wecken und das Zerschlagene zusammenfügen. Aber ein Sturm weht vom Paradiese her, der sich in seinen Flügeln verfangen hat und so stark ist, daß der Engel sie nicht mehr schließen kann. Dieser Sturm treibt ihn unaufhaltsam in die Zukunft, der er den Rücken kehrt, während der Trümmerhaufen zum Himmel wächst. Das, was wir den Fortschritt nennen, ist dieser Sturm." (GS.Bd.I/2 697f.).

Während sich der Beschreibung des Angelus Novus zunächst die Figur des Damiel unter leichten Variationen relativ problemlos annähern läßt, so entspricht der anschließenden Deutung doch eher die Figur Cassiels, der an der Seite Homers dessen schreckliche Erinnerungsbilder des zerstörten Berlins verfolgt (HüB 58), oder der, während einer Autofahrt durch die Geschichte der Stadt, Aufräumungsarbeiten nach einem Bombenangriff im Jahr 1945 wahrnimmt (HüB 63). Bei einem Sprung von der Siegessäule (HüB 95), den Sprung eines Selbstmörders wiederholend, gewahrt Cassiel blitzlichtartig nahezu gleichzeitig die Schreckensbilder sowohl des gegenwärtigen Berlins als auch diejenigen einer Bombennacht, der das Berlin des zweiten Weltkrieges ausgesetzt war. Als unsterblicher und scheinbar allwissender Engel vermag er diesen Schreckensbildern nicht zu entkommen.

Ein Filmbild dieser Sequenz (HüB 95) entspricht dem voraussichtlichen Vor-Bild des Angelus Novus, wie es Paul Klee gemalt hat, in noch überzeugenderer Weise als dasjenige, das den staunenden Damiel im Zirkus zeigt (HüB 81). Die Siegessäule erscheint in diesem Bild dann sogar als ein dritter Aspekt von Benjamins Engel der Geschichte, nämlich als derjenige Engel, dessen Flügel sich offensichtlich „nicht mehr schließen". Teilt sich also Benjamins „Engel der Geschichte", der der Deutung von Klees „Angelus Novus" entwachsen ist, in einer abermaligen Deutung durch Wenders und Handke in eine Vielzahl von Aspekten auf, die aufeinander zurückzuführen sind? Die genaue Anzahl der Aspekte läßt sich letztlich gar nicht bestimmen, denn zahlreiche Engel, wie auch als solche benannte ehemalige Engel, sind im Film zu sehen. Die umständliche Verfolgung nur einer von vielen Fährten, die der Film auslegt, zeigt sich als ein Gang, der, indem er scheinbar aus dem Film herausführt, den Gang des Films gerade dadurch beschreibt: Erst über den Umweg der Benjaminschen Beschreibung und Deutung von Paul Klees Tuschfederzeichnung, die der Film, abgesehen von einem nur spärlichen Hinweis, völlig ausspart, läßt sich eine Beziehung zwischen ihr und dem Film erkennen. Diese Beziehung ist streng genommen negativ, denn das

Bild bleibt auch nach der Verfolgung der im Film angelegten Spuren solange außen vor, solange der Rezipient nicht die zusätzliche Bemühung unternimmt, sich das Bild selbst, beziehungsweise eine Reproduktion des Bildes, vor Augen zu führen.[339] Das Bild von Paul Klee ist für den Film ein dialektisches „Bild der Bilder", das sich der Repräsentation entzieht.

Im Film wird das Bild und sein Besitzer lediglich genannt, im Filmbuch verweist ein Kommentar auf eine Deutung des Bildes durch seinen Besitzer, hinter der Sprache der Beschreibung und Deutung Benjamins verschwindet das Bild Klees bereits. Die Bilder im Film von Wenders zeigen allerdings anstelle von Benjamins Beschreibung und Deutung ein nur spurenhaftes Echo des im Film eigentlich unsichtbaren Vor-Bildes von Paul Klee. Die Darstellung von Klees Bild wie von Benjamins Beschreibung verläuft also unter mehrfach getrennten Aspekten. Die kurze Bemerkung über Klees Bild im Film verweist auf eine Kette von Verdoppelungen desselben durch Kommentare und Deutungen, die zugleich seine „Verwandlung und Bergung" (Cézanne) in andere Kunstmedien, wie Literatur und Film bewirken. Gesetzt den Fall, der „Angelus Novus" von Paul Klee starrte auf seine Ausleger Benjamin, Handke und Wenders, er wäre in der Tat „im Begriff, sich von etwas zu entfernen, worauf er starrt." Dennoch, geben Wenders und Handke nicht gerade dadurch eine Um-Schreibung des Bildes, indem das Bild bewußt nicht beschrieben wird? Auch die Deutung des Bildes von Benjamin erfährt eine Um-Schreibung, denn im Film gelingt es immerhin einem Aspekt des Engels der Geschichte, sich von der Ohnmacht seiner Abwesenheit zu befreien, allerdings nur im Tausch gegen eine beständig gerinnende Anwesenheit.

Deutlich als Parallele zum bereits bekannten komplizenhaften Erzähler, der im Text „Die Lehre der Sainte-Victoire" konstituiert wird – als teils komplementäre Erzählfigur (Handke und Sorger, gemeinsam im Abstand gegenüber einem Bild Cézannes: Handke erzählt von seiner Realität und von der Fiktion Sorgers im Zusammenhang mit Sorgers vermeintlichem Vor-Bild), und als teils supplementäre Erzählfigur (Sorger als in Handke einverwandelt: zugleich anwesend und abwesend) –, erscheint hier eine Konstellation, die diesmal von einem Klee-„Aquarell" ausgeht und nun im Film im Spannungsfeld von Realität und Fiktion verwirklicht wird.

Der Engel, der sich von seinen Interpreten entfernt, ist nach seiner Entdeckung als deutliche Markierung einer Poetik Handkes zu verstehen, die sich, wie auch der Engel, „der Vergangenheit zugewendet" hat. Paul Klees „Angelus Novus" wird auch hier nicht gezeigt, sondern disloziert auf die Pole eines zur Anwesenheit drängenden Engels Damiel und eines in der Abwesenheit verbleibenden Engels Cassiel. Abermals ergeben beide zusammengenommen erst die stringente Möglichkeit, auf das ihnen zugrunde liegende dialektische Bild schließen zu können. Die bereits durch Walter Benjamin zum dialektischen Bild erwählte Tuschfederzeichnung ereignet sich zunächst auch im Film, wie bei Benjamin, allein an dem von Benjamin dafür vorge-

---

[339] Eine farbige Abbildung der Tuschfederzeichnung findet sich in dem „Wegweiser durch die Ausstellung der Berliner Festspiele im Martin-Gropius-Bau 12.Januar bis 26.April 1992 : Jüdische Lebenswelten. Jüdisches Denken und Glauben, Leben und Arbeiten in den Kulturen der Welt." Berlin 1992. S.77. The Israel Museum in Jerusalem besitzt das Original. Im Ausstellungskatalog: GegenwartEwigkeit. Spuren des Transzendenten in der Kunst unserer Zeit. Stuttgart 1990, herausgegeben von Wieland Schmied in Zusammenarbeit mit Jürgen Schilling, wird das Bild auf S.36 reproduziert mit der Angabe:
 „Paul Klee, Angelus Novus, 1920, schwarze Tinte, farbige Kreide, braun laviert auf Papier, 32,2x24,3 cm, The Israel Museum, Jerusalem (vormals im Besitz von Walter Benjamin, später Fania und Gerschom Scholem)."

sehenen Ort: in der Sprache. Der Film, der für Benjamin als „Übungsinstrument" gilt, für eine „Rezeption in der Zerstreuung, die sich mit wachsendem Nachdruck auf allen Gebieten der Kunst bemerkbar macht und das Symptom von tiefgreifenden Veränderungen der Apperzeption ist" (GS.Bd.I/2 505), wird nun auch von Handke und Wenders in den Dienst einer noch immer und dabei beständig zu wandelnden Wahrnehmungsweise gestellt.

Anstelle einer ebenfalls von Benjamin gesehenen Vernichtung des Originals durch die Reproduktion tritt auch hier vorzugsweise ein Entzug des Originals in Kraft, der gerade aber nicht seine Vernichtung, sondern seine „Verwandlung und Bergung" bedeutet. Gerade die durch Techniken der Reproduktion dem Verlust geweihten Originale werden dadurch in ihrer „Echtheit" bewahrt. Das Kunstprodukt, das dann massenweise hervortreten kann, präsentiert weder das Original noch repräsentiert es dasselbe, sondern es sind allein Spuren des Originals, die sich dadurch in gewisser Weise als Spuren wiederum selbst zu einem neuen ‚Original' zusammensetzen.

Wenn Homer am Ende des zweiten Aktes im Film vom „Engel der Erzählung" (HüB 60) spricht, so tut er dies im Rahmen einer inzwischen nicht mehr üblichen Musenanrufung, die sich auch als Rätsel lesen läßt, dessen Lösung in der Auffindung eben dieses Engels der Erzählung bestünde. Während Homer selbst bereits das Ideal eines Geschichtenerzählers im Film verkörpert, ist es der körperlose Cassiel, der ihm sozusagen als idealer Geschichtsschreiber zur Seite steht.[340] Cassiel vermerkt etwa, für den Zuschauer als Akt deutlich erkennbar, aber vom Inhalt her verborgen bleibend, auf einer Stadtrundfahrt durch die Geschichte der Stadt, äußerst rege das von ihm vernommene Elend in einem kleinen Notizbuch (HüB 63). Auch sein Sprung von der Siegessäule, die den Namen „Victoria" (HüB 54) trägt, ist als Sprung in die Geschichte lesbar, ohne daß dieser als ein Eingriff in die Geschichte erscheint. Ein solcher Eingriff Cassiels in die Geschichte kommt in der Fortsetzung des Filmes zur Darstellung, die Wenders unter dem auf Benjamins Definition der Aura anspielenden Titel „In weiter Ferne, so nah!"[341] 1993 in die Kinos gebracht hat.

Die Verschränkung von Stimme und Schrift, wie sie der Film „Der Himmel über Berlin" bereits zu Beginn thematisiert, wird im weiteren zumindest von zwei Engeln

---

[340] Während Wilhelm im Film „Falsche Bewegung" im Gegensatz zur Textvorlage Handkes am Ende doch nicht als schreibend gezeigt wird, sondern in der Version von Wenders sogar abschließend über das Filmende hinaus zu erstarren scheint in einem romantisch-erhabenen Vorbild Caspar David Friedrichs, zeigt der Film „Der Himmel über Berlin" gegenüber einem solchen Scheitern von Geschichtsschreibung gleich zu Beginn die Hand eines zunächst anonymen Schreibers, der sich letztlich aber als der menschgewordene Engel Damiel herausstellt. Allein Damiel eignet nun ein ganz anderer Blick als ihn sich sein Freund Cassiel bewahrt, dadurch, daß er Engel bleibt. Homer zuguterletzt ist im Film für den aus der Tiefe der Zeiten anhebenden stimmhaften „Singsang" der Geschichtsüberlieferung zuständig:
„GEDANKENSTIMME HOMER: Die Welt scheint zu verdämmern, doch ich erzähle, wie am Anfang, in meinem Singsang, der mich aufrechterhält, durch die Erzählung verschont von den Wirren der Jetztzeit und geschont für die Zukunft." (HüB 56).
Homer ergänzt das widersprüchliche Paar, das aus einem realen und einem idealen Geschichtsschreiber, aus Damiel und Cassiel, aus Mensch und Engel besteht – sein Name ermöglicht gleichzeitig auch den Rückbezug auf einen Kontext, auf den im Filmtext „Falsche Bewegung" durch den Namen Laertes, eine in Homers Dichtung bereits vorkommende Gestalt, verwiesen wird. Es zeigt sich, daß der Film „Der Himmel über Berlin" die Problematik des Films „Falsche Bewegung" weiter aus- und fortführt.

[341] Da dieser Film diesmal nicht unter Mitarbeit Handkes entstanden ist, werden sich im Rahmen dieser an Handke orientierten Lektüren im folgenden auch nur einige wenige Andeutungen auf diese Fortsetzung finden.

der Erzählung getragen, einem Engel der Stimme und einem Engel der Schrift. Die Bedeutung von Homer und Cassiel wird durch die Schlußsequenz noch einmal hervorgehoben: Während Cassiel stumm und „etwas traurig auf dem Flügel des Siegesengels sitzt" (HüB 169) und dabei „die Stimme des Alten" (HüB 169) hört, geht Homer spazieren „in der Köthener Straße, Richtung Mauer" (HüB 169). Seine Gedankenstimme bildet die letzten hörbaren Worte des Films:

> „Nennt mir die Männer und Frauen und Kinder, die mich suchen werden, mich ihren Erzähler, Vorsänger und Tonangeber, weil sie mich brauchen, wie sonst nichts auf der Welt." (HüB 169).

Beziehen sich nicht die Schlußbilder des Films, die das Verschwinden eines Erzählers, wie seine Unverzichtbarkeit thematisieren, auf Aussagen Benjamins:

> „Der Erzähler – so vertraut uns der Name klingt – ist uns in seiner lebendigen Wirksamkeit keineswegs durchaus gegenwärtig. Er ist uns etwas bereits Entferntes und weiter noch sich Entferndes." (GS.Bd.II/2 438).

Analog zur Anknüpfung des Filmes an ein im Film selbst unsichtbares Bild von Paul Klee findet sich im Film auch eine Spur Kafkas, ohne daß sie sich darin finden läßt. Nur das Filmbuch berührt sich mit der Erzählkunst Kafkas, wenn es als einen Text, der in der Staatsbibliothek gelesen wird, einen Auszug aus „Die Aeroplane in Brescia"[342] ohne Quellenangabe präsentiert, der im Film aber noch nicht einmal als Gedankenstimme zu hören, geschweige denn als Text zu lesen ist. Auch der Erzähler Kafka also „ist uns etwas bereits Entferntes", oder ist er doch noch: „In weiter Ferne, so nah!"?

Zugleich affiziert und affizierbar von einer historischen Betrachtungsweise erscheint im Film alles faktisch Sichtbare. Wie die Statisten während der Dreharbei-

---

[342] Der Abschnitt: „Fünfter Lesender" (HüB 23f.) zitiert aus: Franz Kafka: Die Aeroplane in Brescia. In: Max Brod: Über Franz Kafka. Frankfurt a.M. 1974. S.363:

„Was ist denn los? Wir drängen uns durch. Aber da steht ja auf dem Felde, ganz nahe, mit wirklicher gelblicher Farbe ein kleiner Aeroplan, den man zum Fliegen vorbereitet. Nun sehen wir auch den Hangar Blériots, neben ihm den seines Schülers Leblanc, sie sind auf dem Felde selbst aufgebaut. An einem der zwei Flügel des Apparats gelehnt steht, gleich erkannt, Blériot und schaut, den Kopf fest auf dem Halse, seinen Mechanikern in die Finger, wie sie am Motor arbeiten.

Auf dieser Kleinigkeit will er in die Luft? Da haben es zum Beispiel die Leute auf dem Wasser leichter. Die können zuerst in Pfützen üben, dann in Teichen, dann in Flüssen, und erst viel später wagen sie sich aufs Meer, für diesen hier gibt es nur ein Meer."

Der Film enthält darüber hinaus zahlreiche unausgewiesene Selbst-Zitate aus dem Text von Peter Handke: Das Gewicht der Welt:

„Als ob man sich manchmal bücken müßte zum Weiterleben." (GdW 9)/(HüB 41);

„Vor dem Fotoautomaten auf ein Foto warten; dann käme ein Foto mit einem andern Gesicht heraus – so finge eine Geschichte an" (GdW 14)/ „Vor einem Fotoautomaten warten, und dann kommt ein Foto mit einem anderen Gesicht heraus ... so könnte eine Geschichte anfangen." (HüB 46);

„Ein Kind hat den Wunsch, auf einer Insel zu leben"; „Eine Frau, machtvoll allein" (GdW 20)/ „Als ich ein Kind war, wollte ich auf einer Insel leben." „Eine Frau allein, machtvoll (...)" (HüB 44);

„Manchmal ergreift mich ein Wohlgefühl – wie wenn sich im Innern meines Körpers sanft eine Hand schließt" (GdW 110)/ „Da ist wieder, mein Wohlgefühl. Wie wenn im Innern meines Körpers sich sanft eine Hand schließt." (HüB 115);

„»Die lindernde Zeit« – wenn aber diese selber die Krankheit ist?" (GdW 129)/ „Die Zeit wird alles heilen ... aber was ist, wenn die Zeit selbst die Krankheit ist?" (HüB 41);

„»Ich könnte nicht sagen, wer ich bin, ich habe nicht die geringste Ahnung von mir: ich bin jemand ohne Herkunft, ohne Geschichte, ohne Land, und darauf bestehe ich!«" (GdW 151)/ „Ich könnte nicht sagen, wer ich bin. Ich hab' nicht die geringste Ahnung von mir. Ich bin jemand ohne Herkunft, ... ohne Land, und darauf bestehe ich!" (HüB 144).

ten des Filmes im Film auf ihren Einsatz noch warten müssen, so wartet auch manches Bauwerk, sei es nun ein Denkmal oder eine der zahlreichen fensterlosen Hauswände (Brandmauern), auf den Einsatz einer historisierenden Imagination oder Projektion des Kinobesuchers. Die Statisten, die während der Dreharbeiten im Bunker auf ihren Auftritt warten, werden aber auch von dem ebenfalls noch in Wartestellung befindlichen und deshalb auch für die Statisten noch unsichtbaren Damiel beobachtet.

Ein Bild, das das Filmbuch abbildet (HüB 70), zeigt ihn, gemeinsam mit einer Darstellerin einer Jüdin, die Peter Falk kurz darauf zeichnen wird, an eine Bunkerwand angelehnt. Auf ganz andere Weise erscheint sie schon hier als gezeichnet, durch den an ihrer Kleidung angebrachten Judenstern. Besonders bemerkenswert an diesem Bild ist, daß neben der anwesenden Statistin, die gezeichnet durch ein Symbol erscheint, das im Dritten Reich den Tod bedeutet hat, ein abwesender Engel zu sehen ist, dessen Halbprofil ein mit Kreide auf die Bunkerwand gezeichnetes Symbol zum Teil verdeckt, das aussieht, wie ein auf dem Kopf stehendes A.

Friedrich Weinreb erläutert in seinem Text „Buchstaben des Lebens" genau dieses Zeichen als eine altertümliche Hieroglyphe, aus der letztlich auch unser Buchstabe A entstanden sein soll.[343] Ursprünglich symbolisierte diese Hieroglyphe das >Haupt des Stieres< mit seinen Hörnern, das zunächst auch noch dem hebräischen Anfangsbuchstaben Aleph als Bild beigeordnet blieb. Zur weiteren Bedeutung dieses Zeichens im Judentum bemerkt Weinreb:

> „Nach der Rechnung der biblischen Zeit, so wie sie im Judentum geläufig ist, leben wir jetzt im Jahre 5739. Astrologisch betrachtet, müßte dann unsere Welt mit dem Tierkreiszeichen »Stier« begonnen haben – genauer: als bereits rund 700 »Jahre des Stiers« verstrichen waren. (...) »Wir geraten jetzt tatsächlich in Bereiche tiefster Geheimnisse. Ja, dort ist das Haus Gottes. Denn dieser Stier, der aus tiefster Weisheit dem ersten sich zeigenden Zeichen den Namen gibt, hat eben ein grundlegendes Geheimnis. Nur Haupt und Teil des Rumpfes sind sichtbar. Er wird aus der Mutter geboren. So erfahren wir ihn, mit seinem Hinterteil immer verborgen. Nur zwei seiner Teile sind uns zugänglich. Sein letztes Drittel und seine Herkunft bleiben ein Rätsel. Das ist auch der Grund, warum dieses erste Zeichen, dieser erste Ruf aus dem Jenseits, aus dem Nichts, nicht artikuliert werden kann. Aleph schweigt."(BdL 27).

Es sind in ihrer Stummheit dem hebräischen Zeichen Aleph entsprechende Bilder, die von Damiel und der Darstellerin einer Jüdin einer Szene vorausgehen, in der Peter Falk dieselbe Darstellerin zeichnen wird, und in der dann auch während des Zeichnens seine Assoziationen zum „Judenstern" zu hören sind. Das hier aber durch Damiel halbverdeckte und damit fragmentierte Stierkopf-Zeichen steht somit auch in einem Verhältnis zu der im Zusammenhang mit dem Film im Film bereits zitierten Äußerung Adornos, derzufolge die Kunst als Spiel „ihren Schein zu entsühnen" (ÄT 64) sucht. Weinreb schreibt über die Bedeutung des Zeichens für den >Kopf des Stieres<, die es im Hebräischen angenommen hat:

> „Der Stier ist das Zeichen, womit diese unsere Welt anfängt, aber der Stier ist doch auch der, welcher die besondere Beziehung zum Roten hat." (BdL 26).

In seiner Beziehung zum Roten ist nun der Stier alles andere als ein Zeichen unbekümmerten Anfangens. Weinreb wie auch Scholem äußern sich zum Kapitel 19 des 4.Buches Moses. Scholem schreibt:

---

[343] Friedrich Weinreb: Buchstaben des Lebens. Freiburg i.Br. 1979. S.81. Im folgenden: *BdL*.

> „In einem anderen Zusammenhang, nämlich bei den Vorschriften der Tora über die rote Kuh, deren mit Wasser vermischte Asche zur Entsühnung der durch Berührung mit Leichen Verunreinigten dient (Num.19), ist das Rot wohl als Farbe des Bluts gedacht, das für die Tora an nicht wenigen Stellen der Träger der Seele, d.h. des Lebens ist." (FuS 110).

Die beiden aus der »jüdischen Tradition« zitierten Zeichen stehen also in diesen Bildern des Films möglicherweise im denkbar größten Gegensatz, während der Judenstern im Kontext des Dritten Reiches den Tod bedeutet hat, kann das auf dem Kopf stehende A den Träger des Lebens bedeuten, das hier allerdings auch schon als durch Entsühnung bedingtes erscheint. Ist es nicht gerade der Gedanke der Entsühnung, der hier also die somit evozierten Gegensätze auch wieder verbinden soll?[344] Bei Weinreb heißt es mehr auf den Charakter des Aleph als auf die Bedeutung der Farbe Rot bezogen:

> „Spricht die Thora nicht auch von der Bedeutung der roten Kuh, von der vollkommen roten Kuh, an der kein Härchen eine andere Farbe hat? (4.Buch Moses, Kap.19). Und die Asche dieser roten Kuh entsündigt den Menschen. Ist nicht auch die Sünde im Leben wie das Sprechen im Schweigen?" (BdL 27).[345]

Schweigend greifen also Wenders und Handke die Frage der Entsühnung im Rahmen einer alten Tradition auf, die bezeichnenderweise die jüdische ist, auf die sich implizit auch Emmanuel Lévinas beruft, bei seiner philosophischen Bestimmung der Subjektivität des Subjekts als „Sühne":

> „Verwundbarkeit, Ausgesetztsein der Beleidigung, der Verletzung – Passivität, die passiver ist als jede Geduld, Passivität des Akkusativs, des Anklagefalls, Trauma einer Anklage, unter der eine Geisel bis hin zur Verfolgung zu leiden hat, Infragestellung der Identität [in] der Geisel, die an die Stelle der Anderen gesetzt wird: *Sich* – Niederlegung oder Niederlage der Identität des *Ich*. Genau das ist, radikal gedacht, die Sensibilität. In diesem Sinne Sensibilität als die Subjektivität des Subjekts. Stellvertretung für den Anderen – der Eine an der Stelle des Anderen – Sühne." (JdS 50).

Was Lévinas damit zu denken aufgibt, entfernt sich bereits erheblich von der Konzeption transzendentaler Subjektivität, wie sie sein einstiger Lehrer Husserl entworfen hat.[346] Lévinas steht in dieser Hinsicht Benjamin nah, wenn er die Subjektivität des Subjekts bewußt eher paradox als transzendental abgesichert denkt. Derrida hat Lévinas' erstes Hauptwerk „Totalité et Infini" in einer Weise kritisiert, die Lévinas

---

[344] An anderer Stelle bemerkt Weinreb über das Alef:
„Das eigentliche Alef birgt eigentlich ein tiefes Geheimnis. Es spricht von den zur Harmonie gekommenen Gegensätzen, es ist das Grundprinzip aller Buchstaben; alle Buchstaben fangen gewissermaßen mit dem Zeichen Alef an, gehen aus ihm hervor."
Friedrich Weinreb: Einführung in die hebräische Sprache. Zürich 1968. S.10.

[345] Weinreb betont immer wieder die Bedeutung des Schweigens in der »jüdischen Tradition«. Die von Wenders dargestellte Fragmentierung eines für das Hebräische grundlegenden Zeichens spielt einerseits auf die weiterhin bestehende Bedeutung dieses Zeichens hin, andererseits aber auf die unheilbare Wunde, die der »jüdischen Tradition« durch »Auschwitz« zugefügt wurde. Weinreb bemerkt:
„Das Alef in seiner Unaussprechlichkeit deutet an, daß die bunte erscheinende Welt zur Grundlage eigentlich das Schweigen hat. Das Alef ist keinesfalls das A, das es als griechisches Alpha geworden ist. Es ist stumm."
Friedrich Weinreb: Wunder der Zeichen – Wunder der Sprache. Vom Sinn und Geheimnis der Buchstaben. Bern 1979. S.28.

[346] Vgl. Rudolf Süsske: Abschied von der Intentionalität. Bemerkungen zum Verhältnis von E. Lévinas zur Phänomenologie Husserls. In: Michael Mayer, Markus Hentschel (Hg.): Parabel. Bd.12.: Lévinas. Zur Möglichkeit einer prophetischen Philosophie. Gießen 1990. S.101-118.
Über das Verhältnis von Husserl und Lévinas gibt auch Jacques Derrida Auskunft in seinem Aufsatz „Gewalt und Metaphysik. Essay über das Denken Emmanuel Levinas'". (SD 121-235). Besonders S.180ff.

offenbar dazu bewegt hat, sich implizit in seinem zweiten Hauptwerk „Autrement qu'être ou au-delà de l'essence" wiederum mit Derridas Kritik so auseinanderzusetzen, daß sein Diskurs nicht länger den Eindruck erwecken kann, er impliziere ein vorgängiges Seinsverständnis. Derridas frühe Kritik an Lévinas lautet:

> „Genauso wie er sich implizit auf phänomenologische Evidenzen gegen die Phänomenologie berufen mußte, ist Levinas fortwährend gezwungen, das Denken oder das Vorverständnis des Seins in seinem Diskurs vorauszusetzen und zu praktizieren, obgleich er ihn gegen die »Ontologie« richtet." (SD 215).

Anders als für Husserl steht für Lévinas die Vermeidung von Paradoxien nicht als oberstes Kriterium zur Erlangung von Wissenschaftlichkeit von vornherein fest.[347] Im Kontext dekonstruktivistischer Philosophie ist eine Rückkehr zu der von Husserl noch geforderten „Ursprungsklärung", die ohne Beziehung zu einem transzendentalen Ego nicht denkbar ist, nicht mehr zu erreichen. Die Konzeption einer „Epiphanie des Antlitzes"[348] steht im Denken von Lévinas im Rahmen eines „Humanismus des anderen Menschen",[349] also im Dienste einer Subjektdezentrierung, die den Menschen dennoch im Blick behält.

An dieser Stelle läßt sich auch noch einmal an Handkes Berührung mit Celans Poetik des Anderen erinnern, mit der sich auch Lévinas beschäftigt hat.[350] Das Zeichen von mythischer Herkunft, das Damiel an dieser Stelle auch noch fast verdeckt, ist ein solches, das bestenfalls einem Schriftforscher oder einem Engel geläufig sein dürfte. Der vermutlich von Damiel geschriebene Text, der am Filmanfang erscheint, ist dagegen deutlich in der gegenwärtig üblichen Schrift geschrieben und dadurch auch lesbar in unserer Zeit. Was dem Zuschauer an dieser Stelle als selbstverständlich erscheint, ist aber längst nicht selbstverständlich zu nennen für die Schrift eines Engels. Ein solcher könnte sich wohl jeder beliebigen Schrift bedienen, gleich welcher Kultur entstammend, wenn nicht gar einer Schrift, der durchaus auch auf Anhieb nichts zu entsprechen brauchte. Der Film verfolgt an dieser Stelle Spuren der Sprachgeschichte auf eine Weise, die an Paul Celans gewissenhaften Umgang mit der Sprache denken läßt, wie ihn Gerhart Baumann immer wieder beschreibt:

> „Er widersetzte sich der Vergeßlichkeit der Umgangssprache und versuchte die einander ablösenden Bedeutungen eines Worts aufzufächern, die vielfältigen Schattierungen und Abwandlungen unverkürzt einzubringen, verjährte, verdeckte und noch unentdeckte."[351]

---

[347] Edmund Husserl bemerkt dazu:
„In Wahrheit sind Wissenschaften, die Paradoxien haben, die mit Grundbegriffen operieren, die nicht aus der Arbeit der Ursprungsklärung und Kritik geschaffen sind, überhaupt keine Wissenschaften, sondern bei aller ingeniösen Leistung bloß theoretische Techniken."
Edmund Husserl: Formale und transzendentale Logik. Tübingen 2.Aufl. 1981. S.161.

[348] Vgl. Abschnitt III: Das Antlitz und die Exteriorität. In: Emmanuel Lévinas: Totalität und Unendlichkeit – Versuch über die Exteriorität. Aus dem Französischen von Wolfgang Nikolaus Krewani. Freiburg i.Br. – München 1987. S.267-365. (Originaltitel: Emmanuel Lévinas: Totalité et Infini – Essay sur l'Extériorité. Den Haag 1961). Im folgenden: *TU*.

[349] Emmanuel Lévinas: Humanismus des anderen Menschen. Aus dem Französischen von Ludwig Wenzler. Hamburg 1989. (Originaltitel: Emmanuel Lévinas: Humanisme de l'autre homme. Montpellier 1972).

[350] Emmanuel Lévinas: Eigennamen. Meditationen über Sprache und Literatur. Textauswahl und Nachwort von Felix Philipp Ingold. Aus dem Französischen von Frank Miething. München – Wien 1988. Darin: Vom Sein zum Anderen – Paul Celan. S.56-66. (Originaltitel: Emmanuel Lévinas: Noms Propres. Montpellier 1976 und Sur Maurice Blanchot. Montpellier 1975).

[351] Gerhart Baumann: Erinnerungen an Paul Celan. Frankfurt a.M. 1992. S.34.

Das Sprechen im Schweigen auf „die Sünde im Leben" zu beziehen, hat in der jüdischen Überlieferung eine lange Tradition, in die sich nicht nur Celan hineinbegibt, indem er diese im Spannungsfeld von Klage und Anklage, Eingedenken und Entsühnung ausgerechnet in deutscher Sprache evoziert. Handke und Wenders reihen sich ebenfalls ein in eine Bemühung, der es letztlich um mehr geht, als allein innerhalb der Kunst deren Schein im Spiel zu entsühnen.

Eine mögliche Verbindung im Sinne jüdischer Überlieferung zwischen der Bedeutung des Stierzeichens und der damit zusammenhängenden Farbsymbolik läßt sich darüber hinaus im Film „Der Himmel über Berlin" entdecken. Die Gegenüberstellung eines Bildes ausgerechnet von Barnett Newman, das nicht nur der jüdischen Farbmystik verpflichtet erscheint, sondern auch noch den Titel „Adam" trägt, mit einem Farbbild des Filmes aus einer Szene, in der abschließend Marion und Damiel sich schweigend umarmen, kann sie stiften (HüB 164). Wie Adam ist Damiel in gewisser Weise Mensch des Anfangs, und wie Damiel und Cassiel bereits als Figuren der Umschreibung einer Tuschfederzeichnung von Paul Klee erscheinen, so erscheint Damiel nun noch, diesmal gemeinsam mit Marion, als eine Um-Schreibung eines Gemäldes von Barnett Newman, das im Original in der Tate Galery in London zu sehen ist. Julian Heynen beschreibt und interpretiert dieses Bild:

> „Im Nähertreten geschieht zweierlei: Das Bildformat (243x202 cm) wächst über den Rand des Gesichtsfeldes hinaus, das vorher noch überschaubare Tafelbild wird in seiner Über-Lebens-Größe bewußt; kurz vor der Leinwand ist es weder zu übersehen noch von einer normalgroßen Person mit der Spanne der Arme zu umfassen. Damit werden zweitens die vielen Unregelmäßigkeiten und Details des Farbauftrags sichtbar; der Betrachter sucht nach ihnen, um der (sic! Korrektur des Druckfehlers: den;T.H.) verlorenen Eindruck der Homogenität durch anderes zu ersetzen wie auch um sich auf der großen, nicht mehr überschauten Fläche zu orientieren. (BNT 200)."[352]

Nicht nur die Farben, mit denen Barnett Newman sein Bild „Adam" gemalt hat, entsprechen hier den Farben der Kleidungsstücke von Damiel und Marion, sondern ebenso die vertikale Anordnung des Bildes ist vergleichbar mit der Umarmung des stehenden Paares.[353] Diese Umarmung wirkt dann wie eine Inszenierung der Bejahung einer Seinserfahrung vor dem Hintergrund vollkommener Seinsverlassenheit, wenn man sich an dieser Stelle des Films nach wie vor den filmischen Versuch eines Eingedenkens der Opfer der Shoah vor Augen hält: Gerade dadurch wirkt diese Umarmung aber auch wie die Inszenierung einer Umschreibung des Verhältnisses der

---

[352] „Diese Spuren des handwerklichen Vorgangs, die zuerst angesichts der strengen, ‚geometrischen' Bildstruktur wie Ausrutscher, wie Ungeschicklichkeiten des Malers aussehen, zerstören den Eindruck eines fertigen, perfekten Bildes. Das an abstrakten Bildern konstruktivistischer Art geschulte Auge empfindet die willkürlichen Spuren des Malprozesses als unsauber; sie wirken fremd in der Konzeption einer solchen rationalistisch scheinenden Malerei. (...) Weiterhin ergeben sich bei solch einer nahen Betrachtungsweise des Bildes auf der großen Fläche, die man nicht nur mit den Augen ab'wandert' immer wieder Bilder im Bild." (BNT 201).

[353] „Adam als Chiffre für die aufrechte Statur des Menschen, der sich dadurch von seiner tierischen Umwelt unterscheidet, und damit gleichzeitig als Hinweis auf das menschliche Selbstbewußtsein, das sich in dieser physischen Tatsache auf einfache aber grundlegende Weise ausdrückt. Newman war in den biblischen Erzählungen, der biblischen Bilder- und Denkwelt zu Hause; ‚Adam' bot sich ihm als Erläuterungsversuch für diese basale Selbsterfahrung, die weitgehend im Unartikulierbaren der Körperempfindung und ihrer Relation zum Denken bleibt, an. In seinen Schriften hat er den gleichen Begriff 'Adam' benutzt, um die ursprüngliche Seinserfahrung des Menschen als ästhetische zu kennzeichnen, sie in engste Beziehung zur Kunst zu setzen." (BNT 202).

nicht umarmbaren Bilder Barnett Newmans zu ihrem Bedeuten, hier dargestellt als konkret gewordene Umarmung, die unmittelbar eine Nähe und ein Gefühl von Nähe evoziert, das philosophisch so einfach nicht mehr darzustellen ist.[354] Lyotard erläutert anhand der Serie „Stations of the Cross":

> „Die hebräische Version der Passion: die Versöhnung der Existenz (und damit des Todes) mit der Bedeutung hat nicht stattgefunden. Der Messias, der Sinnträger, läßt immer noch auf sich warten. Die einzige, aber nie gehörte „Antwort" auf die Frage des Verlassenen ist nicht: *Wisse warum*, sondern *Sei*." (Au 155f.).

Damiel ist im Film die längste Zeit ein Engel gewesen. Indem er aber Marion umarmt, wird er erneut einem Engel vergleichbar, dann nämlich, wenn sich die Filmbilder einem Bild Barnett Newmans verbunden zeigen und wenn zugleich Lyotard recht hat mit der Bemerkung:

> „Ein Bild Newmans ist ein Engel. Es verkündet nichts, es ist selbst die Verkündigung." (Au 143).[355]

Es sind nur wenige Szenen, in denen der Film Farbe bekennt, doch es scheint so, als gelte es neben der Differenz von Schwarz-Weiß-Bildern und Farbbildern nun auch noch die Differenz der einzelnen Farben untereinander zu bemerken.

So schreibt Gerschom Scholem zu den Farben, die die Farben des Newman-Bildes „Adam" wie die der Kleider Damiels und Marions sind, daß das hebräische Wort für Rot auch die bräunliche Hautfarbe des Menschen bezeichnen kann:

> „Dasselbe Wort kann azurblau und schwarzblau bedeuten, das blutige Rot auch die bräunliche Hautfarbe des Menschen, die braune des Pferdes und das Gelbbraun der Linsen." (FuS 100).

---

[354] Lévinas sieht die Identität des Individuums und mehr noch die Verbindung zweier solcher Identitäten als nicht abbildbar an:

> „In der Erfahrung ist alles, wenn man will, bildhaft, außer der Identität der Individuen, die über den Augenblicken der Bilder steht. Sie kann nur als *gemeinte* sein." (S.266).

> „Das Unmittelbare der Berührung ist in der Tat kein räumliches Aneinandergrenzen, das für einen Dritten sichtbar wäre und bedeutend durch die „Synthesis des Verstandes". Die Nähe ist *durch sich selbst* Bedeutung. Das Subjekt ist in die Erschlossenheit der Intentionalität und der Sicht hineingegangen. Die Orientierung des Subjekts auf das Objekt hat sich in Nähe verwandelt, das Intentionale ist Ethik geworden (ohne an dieser Stelle etwas Moralisches anzuzeigen)." (S.274f.).

> „Die Nähe ist keine Intentionalität. Einer Sache nahe sein heißt nicht, sie sich erschließen und die so „entdeckte" intendieren; es heißt nicht einmal, im „signitive Denken", das sei intendiert, durch die Anschauung „erfüllen" und ihm immer einen Sinn verleihen, den das Subjekt in sich trägt. Sich nähern, das heißt, den *Nächsten* berühren, sich dem Anderen nähern, und zwar jenseits der Gegebenheiten, die in der Erkenntnis auf Distanz apprehendiert werden. Dieser Umschwung vom Gegebenen zum Nächsten, von der Vorstellung zum Kontakt, vom Wissen zur Ethik, ist Antlitz und menschliche Haut." (S.292f.).

Emmanuel Lévinas: Sprache und Nähe. In: Die Spur des Anderen. Untersuchungen zur Phänomenologie und Sozialphilosophie. Aus dem Französischen von Wolfgang Nikolaus Krewani. Freiburg i.Br. – München 2.Aufl. 1987. S.266, S.274f. und S.292f. (Originaltitel des Buches, in dem sich der Aufsatz findet: Emmanuel Lévinas: En découvrant l'existence avec Husserl et Heidegger. Paris 4.Aufl. 1982).

Emil Kettering sieht in der Dimension der Nähe den entscheidenden Zugang zum Denken Martin Heideggers.

Emil Kettering: NÄHE. Das Denken Martin Heideggers. Pfullingen 1987.

[355] Julian Heynen spricht zwar nicht von botschaftsloser Verkündigung, aber ein Bild Newmans stellt auch seiner Ansicht nach als Gegenüber nur noch eine abstrakte und kontrastreiche Möglichkeit zur Selbsterfahrung dar:

> „In diesem Gegenüber findet man keine formale Analogie zum eigenen Körper mehr; das Bild reflektiert den Betrachter als einen schlechthin anderen. Selbsterfahrung stellt sich hier nicht durch Analogie, sondern durch Kontrast ein." (BNT 203).

Nach jüdischer Tradition steht der Name Adam auch in einer Beziehung zum Zeichen Aleph, von dessen Vorläufer diese Überlegungen ihren Ausgang nahmen, Adam selbst ist schließlich der Name eines Vorläufers:

> „Mit dem Zeichen Aleph öffnet sich die Reihe der hebräischen (ausschließlich konsonantischen) Buchstaben. Aus ihm wurde das griechische Alpha. Der griechischen Tradition zufolge brachte einst ein Kadmos die Zeichen aus Phoenizien nach Griechenland. Kadmos kommt aber vom Worte kedem und kadmon, was »Osten«, aber auch »früher«, »vorher« bedeutet, so daß Kadmos »der Frühere«, »der Vorherige« heißt. Man spricht in der jüdischen Mystik, der Kabbala, vom Adam Kadmon, und das bedeutet einfach »der Adam, der vorher ist«." (BdL 26).

Was Weinreb hier über Adam sagt, ist im Hinblick auf Damiel schon hervorgetreten im Zusammenhang mit der ersten Szene des Films, die sich als der Moment herausgestellt hat, in dem er für seine Person Geschichte schreibt. Ist Damiel nicht dort auch „»der Adam, der vorher ist«" und nimmt es nun eigentlich noch Wunder, daß der Text, den er zu Beginn schreibt, mit einem „A" beginnt, jenem Buchstaben unseres Alphabets, der sich letztlich in den beschriebenen Anfängen verliert.

Wenn Damiel alias Adam am Schluß des Films seine Menschwerdung schreibend besiegelt, dann ist es die Schriftsprache der Gegenwart, die er schreibt. Nicht nur, wie etwa Adam Kadmon oder auch wie Prometheus es getan haben sollen, wird er diese seine Schrift den Menschen bringen, sondern nun bringt die Schrift der Menschen auch ihn allererst mit hervor. Die Frage ist abschließend, ob sein Schreiben dem Zeichen an der Bunkerwand zufolge nun nicht mehr nur im Zeichen der Schuld bereits geschriebener Geschichte geschieht, sondern ebenso im Zeichen der Entsühnung.

Für die Schrift, die am Filmanfang zu sehen ist, gilt, daß sie, – allerdings erst in der Wiederholung -, neben der Möglichkeit als Schrift vor der Schrift gelesen zu werden, also konkret als sichtbare Schrift eines Schreibers, der an dieser Stelle noch gar nicht sichtbar schreiben kann, auch als Anfang nach dem Ende lesbar wird, der mit dem Anfang vor dem Anfang nun zusammenfällt.

5.3 Metaphysische Plätze in Filmen von Wenders und Cocteau – In weiter Ferne, so nah!

Das Gemälde „Der Liebesgesang" (oder auch „Das Lied der Liebe") von de Chirico aus dem Jahre 1914 ist mit Cocteaus Film „Orphée" aus dem Jahre 1949 in einer Weise assoziierbar, die für das Verfahren des Films „Der Himmel über Berlin" bereits als beispielhaft anzusehen ist. Der Film Cocteaus gibt jedoch noch nicht einmal eine verbale Spur zu erkennen, die Verbindung zu dem Gemälde scheint noch assoziativer als die Verbindung zu der Tuschfederzeichnung Klees im Film von Wenders, denn sie führt zunächst nur über den vergleichenden Blick auf die dargestellten Motive. Dies ist dann zwar ähnlich dem Verhältnis des Films „Der Himmel über Berlin" zum Gemälde „Adam" von Barnett Newmann, nur sehr viel konkreter, weil es eine Übereinstimmung der dargestellten Gegenstände gibt. Ein glänzender roter Gummihandschuh erscheint plastisch auf dem Gemälde de Chiricos. Im Film „Orphée" ist es ein Paar von Gummihandschuhen, das dort dem um seine tote Frau Eurydice trauernden Dichter Orphée ermöglicht, zu ihr zu gelangen. In einer Sammlung von Aphorismen aus dem Jahre 1928 mit dem Titel „Le Mystère Laïc" äußert sich Cocteau über de Chiricos Bilder:

„Chirico nous montre la réalité en la dépaysant. C'est un dépaysagiste. Les circonstances étonnantes où il place une bâtisse, un oeuf, un gant de caoutchouc, une tête de plâtre, ôtent la housse de l'habitude, les font tomber du ciel comme une aéronaute chez les sauvages et leur confèrent l'importance d'une divinité."356

Mittels der Gummihandschuhe wird im Film dem Dichter Orphée die Würde einer Gottheit verliehen. Sie erlauben ihm das Menschenunmögliche, nämlich Eurydice aus dem Reich der Toten zurückzuholen. Es scheint so, als wäre das Gemälde „Der Liebesgesang" zum Ausgangspunkt einer eigenwilligen Interpretation des antiken Orpheusmythos geworden, wobei der Liebesgesang der Antike zurücktritt hinter einem Paar geheimnisvoller Gummihandschuhe, gewöhnliche Gummihandschuhe, die, indem sie übergezogen werden zur Durchschreitung eines Spiegels, den Überzug der Gewohnheit lüften. Die Bilder von de Chirico und Klee sowie von Newman erscheinen somit zunächst als die unbewegten Beweger der beiden Filme von Cocteau und Wenders, indem sie nicht erscheinen. Ein Bilderverbot, das selbst durch Bilder ausgesprochen ebenso eingehalten wie durchbrochen ist.

Henri Alekan ist der Name des Kameramanns, der sowohl für Cocteau als auch für Wenders gearbeitet hat. Die jeweils ersten Bilder, die die beiden Regisseure ihm je in einem Film verdanken, sind auffälligerweise jeweils Bilder einer Schrift. Alekan drehte für Cocteau zwar nicht den Film „Orphée", wenige Jahre zuvor aber den Film „La Belle et la Bête".357 Schon der Beginn des Films von Wenders erinnert vermutlich zugleich an diese beiden Filme Cocteaus. Einmal ist es Damiel, der – indem er auf der Ruine des Turmes der Kaiser-Wilhelm-Gedächtniskirche in Berlin steht – auch die Schlußszenen von „Orphée" ins Gedächtnis ruft, die vergleichbar zwischen den Fassaden ausgebombter Häuser spielen. Zuvor erinnern die Anfangsbilder der schreibenden Hand an die ersten Bilder des Films „La Belle et la Bête", die einen handschriftlichen Text von Cocteau zeigen, der mit den Worten schließt:

„(...) laissez moi
vous dire quatre mots magiques,
véritable „Sésame ouvre toi" de
l'enfance:
il était une fois..." (BB 15)358

---

356 Jean Cocteau: Oeuvres complètes. Lausanne 1951. Band X. S.32. (Dt.Übers. von „Le Mystère Laïc": Jean Cocteau: Das Weltliche Geheimnis. Aus dem Französischen von Friedhelm Kemp. In: Jean Cocteau: Werkausgabe in zwölf Bänden. Band 9: Das Berufsgeheimnis. Kritische Poesie I. Frankfurt a.M. 1988. S. 202/ 205:
„Chirico zeigt uns die Wirklichkeit, indem er sie uns entfremdet. Ein Maler befremdender Landschaften, ein dépaysagiste. Die erstaunlichen Umstände, unter denen er ein Gebäude, ein Ei, einen Gummihandschuh, einen Gipskopf zusammenbringt, lüften den Überzug der Gewohnheit, lassen sie vom Himmel fallen wie einen Luftschiffer unter die Wilden und verleihen ihnen die Würde einer Gottheit.").

357 Jean Cocteau: La Belle et la Bête. Nantes 1975. (Dt.Übers.: Jean Cocteau: Werkausgabe in zwölf Bänden. Band 8. Filme. Frankfurt a.M. 1988. Darin: Die Schöne und das Tier. Aus dem Französischen von Sigrid Vagt. S.71-173). Im folgenden: *BB*.
Vor dem Film „Der Himmel über Berlin" war Alekan bereits als Kameramann bei Wenders engagiert: im Film „Der Stand der Dinge" aus dem Jahre 1982. Im Film „In weiter Ferne, so nah!" hat Alekan als Zirkusdirektor sogar eine kleine Rolle als Schauspieler und ein Schiff trägt seinen leicht abgewandelten Namen: „Alekahn" (sic!).

358 (Dt.Übers. A.a.O. S.75:
„(...) lassen Sie mich Ihnen drei Zauberworte sagen, das wahre »Sesam öffne dich« der Kindheit· ES WAR EINMAL...").

> „Es war einmal,
> und also wird es sein" (HüB 167).

Dies lassen demgegenüber Handke und Wenders ihren sterblich gewordenen Engel verkünden, kurz bevor das von seiner Stimme Berichtete mit Bildern unterlegt wird, die zeigen, wie das Gesagte zugleich von der Handschrift Damiels begleitet wird. Ist dieses Schriftbild nicht dann auch gleichzeitiges „Begleitbild" seines Sterbens, von dem Damiel im Film spricht (HüB 167), wie auch seines Geborenwerdens? Die Schrift selbst beginnt zu schwanken zwischen ihrem zerstörerisch-mythischen und schöpferisch-märchenhaften Charakter, und gerade in diesem Schwanken erscheint die bewegte Zeichnung einer Lebenslinie als Möglichkeit. Das mythisch Gegebene der Schrift ist es, das nicht zuletzt die märchenhaft erscheinende Verwirklichung seiner Person ermöglicht. Inwieweit der Film den Mythos der Schrift anklingen läßt, ist bereits mit einem partiellen Blick auf das Phönizische und das Hebräische gezeigt worden, um auf eine Öffnung des Films auch auf eine Geschichte der Schrift hinzuweisen. Der letzte Satz, den Damiel nun sichtbar im Film niederschreibt und dabei verliest, lautet:

> „Ich weiss jetzt was kein Engel weiss." (HüB 168).

Ein Satz, in dem die Differenz von Schreiber und Sprecher, aber auch die von Schreiber und Schrift in dem ersten Wort „Ich" dadurch zusammenfällt, daß Schreiben und Sprechen synchron geschieht; ein Satz, der darüber hinaus eine Identität suggeriert zwischen einem Wissenden und einem Gewußten, das durch die Negation „was kein Engel weiss" keineswegs schon bestimmt ist. Schließlich täuscht das Wort „jetzt" einen Zusammenfall von „Es war einmal,/ und also wird es sein" zumindest vor. Dieser Satz verbindet abschließend all die Komponenten, deren Verbindung der Film zuvor in Frage gestellt hat, und diese In-Frage-Stellung ist es, die letztlich die doch noch in dieser Aussage verbliebenen Brüche im selben Moment wieder sichtbar werden läßt. Vor allem ist es ein Bild, das den, der hier „Ich" sagen und schreiben kann, nach wie vor bewahrt vor einer falschen Illusion von Identität. Das von Damiel angesprochene Bild unterscheidet sich deutlich von jedem erscheinenden Bild der Schrift und könnte doch deren Bedingung sein. Damiel berichtet von diesem in sich widersprüchlichen Bild, das ebenso identitätsstiftende wie identitätsverweigernde Eigenschaften besitzt:

> „Ich bin zusammen.
> Kein sterbliches Kind
> wurde gezeugt,
> sondern ein unsterbliches
> gemeinsames Bild.
> Ich habe in dieser Nacht
> das Staunen gelernt.
> Sie hat mich heimgeholt,
> und ich habe
> heimgefunden.
> Es war einmal.
> Es war einmal,
> und also wird es sein.
> Das Bild, das wir gezeugt haben,
> wird das Begleitbild
> meines Sterbens sein.
> Ich werde darin gelebt haben." (HüB 167).

Wie steht es aber um das Glück der Sterblichen, das Damiel mit Marion gefunden zu haben scheint? Auch die Vergänglichkeit dieses Glückes soll sich aufheben lassen in einem Bild. Der Weg bis zur Wiederkehr dieses Bildes im Begleitbild des Sterbens wird dadurch zur eigentlichen Arbeit am Glück. Soll eine Vision der Ferne dem individuellen Leben zumindest einen ästhetischen Sinn verleihen? Wie möglicherweise ein Bild unsichtbar den Film in Bewegung setzte, so erscheint auch Damiel bewegt durch die Fixierung eines unsichtbaren Erinnerungsbildes, das somit über keinen erkennbaren ästhetischen Wert verfügen kann.

> „Die Ferne ist nur radikal, wenn das Begehren nicht das Vermögen hat, das Begehrenswerte vorwegzunehmen, wenn es das Begehrenswerte nicht im vorhinein denkt, wenn es auf Gutglück auf es zugeht, d.h., wenn es auf es zugeht wie auf eine absolute, nicht vorwegnehmbare Andersheit, wie auf den Tod. Das Begehren ist absolut, wenn das Seiende, das begehrt, sterblich und das Begehrte unsichtbar ist." (TU 37).

Das Begehren Damiels erscheint somit nach den Worten von Emmanuel Lévinas als ein absolutes. Das Begleitbild des Sterbens ist nach den Worten Damiels selbst unsterblich. Obwohl es im Leben gezeugt wurde, wird es sich erst unmittelbar vor dem Tode gezeigt haben. Dem absoluten Begehren entsprechend dürfte es jedoch keineswegs als konkretes Bild, weder dem Lebenden noch dem Sterbenden, noch dem Gestorbenen je erschienen sein. Dennoch wird Damiel, seinen Worten zufolge, darin einmal gelebt haben. Mit dem Begleitbild seines Sterbens spricht Damiel offensichtlich keinen direkten ästhetischen Vorgang an, sondern eher jenen Schematismus des dialektischen Bildes, dem er gemeinsam mit Cassiel als Kunstfigur auf unscheinbare Weise selbst entsprungen ist. In der Fortsetzung des Films, im Film „In weiter Ferne, so nah!" bleibt zwar das dialektische Bild des „Angelus Novus" dem Film auch weiterhin transzendent, jedoch haben Marion und Damiel dann bereits mehr als ein gemeinsames Bild gezeugt, sie haben eine Tochter. Damit hat Damiels anfängliche Suche nach der Kindheit eine weitere Erfüllung gefunden, die ebenfalls im Denken von Lévinas eine wichtige Rolle spielt:

> „Insofern ein Suchen nach dem Kind, „à la fois autre et moi-même" der erotischen Beziehung je schon eingezeichnet ist oder sich in ihr abzeichnet, vollzieht sie sich – auch – als eine Bewegung der *Transzendenz* und ist sie auf jenes Begehren hin geöffnet, das Levinas im Sinne des nicht zur Ruhe kommenden Engagements der Verantwortung für den anderen Menschen als die ursprüngliche „Gestalt" von Sprache beschreibt und dem allein er die Bezeichnung „Désir"[359] (oder „bonté") reserviert. In der im Erotischen angelegten Dimension der Fruchtbarkeit „erfüllt" sich die Beziehung zum Anderen über die wesentliche Intimität und Nicht-Sozialität des Erotischen hinaus darin, daß sie neues Begehren (im Sinne des Engagements für das Gute: „Désir") aus sich entläßt oder im eigentlichen Sinne zeugt: „L'autre que le Désir désire, est encore Désir, la transcendance transcende vers celui qui transcende". Auf diese Weise sucht Levinas das ambivalente erotische Verhältnis, wo er es am tiefsten bedenkt, auf das ethische hin transparent zu machen. In der Zeugung neuen Lebens, und das heißt auch oder zuerst: neuer Güte, eines neuen Anstoßes zur Güte, läuft die erotische mit der ethischen Bewegung zusammen, scheint im Erotischen das Ethische auf." (PdS 417).

Das Denken von Emmanuel Lévinas wird an dieser Stelle bedeutsam gerade für die Problematik ethischer Darstellungsweisen im Film, denn sein Gedanke einer „Epiphanie des Antlitzes als Antlitz" (TU 103) korrespondiert mit bereits vorgestellten Thesen Walter Benjamins in fruchtbarer Weise. „Antlitz" ist für Lévinas ein Titel, „in dem sich gerade ein Seiendes in seiner Person darstellt" (TU 201). Die „Epiphanie des

---

[359] Vgl. den englischen Titel des Films „Der Himmel über Berlin": „The Wings of Desire" und den französischen Titel „Les Aisles du Désir".

Antlitzes als Antlitz" läßt sich, an Benjamins Denken gemessen, auch als eine Restitution der Aura begreifen, als eine sich den Begriffen der Metaphysik immer wieder aufs Neue entziehende Erscheinungsweise eines Gegenübers, an der sich in einer paradox bleibenden Dialektik der Film „Der Himmel über Berlin" versucht, wenn in überdimensionalen Nahaufnahmen ein „Von-Angesicht-zu-Angesicht" (TU 109) zwischen Marion und Damiel in einer Bar stattfindet. Der Monolog Marions beschreibt nicht zuletzt auch eine Ethik des Augenblicks, eine Ethik der Jetztzeit:

> „Wir zwei sind jetzt mehr als nur zwei.
> Wir verkörpern etwas.
> Wir sitzen auf dem Platz des Volkes, und der ganze
> Platz ist voll von Leuten, die sich dasselbe wünschen
> wie wir.
> Wir bestimmen das Spiel für alle!
> Ich bin bereit.
> Nun bist du dran.
> Du hast das Spiel in der Hand.
> Jetzt oder nie." (HüB 162).

Nach Lévinas wäre die ethische Rede Marions ohne „die Offenbarung des Anderen" (TU 99), also ohne die persönliche Erscheinung Damiels (als Antlitz) unmöglich gewesen:

> „Nur im Rahmen dieser Offenbarung kann sich die Sprache als System von Zeichen konstituieren. Der angerufene Andere ist kein Vorgestelltes, kein Gegebenes, kein Besonderes, das sich von einer Seite her schon der Verallgemeinerung anbietet. Weit davon entfernt, Universalität und Allgemeinheit vorauszusetzen, macht die Sprache sie allererst möglich. (...) Rede also, die nicht der Ablauf einer vorfabrizierten internen Logik ist, sondern Konstitution der Wahrheit in einem Kampf zwischen Denkern mit allen Unsicherheiten, die die Freiheit mit sich bringt! (...) Also ist die Rede Erfahrung von etwas absolut Fremden, reine 'Erkenntnis' oder 'Erfahrung', *Trauma des Staunens*." (TU 99f.).

Lévinas und mit ihm der Film, beide reduzieren ein bei Benjamin stärker kollektiv bedeutsames Phänomen des Staunens [„Das Staunen darüber, daß die Dinge, die *wir* erleben, im zwanzigsten Jahrhundert >noch< möglich sind, ist kein philosophisches" (GS. Bd.I/2 697) (Unterstreichung von mir; T.H.)] auf ein philosophisch ebenfalls nur schwer verständliches Maß individueller Erfahrbarkeit. Weder wird aber damit ein kollektives Erwachen im Sinne Benjamins verunmöglicht noch vollzieht sich dadurch schon ein Rückzug ins Unpolitische. Schließlich ist auch für Benjamin das Erwachen „der exemplarische Fall des Erinnerns (...), in dem es uns gelingt, des Nächsten, Naheliegensten (des Ich) uns zu erinnern." (PW 1057). Wohlgemerkt muß das bei Benjamin eingeklammerte Ich genauso noch erweckt oder erinnert werden wie dies bei Lévinas der Fall ist: Aber auch das Denken von Lévinas versteht sich als Sozialphilosophie und keineswegs als Rückzug ins Private, das es weder voraussetzt noch irgendwie anstrebt.

Wenders und Handke teilen das Staunen Benjamins über den Geschichtsverlauf im zwanzigsten Jahrhundert. Ihre methodische Anlehnung an Benjamin ist bereits eine ethische, die am Ende des Films auch einmal modifiziert als „das Staunen über den Mann und die Frau" (HüB 167) in einem ethischen Sprechen zur Geltung kommt, das sich nun an der Konzeption von Lévinas messen läßt. Wiemer erläutert diese unter der Überschrift „Was heißt „langage éthique"? in Abgrenzung zu Derrida und Kristeva:

> „Es geht für Levinas keineswegs um den Aufweis dessen, daß das Gesagte nichts anderes sei als der unendliche Prozeß des immer wieder anderen Meinens einer Bedeutung, der aber niemals ein Bedeu-

tetes erreichen kann. Die durch die „écriture" von „Autrement qu'être" inszenierten Veränderungen laufen nicht allein auf Verschiebungen in der Kette der Signifikanten hinaus, vielmehr auf die Rückversetzung des Gesagten in die ersten und konkretesten Umstände seines Gesagtwerdens, in die bedingungslose Ausgesetztheit an den Anderen. Die im Text von „Autrement qu'être" beobachteten Veränderungen oder Verschiebungen logischer Strukturen weisen sämtlich zurück auf diese Situation der Ausgesetztheit, der Einschreibung des Anderen im Selben oder der Verkettung oder Verstrickung („intrigue") des Anderen mit dem Selben, des Unendlichen mit dem Endlichen, und sie bezeugen den ethischen Charakter dieser sprachgründenden Verstrickung. Re-Inskription also weniger in andere Signifikantenketten als in die Verkettung mit dem Anderen und dem Unendlichen (...)." (PdS 226f.).

Damiel bekennt sich im Angesicht Marions auch einmal schweigend zu seinem Zustand des Mangels, den er noch in der Mitte des von ihm umspurten und von Marion zuvor verlassenen Zirkusrunds sitzend zwei Kindern gegenüber auszusprechen vermochte (HüB 146). Bezeugt er gegenüber Marion also auf diese Weise „den ethischen Charakter" einer „sprachgründenden Verstrickung", bezeugt er ihr gegenüber seine „Ausgesetztheit"? Bei Lévinas heißt es, als wäre es ein Kommentar zu Damiels schweigender Erscheinung in dieser Szene:

„Die Nacktheit des Antlitzes ist Blöße, Mangel." (TU 103).

Die filmische Darstellung einer solchen „Epiphanie des Antlitzes" setzt sich unweigerlich der immensen Gefahr eines gleichzeitigen Verlustes des Antlitzes oder der Aura in der Reproduktion aus. Lévinas selbst macht deutlich, daß sich das Antlitz strengenommen nicht darstellen, bestenfalls andeuten läßt:

„Das Antlitz (visage) ist ja nicht etwas, was man unbedingt anschaut. Das Antlitz des Anderen ist nicht primär dasjenige, das man anschaut, sondern dasjenige, das einem befiehlt, das einem begegnet, ein Antlitz, das unglücklich ist. Ich sehe das Antlitz ganz und gar nicht im Zusammenhang einer Dialogsituation! Ganz im Gegenteil hängt alles, die Existenz selbst, mit dem Antlitz des Anderen zusammen, und es geht nicht um eine Art des sensationellen Zusammenkommens mit dem fremden Antlitz. Es gibt keine Offenbarung des Antlitzes! Es ist ja nicht so, daß ich vom Antlitz spreche, einfach weil ich viele Gesichter gesehen habe!" (AdD 52).

Läßt sich demnach zunächst neutral von einer Dialektik des Antlitzes sprechen, die trotz aller stimmhaften Unterstützung durch ein an dieser Stelle des Films durchaus ethisch zu verstehendes Phänomen der Rede, in der nicht geringen Gefahr steht, für den Rezipienten in ebenso unsäglichen Kitsch umzuschlagen? Weil die Wirkung der darzustellenden Aura in der Reproduktion letztlich doch nicht wahrgenommen werden kann, kann auch die moralisch sensibilisierende Wirkung der Rede ausbleiben, und dann im Gegenteil das Kitschempfinden sogar noch steigern. Benjamin hat dem Film eine besondere Rolle auch hinsichtlich des Kitsches zugedacht:

„Die Masse verlangt durchaus vom Kunstwerk (das für sie in der Abflucht der Gebrauchsgegenstände liegt) etwas Wärmendes. Hier ist das nächstzuentzündende Feuer der Haß. Seine Hitze aber beißt oder sengt und gibt nicht den »Komfort des Herzens«, der die Kunst zum Gebrauche qualifiziert. Der Kitsch dagegen ist gar nichts weiter als Kunst mit hundertprozentigem, absolutem und momentanem Gebrauchscharakter. So stehen aber damit Kitsch und Kunst gerade in den konsekrierten Formen des Ausdrucks einander unvereinbar gegenüber. Für werdende, lebendige Formen dagegen gilt, daß [sie] in sich etwas erwärmendes, brauchbares, schließlich beglückendes haben, daß sie dialektisch den »Kitsch« in sich aufnehmen, sich selbst damit der Masse nahebringen und ihn dennoch überwinden können. Dieser Aufgabe ist heute vielleicht allein der Film gewachsen, jedenfalls steht sie ihm am nächsten." (PW 500).

Wie zuvor bereits die Grenze zwischen Dokumentation und Fiktion, erscheint auch hier die Grenze zwischen Kitsch und Erhabenem als in beide Richtungen überschreitbar, besser gesagt: Es ist Angelegenheit des Rezipienten sie allererst zu ziehen und sie zu respektieren oder nicht. In seinem Aufsatz „Das »Erhabene« als ungelöstes Problem der Moderne" schreibt Karl-Heinz Bohrer:

> „Nur wo »Erhabenheit« als Differenz zur normalen egalitären Alltagssprache als »Phantasma« auftritt, ist es ästhetisch überzeugend. Wo es die »Ursprünge« tatsächlich rückgewinnen will, gerät es unweigerlich zum erhabenen Kitsch, das heißt zur Prätention von etwas, das es zu zeigen nicht in der Lage ist: zur mißratenen »Epiphanie«."[360]

Ob die Darstellung einer „Epiphanie des Antlitzes" im Film „Der Himmel über Berlin" mißraten ist, läßt sich vorab gar nicht sagen. Die Absicht auf tatsächliche Rückgewinnung eines »Ursprungs« kann bei dem Versuch einer solchen Darstellung nicht vorausgesetzt werden, da die Konzeption der „Epiphanie des Antlitzes" einer intendierten Ursprungsgewinnung gerade entgegen zu wirken versucht. Ein Kitschempfinden als Zeichen einer „mißratenen »Epiphanie«" kann jederzeit dennoch zustandekommen, wenn es entweder der Darstellung nicht gelingt, absichtslos zu wirken, oder aber wenn der Rezipient voreilig eine Absicht des Films auf eine Rückgewinnung von Ursprüngen unterstellt.

In der anschließenden Szene ist es im Film dann zur Abwechslung einmal Damiels Stimme, die in Gedanken zu erzählen beginnt. Während Damiel Marion bei einer Übung am Vertikalseil assistiert, erscheint ein Zeuge auf der Kinoleinwand, allerdings gegenüber den sonst hier farbigen Bildern „in einer Aura von schwarzweiß" (HüB 165), wie das Filmbuch erläutert. Nicht nur die sprachliche Bezeichnung „Aura" (Benjamin) tritt hier hervor, sondern auch das „wesentlich Ferne", das Cassiel im Film als einziger durchgehend darstellt, ohne es zu verkörpern, zeigt sich in dieser Weise als „einmalige Erscheinung", markiert allein für das Filmpublikum, während Damiel diese Aura nun auch im Gegensatz dazu und im Gegensatz zur vorausgegangenen Szene sichtbar abgelegt hat, um selbst Spuren hinterlassen zu können.

> „Spur und Aura. Die Spur ist Erscheinung einer Nähe, so fern das sein mag, was sie hinterließ. Die Aura ist Erscheinung einer Ferne, so nah das sein mag, was sie hervorruft. In der Spur werden wir der Sache habhaft; in der Aura bemächtigt sie sich unser." (PW 560).

Vielleicht ist auch aufgrund der unweigerlichen Gefahr eines Mißverständnisses der Bar-Szene eine weitere Szene mit diesmal gänzlich anderen Vorzeichen als Kontrastszene nachgestellt. Wird aber dadurch das „Von-Angesicht-zu-Angesicht", das der Film als Erscheinen des Antlitzes in seinem Verschwinden zu zeigen versucht, auch in keiner Weise verständlicher, so wird zumindest offensichtlich eine räumliche Veränderung dargestellt, die als bewegliche Distanz nun auch zwischen Mann und Frau körperlich erscheint. Marions Bewegungen am Vertikalseil und Damiels Stillstand in

---

[360] Karl-Heinz Bohrer: Das absolute Präsens. Die Semantik ästhetischer Zeit. Frankfurt a.M. 1994. S.119f. Christine Pries geht ebenfalls auf das Umschlagsphänomen vom Erhabenen zum Kitsch ein:
> „Das Erhabene ist plural, aber nicht beliebig. Die ‚Doppelung', die jede Konzeption des Erhabenen auszeichnet, läßt zwei Extreme aufeinandertreffen, die nicht unverbunden nebeneinander stehenbleiben, sondern einander angenähert und in ein Verhältnis zueinander gesetzt werden, das beide nicht unberührt läßt (was z.B. erklärt, warum im Erhabenen höchste Feierlichkeit und größte Lächerlichkeit leich ineinander umschlagen). Die reine Negativität der ersten Phase wird relativiert durch die Positivität der zweiten Phase, die jedoch selbst wiederum nicht rein positiv ist. Weder reiner Nihilismus noch reine Selbsterhebung des Subjekts, keine reine Metaphysik und nicht der ‚erhabene Ton' in der Literatur (der heute nur noch wie Kitsch oder hohles Pathos wirkt), sondern das ‚Dazwischen', das vielleicht heute – nach dem Scheitern aller Ideologien – die einzig mögliche kritische Haltung ausmacht, kennzeichnet das Erhabene." (Erh 26).

der Horizontale ergeben gemeinsam eine Art Verkörperung eines dialektischen Bildes inklusive der ihm eingeschriebenen Brüche, wie sie sich bereits im Zusammenhang mit Barnett Newmans Bild „Adam" angedeutet haben, die sich auch mit Lévinas verstehen läßt:

> „Die Liebenden erreichen sich nicht: In der größten Nähe, in der Nähe der leiblichen Berührung, bleibt der geliebte Mensch auf einzigartige Weise entzogen. Die Liebkosung liebkost, als ob sie in der Berührung des unmittelbar Präsenten unablässige Suche bliebe nach dem, was in ihm noch abwesend ist; anhaltende Suche in der Berührung dessen, was ganz „da", aber in seinem „da" noch nicht nah genug ist." (PdS 417f.).

Der Titel der Fortsetzung des Films ist nicht nur im Sinne von Benjamins Konzeption der Aura, sondern auch im Sinne der Konzeption von Verantwortung, wie sie Lévinas vorstellt, Programm: „In weiter Ferne, so nah!"; Das Marion und Damiel gemeinsame Kind deutet weniger auf eine gemeinsame Identität als auf eine gemeinsame Verantwortung, die es zu realisieren gilt:

> „Die *ethische* Obsession durch den Anderen, die mich, bevor ich es mir bewußt machen kann, dazu verurteilt, dazu erwählt, *für* den Anderen zu sein, setzt Levinas gleich mit dem Prozeß der Entstehung von Bedeutung: signification, Dire, l'un-pour-l'autre. Die sich steigernde Betroffenheit durch den anderen Menschen, die sich im Betroffenen auswirkt als ein „Begehren des Nicht-Begehrenswerten" – sie „setzt" das erste Bedeuten und den „Anfang" aller Sprache und führt damit zum Subjekt, aber zu einem Subjekt allein im ethischen Sinne." (PdS 425).

Der Schriftzug „Circus Alekan" (HüB 43/108/141), der wiederholt im Film „Der Himmel über Berlin" aufscheint, umgreift auch die anderen in den Bildern des Films auftauchenden Schriftzüge: Der Film-Bilder-Schrift-Zirkus des Kameramanns Henri Alekan erscheint als metaphysischer Platz der Schrift, wenn die Schrift im Film nicht nur als ein „Begleitbild" des Sterbens Erwähnung findet, sondern ebenso ein „Begleitbild" des Geborenwerdens, des ethischen Geborenwerdens in der Sprache darstellt. Dies geschieht in der Menschwerdung Damiels, die als Fleischwerdung des Wortes vom anfänglich erwähnten Schneidersitz sichtbar wird im verlassenen Zirkusrund.

Die ersten Bilder des Films „Der Himmel über Berlin" zeigen eine Schrift, die gegenüber der ebenfalls von Alekan gefilmten Schrift Cocteaus zu Beginn von „La Belle et la Bête" nicht statisch, sondern in ihrem Entstehen gezeigt wird. Wie auch am Ende des Films, wird die Schrift am Anfang von einer Stimme begleitet. Während am Ende des Films „Der Himmel über Berlin" Marion und Damiel ihre Liebe wenn auch auf ambivalente Weise verkörpern können, ist darin abermals eine Umkehrung eines Motivs aus einem früheren Cocteau-Film zu erkennen, in dem Henri Alekan die Kamera geführt hat. Das Schlußbild aus dem Film „La Belle et la Bête" zeigt die Schöne und das in einen Prinzen verwandelte Tier, wie sie in den Himmel entrückt werden. Das Bild, welches im Film von Handke und Wenders diesem Bild korrespondiert, hat dem Film sogar den Namen gegeben. Das Filmbuch beschreibt die Einstellung:

> „2068.TOTAL, außen, tags (10Sek.)
> Der Himmel über Berlin.
> Wolken" (HüB 55).

Der Himmel über Berlin bleibt in dieser Einstellung aber, abgesehen von den Wolken, leer. Marions und Damiels Märchen ereignet sich auf Erden. Die Totale der Kameraeinstellung und die Unendlichkeit des Himmelsphänomens finden ihre Grenzen nicht nur mit den Grenzen der Kinoleinwand, sondern ebenso wirkt auch die konkrete Ortsbezeichnung „über Berlin" der Unendlichkeit entgegen.

Was Emmanuel Lévinas in seiner Schrift „Totalität und Unendlichkeit" im Kapitel „Der mythische Zuschnitt des Elements" schreibt, erinnert an Stifters sanftes Gesetz, von dem bereits in Handkes Text „Die Lehre der Sainte-Victoire"[361] die Rede ist:

> „(...) die Tatsache, daß das Element über die Ufer der Empfindung tritt, Tatsache, die in der Unbestimmtheit, mit der sich das Element dem Genuß bietet, sichtbar wird, erhält einen zeitlichen Sinn. Im Genuß ist die Qualität nicht Qualität von etwas. Das Feste der Erde, die mich trägt, die Bläue des Himmels über meinem Haupt, der Atem des Windes, die Wellen des Meeres, das Strahlen des Lichts machen sich nicht an einer Substanz fest. Sie kommen von nirgends. Die Tatsache von nirgends zu kommen, von 'etwas', das nicht ist, zu erscheinen, ohne daß etwas erschiene – und folglich *immer zu kommen*, ohne daß ich die Quelle zu *besitzen* vermöchte -, diese Tatsache bringt die Zukunft der Sinnlichkeit und des Genusses." (TU 200f.).

Damiel ist es, der im Film auf dem Siegesengel sitzend, in den Himmel über Berlin blickt. Womöglich ist es dieser Blick, der ihm ebenfalls „die Zukunft der Sinnlichkeit und des Genusses" verspricht, so daß er entgegen Benjamins Angelus Novus nicht mehr nur die Katastrophe vor Augen hat: Diesen Part zu übernehmen, fällt Cassiel zu. Dafür muß Damiel aber ein Antlitz erlangen, sich „selber eine Geschichte erstreiten" (HüB 84). Daneben kommt es im Film aber auf einer anderen Ebene auch zu einem rückwärts gewandten „zeitlichen Sinn", allein durch den filmgeschichtlichen Bezug zu den Filmen Cocteaus. Damiels Problem, sich eine Geschichte und damit ein Antlitz erst erstreiten zu müssen, stellt sich ihm angesichts des Himmels in verstärkender Weise; jedenfalls legt dies eine Äußerung von Lévinas nahe:

> „Durch diese Herkunft von nirgends steht das Element im Gegensatz zu dem, was wir unter dem Titel 'Antlitz' beschreiben, in dem sich gerade ein Seiendes in seiner Person darstellt." (TU 202).

Dieser Darstellung von Seienden in ihrer jeweiligen Person entziehen sich aber womöglich gerade die Schlußbilder von „La Belle et la Bête", indem eine rein märchenhafte Entrückung in den Himmel dargestellt wird, wie sie im Film „Der Himmel über Berlin" deutlich abgehoben von der übrigen Handlung in ähnlicher Weise nur einmal in einer deutlich ausgewiesenen Traumszene von Marion dargestellt ist, in der sich Marion und Damiel schon vor ihrer ersten Begegnung die Hände reichen (HüB 118). Dieser Film beschreibt mit seinen Bildern märchenhafte metaphysische Plätze, die nur noch auf ein Erwachen, nur noch auf eine Verkörperung und Realisation warten, so wie Handke es zuvor schon postuliert hat:

> „Jede metaphysische Wahrnehmung hinterläßt eine Spur und schafft, formuliert einen Weg; die Traumlandkarte gilt immer wieder" (PdW 54).

Nichts anderes dokumentieren aber gerade auch die geschriebenen Zeilen Damiels zu Anfang und am Ende des Films: Die Formulierung eines Weges. „Als das Kind Kind war": Der Anfang des Filmes als schriftlicher Daseinsentwurf Damiels ist ja bereits Erinnerung:

> „Die Schrift setzt das Gesagte in den Stand, statt ein für alle Male gesagt zu sein, in einer virtuell unendlichen semantischen Vielschichtigkeit und zeitlichen Splitterung zu sagen; und zwar deshalb, weil sie es

---

[361] „Stifter gab das ewige Gesetz der Kunst bekanntlich so wieder: »Das Wehen der Luft das Rieseln des Wassers das Wachsen der Getreide das Wogen des Meers das Grünen der Erde das Glänzen des Himmels das Schimmern der Gestirne halte ich für groß... Wir wollen das sanfte Gesetz zu erblicken suchen, wodurch das menschliche Geschlecht geleitet wird.« Dabei ist es dann aber auffällig, daß Stifters Erzählungen fast regelmäßig zu Katastrophen ausarten; ja daß oft schon der bloße Stand der Dinge, ohne dramatische Überstürzung, eine Bedrohung wird." (LSV 74).

> dem Anderen und den Anderen aussetzt, weil das Gesagte als literarischer Text sich angewiesen macht auf die nie abschließbare Lektüre durch den Leser oder die diskontinuierliche Pluralität der Leser, in welcher Lektüre der Text allererst und je neu – aber nie ganz und nie genug zum Text wird. In diesem Sinne ist die Schrift und durch sie die Literatur par exellence die Szene des Anderen." (PdS 303).

Erkennt der Zuschauer die Schrift-Bilder des Films als Vexier-Bilder zwischen Kitsch und Erhabenem, als dialektische Bilder, die auch noch den Kitsch programmatisch umwerten wollen, dann ist es für ihn nur ein kleiner Schritt, sich selbst als den gemeinten Anderen zu begreifen, dem es nicht mehr unmöglich erscheinen muß, das Film-Märchen von der zu übernehmenden Verantwortung auch in seinem eigenen Leben fortzusetzen.

Damit kann der Film als Fortsetzungs-Märchen mehr als nur die imaginäre Fortsetzung von Cocteaus Film-Märchen sein, mehr als nur fortsetzbar in weiteren Filmen von Handke und Wenders, ob sie nun „L'Absence/Die Abwesenheit" oder „In weiter Ferne, ganz nah!" heißen. Handke zitiert in seinem Märchen „Die Abwesenheit" zwar nicht wörtlich die Passage von der Zeugung eines unsterblichen Bildes aus dem Film „Der Himmel über Berlin", jedoch zumindest von einer deutlichen Anlehnung läßt sich sprechen bei der folgenden Textpassage, die auch im Film „L'Absence" zur Geltung kommt, in der der Spieler von seiner ersten Begegnung mit der Frau erzählt:

> „»...In jener Stunde haben wir, Sie und ich, öffentlich ein einmaliges Kind gezeugt.« Die Frau wird darauf fragen: »Was für ein Kind?«, und der Spieler geantwortet haben: »Ein bis heute ungeborenes, vielleicht schon totes, wahrscheinlich lebensunfähiges – ein schwächer und schwächer werdendes Bild.«" (Abw 109).

Hier läßt sich die Betrachtung von unsichtbaren Begleitbildern des Sterbens wieder an den Anfang dieser Studie zurückbinden, wo von ursprungslosen Anfangsbildern im Zusammenhang mit dem Film „L'Absence" bereits die Rede war, von einem dann möglichen Eingedenken jenseits der Repräsentation, wenn es gelingen kann, ein derartiges Bild, von dem der Spieler spricht, wenn schon nicht vor Augen haben zu können, so doch wenigstens in seiner ganzen Widersprüchlichkeit zu erfassen als notwendige Bedingung des Eingedenkens von nicht darstellbaren Ereignissen. „»Ein bis heute ungeborenes, vielleicht schon totes, wahrscheinlich lebensunfähiges – ein schwächer und schwächer werdendes Bild.«": Ein solches Bild mag in seinem ontologischen Status zweifelhaft erscheinen, muß es sogar, um dennoch eine ethische Funktion ausüben zu können. Die Wahrnehmung von Verantwortung gegenüber der kollektiven wie der individuellen Geschichte könnte das Ergebnis sein, sowohl des unphilosophischen »Staunen(s)« Benjamins über den Geschichtsverlauf als auch des »Staunen(s) über den Mann und die Frau«, von dem im Film „Himmel über Berlin" die Rede ist, gerade dort, wo es nicht direkt zur Wahrnehmung sichtbarer Bilder kommt.

5.4 Intertextualität und transversale Vernunft – Handkes ÄsthEthik zwischen Präsemiotik und Metasemiotik

Nach den Lektüren der Texte und Filme Handkes sowie der Filme von Wenders, soweit sie auf Texte Handkes zurückgehen oder sich ihrer bedienen, folgen noch einige abschließende Hinweise, die zusammenfassend das methodenplurale Vorgehen der Lektüren so in den Blick nehmen, daß Übergänge zwischen den einzelnen literaturtheoretischen Ansätzen erkennbar werden. Intertextualität wäre zwar als ethische Dimension in den Texten Peter Handkes auch allein vor dem Hintergrund einer einzigen Theorie erklärbar gewesen, sei es mit der Theorie Kristevas oder Derridas, mit der Benjamins oder Bachtins oder unter Zuhilfenahme der Philosophien von Lévinas oder Lyotard. Die Entscheidung zugunsten eines methodenpluralen Vorgehens in bezug auf eine intertextuell zu untersuchende Pluraralität von Texten hat zwar einen erweiterten Umfang der Lektüren zur Folge gehabt, jedoch in Hinblick auf eine ethische Dimension von Handkes Ästhetik »nach Auschwitz« sollte diese umfassendere Herangehensweise mit ihrer Pluralität von Denkanstößen diesen Umfang rechtfertigen können.

So hat zuletzt die Analyse des Films „Der Himmel über Berlin" von Anfang an deutlich gemacht, daß sich in diesem Film etwa der Blick eines Erzählers nicht mehr aus der nach transzendentaler Vereinheitlichung strebenden phänomenologischen „Wesensschau" erklären läßt. Der im Film „Falsche Bewegung" noch als „Wesensschau" benannte „erotische Blick" zeigt sich, – wenn er sich zwischen intertextuellen Bezügen bewegt –, im Umgang mit den Traditionen der Künste nicht länger als ein auf Wesenheiten zielender präsemiotischer Einheitsblick, sondern als ein „Vielheitsblick" (UpM 244), den Wolfgang Welsch als postmoderne Einstellung nicht nur fordert, sondern etwa bei Lyotard auf vorzügliche Weise realisiert sieht. Welsch beschreibt diese Einstellung zwar nicht im Zusammenhang mit einer Theorie der Intertextualität, es fällt aber nicht schwer, eine Verbindung zu Kristevas Theorie der Pluralität zu erkennen:

„Bei jeder Entscheidung muß man um ihren Setzungscharakter und ihre Ausschlüsse wissen. Es gilt des blinden Flecks im Sehen eingedenk und nicht nur gegen fremde, sondern auch gegen eigene Übergriffe auf der Hut zu sein. Man weiß um die Begrenztheit und Spezifität nicht nur, sondern man rechnet mit ihr, und das heißt vor allem: man urteilt und verurteilt nicht mehr mit dem Pathos der Absolutheit und der Einbildung der Endgültigkeit, sondern man erkennt auch dem anderen mögliche Wahrheit grundsätzlich zu – noch gegen die eigene Entscheidung. Man ist nicht nur prinzipiell davon überzeugt, daß die Lage aus anderer Perspektive sich mit gleichem Recht ganz anders darstellen kann, sondern dieses Bewußtsein geht in die konkrete Entscheidung und Praxis ein – und bewirkt nicht deren Stillstellung, sondern versieht sie mit einem Schuß Vorläufigkeit und einem Gran Leichtigkeit." (UpM 244f.).

Was Welsch als den Rahmen seiner Konzeption von transversaler Vernunft formuliert, zeigt sich direkt im Anschluß in einer analogen Weise zu in den hier vorliegenden Lektüren dargestellten Zusammenhängen der Denkweisen von Benjamin und Lévinas, in der Achtung der Unterliegenden ebenso wie im Rechnen mit Andersheit:

„Eine darauf aufgebaute Handlungswelt ist im einzelnen spezifischer und im ganzen durchlässiger. Sie achtet den Unterliegenden, sie vermutet einen Rechtskern im unrecht Scheinenden, sie rechnet wirklich mit Andersheit. Insgesamt bringt sie mehr Potentialität in die Wirklichkeit ein, oder umgekehrt: Sie lockert die Sperren der Wirklichkeitsauffassung zugunsten der faktischen Potentialität des Wirklichen. Indem sie den Möglichkeitscharakter wahrnimmt, entdeckt sie Alternativen und Öffnungen ins Unbekannte. Sie macht die Erfahrung der Vielheit real. Und läßt das Unbekannte zu." (UpM 245).

Intertextualität, wie sie Kristeva vorstellt, steht hinsichtlich der erkenntnistheoretischen Funktion des Subjekts-im-Prozeß der Sinngebung zwischen den Positionen, einerseits einer präsemiotisch-phänomenologischen Literaturbetrachtung, deren Grundlage noch das Fixum eines einheitsstiftenden transzendentalen Ego bildet und andererseits einer pluralistischen Theorie von differenten Diskursgenres. Diese miteinander noch in Übereinstimmung bringen zu können, kann im Zweifelsfall die Möglichkeiten eines Subjekts übersteigen; wie dies nach Lyotards Theorie des Widerstreits als Konsequenz erscheint. Kristevas Theorie löst sich von dem statischen

Modell einer transzendental bestimmbaren Subjektivität und eröffnet bereits eine Pluralität von Diskurstypen, zwischen denen sich aber immer noch ein >Subjekt-im-Prozeß< Orientierung zu verschaffen vermag. Gegenüber der Dezentrierung des transzendentalen Ego, die für Kristevas Verständnis einer ethischen Textpraxis bereits zentral ist, läuft Lyotards Theorie des Widerstreits Gefahr, zu einer Dezentrierung der Sprache zu gelangen, die in bestimmten Fällen dem Subjekt einen Prozeß zu machen droht, in dem es, wie Manfred Frank kritisiert, selbst nichts mehr zu sagen hat. Welsch sieht darin jedoch eher einen Appell an das Gerechtigkeitsempfinden als ein Manko:

> „Es ist Lyotards Verdienst, den Mechanismus solcher Verabsolutierung sprachphilosophisch durchschaubar und kritisierbar gemacht zu haben. Der postmoderne Pluralismus steigert nicht nur die Gerechtigkeitsprobleme, sondern auch die Gerechtigkeitsansprüche und die Sensibilität gegenüber Ungerechtigkeiten."362

Diese Spannung, die zwischen den Theorien Kristevas und Lyotards besteht, ist auch eine Grundspannung, die durchweg die vorausgegangenen Analysen der Texte Handkes bestimmt. Während es sich bei Kristevas Konzeption von Intertextualität um einen semiotischen Ansatz handelt, ist demgegenüber der Ansatz Lyotards von Renate Lachmann bereits als »metasemiotisch« bezeichnet worden (UdZ 116). Die Suche nach einer Beschreibungsmöglichkeit der Funktion von literarischer Subjektivität in den Texten Peter Handkes hat darüber hinaus zu Konzeptionen von Sprache und Subjektivität bei Lévinas geführt. Wiemer bringt Lévinas mit Kristeva in eine Verbindung, die jedoch von den Ergebnissen der vorliegenden Lektüren zu hinterfragen ist:

> „Vergleichspunkte dieses Ansatzes zur Levinasschen Sprachdeutung bestehen zum einen in der Auffassung der Sprache – bei Kristeva: der textuell erzeugten Sprache – als einer *signifizierenden Praxis* oder genauer: als einer unendlichen Pluralität signifizierender Praktiken, die dem Gesagten jeweils zugrundeliegen, seine konkrete Gestalt bedingen und sie in Bewegung halten. Sie ergeben sich zum anderen aus dem Interesse beider Konzeptionen weniger an den manifesten Ergebnissen von Sprache – *Dit* bei Levinas, *phéno-texte* bei Kristeva – als an den Umständen und dem Prozeß ihrer Entstehung – *Dire* bzw. *géno-texte* – sowie an der Erfassung des nicht linear oder als chronologische Folge beschreibbaren Verhältnisses beider Dimensionen: der Umsetzung des Dire ins Dit, des géno- in den phénotexte, wie der Durchdringung und unablässigen Überformung („surdétermination" heißt es in beiden Entwürfen) des jeweils zweiten durch das erste. (PdS 198)."363

In einer Anmerkung zu ihrem Text „Die Revolution der poetischen Sprache" erläutert Kristeva ihr an Lacan orientiertes Subjektverständnis in einer Weise, die eher eine

---

362 Wolfgang Welsch: »Postmoderne«. Genealogie und Bedeutung eines umstrittenen Begriffs. In: >Postmoderne< oder der Kampf um die Zukunft. Herausgegeben von Peter Kemper. Frankfurt a.M. 1988. S.29. In seinem Buch „Unsere postmoderne Moderne" schreibt Welsch:
„Die Faktizität der Welt – die Heterogenität der Diskursarten – macht eine harmonische Gesamtordnung und damit eine Form durchgängiger Gerechtigkeit unmöglich. Die Gerechtigkeit ist nicht bloß faktisch getrübt, sie ist in der Konstruktion der Wirklichkeit notwendig mit ihrem Gegenteil verbunden. Genau das weist darauf hin, daß Gerechtigkeit eine Idee ist, und macht beides notwendig: sie festzuhalten – aber mit dem Bewußtsein, daß es sich um eine Idee handelt. Man kann und soll ihr zuarbeiten – bündig installieren kann man sie nicht. Es ist leichter Ungerechtigkeit aufzudecken, als Gerechtes zu tun. Nicht das Gute liegt in unserer Hand, sondern das weniger Schlechte. Man kann den Widerstreit nicht aufheben. Aber man kann dafür sorgen, daß seine stillschweigende Tilgung nicht unbemerkt bleibt und daß fortan anders mit ihm umgegangen wird." (UpM 240).

363 Siehe hierzu bei Kristeva: RpS 94-97: „Genotext und Phänotext" und bei Lévinas: JdS 29-34: „Das Sagen und das Gesagte".

Nähe zwischen den Positionen von Kristeva und Lévinas[364] hervorhebt, als deren grundsätzliches Auseinanderdriften in der Frage der Subjektbegründung, wie es Wiemer sieht, wenn sie dort schreibt:

> „(...) das Subjekt konstituiert sich nicht durch den Code, der im Andern ruht, sondern durch die Mitteilung, die es von diesem Anderen empfängt. Erst dann sind alle Voraussetzungen für Sprache (»Sprechen«) gegeben, wenn das Andere sich von jedwedem Partner abhebt und in Signifikant/Signifikat auseinanderfällt (...)" (RpS 238).

Ebensowenig wie in der Lévinasschen Konzeption einer „Epiphanie des Antlitzes" das Subjekt gänzlich aus dem Prozeß der Signifikation herausfallen kann, sondern immer noch – und sei es auch passiver als alle Passivität (JdS 50) – irgendwie da sein muß, um eine unvordenkliche Verantwortung auch übernehmen zu können, ebensowenig entfernt Kristevas Semanalyse das Subjekt ganz aus dem Prozeß der Sinngebung, wenn sie doch im Gegenteil bemüht ist, die ethischen Bedingungen zu klären für ein »Subjekt-im-Prozeß«. Auch Manfred Frank hat gezeigt, daß Lacans Theorie, die Kristevas Theorie in diesem Punkt zugrundeliegt, nicht notwendig den Verlust des Subjekts impliziert (SU 122). Wiemer verkennt daher den ethischen Stellenwert von Kristevas Dekonstruktion des Subjekts in einem nicht unwesentlichen Punkt, und daher hat er das Folgende in Hinblick auf Kristevas ethischen Standpunkt mit Bezug auf das Individuum eher etwas *zu* „verkürzt gesagt":

> „Was Kristevas Ansatz dagegen dezidiert von der Levinasschen Perspektive trennt, liegt, verkürzt gesagt, in Folgendem: Für die Semanalyse präsentiert sich der Text (und absentiert sich, entzieht sich zugleich) als unendliche zirkuläre Bewegung zwischen einer Partizipation an der kommunikativen, Wirklichkeit repräsentierenden Sprache und dem Prozeß ihrer Veränderung, ihrer grammatikalisch-semantischen Umstrukturierung, ihrer unablässigen Verschiebung oder – Erneuerung. Das entscheidende – und unterscheidende – Kennzeichen dieser Bewegung ist, daß sie sich beständig aus sich selber hervorbringt. Sie macht die Instanz eines sinnstiftenden und jeweils sinnverändernden Individuums nicht nur obsolet, sie wird ausdrücklich als „Dekonstruktion" einer solchen Instanz verstanden." (PdS 198f.).

Wiemer teilt somit ein weit verbreitetes Vorurteil gegenüber der Dekonstruktion. Die Gretchenfrage der Postmoderne: »Wo bleibt das Subjekt?« beantwortet schließlich auch Lévinas im Gegensatz zu Kristeva oder Derrida nicht sehr viel traditioneller, wie dann auch Wiemer bemerkt:

> „Gewiß geht Levinas seinerseits von der Unhaltbarkeit einer bestimmten, substanzialistischen oder egologischen Subjektkonzeption aus, seine Kritik aber erfolgt in der Absicht, einen anderen, tieferen Sinn von Subjekt einsichtig zu machen, das Subjekt als Subjekt, als je schon bestimmt vom Anderen und für ihn, als Geisel-für-den-Anderen. Nicht die zirkuläre Verschiebung anonymer Strukturen erzeugt – als Text – ein Bedeuten, der Text des ersten Bedeutens entsteht aus der anarchischen *Verstrickung* des Menschen mit dem Anderen, aus einer Subjektivität „couse de responsabilités"." (PdS 199).

---

[364] Bernard H.F. Taureck hat bereits dazu angeregt, die Denkweisen von Lacan, auf den Kristeva sich hier beruft, und von Lévinas miteinander ins Gespräch zu bringen. Taureck zeigt, daß die Grenze zwischen beiden Denkweisen noch nicht endgültig gezogen ist, wenn er schreibt:
„Gegenüber Lévinas betont Lacan, seine Rede vom »Subjekt« betreffe ausschließlich das Subjekt des Unbewußten, während das philosophische Subjekt der Selbsttransparenz »reine Illusion« darstelle ([Taureck zitiert aus Lacan: Seminar VIII; T.H.] S.435). Vermutlich hätten künftige Vergleiche zwischen der Philosophie Lévinas' und Lacans Theorie besonders vom Seminar VIII zu lernen. Lévinas selber hat neuerdings über die Psychoanalyse bemerkt, er lehne sie ab, sofern der andere in ihr willkürlich zum bloßen »Patienten« herabgesetzt werde. Zugleich räumt er ein, daß die Entdeckung des Unbewußten auch eine vorreflexive Nichtgleichgültigkeit gegenüber dem anderen Menschen besagen könne (Interview mit L.Adert und J.-Chr. Aeschlimann in: *Répondre d'autrui. Emmanuel Lévinas*, hrsg. von J.-Chr. Aeschlimann, Neuchâtel 1989, S.13f.)." (PuP 25f.).

Es erscheint demgegenüber doch sinnvoller, anstelle der künstlichen Annahme eines qualitativen Sprunges zwischen der Dekonstruktion und dem Denken von Lévinas, die sich als Annahme selbst nicht unbedingt begründen läßt, auf einen eingangs zitierten, von Lyotard gemachten Verweis auf „ein Problem des Subjekts bei Kant" (Erh 341f.) zurückzukommen. Nicht als endgültige Lösung des Subjektproblems ist dieser Verweis zu verstehen, sondern als Hinweis auf eine Tradition des Problems selbst, das sich sogar bei einem Pionier des Subjektivitätsdiskurses wie Kant thematisieren läßt. Auch wenn Kant dieses Vorgehen zurückgewiesen hätte, wie Lyotard in seiner „Analytik des Erhabenen" vermutet, läßt sich ein erhebliches Problem des Subjekts bei Kant begründen:

> „(...) die Analyse der transzendentalen Ästhetik der ersten *Kritik* zieht nur das Denken als Erkenntnisvermögen in Betracht. Man kann die These vertreten (hier I, 3-4), daß »Ich denke« für die Ausübung seiner anderen Vermögen, vor allem des Vermögens, Lust und Unlust zu fühlen, das uns hier interessiert, nicht mehr notwendig erforderlich ist. Daß das Denken nicht das »Ich denke« ist und das Subjektive nicht das Subjekt. Und schließlich, daß die Zeit des ästhetischen Gefühls nicht notwendig dieselbe ist wie die der Erkenntnis, der Kognition. Kant scheint für seinen Teil nicht daran zu zweifeln." (AdE 163).

Indem man wie Lyotard die Frage nach der Subjektivität nicht zu entscheiden drängt oder gar zwingt, sondern als Frage zu begreifen versucht, deren Beantwortung sich schon bei Kant nicht zwingen läßt, kann man im Anschluß daran dem Verhältnis dekonstruktivistischer Denker untereinander weit eher gerecht werden, wenn man sich bei Vergleichen auf andere Punkte stützt.[365] Es gibt immer noch Nuancen genug, die jeweilige Unterschiede stiften können.

Wiederholt betont Wiemer, daß es Lévinas in seiner Philosophie nicht um eine Verkettung von Signifikanten untereinander geht, sondern um eine „Verkettung mit dem Anderen und dem Unendlichen" (PdS 227). Sowenig Lévinas im Zusammenhang mit dem Unendlichen ständig vom Erhabenen spricht, sowenig spricht Lyotard in seiner Philosophie ständig von Ethik. Ein weiterführender Vergleich beider Philosophien könnte eine Annäherung an das für Lyotard zentrale Verhältnis von Ethik und Ästhetik erbringen, herkommend von womöglich nur scheinbar entgegengesetzten Polen. Wenn beispielsweise Lévinas an zentraler Stelle von der seinem Verständnis von Subjektivität eingeschriebenen „Niederlage der Identität des Ich" (JdS 50) spricht, spricht er damit nicht zugleich einen Aspekt des erhabenen Gefühls an, um dessen Analyse Lyotards Denken vielfach kreist? Und spricht sich auf der anderen Sei-

---

[365] Jutta Georg-Lauer kennzeichnet Lyotards Absichten bei seinem Rückgriff auf Kants Theorie des Erhabenen:
„Kant hatte – gemäß der Vermittlungsfunktion, die er der ›Kritik der Urteilskraft‹ zwischen der ›Kritik der reinen Vernunft‹ und der ›Kritik der praktischen Vernunft‹, also zwischen Verstand und Vernunft zugewiesen hatte – das Schöne als Verbindung von Einbildungskraft und Verstand bestimmt. Im Gegensatz zur unmittelbaren Lust am Schönen ist das Erhabene ein »gemischtes Gefühl«, das Gefühl des Übergangs zwischen der endlichen Welt (der Einbildungskraft) und dem unendlichen Reich der Ideen (Vernunft). Es ist ein gewaltsamer Übergang – die Einbildungskraft wird von der Vernunft förmlich überrollt –, der um so problematischer wird, je mehr Zweifel an der Vernünftigkeit der Vernunft sich aufdrängen. Daß diese Vernunft auch ›Geschichtszeichen‹ wie Auschwitz und den Gulag hervorgebracht hat, nimmt Lyotard als Anlaß für seine Forderung, daß in der Postmoderne an die Stelle des legitimatorisch-bestimmenden Urteilens das reflektierende Urteilen zu treten habe."
Jutta Georg-Lauer: Das »postmoderne Wissen« und die Dissens-Theorie von Jean-François Lyotard. In: ›Postmoderne‹ oder Der Kampf um die Zukunft. Herausgegeben von Peter Kemper. Frankfurt a.M. 1988. S.189-206. Hier: S.195.

te nicht Lyotard auch immer wieder gegen die Illusion aus, das Gefühl des Erhabenen konstituiere ein Subjekt? Möglicherweise würde auch Lyotard in einer mit dem Gefühl des Erhabenen verbundenen Steigerung der Sensibilität wie Lévinas eine Annäherung an die Subjektivität des Subjekts sehen können. Wovon aber Lyotard offensichtlich Abstand nimmt, das sind Bezeichnungen, die einen transzendentalen Schein auch nur hervorrufen könnten, denn er ist der Auffassung: „wenn der Denkakt das Subjekt betrifft, kann die Kritik des Subjektbegriffs (*notion de sujet*) ebenfalls durch die Reflexion geleistet werden." (AdE 37).

Wenn Lévinas also radikal gedachte Sensibilität auch als „Sühne" bezeichnet, dann sind Hinweise, wie der Wiemers, daß sich das ethische Sprechen von Lévinas keineswegs allein „in der Aktualisierung eines sprachlichen Sondergutes" (PdS 219) zeigt, nicht ganz überflüssig. Vor allem Wiemers hervorragende Analyse des hyperbolischen Sprechens bei Lévinas zeigt auch, wie es stilistische Mittel im Diskurs von Lévinas immer wieder zu erreichen streben, mehr zu sagen als die begriffliche Reflexion allein gestattet. Ein mangelndes Reflexionsniveau ist Lévinas dabei jedoch nicht vorzuwerfen, wie Wiemer erläutert:

„Levinas hat selbst dazu Stellung genommen und dabei die Emphase oder „Hyperbolisierung" geradezu als eine Methode, als einen von ihm bevorzugten Weg der Gedankenverknüpfung bezeichnet und ihm dem Begründen des logischen – architektonischen, arithmetischen, astronomischen – Denkens gegenübergestellt. *Hyperbolisch* vielleicht deshalb, weil die Methode darin besteht, einen Gedanken derart zu steigern, daß er gleichsam über sich selbst hinausgeworfen wird („hyper-bállein") und so in einen neuen Gedanken umschlägt oder erhoben wird, der nicht im ersten enthalten war." (PdS 209).

Ein derartig zu verstehendes hyperbolisches Sprechen ist demnach auch in einer bereits zitierten Passage von Lévinas vorauszusetzen, die hier noch einmal als Beispiel dienen soll, wodurch zugleich auch das Beispiel ethischen Sprechens mit seiner für die vorausgegangenen Lektüren so bedeutsamen Stellungnahme verständlicher werden mag. Die zunächst verwirrende Verschränkung scheinbar gleichgeordneter Ausdrücke müßte also als eine Steigerung zu lesen sein, Subjektivität nimmt ihren Ausgang von einer grundlegenden Verwundbarkeit, von der nur durch mehrere Stadien hindurch der Weg zu einer Fast-schon-nicht-mehr-Bestimmung in der Sühne führt:

„Verwundbarkeit, Ausgesetztsein der Beleidigung, der Verletzung – Passivität, die passiver ist als jede Geduld, Passivität des Akkusativs, des Anklagefalls, Trauma einer Anklage, unter der eine Geisel bis hin zur Verfolgung zu leiden hat, Infragestellung der Identität [in] der Geisel, die an die Stelle der Anderen gesetzt wird: *Sich* – Niederlegung oder Niederlage der Identität des *Ich*. Genau das ist, radikal gedacht, die Sensibilität. In diesem Sinne Sensibilität als die Subjektivität des Subjekts. Stellvertretung für den Anderen – der Eine an der Stelle des Anderen – Sühne." (JdS 50).

Auf diese Schreibweise trifft gewiß auch zu, was Gilles Deleuze hinsichtlich der Schreibweise eines anderen Autors bemerkt hat:

„Das Paradox besteht zunächst darin, den gesunden Menschenverstand als einzige Richtung, als Einbahnstraße, oder einzigen Sinn, dann aber auch den Gemeinsinn als Zuweisung festgelegter Identitäten zu zerstören." (LS 18).

Der entscheidende Unterschied der Schreibweisen, wie sie hier Deleuze beschreibt und der von Emmanuel Lévinas, besteht aber in der „Passivität und Passion des Sagens in der Gestalt eines eingedenkenden Schreibens" (PdS 131), wie Wiemer es Lévinas betreffend nennt. Diese Gestalt eines eingedenkenden Schreibens auch für die Schreibweisen Handkes in Literatur und Film hervorzuheben, ist das gesetzte Ziel der vorliegenden Lektüren. Der Versuch, dabei die Dinge immer wieder zu „packen, wo sie am paradoxesten sind" (Benjamin), ist von Anfang an nicht nur bestimmend für die Lektüren der Texte Handkes, sondern steht ebenso im Dienste einer Analyse seiner Texte, deren hyperbolisches Sprechen ihm bisher häufig als narzißtisch und nicht als ethisch ausgelegt wurde. Aber nicht allein wegen des Autors sind diese Lektüren durchgeführt worden, der beispielsweise von Manfred Durzak als „Narziß auf Abwegen" bezeichnet worden ist. Aus der Sicht von Julia Kristevas Intertextualitätstheorie ist ein Narziß ohnehin immer schon auf Abwegen, die es zu korrigieren gilt. Die vorausgegangenen Lektüren der Texte Handkes zeigen sich nur insoweit an der Person des Autors interessiert, als daß sie der unzuträglichen Unterstellung des Narzißmus intertextuelle Lesarten entgegenhalten, die zeigen, daß sich Handkes Texte nicht nur derartigen Polemiken zu entziehen vermögen. Handkes Texte öffnen sich ethischen Fragestellungen, in denen es keineswegs allein um eine »Neue Subjektivität« geht, vielmehr geht es um die Bedingungen der Möglichkeit einer ethischen Dimension im Rahmen einer Ästhetik »nach Auschwitz«. Bereits in Handkes erstem Roman „Die Hornissen" heißt es vieldeutig:

„»Die Nacht spottet der Beschreibung.«" (Ho 276).

Selbst wenn Handke später im Text „Phantasien der Wiederholung" explizit von einer „Zuneigung zu sich" spricht, so doch in keiner Weise im Dienst bloß narzißtischer Selbstbespiegelung:

„Die Zuneigung zu sich *und* die Selbstkritik erzeugen den befreienden Gedanken" (PdW 19).

Daß zuletzt derart „befreiende Gedanken" im Rahmen einer Ästhetik »nach Auschwitz«, wie sie innerhalb der vorausgegangenen Lektüren der Texte Handkes hervortreten konnte, nicht überzubewerten sind, hat Handke selbst deutlich gemacht:

„Ich denk nie an ein Paradies. Alle Kunstwerke haben nur geschafft, dass es nicht total bestialisch wird, nichts anderes. Dass die große Bestialität, die in uns allen ist, aufgehalten wird, dass ein Riss im Bestiarium verstopft wird." (Zw 102).

Wolfgang Welsch erläutert, wie sich nach Lyotard auch praktisch am „Widerstreit" arbeiten läßt, „indem man in konkreten Fällen ein Idiom zu finden oder auszubilden sich bemüht, in dem er ausgetragen werden kann, wobei es gerade der durch den herrschenden Diskurs in die Sprachlosigkeit gedrängten Partei zur Artikulation zu verhelfen gilt." (UpM 238). Handkes Schreibweise des Eingedenkens läßt sich als eine solche ethische Textpraxis verstehen, die bereits am eingedenkenden „Widerstreit" mit einer solchen Sensibilität arbeitet, auf die auch Lyotards Rückgriff auf den Diskurs des Erhabenen hinzuarbeiten bemüht ist.

„Umsonst ists!
nein!
denn ich liebe die Fremden,
ich muß ihnen nachgehen!"

Das Buch Jirmejahu (Jeremia)
Verdeutscht von Martin Buber
gemeinsam mit Franz Rosenzweig.

ANHANG

Siglenverzeichnis

(weitere Informationen zu angegebenen Titeln: Siehe angegebene Anmerkung [=Zahl in Klammern] und Bibliographie):

A.:	Paul Celan: Atemwende. (283).
Abw.:	Peter Handke: Die Abwesenheit. (29).
AdD.:	Michael Jakob: Aussichten des Denkens. (335).
AdE.:	Jean-François Lyotard: Die Analytik des Erhabenen. (17).
ADM.:	Luc Ferry/Alain Renaut: Antihumanistisches Denken -Gegen die französischen Meisterphilosophen. (46).
ÄdS.:	Karl Heinz Bohrer: Die Ästhetik des Schreckens. (183).
ANL.:	Roland Barthes: Am Nullpunkt der Literatur. (175).
Arn.:	Heinz Ludwig Arnold: Schriftsteller im Gespräch II. (220).
ÄT.:	Theodor W. Adorno: Ästhetische Theorie. (331).
Au.:	Jean-François Lyotard: Der Augenblick, Newman. (235).
AW.:	Peter Handke: Als das Wünschen noch geholfen hat. (234).
ÄW.:	Michail M. Bachtin: Die Ästhetik des Wortes. (216).
BB.:	Jean Cocteau: La Belle et la Bête. (357).
BdL.:	Friedrich Weinreb: Buchstaben des Lebens. (343).
BJ.:	Jean-Paul Sartre: Betrachtungen zur Judenfrage. (179).
BNT.:	Julian Heynen: Barnett Newmans Texte zur Kunst. (224).
BWDR.:	Julia Kristeva: Bachtin, das Wort, der Dialog und der Roman. (12).
CM.:	Jean Clair: Chronos und Mnemosyne. (87).
CP.:	Thomas Sparr: Celans Poetik des hermetischen Gedichts. (291).
Çs.:	Edmond Jabès: Ça suit son cours. (131).
DBB.:	Gilles Deleuze: Das Bewegungs-Bild. Kino 1. (204).
DdS.:	Susan Buck-Morss: Dialektik des Sehens. Walter Benjamin und das Passagen-Werk. (166).
DES.:	Detlef Kremer: Kafka. Die Erotik des Schreibens. (139).
DiW.:	Silvia Bovenschen: Die imaginierte Weiblichkeit. (13).
DK.:	Anton Tschechow: Der Kirschgarten. (158).
DLS.:	Julia Kristeva: Die neuen Leiden der Seele. (233).
DmT.:	Peter Handke: »Durch eine mythische Tür eintreten, wo jegliche Gesetze verschwunden sind«. (242).
DpW.:	Jean-François Lyotard: Das postmoderne Wissen. (9).
DW.:	Jean-François Lyotard: Der Widerstreit. (59).

EgSL.:	Claude Lanzmann: Ihr sollt nicht weinen. Einspruch gegen „Schindlers Liste". (198).
EL.:	Terry Eagleton: Einführung in die Literaturtheorie. (31).
Eng.:	Theodor W. Adorno: Engagement. (170).
Ent.:	Jean-François Lyotard: Der Enthusiasmus – Kants Kritik der Geschichte. (264).
Erh.:	Das Erhabene – Zwischen Grenzerfahrung und Größenwahn. Hg. von Christine Pries. (10).
FB.:	Peter Handke: Falsche Bewegung. (162).
FeH.:	Franz Kafka: Forschungen eines Hundes. (138).
Fl.:	Samuel Beckett: Flötentöne. (26).
FPG.:	Florian Rötzer: Französische Philosophen im Gespräch. (3).
Fr.:	Peter Strasser: Der Freudenstoff. Zu Handke eine Philosophie. (22).
FuS.:	Gerschom Scholem: Farben und ihre Symbolik in der jüdischen Überlieferung und Mystik. (236).
Gbm.:	Erika Tunner: „Ganz bei mir fühle ich mich erst unterwegs". (Peter Handke, L'Absence). (112).
GdB.:	Peter Handke: Die Geschichte des Bleistifts. (307).
GdW.:	Peter Handke: Das Gewicht der Welt. (6).
GPH.:	Georges-Arthur Goldschmidt: Peter Handke. (94).
Gr :	Jacques Derrida: Grammatologie. (23).
GS.Bd.:	Walter Benjamin: Gesammelte Schriften. (1).
GSN.:	Hans-Georg Gadamer: Das Sein und das Nichts. (36).
GV.:	Manfred Frank: Die Grenzen der Verständigung. (57).
HdJ.:	Jean-François Lyotard: Heidegger und „die Juden". (55).
Ho.:	Peter Handke: Die Hornissen. (4).
HüB.:	Wim Wenders und Peter Handke: Der Himmel über Berlin. Ein Filmbuch. (314).
IBE.:	Peter Handke: Ich bin ein Bewohner des Elfenbeinturms. (2).
Int.:	Ulrich Broich, Manfred Pfister (Hgg.): Intertextualität. (14).
IW.:	Klaus Bonn: Die Idee der Wiederholung in Peter Handkes Schriften. (18).
IWP.:	Hans-Georg Gadamer: Idee und Wirklichkeit in Platons >Timaios<. (103).
JdL.:	Sigmund Freud: Jenseits des Lustprinzips. (181).
JdS.:	Emmanuel Lévinas: Jenseits des Seins oder anders als Sein geschieht. (316).
KK.:	Karl Erich Grözinger: Kafka und die Kabbala. Das Jüdische in Werk und Denken von Franz Kafka. (156).
KrV.:	Immanuel Kant: Die Kritik der reinen Vernunft. (17).
KU.:	Immanuel Kant: Kritik der Urteilskraft. (62).

KVD.:	Peter Handke: Wer spricht in den Gedichten von Alfred Kolleritsch? Oder: Kleiner Versuch über den Dritten. (292).
LDA.:	Wolfgang N. Krewani: Emmanuel Lévinas. Denker des Anderen. (303).
LF.:	Peter Handke: Die linkshändige Frau. (214).
LH.:	Peter Handke: Langsame Heimkehr. (88).
Lm.:	Alain Robbe-Grillet: Le miroir qui revient. (7).
LQ.:	Edmond Jabès: Le Livre des Questions. (111).
LS.:	Gilles Deleuze: Logik des Sinns. (96).
LSV.:	Peter Handke: Die Lehre der Sainte-Victoire. (28).
LuF.:	Joachim Paech: Literatur und Film. (197).
LuK.:	Michail M. Bachtin: Literatur und Karneval. Zur Romantheorie und Lachkultur. (157).
M.:	Paul Celan: Der Meridian. Rede anläßlich der Verleihung des Georg-Büchner-Preises. (282).
MPH.:	André Müller im Gespräch mit Peter Handke. (262).
MSV.:	Gottfried Boehm: Paul Cézanne. Montagne Sainte-Victoire. (308).
ND.:	Theodor W. Adorno: Negative Dialektik. (101).
NS.:	Cornelia Blasberg: „Niemandes Sohn"? Literarische Spuren in Peter Handkes Erzählung „Die Stunde der wahren Empfindung". (280).
NT.:	Peter Handke: Noch einmal für Thukydides. (279).
P.:	Edmond Jabès: Le Parcours. (120).
PaD.	Monika Schmitz-Emans: Poesie als Dialog. Vergleichende Studien zu Paul Celan und seinem literarischen Umfeld. (113).
PdS. :	Thomas Wiemer: Die Passion des Sagens. Zur Deutung der Sprache bei Emmanuel Levinas und ihrer Realisierung im philosophischen Diskurs. (336).
PdW.:	Peter Handke: Phantasien der Wiederholung. (150).
PHN.:	Peter Pütz: Handke und Nietzsche: „Kein Marterbild mehr malen". (32).
PPH.:	Peter Pütz: Peter Handke. (27).
PR.:	Gaston Bachelard: Poetik des Raumes. (82).
PuP. :	Bernard H.F. Taureck (Hg.): Psychoanalyse und Philosophie. Lacan in der Diskussion. Frankfurt a.M. 1992. (67).
PW.:	Walter Benjamin: Das Passagen-Werk. (15).
PZ.:	Manfred Durzak: Postmoderne Züge in Handkes Roman „Der kurze Brief zum langen Abschied"? (19).
RMR.:	Rainer Maria Rilke: Werke in drei Bänden. (319).
RP.:	Jacques Derrida: Randgänge der Philosophie. (43).
RpS.:	Julia Kristeva: Die Revolution der poetischen Sprache. (42).
Sch.:	Jacques Derrida: Schibboleth. Für Paul Celan. (287).
SD.:	Jacques Derrida: Die Schrift und die Differenz. (48).

SdN.:	Emmanuel Lévinas: Stunde der Nationen. Talmudlektüren. (92).
SPAP.:	Gilles Deleuze: Spinoza und das Problem des Ausdrucks in der Philosophie. (305).
StwE.:	Peter Handke: Die Stunde der wahren Empfindung. (219).
SU.:	Manfred Frank: Das Sagbare und das Unsagbare. (66).
SuZ.:	Irene Kann: Schuld und Zeit. Literarische Handlung in theologischer Sicht; Thomas Mann – Robert Musil – Peter Handke. (89).
SvF.:	Peter Handke: Das Spiel vom Fragen oder die Reise zum sonoren Land. (110).
TdG.:	Sigrid Weigel: Topographien der Geschlechter. (267).
Tf.:	Paul Celan: Todesfuge. (207).
Tim.:	Platon: Timaios. (95).
TU.:	Emmanuel Lévinas: Totalität und Unendlichkeit – Versuch über die Exteriorität. (348).
UdZ.:	Renate Lachmann: Die Unlöschbarkeit der Zeichen: Das semiotische Unglück des Mnemonisten. (167).
UG.:	Judith Butler: Das Unbehagen der Geschlechter. (75).
ÜGV.:	Friedrich Schiller: Über den Grund des Vergnügens an tragischen Gegenständen. (325).
UpM.:	Wolfgang Welsch: Unsere postmoderne Moderne. (8).
ÜSP.:	Umberto Eco: Über Spiegel und andere Phänomene. (186).
VrG.:	George Steiner: Von realer Gegenwart. Hat unser Sprechen Inhalt? (33).
VS.:	Ingeborg Hoesterey: Verschlungene Schriftzeichen – Intertextualität von Literatur und Kunst in der Moderne/Postmoderne. (5).
VTL.:	Emmanuel Lévinas: Vier Talmud-Lesungen. (134).
VZ.:	Andrej Tarkowskij: Die versiegelte Zeit. Gedanken zur Kunst, zur Ästhetik und Poetik des Films. (105).
W.:	Peter Handke: Die Wiederholung. (122).
Who.:	Max Imdahl: Barnett Newman. Who's afraid of red, yellow and blue III. (225).
WiN.:	Manfred Frank: Was ist Neostrukturalismus? (35).
WL.:	Jean-Paul Sartre: Was ist Literatur? (176).
WWF.:	Reinhold Rauh: Wim Wenders und seine Filme. (194).
ZME.:	Theodor W. Adorno: Zur Metakritik der Erkenntnistheorie: Studien über Husserl und die phänomenologischen Antinomien. (37).
Zw.:	Peter Handke im Gespräch mit Herbert Gamper: Aber ich lebe nur von den Zwischenräumen. Zürich 1987. (286).

Bibliographie

(Deutsche Übersetzungen fremdsprachiger Texte sind nur angegeben, wenn sie zitiert worden sind):

Adorno, Theodor W.: Ästhetische Theorie. Frankfurt a.M. 1973.

Adorno, Theodor W.: Engagement. In: Gesammelte Schriften in achtzehn Bänden. Band 11. Frankfurt a.M. 1977. S.409-430.

Adorno, Theodor W.: Erziehung nach Auschwitz. In: Gesammelte Schriften in achtzehn Bänden. Band 10.2. A.a.O. S.674-690.

Adorno, Theodor W.: Kulturkritik und Gesellschaft. In: Prismen. Frankfurt a.M. 3.Aufl. 1987. S.7-26.

Adorno, Theodor W.: Negative Dialektik. Frankfurt a.M. 5.Aufl. 1988.

Adorno, Theodor W.: Zur Metakritik der Erkenntnistheorie: Studien über Husserl und die phänomenologischen Antinomien. Frankfurt a.M. 1990.

Aischylos: Prometheus, gefesselt. Übertragen von Peter Handke. Frankfurt a.M. 1986.

Améry, Jean: Unmeisterliche Wanderjahre. München 1989.

Améry, Jean: Wann darf Kunst auf »Kunst« verzichten? Zu dem Filmwerk »Das Geständnis«. In: Cinéma. Arbeiten zum Film. Stuttgart 1994. S.87-90.

Arnold, Heinz Ludwig: Schriftsteller im Gespräch in zwei Bänden. Band II. Zürich 1990.

Bâ, Amadou Hampaté: L'étrange destin de Wangrin ou Les roueries d'un interprète africain. Paris 1973. Dt.Übers.: Amadou Hampaté Bâ: Wangrins seltsames Schicksal oder die listigen Ränke eines afrikanischen Dolmetschers. Aus dem Französischen von Adelheid Witt. Frankfurt a.M. 1986).

Bachelard, Gaston: Poetik des Raumes. Aus dem Französischen von Kurt Leonhard. Frankfurt a.M. 1987.

Bachmann, Ingeborg: Die Wahrheit ist dem Menschen zumutbar. München. 5.Aufl. 1990.

Bachtin, Michail M.: Die Ästhetik des Wortes. Aus dem Russischen von Rainer Grübel und Sabine Reese. Frankfurt a.M. 1979.

Bachtin, Michail M.: Literatur und Karneval. Zur Romantheorie und Lachkultur. Aus dem Russischen von Alexander Kaempfe. Frankfurt a.M. 1990.

Balzac, Honoré de: *La femme de trente ans*. Bordeaux 1948. (Dt. Übers.: Honoré de Balzac: *Die Frau von dreißig Jahren*. Aus dem Französischen von Erich Noether. Hamburg. 5.Aufl. 1955).

Barthes, Roland: *Am Nullpunkt der Literatur*. Aus dem Französischen von Helmut Scheffel. Frankfurt a.M. 1982.

Barthes, Roland: *Kritik und Wahrheit*. Aus dem Französischen von Helmut Scheffel. Frankfurt a.M. 1967.

Barthes, Roland: *Die Lust am Text*. Aus dem Französischen von Traugott König. Frankfurt a.M. 1974.

Barthes, Roland: *Mythen des Alltags*. Aus dem Französischen von Helmut Scheffel. Frankfurt a.M. 1964.

Barthes, Roland: *Das semiologische Abenteuer*. Aus dem Französischen von Dieter Hornig. Frankfurt a.M. 1988.

Barthes, Roland: *S/Z*. Aus dem Französischen von Jürgen Hoch. Frankfurt a.M. 1987.

Baumann, Gerhart: *Erinnerungen an Paul Celan*. Frankfurt a.M. 1992.

Beckett, Samuel: *Fin de partie * Endspiel*. Französisch und deutsch. Aus dem Französischen von Elmar Tophoven. Frankfurt a.M. 1964.

Beckett, Samuel: *Flötentöne*. Französisch/Deutsch. Übertragen von Elmar Tophoven und Karl Krolow. Frankfurt a.M. 1982.

Behler, Ernst: *Derrida-Nietzsche – Nietzsche-Derrida*. München – Paderborn – Wien – Zürich 1988.

Beilenhoff, Wolfgang: *Licht – Bild – Gedächtnis*. In: *Gedächtniskunst. Raum – Bild – Schrift. Studien zur Mnemotechnik*. Herausgegeben von Anselm Haverkamp und Renate Lachmann. Frankfurt a.M. 1991. S.444-464.

Benjamin, Walter: *Gesammelte Schriften in vier Abteilungen (=zwölf Bände)*. Frankfurt a.M. 1980.

Benjamin, Walter: *Das Passagen-Werk in zwei Bänden*. Frankfurt a.M. 1983.

Blasberg, Cornelia: *„Niemandes Sohn"? Literarische Spuren in Peter Handkes Erzählung „Die Stunde der wahren Empfindung"*. In: *Poetica. Zeitschrift für Sprach- und Literaturwissenschaft*. 23.Bd. (1991). S.513-535.

Blumenberg, Hans: *Die Sorge geht über den Fluß*. Frankfurt a.M. 1987.

Boehm, Gottfried: *Paul Cézanne. Montagne Sainte-Victoire*. Frankfurt a.M. 1988.

Bohrer, Karl-Heinz: Das absolute Präsens. Die Semantik ästhetischer Zeit. Frankfurt a.M. 1994.

Bohrer, Karl Heinz: Die Ästhetik des Schreckens. Frankfurt a.M. – Berlin – Wien 1983.

Bonn, Klaus: Die Idee der Wiederholung in Peter Handkes Schriften. Würzburg 1994.

Bovenschen, Silvia: Die imaginierte Weiblichkeit. Exemplarische Untersuchungen zu kulturgeschichtlichen und literarischen Präsentationsformen des Weiblichen. Frankfurt a.M. 1979.

Bresemann, Vera: Ist die Moderne ein Trauerspiel? In: Das Erhabene. Hg. v. Christine Pries. A.a.O. S.171-184.

Broich, Ulrich und Manfred Pfister (Hgg.): Intertextualität. Formen, Funktionen, anglistische Fallstudien. Tübingen 1985. (= Konzepte der Sprach- und Literaturwissenschaft Bd.35).

Brown, Russell-E.: The Left Handed Women of Peter Handke and Jimmy Reed. In: Modern-Fiction-Studies. West Lafayette. IN (MFS). 1990 Autumn. S.395-401.

Brüggemann, Heinz: Das andere Fenster. Einblicke in Häuser und Menschen. Frankfurt a.M. 1989.

Buchka, Peter: Augen kann man nicht kaufen – Wim Wenders und seine Filme. Frankfurt a.M. 1985.

Buci-Glucksmann, Christine: Walter Benjamin und die Utopie des Weiblichen. Aus dem Französischen von Horst Arenz, Rolf Löper und Renate Petzinger. Hamburg 1984.

Buck-Morss, Susan: Dialektik des Sehens. Walter Benjamin und das Passagen-Werk. Aus dem Amerikanischen von Joachim Schulte. Frankfurt a.M. 1993.

Bürger, Peter: Theorie der Avantgarde. Frankfurt a.M. 1974.

Butler, Judith: Das Unbehagen der Geschlechter. Aus dem Amerikanischen von Katharina Menke. Frankfurt a.M. 1991.

Casper, Bernard: Illéité. Zu einem Schlüssel „begriff" im Werk von Emmanuel Levinas. In: Philosophisches Jahrbuch 93 (1986). S.273-288.

Celan, Paul: Gesammelte Werke in fünf Bänden. Frankfurt a.M. 1986.

Char, René: Die Nachbarschaften Van Goghs. Aus dem Französischen von Peter Handke. München 1990.

Char, René : Rückkehr stromauf. Aus dem Französischen von Peter Handke. München 1984.

Clair, Jean: Chronos und Mnemosyne. Aus dem Französischen von Erika Tophoven-Schöningh. In: Giorgio de Chirico – der Metaphysiker. Hg. von William Rubin, Wieland Schmied und Jean Clair. (Ausstellungskatalog). München 1982. S.79-88.

Cocteau, Jean: La Belle et la Bête. Nantes 1975. (Dt.Übers.: Jean Cocteau: Werkausgabe in zwölf Bänden. Band 8. Filme. Frankfurt a.M. 1988. Darin: Die Schöne und das Tier. Aus dem Französischen von Sigrid Vagt. S.71-173).

Cocteau, Jean: Œuvres complètes. Lausanne 1951. Band X. (Dt.Übers. von „Le mystère laïc": Jean Cocteau: Das Weltliche Geheimnis. Aus dem Französischen von Friedhelm Kemp. In: Jean Cocteau: Werkausgabe in zwölf Bänden. Band 9: Das Berufsgeheimnis. Kritische Poesie I. A.a.O. S.171-226).

Cocteau, Jean: Le testament d'Orphée. Le sang d'un poète. Monaco 1983. (Dt.Übers. von „Le sang d'un poète": Jean Cocteau: Werkausgabe in zwölf Bänden. Band 8. Filme. A.a.O. Darin: Das Blut eines Dichters. Aus dem Französischen von Karsten Witte. S.9-70).

Deleuze, Gilles: Das Bewegungs-Bild. Kino 1. Aus dem Französischen von Ulrich Christians und Ulrike Bokelmann. Frankfurt a.M. 1989.

Deleuze, Gilles: Kants kritische Philosophie. Aus dem Französischen von Mira Köller. Berlin 1990.

Deleuze, Gilles: Logik des Sinns. Aus dem Französischen von Bernard Dieckmann. Frankfurt a.M. 1993.

Deleuze, Gilles: Spinoza. Praktische Philosophie. Aus dem Französischen von Hedwig Linden. Berlin 1988.

Deleuze, Gilles: Spinoza und das Problem des Ausdrucks in der Philosophie. Aus dem Französischen von Ulrich Johannes Schneider. München 1993.

Deleuze, Gilles: Das Zeit-Bild. Kino 2. Aus dem Französischen von Klaus Englert. Frankfurt a.M. 1991.

Derrida, Jacques: Chora. Aus dem Französischen von Hans-Dieter Gondek. Wien 1990.

Derrida, Jacques: Gewalt und Metaphysik. Essay über das Denken Emmanuel Levinas'. In: Jacques Derrida: Die Schrift und die Differenz. Aus dem Französischen von Rudolphe Gasché. Frankfurt a.M. 1976. S.121-235.

Derrida, Jacques: Grammatologie. Aus dem Französischen von Hans-Jörg Rheinberger und Hanns Zischler. Frankfurt a.M. 1983.

Derrida, Jacques: Mémoires d'aveugle. L'autoportrait et autres ruines. Paris 1990.

Derrida, Jacques: Mémoires. Für Paul de Man. Aus dem Französischen von Hans-Dieter Gondek. Wien 1988.

Derrida, Jacques: Randgänge der Philosophie. Aus dem Französischen von Günther R. Sigl u.a. Wien 1988.

Derrida, Jacques: Schibboleth. Für Paul Celan. Aus dem Französischen von Wolfgang Sebastian Baur. Graz -Wien 1986.

Derrida, Jacques: Sporen – Die Stile Nietzsches. Aus dem Französischen von Richard Schwaderer, überarbeitet von Werner Hamacher. In: Werner Hamacher (Hg.): Nietzsche aus Frankreich. Frankfurt a.M. – Berlin 1986. S.129-168.

„Drei Könige". In: Lexikon für Theologie und Kirche. Dritter Band. Freiburg i. Br. 2.Aufl. 1959. S.566-569.

Dschuang Dsi: Das wahre Buch vom südlichen Blütenland. Aus dem Chinesischen von Richard Wilhelm. München 7.Aufl. 1992.

Duras, Marguerite: Die Krankheit Tod. La Maladie de la Mort. Deutsch von Peter Handke. Zweisprachige Ausgabe. Frankfurt a.M. 1985; neu bearbeitete Auflage 1992.

Duras, Marguerite: Les yeux verts. Paris 1980 und 1987. (Dt.Übers.: Marguerite Duras: Die grünen Augen. Aus dem Französischen von Sigrid Vagt. München 1990).

Durzak, Manfred: Peter Handke und die deutsche Gegenwartsliteratur. Narziß auf Abwegen. Stuttgart 1982.

Durzak, Manfred: Postmoderne Züge in Handkes Roman „Der kurze Brief zum langen Abschied". In: Partir, revenir ... En route avec Peter Handke. Publications de l'Institut d'Allemand d'Asnières 1992. S.121-132.

Eagleton, Terry: Einführung in die Literaturtheorie. Aus dem Englischen von Elfi Bettinger und Elke Hentschel. Stuttgart 2.Aufl. 1992.

Eco, Umberto: Einführung in die Semiotik. Aus dem Italienischen von Jürgen Trabant. München 1972.

Eco, Umberto: Das offene Kunstwerk. Aus dem Italienischen von Günter Memmert. Frankfurt a.M. 1977.

Eco, Umberto: Über Spiegel und andere Phänomene. Aus dem Italienischen von Burkhart Kroeber. München 3.Aufl.1993.

Eichendorff, Joseph von: Aus dem Leben eines Taugenichts. München – Wien 1977.

Erdle, Birgit R.: Die ethische Wendung in Schriften von Sarah Kofman. In: Margret Brügmann, Maria Kublitz-Kremer (Hg.): Textdifferenzen und Engagement. Pfaffenweiler 1993. S.163-171.

„Falsche Bewegung – ein Protokoll". In: Reinhold Rauh: Wim Wenders und seine Filme. München 1990. S.129-206.

Fellmann, Ferdinand: Phänomenologie als ästhetische Theorie. Freiburg i.Br. – München 1989.

Ferry, Luc/Alain Renaut: Antihumanistisches Denken – Gegen die französischen Meisterphilosophen. Aus dem Französischen von Ulrike Bokelmann. München – Wien 1987.

Fichtes Werke. Hg.v. I.H.Fichte. Fotomechanischer Nachdruck der Ausgabe: Johann Gottlieb Fichte: Sämmtliche Werke 1845-46. Berlin 1971. Band I: Grundlagen der gesammten Wissenschaftslehre (1794). S.83-328.

Fillitz, Hermann: Das Mittelalter I. Propyläen Kunstgeschichte. Frankfurt a.M. – Berlin 1990.

Frank, Manfred: Die Grenzen der Verständigung. Frankfurt a.M. 1988.

Frank, Manfred: Das Sagbare und das Unsagbare. Frankfurt a.M. 1980.

Frank, Manfred: Die Unhintergehbarkeit von Individualität. Frankfurt a.M. 1986.

Frank, Manfred: Was ist Neostrukturalismus? Frankfurt a.M. 1983.

Freud, Sigmund: Jenseits des Lustprinzips. In: Studienausgabe in zehn Bänden. Band III. Frankfurt a.M. 1975. S.213-272.

Freud, Sigmund: Neue Folge der Vorlesungen zur Einführung in die Psychoanalyse. Frankfurt a.M. 1978.

Fuld, Werner: Walter Benjamin. Eine Biographie. Reinbek bei Hamburg 1990.

Gadamer, Hans-Georg: Idee und Wirklichkeit in Platons >Timaios<. In: Gesammelte Werke in sechs Bänden. Band 6. Griechische Philosophie 2. Tübingen 1985. S.242-270.

Gadamer, Hans-Georg: Das Sein und das Nichts. In: Traugott König (Hg.): Sartre – Ein Kongreß. Reinbek bei Hamburg 1988. S.37-52.

Genette, Gérard: Palimpseste. Die Literatur auf zweiter Stufe. Aus dem Französischen von Wolfram Bayer und Dieter Hornig. Frankfurt a.M. 1993.

Georg-Lauer, Jutta: Das »postmoderne Wissen« und die Dissens-Theorie von Jean-François Lyotard. In: >Post-moderne< oder Der Kampf um die Zukunft. Herausgegeben von Peter Kemper. Frankfurt a.M. 1988. S.189-206.

Goethe, Johann Wolfgang von: Wilhelm Meisters Lehrjahre. In: Goethes Werke in vierzehn Bänden (Hamburger Ausgabe). Band VII. München 10.Aufl. 1981.

Goldschmidt, Georges-Arthur: *Peter Handke*. Paris 1988.

Goldschmidt, Georges-Arthur: „Schrecklicher Heidegger". Interview mit dem Bonner „General-Anzeiger" vom 19./20. Februar 1994.

Graf, Volker: »Verwandlung und Bergung der Dinge in Gefahr«. Peter Handkes Kunstutopie. In: Raimund Fellinger (Hrsg.): *Peter Handke*. Frankfurt a.M. 1985. S.276-314.

Grözinger, Karl Erich: *Kafka und die Kabbala. Das Jüdische in Werk und Denken von Franz Kafka*. Frankfurt a.M. 1992.

Handke, Peter: *Peter Handke im Gespräch mit Herbert Gamper: Aber ich lebe nur von den Zwischenräumen*. Zürich 1987.

Handke, Peter: *Die Abwesenheit*. Frankfurt a.M. 1987.

Handke, Peter: Am Felsfenster, morgens. In: manuskripte. Zeitschrift für Literatur. 27.Jahrgang. Heft 97. Oktober 1987. S.3-9.

Handke, Peter: *Der Chinese des Schmerzes*. Frankfurt a.M. 1983.

Handke, Peter: »Durch eine mythische Tür eintreten, wo jegliche Gesetze verschwunden sind«. In: Raimund Fellinger (Hg.): *Peter Handke*. A.a.O. S.234-241.

Handke, Peter: *Falsche Bewegung*. Frankfurt a.M. 1975.

Handke, Peter: Die Geborgenheit unter der Schädeldecke. In: *Als das Wünschen noch geholfen hat*. Frankfurt a.M. 1974. S.71-80.

Handke, Peter: *Gedicht an die Dauer*. Frankfurt a.M. 1986.

Handke, Peter: *Die Geschichte des Bleistifts*. Salzburg-Wien 1982.

Handke, Peter: *Das Gewicht der Welt*. Salzburg 1977.

Handke, Peter (Hg.): *Der gewöhnliche Schrecken. Horrorgeschichten*. Salzburg 1969.

Handke, Peter: *Die Hornissen*. Frankfurt a.M. 1966.

Handke, Peter: *Ich bin ein Bewohner des Elfenbeinturms*. Frankfurt a.M. 1972.

Handke, Peter: „Ich denke wieder an ein ganz stummes Stück." Peter Handke im Gespräch mit L. Schmidt-Mühlisch. In: Die Welt. Nr.235. (9.10.1987). S.8.

Handke, Peter: *Die Innenwelt der Außenwelt der Innenwelt*. Frankfurt a.M. 1969.

Handke, Peter: *Kaspar*. Frankfurt a.M. 1968.

Handke, Peter: Der kurze Brief zum langen Abschied. Frankfurt a.M. 1972.

Handke, Peter: Langsame Heimkehr. Frankfurt a.M. 1979.

Handke, Peter: Die Lehre der Sainte-Victoire. Frankfurt a.M. 1980.

Handke, Peter: Die linkshändige Frau. Frankfurt a.M. 1976.

Handke, Peter: Mein Jahr in der Niemandsbucht. Frankfurt a.M. 1994.

Handke, Peter: »Nager dans la Sorgue«. In: Georges-Arthur Goldschmidt: Peter Handke. A.a.O. S.193f.

Handke, Peter: Noch einmal für Thukydides. Salzburg – Wien 1990.

Handke, Peter: Phantasien der Wiederholung. Frankfurt a.M. 1983.

Handke, Peter: Quodlibet. In: Stücke 2. Frankfurt a.M. 1973

Handke, Peter: Das Spiel vom Fragen oder die Reise zum sonoren Land. Frankfurt a.M. 1989.

Handke, Peter: Die Stunde da wir nichts voneinander wußten. Frankfurt a.M. 1992.

Handke, Peter: Die Stunde der wahren Empfindung. Frankfurt a.M. 1975.

Handke, Peter: Versuch über die Müdigkeit. Frankfurt a.M. 1989.

Handke, Peter: Wenn ich schreibe. In: Akzente. 13.Jahrgang 1966. S.467.

Handke, Peter: Wer spricht in den Gedichten von Alfred Kolleritsch? Oder: Kleiner Versuch über den Dritten. In: Alfred Kolleritsch. Gedichte. Ausgewählt und mit einem Vorwort versehen von Peter Handke. Frankfurt a.M.1988. S.5-10.

Handke, Peter: Die Wiederholung. Frankfurt a.M. 1986.

Heidegger, Martin: Der Ursprung des Kunstwerkes. In: Martin Heidegger: Holzwege. Frankfurt a.M. 6.Aufl. 1980. S.1-72.

Hess, Thomas B.: Barnett Newman. New York 1971.

Heynen, Julian: Barnett Newmans Texte zur Kunst. Hildesheim – New York 1979.

Hirdt, Willi (Hrsg.): Übersetzen im Wandel der Zeit. Probleme und Perspektiven des deutsch-französischen Literaturaustausches. Tübingen 1995.

Hoesterey, Ingeborg: Verschlungene Schriftzeichen – Intertextualität von Literatur und Kunst in der Moderne/ Postmoderne. Frankfurt a.M. 1988.

Hohl, Ludwig: Nächtlicher Weg. Frankfurt a.M. 1971.

Hohl, Ludwig: Die Notizen oder Von der unvoreiligen Versöhnung. Frankfurt a.M. 1984.

Husserl, Edmund: Cartesianische Meditationen. Hamburg 1977.

Husserl, Edmund: Formale und transzendentale Logik. Tübingen 2.Aufl. 1981.

Husserl, Edmund: Vorlesungen zur Phänomenologie des inneren Zeitbewußtseins. Tübingen 2.Aufl. 1980.

Imdahl, Max: Barnett Newman. Who's afraid of red, yellow and blue III. In: Christine Pries (Hg.): Das Erhabene. A.a.O. S.233-252.

Jabès, Edmond: Ça suit son cours. Montpellier 1975. (Dt.Übers.: Edmond Jabès: Es nimmt seinen Lauf. Aus dem Französischen von Felix Philipp Ingold. Frankfurt a.M. 1981).

Jabès, Edmond: Désir d'un commencement Angoisse d'une seule fin. Montpellier 1991. (Die im 1.Kapitel zitierte Passage wurde von Felix Philipp Ingold übersetzt und findet sich in: Akzente. Zeitschrift für Literatur, herausgegeben von Michael Krüger. Heft 2/April 1992. S.97).

Jabès, Edmond: Du désert au livre – entretiens avec Marcel Cohen. Paris 1980. S.119. (Z.T. in dt.Übers. In: Edmond Jabès: Die Schrift der Wüste. Hg. von Felix Philipp Ingold. Berlin 1989).

Jabès, Edmond: Un Etranger avec, sous le bras, un livre de petit format. Paris 1989. (Dt.Übers.: Edmond Jabès: Ein Fremder mit einem kleinen Buch unterm Arm. Aus dem Französischen von Jürgen Ritte. München – Wien 1993).

Jabès, Edmond: Le Livre des Questions. Paris 1963. (Dt.Übers.: Edmond Jabès: Das Buch der Fragen. Aus dem Französischen von Henriette Beese. Frankfurt a.M. 1989).

Jabès, Edmond: Le Parcours. Paris 1985. (Dt. Übers.: Edmond Jabès: Der vorbestimmte Weg. Aus dem Französischen von Monika Rauschenbach. Berlin 1993).

Jabès, Edmond: Le petit livre de la subversion hors de soupçon. Paris 1982. (Dt.Übers.: Edmond Jabès: Das kleine unverdächtige Buch der Subversion. Aus dem Französischen von Felix Philipp Ingold. München – Wien 1985).

Jakob, Michael: Aussichten des Denkens. München 1994.

Jeudy, Henri Pierre: Die Welt als Museum. Aus dem Französischen von Peter Geble. Berlin 1987.

Jonas, Hans: Der Gottesbegriff nach Auschwitz. Eine jüdische Stimme. Frankfurt a.M. 1987.

Jonas, Hans: Macht oder Ohnmacht der Subjektivität? Das Leib-Seele-Problem im Vorfeld des Prinzips Verantwortung. Frankfurt a.M. 1987.

Kafka, Franz: Die Aeroplane in Brescia. In: Max Brod: Über Franz Kafka. Frankfurt a.M. 1974. S.359-367.

Kafka, Franz: Forschungen eines Hundes. In: Franz Kafka: Sämtliche Erzählungen. Herausgegeben von Paul Raabe. Frankfurt a.M. – Hamburg 1970. S.371-406.

Kafka, Franz: Tagebücher. Herausgegeben von Hans-Gerd Koch, Michael Müller und Malcolm Pasley. Frankfurt a.M. 1990.

Kafka, Franz: Der Verschollene. Herausgegeben von Jost Schillemeit. Frankfurt a.M. 1983.

Kann, Irene: Schuld und Zeit. Literarische Handlung in theologischer Sicht; Thomas Mann – Robert Musil – Peter Handke. Paderborn – München – Wien – Zürich 1992.

Kant, Immanuel: Werkausgabe in zwölf Bänden. Frankfurt a.M. 1974.

Kettering, Emil: NÄHE. Das Denken Martin Heideggers. Pfullingen 1987.

Kittler, Friedrich A./Horst Turk: Urszenen – Literaturwissenschaft als Diskursanalyse und Diskurskritik. Frankfurt a.M. 1977.

Kleefeld, Gunther: Das Gedicht als Sühne. Georg Trakls Dichtung und Krankheit. Eine psychoanalytische Studie. Tübingen 1985.

Koch, Gertrud: Die Einstellung ist die Einstellung. Frankfurt a.M. 1992.

Kofman, Sarah: Derrida lesen. Aus dem Französischen von Monika Buchgeister und Hans-Walter Schmidt. Wien 1988.

Kofman, Sarah: Erstickte Worte. Aus dem Französischen von Birgit Wagner. Wien 1988.

Kolleritsch, Alfred: Die Welt, die sich öffnet. Einige Bemerkungen zu Handke und Heidegger, in: Gerhard Melzer und Jale Tükel (Hg.) Peter Handke. Die Arbeit am Glück. Königstein/Ts. 1985. S.111-125.

Kracauer, Siegfried: Theorie des Films. Die Errettung der äußeren Wirklichkeit. Vom Verfasser revidierte Übersetzung von Friedrich Walter und Ruth Zellschan. Frankfurt a.M. 1985.

Kremer, Detlef: Kafka. Die Erotik des Schreibens. Schreiben als Lebensentzug. Frankfurt a.M. 1989.

Kreuzer, Helmut: Neue Subjektivität. Zur Literatur der siebziger Jahre in der Bundesrepublik. In: Manfred Durzak (Hg.): Deutsche Gegenwartsliteratur. Stuttgart 1981. S.77-108.

Krewani, Wolfgang N.: Emmanuel Lévinas. Denker des Anderen. Freiburg – München 1992.

Kristeva, Julia: Bachtin, das Wort, der Dialog und der Roman. Aus dem Französischen von Michel Korinman und Heiner Stück. In: Jens Ihwe (Hg.): Literaturwissenschaft und Linguistik. Ergebnisse und Perspektiven. Bd.3. Zur linguistischen Basis der Literaturwissenschaft II. Frankfurt a.M. 1972. S.345-375.

Kristeva, Julia: Die Chinesin. Die Rolle der Frau in China. Aus dem Französischen von Annette Lallemand. Frankfurt a.M. – Berlin – Wien 1982.

Kristeva, Julia: Fremde sind wir uns selbst. Aus dem Französischen von Xenia Rajewsky. Frankfurt a.M. 1990.

Kristeva, Julia: Die neuen Leiden der Seele. Aus dem Französischen von Eva Groepler. Hamburg 1994.

Kristeva, Julia: Die Revolution der poetischen Sprache. Aus dem Französischen von Reinold Werner. Frankfurt a.M. 1978.

Lacan, Jacques: Die Ausrichtung der Kur und die Prinzipien ihrer Macht. In: Jacques Lacan: Schriften I. Aus dem Französischen von Norbert Haas. Olten 1973.

Lachmann, Renate: Die Unlöschbarkeit der Zeichen: Das semiotische Unglück des Mnemonisten. In: Gedächtniskunst. Raum – Bild – Schrift. Studien zur Mnemotechnik. Hg. von Anselm Haverkamp und Renate Lachmann. Frankfurt a.M. 1991. S.111-141.

Lang, Hermann: Die Sprache und das Unbewußte – Jacques Lacans Grundlegung der Psychoanalyse. Frankfurt a.M. 2.Aufl. 1993.

Lanzmann, Claude: Ihr sollt nicht weinen. Einspruch gegen „Schindlers Liste". Aus dem Französischen von Grete Osterwald. In: Frankfurter Allgemeine Zeitung vom 5.3.1994. S.27.

Lanzmann, Claude: Shoah. Vorwort von Simone de Beauvoir. Aus dem Französischen von Nina Börnsen und Anna Kamp. München 1988.

Leenhardt, Jacques: Politische Mythen im Roman. Am Beispiel von Alain Robbe-Grillets >Die Jalousie oder die Eifersucht<. Aus dem Französischen von Jochen und Renate Hörisch. Frankfurt a.M. 1976.

Lenz, Hermann: Andere Tage. Frankfurt a.M. 1978.

Lévinas, Emmanuel: Eigennamen. Meditationen über Sprache und Literatur. Aus dem Französischen von Frank Miehing. München – Wien 1988.

Lévinas, Emmanuel: Ethik und Unendliches. Gespräche mit Philippe Nemo. Aus dem Französischen von Dorothea Schmidt. Graz – Wien 1986.

Lévinas, Emmanuel: Humanismus des anderen Menschen. Aus dem Französischen von Ludwig Wenzler. Hamburg 1989.

Lévinas, Emmanuel: Jenseits des Seins oder anders als Sein geschieht. Aus dem Französischen von Thomas Wiemer. Freiburg i.Br. – München 1992.

Lévinas, Emmanuel: La Mort et le Temps. Paris 1991.

Lévinas, Emmanuel: Schwierige Freiheit. Versuch über das Judentum. Aus dem Französischen von Eva Moldenhauer. Frankfurt a.M. 1992.

Lévinas, Emmanuel: Die Spur des Anderen. Untersuchungen zur Phänomenologie und Sozialphilosophie. Aus dem Französischen von Wolfgang Nikolaus Krewani. Freiburg i.Br. – München. 2.Aufl. 1987.

Lévinas, Emmanuel: Stunde der Nationen. Talmudlektüren. Aus dem Französischen von Elisabeth Weber. München 1994.

Lévinas, Emmanuel: Totalität und Unendlichkeit – Versuch über die Exteriorität. Aus dem Französischen von Wolfgang Nikolaus Krewani. Freiburg i.Br. – München 1987.

Lévinas, Emmanuel: Vier Talmud-Lesungen. Aus dem Französischen von Frank Miething. Frankfurt a.M. 1993.

Lévinas, Emmanuel: Von der Ethik zur Exegese. Aus dem Französischen von Frank Miething. In: Michael Mayer, Markus Hentschel (Hg.): Parabel. Bd.12.: Lévinas. Zur Möglichkeit einer prophetischen Philosophie. Gießen 1990. S.13-16.

Lévinas, Emmanuel: Wenn Gott ins Denken einfällt. Diskurse über die Betroffenheit von Transzendenz. Aus dem Französischen von Thomas Wiemer. Freiburg i.Br. – München 1985.

Lipowatz, Thanos: Die vier Diskurse. In: Dieter Hombach (Hg.): Mit Lacan. Berlin 1982. S.137ff.

Lyotard, Jean-François: Die Analytik des Erhabenen. Kant-Lektionen. Aus dem Französischen von Christine Pries. München 1994.

Lyotard, Jean-François: Apathie in der Theorie. Aus dem Französischen von Clemens-Carl Haerle und Lothar Kurzawa. Berlin 1979.

Lyotard, Jean-François: Der Augenblick, Newman. In: Das Inhumane. Plaudereien über die Zeit. Aus dem Französischen von Christine Pries. Wien 1989. S.141-157.

Lyotard, Jean-François: Ein Einsatz in den Kämpfen der Frauen. In: Das Patchwork der Minderheiten. Für eine herrenlose Politik. Aus dem Französischen von Clemens-Carl Haerle. Berlin 1977. S.52-72.

Lyotard, Jean-François: Der Enthusiasmus – Kants Kritik der Geschichte. Aus dem Französischen von Christine Pries. Wien 1988.

Lyotard, Jean-François: Heidegger und „die Juden". Aus dem Französischen von Clemens-Carl Härle. Wien 1988.

Lyotard, Jean-François: Kleine Perspektivierung der Dekadenz und einiger minoritärer Gefechte, die hier zu führen sind. In: Das Patchwork der Minderheiten. Für eine herrenlose Politik. A.a.O. S.7-51.

Lyotard, Jean-François: Postmoderne für Kinder. Aus dem Französischen von Dorothea Schmidt, unter Mitarbeit von Christine Pries. Wien 1987.

Lyotard, Jean-François: Das postmoderne Wissen. Aus dem Französischen von Otto Pfersmann. Graz – Wien 1986.

Lyotard, Jean-François: Streifzüge. Gesetz, Form, Ereignis. Aus dem Englischen von Hans Walter-Schmidt. Wien 1989.

Lyotard, Jean-François: Der Widerstreit. Aus dem Französischen von Joseph Vogl. München. 2.Aufl. 1989.

Manthey, Jürgen: Wenn Blicke zeugen könnten. München – Wien 1983.

Margantin, Laurent: Une lecture du monde: Die Abwesenheit, un conte de Peter Handke. In: Le conte dans les littératures germaniques du XXe siècle. 11/1992 Université Charles-De-Gaulle – Lille III. S.93-111.

Melzer, Gerhard: „Lebendigkeit: ein Blick genügt." Zur Phänomenologie des Schauens bei Peter Handke. In: Gerhard Melzer/ Jale Tükel (Hg.): Peter Handke. Die Arbeit am Glück. Königstein/Ts. 1985. S.126-152.

Menke, Bettine: Das Nach-Leben im Zitat. Benjamins Gedächtnis der Texte. In: Gedächtniskunst. Raum – Bild – Schrift. Studien zur Mnemotechnik. Hg. von Anselm-Haverkamp und Renate Lachmann. Frankfurt a.M. 1991. S.74-110.

Menninghaus, Winfried: Paul Celan. Magie der Form. Frankfurt a.M. 1980.

Meyers Großes Konversations-Lexikon. Ein Nachschlagewerk des allgemeinen Wissens. Sechste, gänzlich neubearbeitete und vermehrte Auflage. Dreizehnter Band. Lyrik bis Mitterwurzer. Leipzig – Wien 1909.

Modiano, Patrick: Eine Jugend. Aus dem Französischen von Peter Handke. Frankfurt a.M. 1985.

Moser, Tilmann: Romane als Krankengeschichten. Frankfurt a.M. 1985.

Moses, Stéphane: Zu Benjamins Begriff des Eingedenkens. In: Bucklicht Männlein und Engel der Geschichte – WalterBenjamin, Theoretiker der Moderne; Ausstellung des Werkbund-Archivs im Martin-Gropius-Bau in Berlin, 28.Dezember 1990 bis 28.April 1991. Gießen 1990. S.100-101.

Müller, André: André Müller im Gespräch mit Peter Handke. Weitra 1993.

Newman, Barnett: The Sublime is Now. In: Tiger's Eye 1. No.6 (Dec.1948). S.51-53.

Nietzsche, Friedrich: Jenseits von Gut und Böse. Frankfurt a.M. 1984.

Paech, Joachim: Literatur und Film. Stuttgart 1988.

Paul, Jean: Vorschule der Ästhetik. In: Werke in zwölf Bänden. Hrsg. v. Norbert Miller. München 1975. Bd. 9.

Percy, Walker: Der Idiot des Südens. Aus dem Amerikanischen von Peter Handke. Frankfurt a.M. 1988.

Percy, Walker: Der Kinogeher. Aus dem Amerikanischen von Peter Handke. Frankfurt a.M. 1986.

Percy, Walker: The Second Coming. New York 1980.

Percy, Walker: The Thanatos Syndrome. New York 1987.

Platon: Sämtliche Werke in sechs Bänden. Hamburg 1958.

Pöggeler, Otto: Heidegger und die hermeneutische Philosophie. Freiburg – München 1983.

Pries, Christine (Hg.): Das Erhabene – Zwischen Grenzerfahrung und Größenwahn. Weinheim 1989.

Pütz, Peter: Handke und Nietzsche: „Kein Marterbild mehr malen". In: Gerhard Fuchs und Gerhard Melzer (Hg.): Peter Handke – Die Langsamkeit der Welt (Dossier Extra). Graz 1993. S.63-77.

Pütz, Peter: Peter Handke. Frankfurt a.M. 1982.

Reichel, Norbert: Der erzählte Raum. Zur Verflechtung von sozialem und poetischem Raum in erzählender Literatur. Darmstadt 1987.

Renner, Rolf Günther: Peter Handke. Stuttgart 1985.

Rigendinger, Rosa: Aufruhr im Selben. Unbeschriebene Genealogien in drei späten Texten von Marguerite Duras. Wien 1993.

Rilke, Rainer Maria: Briefe über Cézanne. Frankfurt a.M. 1983.

Rilke, Rainer Maria: Werke in drei Bänden. Bd.1. Frankfurt a.M. 1966.

Robbe-Grillet, Alain: La Jalousie. Paris 1957.

Robbe-Grillet, Alain: Le miroir qui revient. Paris 1984. (Dt.Übers.: Alain Robbe-Grillet: Der wiederkehrende Spiegel. Aus dem Französischen von Andrea Spingler. Frankfurt a.M. 1989).

Robbe-Grillet, Alain: Pour un nouveau roman. Paris 1961. (Dt.Übers.: Alain Robbe-Grillet: Argumente für einen neuen Roman. Aus dem Französischen von Werner Spiess u.a. München 1965).

Rosenberg, Harold: Barnett Newman. New York 1978.

Rötzer, Florian: Französische Philosophen im Gespräch. München 1986.

Sartre, Jean-Paul: Betrachtungen zur Judenfrage, in: Drei Essays. Frankfurt a.M. – Berlin 1966. Mit einem Nachwort von Walter Schmiele. S.108-190.

Sartre, Jean-Paul: Schwarze Präsenz. In: Wir alle sind Mörder. Der Kolonialismus ist ein System. Artikel. Reden. Interviews. 1947-1967. Aus dem Französischen von Eva Moldenhauer. Reinbek bei Hamburg 1988. S.9-11.

Sartre, Jean-Paul: Was ist Literatur? Aus dem Französischen von Hans Georg Brenner. Hamburg. 10.Aufl. 1970.

Schiller, Friedrich: Über den Grund des Vergnügens an tragischen Gegenständen. In: Friedrich Schiller: Vom Pathetischen und Erhabenen. Ausgewählte Schriften zur Dramentheorie. Stuttgart 1970. S.14-29.

Schmied, Wieland, in Zusammenarbeit mit Jürgen Schilling: GegenwartEwigkeit. Spuren des Transzendenten in der Kunst unserer Zeit. (Ausstellungskatalog). Stuttgart 1990.

Schmiedt, Helmut: Peter Handke, Franz Beckenbauer, John Lennon und andere Künstler. In: Text und Kritik 24/24a. Peter Handke. München 1970. S.87-114.

Schmitz-Emans, Monika: Poesie als Dialog. Vergleichende Studien zu Paul Celan und seinem literarischen Umfeld. Heidelberg 1993.

Scholem, Gerschom: Farben und ihre Symbolik in der jüdischen Überlieferung und Mystik. In: Gerschom Scholem: Judaica 3. Frankfurt a.M. 1970. S.98-151.

Seitter, Walter: Jacques Lacan und. Berlin 1984.

Sohar, Der. Das heilige Buch der Kabbala. Nach dem Urtext ausgewählt, übertragen und herausgegeben von Ernst Müller. Neu ediert. Köln 1982.

Sparr, Thomas: Celans Poetik des hermetischen Gedichts. Heidelberg 1989.

Steiner, George: In Blaubarts Burg. Frankfurt a.M. 1972.

Steiner, George: Von realer Gegenwart. Hat unser Sprechen Inhalt? Aus dem Englischen von Jörg Trobitius. München – Wien 1990.

Strasser, Peter: Der Freudenstoff. Zu Handke eine Philosophie. Salzburg – Wien 1990.

Strauß, Botho: Versuch, ästhetische und politische Ereignisse zusammenzudenken. Frankfurt a.M. 1987.

Suchsland, Inge: Julia Kristeva zur Einführung. Hamburg 1992.

Süsske, Rudolf: Abschied von der Intentionalität. Bemerkungen zum Verhältnis von E. Lévinas zur Phänomenologie Husserls. In: Michael Mayer, Markus Hentschel (Hg.): Parabel. Bd.12.: Lévinas. Zur Möglichkeit einer prophetischen Philosophie. Gießen 1990. S.101-118.

Tarkowskij, Andrej: Die versiegelte Zeit. Gedanken zur Kunst, zur Ästhetik und Poetik des Films. Aus dem Russischen von Hans-Joachim Schlegel. Frankfurt a.M. – Berlin 3.Aufl. 1991.

Taureck, Bernard H.F. (Hg.): Psychoanalyse und Philosophie. Lacan in der Diskussion. Frankfurt a.M. 1992.

Tiedemann, Rolf: Dialektik im Stillstand. Frankfurt a.M. 1983.

Tschechow, Anton: Der Kirschgarten. Komödie in vier Akten. Aus dem Russischen von Hans Walter Poll. Stuttgart 1984.

Tunner, Erika: „Ganz bei mir fühle ich mich erst unterwegs". (Peter Handke, L'Absence). In: Partir, 'revenir... En route avec Peter Handke. Publications de l'Institut d'Allemand d'Asnières 1992. S.55-62.

Valéry, Paul: Lettre sur Mallarmé. In: Paul Valéry: Variété II. Paris 1930. S.211-234. (Dt.Übers.: Paul Valéry: Brief über Mallarmé. Aus dem Französischen von Dieter Steland und Elmar Tophoven. In: Über Mallarmé. Frankfurt a.M. 1992. S.21-33).

Völkner, Peter: Derrida und Husserl – Zur Dekonstruktion einer Philosophie der Präsenz. Wien 1993.

Wagner-Egelhaaf, Martina: Mystik der Moderne. Die visionäre Ästhetik der deutschen Literatur im 20. Jahrhundert. Stuttgart 1989.

Weber, Elisabeth: Verfolgung und Trauma. Zu Emmanuel Lévinas' Autrement qu'être ou au-delà de l'essence. Wien 1990.

Wegweiser durch die Ausstellung der Berliner Festspiele im Martin-Gropius-Bau 12.Januar bis 26.April 1992: Jüdische Lebenswelten. Jüdisches Denken und Glauben, Leben und Arbeiten in den Kulturen der Welt. Berlin 1992.

Weigel, Sigrid: Topographien der Geschlechter. Reinbek bei Hamburg 1990.

Weinreb, Friedrich: Buchstaben des Lebens. Freiburg i.Br. 1979.

Weinreb, Friedrich: Einführung in die hebräische Sprache. Zürich 1968.

Weinreb, Friedrich: Wunder der Zeichen – Wunder der Sprache. Vom Sinn und Geheimnis der Buchstaben. Bern 1979.

Welsch, Wolfgang: Adornos Ästhetik: eine implizite Ästhetik des Erhabenen. In: Das Erhabene – Zwischen Grenzerfahrung und Größenwahn. Hg. v. Christine Pries. A.a.O. S.185-216,

Welsch, Wolfgang: »Postmoderne«. Genealogie und Bedeutung eines umstrittenen Begriffs. In: >Postmoderne< oder der Kampf um die Zukunft. Herausgegeben von Peter Kemper. Frankfurt a.M. 1988. S.9-36.

Welsch, Wolfgang: Unsere postmoderne Moderne. Weinheim 3.Aufl. 1991.

Welsch, Wolfgang: Vernunft. Die zeitgenössische Vernunftkritik und das Konzept der transversalen Vernunft. Frankfurt a.M. 1995.

Wenders, Wim: Emotion Pictures. Essays und Filmkritiken 1968-1984. Frankfurt a.M. 1986.

Wenders, Wim und Peter Handke: Der Himmel über Berlin. Ein Filmbuch. Frankfurt a.M. 1987.

Wertheimer, Jürgen: „Der Güter Gefährlichstes, die Sprache". Zur Krise des Dialogs zwischen Aufklärung und Romantik. München 1990.

Wiemer, Thomas: Die Passion des Sagens. Zur Deutung der Sprache bei Emmanuel Levinas und ihrer Realisierung im philosophischen Diskurs. Freiburg i.Br. – München 1988.

Zenon von Elea. In: Die Vorsokratiker. Band II. Zenon, Empedokles, Anaxagoras, Leukipp, Demokrit. Griechisch/Deutsch. Stuttgart 1986. S.8-55.